Fraser · Jacobson · Ottaway · Chester

Onassis

ONASSIS

Nicholas Fraser · Philip Jacobson
Mark Ottaway · Lewis Chester

Ullstein

Titel der amerikanischen Originalausgabe
»Aristotle Onassis«
erschienen bei J. B. Lippincott, Philadelphia and New York

Verlag Ullstein GmbH, Berlin · Frankfurt/M · Wien

Aus dem Englischen von Willy Thaler

Satz: Süddeutsche Verlagsanstalt Ludwigsburg
Druck und Buchbinder: May & Co. Darmstadt
ISBN 3 550 07480 8

Inhalt

Für
JEAN ALICE DAY
geboren am 21. April 1930
Washington,
Pennsylvania

»Sei reich oder sei ein Feind der
Reichen. Beides verstehe ich.
Aber beneide niemals die Rei-
chen
oder versuche, ihnen zu ge-
fallen.«

ARISTOTELES ONASSIS
in Monte Carlo, 1954

Das ungläubige Smyrna

Aristoteles Sokrates Onassis wurde am 20. Januar 1906 im griechischen Viertel von Smyrna geboren, einer Stadt an der Südwestküste der Türkei. Viele Jahre seines Lebens zog er es vor, seine Herkunft im Dunkeln zu lassen und den Mythos »vom Lumpenjungen zum Millionär« zu bewahren. So wurde unterstellt, daß sein Vater in Smyrna »selbstverfertigtes Gerät von Tür zu Tür verhökert« und daß seine Mutter »Büros saubergemacht und Wäsche zum Waschen übernommen« habe.

In Wirklichkeit war er das zweite Kind, der erste Sohn eines reichen Kaufmanns und Bankiers. Die Namen, die er erhielt, drückten die verhaltene, doch tiefgehende Bindung mit dem griechischen Festland und der Tradition aus, nach der die anatolischen Griechen, von ihrer Heimat und Kultur getrennt, gewöhnlich strebten.

Sein Vater, Sokrates, war einer der wohlhabendsten Bürger von Smyrna, zu jener Zeit eine der reichsten Städte im östlichen Mittelmeerraum. Obwohl die Griechen Smyrnas eine von den ottomanischen Türken beherrschte, unselbständige Volksgruppe waren, wurden sie dank ihrer Sprachbegabung und unternehmerischen Fähigkeiten für das türkische Reich unentbehrlich. Sie bildeten eine Händler-Elite, die als Mittler zwischen den Türken und dem Westen fungierten, und deshalb ließ man sie im Wohlstand leben. Seit der Verkündigung der »Rum Mileti« – der »Griechischen Nation« – wurde den Griechen in Smyrna ein hoher Grad von Autonomie gewährt. Gerichtsverfahren, bei denen nur Griechen beteiligt waren, wurden von griechischen Gerichten verhandelt, und die Griechen unterhielten und finanzierten ihre eigenen Institutionen wie Schulen und Krankenhäuser, alles auf Basis freiwilliger Beiträge. Sokrates Onassis war Präsident der griechischen Bank und des Krankenhauses von Smyrna.

Die Mittelmeerküste der heutigen Türkei wurde seit vorgeschichtlicher Zeit von Griechen bewohnt. Früher einmal war das ionische Griechenland der Maßstab all dessen, was als modern, elegant und aufgeklärt galt. Obgleich Ionien seine Selbständigkeit vor der Zeitenwende verlor, blieb seine griechische Bevölkerung die dominierende kulturelle Gruppe des Gebietes. Es gelang ihr, sich den aufeinanderfolgenden Invasorenwellen zu assimilieren, ohne die ethnische Identität zu verlieren. Als Aristoteles Onassis geboren wurde, gab es in Smyrna 165 000 Griechen und nur 80 000 Türken. Die Türken nannten die Stadt »Giaur-Ismir« – »das ungläubige Smyrna«.

Die anatolischen Griechen bildeten kein homogenes Volk. An der Küste lebten Neueinwanderer aus dem griechischen Mutterland. Im Norden, an den Küsten des Schwarzen Meeres, gab es isolierte Gemeinden, die ihr Griechentum seit den Zeiten von Byzanz und noch früher bewahrt hatten. Im Inneren des Landes dagegen lebten Griechen, die – mit Ausnahme ihrer Religion und seltsamerweise ihrer Schrift – Türken geworden waren. Ihre Bibeln waren in türkischer Sprache, jedoch in griechischer Schrift geschrieben. Unter den anatolischen Griechen herrschte gegenüber den »Karamanli-Griechen«, wie sie genannt wurden, eine subtile Art von Snobismus. In manchen Kreisen, zumeist höheren gesellschaftlichen Schichten, wurden sie nicht als echte Griechen angesehen.

Die Familie Onassis stammte von Karamanli-Griechen ab. Mitunter erzählte Onassis die Geschichte von der seltsamen Bibel, die seine Großmutter benutzte, aber am Ende zog er es immer vor, Diskussionen über seine Herkunft aus dem Weg zu gehen. Er ließ die meisten Menschen in dem Glauben, seine Familie sei in jüngster Zeit aus Griechenland nach Anatolien gekommen. Die dokumentarischen Unterlagen beweisen jedoch, daß die Verbindung der Familie Onassis mit der Türkei mehrere Generationen zurückreicht und daß es erst die Generation seines Vaters war, die, teils als Folge ihres gehobenen finanziellen Standards, ihr Griechentum geltend zu machen begann.

Sokrates' Lebensgeschichte war wirklich die eines Mannes, der von Armut zu Reichtum gelangte. Er wurde in dem Dorf Moutalaski, im tiefsten Inneren Kleinasiens, in der Provinz Kappadozien geboren. Ihre Hauptstadt Kayseri ist das ehemalige Caesarea. Der türkische Name des Dorfes war Talas, und da dort nur Türken leben, heißt es auch heute so. Als Sokrates 1878 geboren wurde, war Talas eine ansehnliche Gemeinde, wenn auch nicht groß genug, um als Stadt bezeichnet zu werden. Die Einwohnerzahl verteilte sich fast gleichmäßig auf Türken und Karamanli-Christen griechischer Herkunft. Die Griechen hatten ihre eigene Kirche, die dem hl. Savvas geweiht war, dem Schutzheiligen des Bezirks, und ihre eigene Schule, waren aber sonst, zumindest für den Außenstehenden, von den Türken nicht zu unterscheiden. Ihre Muttersprache war Türkisch, und manche waren des Griechischen gar nicht mächtig. Die Familie Onassis war so zahlreich und alteingesessen, daß das Viertel, in dem sie wohnte, nach türkischem Brauch ihren Namen trug: Onassi Mahlesi. Die Volkszählung von 1924, dem letzten Jahr, in dem es in Moutalaski noch

Griechen gab, registriert vier verschiedene Haushalte mit dem Namen Onassis in Onassi Mahlesi.

Das Leben in Moutalaski war hart, der Boden steinig und unfruchtbar. Erst nach dem Bau einer Eisenbahnlinie gab es andere Erwerbsmöglichkeiten als die Landwirtschaft. Auf die Nachrichten von der Wiedererweckung griechischen Geistes in Smyrna und im Hinterland kamen unternehmungslustige griechische Kaufleute von der Küste, um Verkaufsplätze für ihre Waren einzurichten, und junge Leute verließen das Innere auf der Suche nach Reichtum und ihrer nationalen Identität. Sokrates war eines von elf Kindern, von denen allerdings einige jung gestorben sein müssen, denn es sind nur die Namen von sechs überliefert, dem Alter nach: Joannis, Sokrates, Vasili, Alexander, Homer und Maria. Sie alle übersiedelten an die Küste.

In Smyrna kamen die Brüder zu Wohlstand. Die Eisenbahnen machten dem wohlhabenden Westen die Produkte Inner-Anatoliens zugänglich und schufen umgekehrt einen neuen Exportmarkt. Smyrna wurde eine Stadt mit blühender Konjunktur. Griechische Handelsleute belieferten von hier aus mit Hilfe der wachsenden griechischen Handelsmarine die ganze Welt mit Produkten des ottomanischen Reiches – Baumwolle, Häute, Tabak, Opium, Feigen, Rosinen, Gerste, Olivenöl und Teppiche. Sokrates arbeitete mit seinem Bruder Homer in Smyrna, während Alexander wieder ins Landesinnere reiste, Rosinen und Olivenöl nach Smyrna schickte und die Produkte verkaufte, die ihm seine Brüder sandten.

Das »Büro« der Familie lag im Vesir Hane, einer langen, gewundenen Straße im »Bedesten«, einem gedeckten orientalischen Markt, dem Mittelpunkt von Smyrnas überfülltem Handelsviertel, der zwischen der griechischen Kirche Agia Fotini und Jaljadika, dem Viertel der Reichen, lag. Es war kein Großhandelsgeschäft im westlichen Sinne, denn alle Waren lagen dort zuhauf und sogar bis auf die Straße: Säcke voll Rosinen und Korinthen, Tabak, Feigen, Ballen von Roh-Opium und Stöße von Häuten. Es gab in dem großen, viereckigen, ebenerdigen Raum nie genug Platz für alle Waren und Sokrates und seine drei Gehilfen. Es war auch kein eigentlicher Verkaufsladen, denn keines der Güter war für den Einzelverkauf bestimmt. Es war das, was man heute eine Export-Import-Agentur nennen würde, die nur Großhandel betrieb.

1904 war Sokrates' Stellung in der Handelswelt schon so gesichert, daß er an Heirat denken konnte. Er verfuhr nach griechischer Tradition. In seinem Heimatdorf suchte er sich eine Braut. Penelope Donoglou war eine achtzehnjährige spröde Schöne; sie heirateten in Smyrna.

Das Paar zog nach Karatassi, eineinhalb Kilometer südlich an der Küste, schnell mit dem regelmäßig verkehrenden Fährboot oder mit der Pferdebahn vom Geschäftsviertel Smyrnas zu erreichen. Die Gemeinde, die sich vor dem Aufkommen des Automobils entwickelt hatte, erstreckte sich von der See über die Flanke eines steilen Hügels, und der Zugang zu den meisten Häusern führte über mehrere Treppen. Sokrates suchte sich ein Haus aus, das seine anspruchslose und sparsame Natur widerspiegelte, ein stattliches, aber unaufdringliches einstöckiges Gebäude mit einer Veranda und einem kleinen, von Eisengitter eingezäunten Garten. Die Nachbarn waren Griechen, Armenier und Juden. Die Armenier bildeten eine Gruppe rund um ihre Kirche, die Juden bewohnten Villen entlang der Küste. Die Nachbarschaft gab in ihrem kosmopolitischen Charakter die gesellschaftliche Zusammensetzung der wachsenden Kaufmannsklasse in Smyrna wieder. Die verschiedenen Gruppen pflegten zwar keinen regen gesellschaftlichen Kontakt, lebten aber doch ohne ersichtliche Disharmonie nebeneinander.

Das erste Kind war eine Tochter, Artemis, gefolgt von dem zwei Jahre jüngeren Aristoteles. Dann aber kam der plötzliche tragische Tod Penelopes, die an einer Nierenoperation starb. Onassis sagte über seine Mutter immer nur, daß sie schön war und daß er sie früh verloren habe. Als Sokrates achtzehn Monate nach Penelopes Tod wieder heiratete, verzieh ihm das Aristo, wie der Knabe in jungen Jahren genannt wurde, nie. Er betrachtete seine Stiefmutter Helene als Usurpatorin, die ihm seine Mutter weggenommen hatte.

Sokrates gelangte mit Aristo zu keinem liebevollen Verhältnis, wie es üblicherweise zwischen Vater und einzigem Sohn der Fall ist. Er war ein strenger Zuchtmeister, ein Selfmademan, den strengen Traditionen der bäuerlichen Gemeinde verhaftet, aus der er stammte. Noch als er alt und krank war, flößte er den Leuten enormen Respekt ein. Ein Zeitgenosse beschreibt ihn als »dynamisch, streng, aufrecht und unbeugsam«. Er hatte eine unbeirrbare Auffassung von Pflicht, als Bürger wie als Privatmann, und er war kein herzlicher oder liebevoller Mensch. Als kleiner Junge hatte Aristo oft Angst vor dem Vater, der seiner Umgebung so viel Ehrerbietung einflößte.

Aristo und Artemis wurden von Sokrates' Mutter Gethsemane erzogen, die nach Penelopes Tod aus Moutalaski kam und zu der Familie zog. Sie sprach nur Türkisch, konnte aber lesen und schreiben. Außer ihrer Liebe zu dem kleinen Aristo zeichnete sie eine geradezu phantastische Frömmigkeit aus.
Zu Ostern unternahm sie stets eine Pilgerfahrt ins Heilige Land. Sie hatte eine besondere Vorliebe für große Lithographien, die Himmel und Hölle darstellten. Im oberen Teil war eine Wiese mit Blumen und Lämmchen, lachenden Kindern und gütigen Eltern abgebildet, unten dagegen die Fratze des Teufels in Form eines Backofens, der Grimassen schnitt und Feuer spie. Es existiert eine reizende Beschreibung vom Einfluß der Religiosität Gethsemanes auf ihren Engel in dem Buch »Onassis« von Willi Frischauer:

»Jahr um Jahr rahmte Gethsemane die Lithographien, als ob es Kunstwerke wären, und hängte sie über Aristos Bett an die Wand.

›Was ist das, Großmutter?‹ fragte er mit seiner Kinderstimme.

›Was bedeutet es?‹

›Du mußt es jeden Tag ansehen‹, antwortete Großmutter ernst.

›Wenn du ein braver Junge bist, wirst du in den Himmel kommen; wenn du ein schlimmer Junge bist, kommst du nach unten in die Hölle.‹

Jeden Morgen ging er in die nur etwa hundert Meter weit entfernte Schule, die an die Agia Paraskevi, die griechische Kirche des hl. Freitag, angeschlossen war. Gethsemane ging in dieser Kirche ein und aus und war eng befreundet mit den Geistlichen, denen sie viele Geschenke machte. Für die Priester entwendete sie Mehl, Butter, Zucker, Wein und Öl aus der Speisekammer, Dinge, die es während des Krieges kaum gab, und Sokrates Onassis war wenig erfreut, als er feststellte, wohin seine kostbaren Vorräte entschwanden. Doch Gethsemanes Wohltätigkeit legte den Geistlichen eine Verpflichtung auf, und sie waren ihr zu Dank verpflichtet.

So kam es, daß sie alle vierzehn Tage aus Aristos Unterhemden und Unterhosen ein Paket machte, das sie in die Kirche trug, wo die Geistlichen die Wäschestücke unter den Altar legten. Wenn sie dann den heiligen Segen erhalten hatten, holte Gethsemane sie zwei Wochen später ab und trug sie triumphierend nach Hause. Sie steckte Aristo in die Badewanne und schrubbte ihn (›als ob ich ein Schiffsdeck gewesen wäre‹), bis die Haut wund war. Dann ließ sie ihn die gesegnete Unterwäsche anziehen und hielt ihm eine kleine Predigt: ›Jetzt bin ich sicher, daß deine Sünden aus den letzten zwei Wochen vergeben sind und du ein sehr braver Junge sein wirst.‹

Es war ein schmerzhaftes Fegefeuer, aber es beeindruckte Aristo, der sich sehr bemühte, brav zu sein, denn er liebte seine Großmutter und wollte sie nicht enttäuschen. Dieses regelmäßige Ritual füllte jedoch den Kelch seiner Leiden im Namen der Religion nicht aus. Er wurde Chorknabe, und kraft des ›Einflusses‹ seiner Großmutter gehörte er zu den wenigen Auserwählten, die in kurze, goldbestickte Soutanen und Chorhemden gekleidet wurden (›ich sah aus wie ein Miniaturpriester‹).«

Es gelang Aristo nie, es seiner Großmutter an Frömmigkeit gleichzutun, aber das Singen im Chor verhalf ihm zu einer schönen Stimme, die er nie verlor. Das Bewußtsein seines eigenen Werts, Gethsemanes hauptsächliches Geschenk an ihn, verdankte er eher ihrer Liebe als ihrer Religiosität. Er entwickelte sich zu einem aufbrausenden und aggressiven kleinen Jungen, den die Lieblosigkeit des Vaters früh dazu brachte, sich mit der übrigen Welt auseinanderzusetzen. Als er acht Jahre alt war, galt es in seinem Kreis kurze Zeit als Mode, Windrädchen zu basteln, die aus einem Papiersegel bestanden, das mit einem Reißnagel an einem Stück Holz befestigt wurde. Einem seiner Freunde gefiel dieses Spielzeug so gut, daß er beschloß, größere Mengen davon herzustellen. Sein erster Kunde war Aristo.

»Wieviel?« fragte Aristo.

»Na ja, äh ... einen Reißnagel«, antwortete der Freund.

»Dummkopf«, schalt ihn Aristo. »Du gibst mir einen Reißnagel, dazu Papier und ein Stück Holz und noch dazu deine Arbeit, wenn du mir das Windrädchen gibst. Du bist verrückt, wenn du dafür nur einen Reißnagel verlangst. Dabei verlierst du doch!«

»Und so«, schloß der Jugendfreund, Michael Anastiades, der es in Athen zum Professor für Elektronik brachte, »bekam ich meine erste Lektion über die Bedeutung des Profits.«

Das Leben daheim entfernte sich immer mehr von den auf Gethsemanes Lithographien abgebildeten Idealen. Zwei Mädchen aus der zweiten Ehe waren dazugekommen – Merope und Kallirhoe. Es besteht kein Grund zu der Annahme, daß Aristo seine Stiefschwestern nicht liebte, doch immer war es Artemis, seine leibliche Schwester, die ihm am nächsten stand. Mit der Stiefmutter Helene blieb er im Kriegszustand. Schuld war nicht das, was sie ihm antat, sondern daß sie Vaters zweite Frau geworden war. Er gab immer freche Antworten, war unverschämt und gehorchte ihr nie. Sokrates züchtigte ihn mit dem Riemen, hatte aber nur geringen Erfolg. Einmal, als Aristo dreizehn war, wurde es so schlimm, daß er zu der Nachbarfamilie Kalojeropoulos geschickt wurde. Diese Verbannung dauerte mehrere Monate.

Seit dem Jahr 1913 ging Aristo in die der Agia Paraskevi angeschlossene Volksschule. Aristos engster Schulfreund, Janni Voulgarides, erinnerte sich später an praktisch nichts mehr, vermutlich weil Aristo meist durch Abwesenheit glänzte; er war ein unverbesserlicher Schulschwänzer. Onassis selbst hingegen hatte eine lebhafte Erinnerung an die Schule. In den Pausen spielte er mit den anderen Kindern im Schulhof neben der Kirche. Ein alter Geistlicher sah ihnen von der Kirche aus zu, winkte ihn zu sich heran und bot ihm Süßigkeiten an. Als Aristo die Hand danach ausstreckte, gab der Priester ihm einen Klaps. »Warum hat er das nur getan?« fragte sich Onassis. »Ich konnte das nie verstehen.«

Vier Jahre später begannen Aristo und Janni Voulgarides ihr Mittelschulstudium in Smyrna. Janni besuchte die Sophia-Schule, Aristo die private Aroni-Schule. Georgios Katramopoulos, jetzt Juwelier in Athen, erinnert sich, daß Aristo in der Aroni-Schule beliebt war: er verpetzte andere Jungen nie und half den Kleineren gegen die Stärkeren, die sie ständig tyrannisierten.

Seine Lehrer waren indes nicht so begeistert von Aristos Tugenden. Einer von ihnen, namens Karaplias, pflegte am Ende der morgendlichen Namensverlesung zu zögern, denn »Onassis« beginnt mit Omega, dem letzten Buchstaben des griechischen Alphabets. »Ah«, sagte er mit Bedacht, »Ende des Alphabets und Ende des guten Betragens: Onassis!«

Als Sproß einer der wohlhabendsten und einflußreichsten Familien der Gemeinde konnte Aristo ungestraft mit einem Betragen davonkommen, das für Söhne unbedeutenderer Väter sofortige Verweisung nach sich gezogen hätte – schließlich hing der Fortbestand der Schule von solchen Gönnern wie der Familie Onassis ab. Die denkwürdigste Schandtat Aristos bestand darin, daß er eine hübsche Englischlehrerin in den Hintern zwickte. Er scheint sich zu diesem Streich allmählich hochgearbeitet zu haben, doch diesmal entschied man, daß er zu weit gegangen war. Die Engländerin bekam einen geradezu hysterischen Anfall und warf ihn aus dem Klassenzimmer. Er wurde von Herrn Aroni persönlich streng vermahnt und für mehrere Tage von der Schule gewiesen.

Sokrates verzweifelte schier an seinem Sohn. Er bat angesehene Bürger, wie Michael Avramides, damals Leiter der Evangeliki-Schule, der vornehmsten Schule von Smyrna, um Rat. Im Jahr 1961, kurz vor seinem Tode, gab Avramides eine Erklärung für das »Studienzentrum über Kleinasien« ab, einer Einrichtung in Athen, die sich der Erforschung und Aufzeichnung der Geschichte der griechischen Volksgruppen in Anatolien widmet. Die Erklärung bietet interessante Einblicke in Onassis' Charakter.

»Ich kannte die Familie Onassis«, schrieb Avramides, »sogar schon bevor Aristoteles an die Evangeliki-Schule kam. Ich wohnte im Karatassi-Viertel und sang in der Kiche Agia Paraskevi. Aristoteles' Vater war der Schatzmeister der Kirche ...

Sokrates sah sehr gut aus, würdig wie ein Sultan. Ein gütiger Mann, sehr freigebig; er war Kaufmann und handelte mit Tabak und Rosinen. Ich verkehrte regelmäßig in seinem Haus. Eines Tages sagte er zu mir: ›Michael, ich mache mir wirklich Sorgen um meinen Sohn Aristoteles. Er treibt mich noch zum Selbstmord. In welche Schule ich ihn auch schicke, er wird hinausgeworfen. Was halten Sie davon, wenn ich ihn in die Evangeliki-Schule stecke, und Sie sich ein wenig um ihn kümmern?‹

Sokrates muß gewußt haben, daß er mit seiner Frage viel verlangte. Um die fünfzig Schulplätze gab es jedes Jahr heftiges Gerangel; nur Nepotismus oder Protektion konnte Aristos Eintritt in ein solches Institut sichern. Die Schule war 1773 unter dem Schutz des Britischen Konsulats gegründet worden. Der Direktor der Schule, Lithoxoos, war ein strenger Zuchtmeister mit hohen pädagogischen Ansprüchen.

Avramides fährt in seiner Aufzeichnung fort: »Eines Tages brachte Sokrates seinen Sohn in die Schule. ›Ich vertraue ihn Ihnen an und bitte Sie, ein Auge auf ihn zu haben‹, sagte er. Ich sprach mit Sokrates immer Türkisch, das war ihm lieber, denn er fand es leichter als Griechisch.

Der Sohn war so schrecklich, wie der Vater gütig war. Er war wirklich ungezogen, ein rebellisches Kind, das alle in seiner Umgebung schockierte und die anderen Schüler in der Schule störte. Er hörte auf niemanden; ich hatte während meiner ganzen Zeit an dieser Schule kein so schwieriges Kind wie ihn. Ich mußte oft schelten, fragte ihn auf türkisch ›*utanmiorsun*?‹ (›schämst du dich nicht?‹), und er bat mich, seinem Vater nichts zu erzählen.

Er brachte auch seine Lehrer aus der Fassung, insbesondere die Englisch- und Deutschlehrer. Einmal sagte er, er wolle nicht zum Essen nach Hause gehen, sondern in der Schule bleiben. Der Schuldiener wollte ihm das nicht gestatten, es sei denn, er habe eine Erlaubnis. Da kam Aristo zu mir und beklagte sich darüber, daß er, der sehr klein sei, ein viel zu großes Pult habe, während sein Freund Christos Christou sehr groß sei und ein zu kleines Pult habe. Ob sie wohl über Mittag dableiben und die Pulte umstellen dürften. Ich gab ihnen die Erlaubnis. Das Verbleiben in der Schule hatte aber gar nichts mit den Pulten zu tun. Aristo brachte es fertig, eine elektrische Leitung mit Drähten und Batterien zwischen seinem Pult und dem seines Freundes zu installieren. An dem Nachmittag hatten sie eine Deutsch- oder Englischstunde, und als der Lehrer ins Zimmer trat, schaltete Aristoteles die Anlage ein, und die elektrischen Klingeln begannen zu läuten. Alle kamen in das Klassenzimmer gelaufen, um zu sehen, was passiert sei, und es herrschte eine Zeitlang völliges Chaos, bis wir entdeckten, was er angestellt hatte. Aristoteles wurde für vierzehn Tage von der Schule verwiesen; aber als er wiederkam, hatte sich an seinem Benehmen nichts geändert. Er war auch geizig. Sein Vater gab ihm Geld für den Schuldiener, doch er verbrauchte es selbst. Er war aber ein guter Schüler, intelligent, er begriff schnell, was man ihm beibrachte. Man konnte, obwohl er noch jung war, erkennen, daß hier ein Mensch heranwuchs, der es noch weit bringen würde.«

Die sture Pedanterie, mit der Lithoxoos die Schule leitete, konnte kaum dazu führen, bei einem so rebellischen Kind wie Aristo ein humanistisches Interesse auszulösen. Das einzige Unterrichtsfach, das ihm je gefiel, war Geschichte. Alle, die Onassis kannten, geben von ihm die gleiche Beschreibung: die eines scharfsinnigen, gutaussehenden und rebellischen Jungen, der bei seinesgleichen beliebt war, aber seine Eltern und Lehrer zur Verzweiflung trieb.

Nach dem Unterricht hatte Aristo wenig Zeit für seine intellektuellen Klassenkameraden, die sich oft in Altgriechisch miteinander unterhielten. Seine »Clique« bestand aus Jorgo Mavrojannis, dem Jungen, der für Sokrates arbeitete, Janni Voulgarides, den Aristo »Janko« nannte, und Jankos Bruder

Smyrna besaß ein Dirnenviertel, das Demir Yolu. Drei Männer, die zusammen mit Aristo die Evangeliki-Schule besuchten, erinnern sich im Zusammenhang daran vor allem an die Vorfälle des 4. Dezember 1921 – sie sind des Datums sicher, denn es war der Tag der hl. Barbara. An jenem Tag überraschte Aristo seine Klassenkameraden und Lehrer gleichermaßen durch sein Ersuchen, ihm und anderen, die gleiche Interessen hätten, zwei Stunden schulfrei zu geben, um am Vormittag der Kommunion zu Ehren der Heiligen beizuwohnen. Die Lehrer waren zu überrascht, um ihm das abzuschlagen. Doch kaum war Aristo mit der Gruppe von etwa einem Dutzend Jungen durch das Schultor auf die Straße getreten, da schleppte er sie zum Demir Yolu. Obwohl sie zuerst angedeutet hatten, die Expedition sei erfolgreich verlaufen, beschlossen sie – alle sind heute ältere, angesehene Athener Bürger, die wir in ihrem Klub befragten –, keine Einzelheiten zu erzählen, außer der Tatsache, daß sie Demir Yolu besuchten. Aber sie gaben zu, Aristo »schien sich dort gut auszukennen«.

Die Ansichten darüber, inwieweit Aristo frühzeitig unternehmerische Qualitäten zeigte, sind geteilt. Onassis' Rudergefährte Janko meint, daß er nicht mehr oder minder ehrgeizig war als andere Halbwüchsige von Smyrna auch, wo Geschäftemachen eine Art zu leben war. Die Jungen der Evangeliki-Schule, die aus einer behüteten freiberuflichen, akademischen oder klerikalen Umgebung stammten, bildeten sich eine eigene Meinung über die sich abzeichnenden geschäftlichen Fähigkeiten ihres Klassenkameraden.

Eines Tages brach ein Feuer in dem Laden aus, wo sie ihre Schulsachen kauften. Man erinnert sich nicht genau, ob Aristo eine Anzahl angekohlter Bleistifte, die zum Verkauf nicht mehr geeignet waren, »organisierte« oder für eine sehr geringe Summe erstand. Aber alle sind sich einig, daß sein nächster Schritt darin bestand, zwei von den neumodischen Bleistiftanspitzern zu kaufen. Dann überredete er einen Freund, sich mit dem zweiten Anspitzer zu bewaffnen, und beide setzten sich hin und spitzten so lange, bis kein verkohltes Holz mehr zu sehen war. Dann verkaufte Aristo die Bleistifte an seine Schulkameraden mit Sonderrabatt und erzielte einen hübschen Profit.

Das gelungene Geschäft mit den angekohlten Bleistiften verschaffte Aristo in der Schule hohes Ansehen auf einem Gebiet, wo es wenig Konkurrenten gab. Das Bezeichnende war, daß Aristo das Geld nicht brauchte. Sokrates' Reichtum war sprichwörtlich; einer der Scherze in der Schule lautete, er sei so reich und so großzügig zu Aristo, daß er die Initialen seines Sohnes auf die Wände aller griechisch-orthodoxen Kirchen der Christenheit schreiben lassen könne. Es war ein Hinweis auf »Ich bin das Alpha und das Omega« – die Bezeichnung Gottes, der erste und der letzte Buchstabe des griechischen Alphabets und die Anfangsbuchstaben von Aristoteles Onassis.

Der Wohlstand, dessen sich die Familie Onassis und die griechische Gemeinde von Smyrna erfreuten, überdauerte die Nachwirkungen des Ersten Weltkriegs nicht. Gewöhnlich fragen die Historiker, wieso die Bürger anderer europäischer Länder diese Katastrophe nicht voraussahen, und es lohnt sich, die gleiche Frage an die Griechen in Smyrna zu richten. Sie konnten sich nicht vorstellen, daß ihre Gemeinde völlig zerstört werden könnte, und als es passierte, waren sie unfähig, Widerstand zu leisten.

Der Grund für dieses Versagen liegt zum Teil darin, daß ihre Lage sich nur allmählich verschlechterte. Der Rückzug der Türken vom Balkan war nichts Neues, ebensowenig die Neigung der zuvor unterworfenen Völker, sich im Kielwasser dieser Entwicklung in den Vordergrund zu drängen. Die Westmächte hatten das von den Türken zurückgelassene Vakuum ausgefüllt, und es schien keinen Grund zu geben, warum sie es nicht weiterhin tun sollten. Als Griechenland, Serbien, Montenegro und Bulgarien sich 1912 vereinigten, um die Türken aus Europa zu verjagen, freuten sich die Griechen in Smyrna in aller Stille. Sie wollten, daß die Dinge auf beiden Seiten funktionierten; es kam ihnen nicht zu Bewußtsein, daß ihr Wunsch, ein bevorzugter Teil des Ottomanenreichs zu bleiben, und ihr nicht weniger starker Wunsch, als Griechen angesehen zu werden, sich nicht realisieren ließ.

Als die Türkei sich im Ersten Weltkrieg auf Deutschlands Seite gegen die Alliierten schlug, wurde Smyrna von einer Streitmacht türkischer und deutscher Soldaten besetzt. Liman von Sanders wurde in Karatassi einquartiert, nur wenige Häuser von der Familie Onassis entfernt. Aristo und seine Klassenkameraden wurden in der Schule gezwungen, die Fahne der Britischen Handelsmarine zusammenzurollen und ihre Mützen englischen Stils gegen türkische Fes und Satinarmbinden mit Stern und Halbmond zu vertauschen. Doch die Smyrnaer Griechen unterstützten insgeheim Griechenland. Ihre (natürlich in griechischer Sprache abgehaltenen und daher für die Besatzungstruppen unverständlichen) Kirchenandachten endeten mit der Bitte, Gott behüte Griechenland, den griechischen König, die Königin und das griechische Heer. Aristo brachte seine Verwunderung über diese Unvereinbarkeit zum Ausdruck. »Ich dachte, wir stehen auf seiten der Deutschen«, sagte er zu seinem Vater. »Warum beten wir für den Feind?« Er wurde aufgefordert, still zu sein, sonst brächte er seine Familie und seine Freunde in Gefahr.

Dessenungeachtet kündigte sich die Katastrophe bereits an, die über die anatolischen Griechen hereinbrechen sollte. Abseits gelegenen griechischen Gemeinden im Landesinneren wurde mitgeteilt, daß ihre Sicherheit durch die türkischen Behörden »nicht länger gewährleistet werden könne«. Die griechischen Einwohner zogen fort, an ihrer Statt kamen Mohammedaner, die in den Balkankriegen aus Europa geflohen waren. Doch solche plötzlichen Bevölkerungsumschichtungen beachtete man in Smyrna nicht. Sie betrafen die Stadt nicht, und die Smyrnaer Griechen ließen sich dadurch nicht beeinflussen. Auch das Schicksal der Armenier im Ottomanenreich, die in ganz Kleinasien und in Armenien selbst 1915 massakriert wurden, hielt man nicht für bedrohlich. Solche Atavismen schienen weit entfernt von einer Gemeinde, die stolz auf ihre kosmopolitische Einstellung war.

1919 »befreiten« die alliierten Truppen Smyrna, wobei es zu begeisterten Demonstrationen seitens Pro-Alliierter kam. Auf einmal wurde der Gedanke der »Enosis« – Vereinigung mit Griechenland –, welche die Smyrnaer Griechen nie wirklich gewünscht oder gesucht hatten, laut. Elevtherios Venizelos, der griechische Ministerpräsident, war ein Befürworter des griechischen Anatolien. Die Westmächte, insbesondere Großbritannien, dessen Premierminister Lloyd George ein romantischer Griechenfreund war, schienen bereit, ihn zu unterstützen.

Am 10. August 1920 wurde der Vertrag von Sèvres unterzeichnet, der Smyrna und einen Großteil des anatolischen Hinterlands Griechenland zuerkannte. Inzwischen hatte es in der Türkei einen weiteren Staatsstreich gegeben. Der Sultan wurde von Mustafa Kemal Pascha gestürzt, der die Absicht hatte, sich jedem aufgezwungenen Vertrag, besonders wenn er die Zerstückelung der Türkei vorsah, mit Gewalt zu widersetzen. Griechenland, durch zehn Jahre Krieg erschöpft, mit einer im Hinterland hoffnungslos verstreuten Armee, zeigte sich außerstande, die Vertragsbedingungen durchzusetzen.

Für Aristo nahm der Sommer des Jahres 1922 einen schlechten Anfang. Er hatte nicht erwartet, die Schule erfolgreich zu beenden, und war deshalb nicht überrascht, als er tatsächlich durchfiel. Er hoffte, sich bei den alljährlichen Wettkämpfen des Pelopsklubs zu bewähren; sein Onkel Homer fungierte dieses Jahr als einer der vier Schiedsrichter. Aristo war ein guter Schwimmer, Ruderer und Wasserballspieler, und außerdem waren die meisten älteren Jungen zum Militärdienst einberufen. Er besaß gute Aussichten, »Victor Ludorum« zu werden. Tatsächlich gewann er bei den Spielen am 30. Juli zwei Preise, aber nicht den »Victor Ludorum«. Ein Gefühl der Niederlage befiel ihn. Einige Tage später traf ihn einer seiner Schulfreunde, der die Schule mit Auszeichnung absolviert hatte, im Park an. »Verlier doch nicht den Mut«, munterte er ihn auf, »es gibt immer ein nächstes Jahr. Dann bekommst du dein Diplom.« »Du Idiot«, rief Aristo wütend, »glaubst du, ich bleibe in dieser lumpigen Stadt? Für mich ist diese Welt zu klein. Ich brauche kein Diplom. Du wirst dich noch wundern, was aus mir noch mal wird.«

Diese Prophezeiung sollte sich bestätigen. Ein Beweis dafür ist sein außerordentliches Leben. Was er aber nicht wußte noch wissen konnte, waren die entsetzlichen Umstände, die seine plötzliche Abreise aus Smyrna veranlaßten.

Die Katastrophe

Die türkische National-Armee unter dem Befehl von Mustapha Kemal Pascha griff am Morgen des 26. August 1922 das Zentrum der griechischen Armee auf dem Plateau von Dumlupinar, dreihundert Kilometer östlich von Smyrna, an. In vierundzwanzig Stunden brach die griechische Front zusammen. Die zurückweichenden griechischen Soldaten waren außerstande, ihre Gegner zu schlagen, und auf dem Rückzug ließen sie eine rote Spur hinter sich, als sie die türkische Bevölkerung niedermetzelten. Die vorrückenden türkischen Truppen fanden die Leichen ihrer Landsleute in den Ruinen und mit Hilfe der Überlebenden sannen sie auf Rache. Bald fand man verstümmelte griechische Leichen zwischen den toten Türken.

Am 2. September war aus dem griechischen Rückzug eine ungeordnete Flucht geworden. »Zuerst kamen Flüchtlinge«, schrieb George Horton, US-Konsul in Smyrna, »und dann die geschlagenen, verdreckten, zerlumpten griechischen Soldaten, die starr vor sich hinblickten, wie Schlafwandler ... In einem endlosen Strom ergossen sie sich zu dem Stützpunkt an der Küste, wohin sich die griechische Flotte zurückgezogen hatte«. Doch die griechische Flotte lichtete die Anker und verließ den Hafen. Smyrna blieb den Türken überlassen. Am 9. September wurde die Stadt ohne Widerstand besetzt.

Vierundzwanzig Stunden lang blieb es ruhig, während die Türken ihre Beute in Augenschein nahmen. In der Nacht des 10. September betrat eine Kompanie türkischer Soldaten das Armenierviertel, um mehrere prominente Armenier, die der türkischen Herrschaft feindlich gegenüberstanden, festzunehmen und zu töten. Die Armenier leisteten Widerstand, und das darauffolgende Massaker wirkte wie ein Signal. In den nächsten Tagen stürmten türkische Truppen, von ihren Offizieren ermuntert, mordend und plündernd durch die nichttürkischen Viertel der Stadt. Männer, Frauen und Kinder wurden aus ihren Häusern gejagt und auf der Straße ermordet. Die Kirchen, mit Flüchtlingen überfüllt, wurden mit Benzin übergossen und in Brand gesteckt. Die Holzwände fingen sofort Feuer. Wer zu fliehen versuchte, wurde auf den Kirchenstufen mit dem Bajonett niedergemacht.

Die brennenden Stadtviertel wurden von einem Truppenkordon abgesperrt. Fliehende wurden entweder auf den Straßen erschossen oder zurück in die Flammen getrieben. Manchen gelang es, den Hafen zu erreichen, wo britische, französische und andere alliierte Kriegsschiffe vor Anker lagen. Sie waren ihren Landsleuten zu Hilfe gekommen, doch die flehenden, schreienden Griechen wurden in der Mehrzahl abgewiesen. Manche Flüchtlinge schwammen zu den Schiffen hinaus, und wurden von den rotierenden Schiffsschrauben getötet.

Die Katastrophe von Smyrna war der erste Zwischenfall, über den die westlichen Nachrichtenmedien ausführlich berichteten – auch über die Racheaktionen einer siegreichen Armee an der schutzlosen Bevölkerung eines geschlagenen Volkes. Ward Price beschrieb das Feuer in der *Daily Mail* vom 16. September: »Ich stehe auf dem Deck der ›Iron Duke‹ und sehe eine drei Kilometer lange Feuerwand, die von zwanzig verschiedenen Vulkanen gespeist wird – tobende Flammen und zackige, verzerrte Zungen bis zu einer Höhe von dreißig Metern. Die See glüht kupferrot. Von der eng zusammengedrängten Menge vieler Tausender Flüchtlinge auf dem schmalen Kai, die den Feuertod hinter und das tiefe Meer vor sich hat, ist ein ununterbrochener verzweifelter Schrei meilenweit zu hören.« Als die Flammen fünf Tage später langsam verlöschten, waren 120 000 tote Griechen und Armenier zu beklagen. Das Giaur Izmir – das ungläubige Smyrna – war fast völlig vernichtet.

Am Tag, als die Türken Smyrna besetzten, hatte Sokrates Onassis seine Familie in seinem Haus in Karatassi versammelt und die Läden geschlossen. Seine Frau Helene, Großmutter Gethsemane, Aristo und Artemis und die zwei jüngeren Mädchen, Merope und Kallirhoe, waren bei ihm. Sie verbrachten die nächsten vier Tage im Haus und beobachteten die Zerstörung der Stadt durch die Fensterläden. Sie waren in einem Erregungszustand, der an Entsetzen grenzte. Es war klar, daß die Hauptquelle ihres Reichtums, das Tabaklagerhaus, vernichtet worden war. Sokrates hatte jedoch dringendere Sorgen. Die Familie Onassis war zwar in Sicherheit vor dem Feuer, doch sie mußten Repressalien befürchten.

Die Onassis hatten wie der Großteil anderer Smyrnaer Kaufleute, seit langem schon befürchtet, daß sich die Bindung des griechischen Mutterlandes zu Anatolien als zu schwach erweisen könnte. Als führende Mitglieder einer Separatistenbewegung, die auf ein autonomes griechisches Gebiet unter der nominellen Herrschaft der Türkei abzielte, wünschten sie für Smyrna die Bildung einer internationalen Zone. Sie hatten gehofft, das würde für die Türken annehmbar sein, die im Lauf der Geschichte anderen Minderheiten gestattet hatten, als Mittler zwischen ihnen und der Außenwelt zu fungieren. Für die wohlhabenden Kaufleute von Smyrna bedeutete ein solches Arrangement zudem die Aussicht auf günstigere Handelspositionen. Der militärische

Arm der Bewegung nannte sich »Mikrasiatiki Ethniki Amina« – Kleinasiatische Verteidigungsliga. Im Gebiet von Smyrna wurden Komitees gebildet, die Geld für die Bewaffnung der geplanten Kampftruppe aufbringen sollten. Homer und Alexander Onassis, Aristos Onkel, fungierten als Kassenwarte der Ortsgruppe. Aber die Organisation bestand hauptsächlich auf dem Papier, und als die türkische Armee kam, gab es keinen Widerstand. Dennoch gelangte ein Verzeichnis der Organisationsmitglieder in türkische Hände. Da die Bürger von Smyrna rechtlich nie aufgehört hatten, türkische Untertanen zu sein, wurden die Anhänger der »Ethniki Amina« zu Verrätern gestempelt und alle zum Tode verurteilt. Für die Familie Onassis waren die Folgen ernst und in einigen Fällen tödlich.

Aristos Onkel Homer war in kluger Voraussicht vor Ankunft der türkischen Truppen geflüchtet. Alexander dagegen wurde sofort verhaftet und nach Kasaba, sechzig Kilometer weit ins Landesinnere, gebracht, wo er später hingerichtet wurde. Die Onkel Basil und Joannis wurden in ein Konzentrationslager im Landesinneren gebracht. Tante Maria, ihr Mann Chrysostomos Konialidis und eines ihrer Kinder hatten in einer Kirche in Ak-Kissar, in der alten griechischen Stadt Theatira, Zuflucht gesucht. Sie wurden zusammen mit fünfhundert anderen Flüchtlingen bei lebendigem Leibe verbrannt. Schließlich wurde Sokrates Onassis verhaftet und ins Gefängnis geworfen; der sechzehnjährige Aristo blieb als einziges männliches Familienmitglied in Karatassi zurück. Obwohl Sokrates nicht auf der Liste der »Verräter« stand, befand er sich in großer Gefahr, weil zwei seiner Brüder gesucht wurden.

Unsere Kenntnis von dem, was sich in den nachfolgenden dramatischen Wochen ereignete, beruht auf Onassis' eigener Erzählung. Im Grunde stimmt sie mit der Schilderung seines Freundes »Janko« Voulgarides, kurz nach dessen Ankunft in Athen, überein. Unsere Nachforschungen ergaben, daß Onassis' Erzählung im Kern stimmt, obwohl er mitunter dazu neigte, seine Rolle herauszustreichen.

Kurz nach der Verhaftung seines Vaters beschloß Aristo selbst festzustellen, was in der zerstörten Stadt geschehen war. Er sah, wie Männer aus ihren Wohnungen gejagt, gehängt, erschossen oder fortgeschleppt wurden. Türkische Patrouillen, »Sicherheits«kommandos und bewaffnete Plündererbanden zogen durch die Straßen. Die abgeschlagenen Köpfe griechischer Mädchen trieben auf dem Fluß Uzun, wie Kokosnußbündel mit dem Haar zusammengebunden. Männer, Frauen und Kinder sprangen voll bekleidet ins Wasser, um die Schiffe im Hafen zu erreichen. Verzweifelt hielten sie sich an den Ankerketten fest und flehten die Besatzung an, an Bord genommen zu werden. Aber die ausländischen Matrosen warfen mit Eimern, Besen und Abfällen nach ihnen, bis die Kräfte sie verließen und sie ertranken.

Die Türken beschlossen, das Haus der Familie Onassis in Karatassi als Quartier für einen ihrer Generale zu beschlagnahmen. Als der Requisitionsbefehl kam, zogen die Frauen aus. Großmutter Gethsemane zog zu einer Freundin; Stiefmutter Helene und die drei Mädchen warteten in einer Evakuationssammelstelle auf den Transport ins griechische Mutterland. Aristo, der bereits Erfahrung mit Militärs hatte, beschloß zu bleiben. Während der Besetzung Smyrnas durch die Deutschen war General Liman von Sanders unweit des Hauses der Familie Onassis einquartiert gewesen. Er versuchte, sich bei den Kindern der Umgebung beliebt zu machen, indem er ihnen Bonbons schenkte und sie in seiner Limousine mitnahm. Das gab Aristos erste Einblicke in die Art und Weise, wie man Autorität durch Charme und Geschick gewinnen kann.

Als der türkische General und sein Gefolge eintrafen, stand Aristo im Türgang des Hauses. Ein türkischer Oberleutnant kam auf ihn zu und stellte sich als Adjutant des Generals vor. Aristo erklärte, daß er seine Schwestern nicht ins Lager habe begleiten wollen und den Türken vielleicht behilflich sein könne. Als der Adjutant Näheres über das Haus wissen wollte, zeigte sich Aristo sehr zuvorkommend. Er erklärte, daß alles nicht so einfach sei und schlug ihm vor, eine Zeitlang zu bleiben, um dem General alles bequem einzurichten. Und der Adjutant war einverstanden.

»Gewöhnlich kann man feststellen, daß die Leute, wenn man es ihnen bequem macht, einen gern mögen«, erklärte Onassis später. Was er während der Besatzung Smyrnas lernte, war die Fähigkeit, Menschen zu überzeugen, daß er Dinge zu bewerkstelligen vermochte, die für beide Seiten vorteilhaft waren. Das war eine Kunst, die weder sein strenger Vater noch seine Lehrer besonders geschätzt hatten.

Die Feuerbrunst hatte in Smyrna zu wirtschaftlichen Engpässen geführt. Die alliierte Flotte lag in der Bucht, die Türken waren in der Stadt, und so gingen die Alkoholvorräte bald zur Neige. Um weitere Gewalttaten zu vermeiden, verbot der türkische Oberkommandierende den Verkauf von Alkohol. Die Soldaten wurden durstig. Als der General sich in Aristos Anwesenheit beklagte, deutete der junge Onassis an, er könne vielleicht etwas Alkohol organisieren. Mit seinem Gönner, dem Adjutanten, machte er die Runde bei den Geschäftsfreunden seiner Familie, aber ohne Erfolg; die alten Freunde der Familie waren nicht geneigt, in Gegenwart eines türkischen Offiziers mit Aristo zu sprechen.

Am nächsten Tag saß er niedergeschlagen im Hausflur, da fuhr ein Mann in einem alten Ford vorbei. Aristo erkannte den Vizekonsul der Vereinigten Staaten. Aristo schilderte seinen Mißerfolg vom vorigen Tag, meinte aber, es könnte sich vielleicht lohnen, einen zweiten Versuch zu wagen. Die beiden machten sich gemeinsam auf den Weg. Diesmal war das Unternehmen von Erfolg gekrönt. Sie trieben mehr als zehn Liter Raki und mehrere Flaschen Scotch auf. Der Scotch und ein großer Teil des Raki gingen zur US-Marine. Aristo erhielt eine Flasche Raki und einen alliierten Passierschein, der ihm den Zugang zu der streng bewachten US-Marinezone ermöglichte. Die Flasche Raki brachte er seinen türkischen Gästen, die von seiner Findigkeit begeistert und beeindruckt waren. Sie schenkten ihm dafür einen neuen Anzug und einen Passierschein, der für die Stadt selbst gültig war. Damit war seine Rolle als Mittelsmann gesichert. Nun hatte er freien Zutritt zur Stadt, sogar nach dem Ausgangsverbot, und machte sich daran, seine Familie zu suchen und für ihre Sicherheit zu sorgen.

Die Mädchen befanden sich mit der Stiefmutter im Lager; sie wurden mit Parks Hilfe auf ein Schiff gebracht, dessen Ziel die griechische Insel Lesbos war. Großmutter Gethsemane war nirgends zu finden, doch es schien ihr gelungen zu sein, zu entkommen.

Bewaffnet mit dem türkischen Passierschein gelang es Aristo, den Vater im Gefängnis zu besuchen. Sokrates Onassis war krank und deprimiert. Die Türken »urteilten« jede Nacht zehn bis zwanzig Menschen »ab« und richteten sie hin. Die Gefangenen wußten nie, wer der nächste sein würde. Aristo organisierte eine Demonstration »Türken für Sokrates Onassis«. Sein Vater hatte viele Freunde unter den türkischen Geschäftsleuten, und Aristo überredete fünfzig von ihnen, mit Plakaten vor der Stadtpräfektur zu demonstrieren. Sokrates wurde nicht zum Tod verurteilt, aber auch nicht freigelassen.

Ein türkischer Freund seines Vaters, Sadiq Topal, wandte sich an Aristo; er hatte einige seiner Besitztümer – Aktien und Wertpapiere sowie eine Schmuckkassette – im Kontor von Onassis deponiert. Als Türke konnte Sadiq eine Genehmigung erhalten, seinen Besitz abzuholen. In Begleitung eines türkischen Offiziers und zweier Zeugen gingen Sadiq und Aristo zu Sokrates' zerstörtem Geschäftshaus. Der Tresor war noch unversehrt, und da fragte Aristo den türkischen Offizier selbstsicher, ob er einen Teil des Geldes, das seinem Vater gehörte, mitnehmen dürfe. Obwohl das der Notverordnung widersprach, ließ der Offizier sich bewegen, Aristo zu gestatten, mehrere tausend türkische Pfund, über 10 000 Dollar, zum eigenen Gebrauch zu entnehmen. Die Übernahme des Geldes brachte ein Problem mit sich. Alle männlichen Griechen über siebzehn mußten sich bei den türkischen Behörden registrieren lassen; dann wurden sie entweder interniert oder ins griechische Mutterland abgeschoben. Aristo war noch nicht siebzehn, aber seine Frühreife mußte bei den offiziellen Stellen auffallen. Wenn er befragt oder untersucht wurde, konnte man das Geld bei ihm finden und es beschlagnahmen. Er war hin und hergerissen zwischen dem Wunsch, seinem Vater zu helfen, und dem Verlangen, zu den Frauen seiner Familie nach Lesbos zu fahren, die dort ohne Geld lebten. Seine Gönner, Park und der türkische Adjutant, rieten ihm, auf die Insel zu fahren, solange das noch möglich war. Auch sein Vater plädierte dafür, daß Aristo nach Lesbos fuhr und die Familie nach Griechenland brachte. Sokrates vertraute darauf, daß ihn seine türkischen Freunde in Smyrna schützen würden. Aristo folgte dem Wunsch seines Vaters und konnte sich mit Parks Hilfe an Bord eines US-Zerstörers eine Überfahrt nach Lesbos sichern. Der Zerstörer sollte um zwei Uhr nachmittag in See stechen, und Aristo ging, seinem Vater Lebewohl zu sagen. Er hatte das gesamte Familiengeld bei sich, sowie einige Lammkoteletts und Zigaretten. Vater und Sohn umarmten sich zum Abschied, und Aristo gab Sokrates 500 türkische Pfund – ungefähr 2000 Dollar –, das Fleisch und die Zigaretten.

Beim Verlassen des Gefängnisses wurde Aristo verhaftet. Der Kommandant hatte gesehen, wie Aristo seinem Vater die 500 Pfund übergab. Er wurde ins Zimmer des Kommandanten geführt und gefragt, woher er das Geld habe und wieviel er noch bei sich trage. Aristo log; er sagte, er habe viel Geld ausgeben müssen und besitze nichts mehr. Den Kommandanten interessierte diese Behauptung. Es wurde Aristo klar, daß er den Verdacht hegte, er habe den türkischen General bestochen, der im Hause Onassis wohnte.

Aristo war sehr erschrocken. Er trug nicht nur den Rest des Familiengeldes bei sich, sondern auch verräterische Dokumente und Mitteilungen von anderen Gefangenen für ihre Familien in Griechenland. Zum Glück wurde der Kommandant zu einer dringenden Besprechung gerufen. Aristos Wächter gingen plaudernd auf dem Korridor des Gefängnisses auf und ab, der Junge mitten unter ihnen. Allmählich blieb er zurück und verließ, so ruhig es sein klopfendes Herz gestattete, das Gefängnis. Die Wachen am Eingang machten nicht den Versuch, ihn aufzuhalten. Er war ja schließlich ein regelmäßiger Besucher.

Außer Sichtweite rannte Aristo wie gehetzt zum Hafen und suchte Zuflucht im Büro des US-Vizekonsuls im Hotel Majestic. Park versteckte den Jungen in seinem mit einem Rolladen verschlossenen Schreibtisch. Eine türkische Patrouille kam zu Park und fragte, ob er einen Flüchtling gesehen habe, der eine Menge Geld gestohlen und – so behaupteten sie noch, damit es sich lohnte – ein Mädchen ermordet habe. Aristo hörte im Schreibtisch zu, wie der Vizekonsul mannhaft log. Als die Türken fort waren, besorgte Park eine Matrosenuniform. Dann brachte er ihn zum Hafen und eiligst an Bord des US-Zerstörers 219, »Edsall«. Eine Stunde später war Aristo auf dem Weg nach Lesbos, verkleidet als einfacher US-Matrose.

In Lesbos wurden die ankommenden Schiffe von kleinen Booten umringt. Am Kai stand eine Menschenmenge, die Nachrichten aus Smyrna erwartete.

Die Insel war zu einem Umschlagplatz für ungefähr eine Million anatolischer Griechen auf dem Weg zum Mutterland geworden. Die Flüchtlinge, darunter siebzehn Frauen und Kinder der Familie Onassis, wohnten in Zelten. Lebensmittel waren knapp und die sanitären Einrichtungen unzureichend; es kam zu einer Typhusepidemie, die später auf das Mutterland übergriff. Die Familie Onassis verließ die Insel so schnell wie möglich. Drei Wochen nach Aristos Ankunft landete sie in Piräus, dem Hafen von Athen. Aristo trug noch seine Matrosenuniform.

Die Onassis bezogen eine Wohnung in Paraiki, einem verfallenen Viertel von Athen, unweit der Werft von Piräus. Onkel Homer war war behilflich, doch größtenteils fungierte Aristo als Familienoberhaupt. Er beglich die Rechnungen und kümmerte sich um das Schicksal der fehlenden Familienmitglieder. Es gab tragische Nachrichten über Großmutter Gethsemane. Sie hatte die Katastrophe überlebt, war den Türken entkommen und nach Griechenland gelangt, wo sie dann durch die Hand von Griechen starb. Als die alte Dame mit all ihren Habseligkeiten in Piräus an Land gehen wollte, versuchte eine Diebesbande, ihr die Handtasche zu entreißen. Sie wehrte sich heftig, verlor den Halt und stürzte von der Landungsbrücke auf den Kai. Es war ein bitterer Schlag und keineswegs dazu angetan, Aristos Zuneigung für Griechenland zu steigern, ein Land, in das er nie vorher einen Fuß gesetzt hatte und in dem weder er noch irgendeiner der Flüchtlinge aus ottomanischem Gebiet besonders willkommen war. Die Bevölkerung Griechenlands zählte nur fünf Millionen, das Land war kriegsmüde und zugrunde gerichtet; Lebensmittel und Medikamente waren knapp. In den Monaten, bevor der Völkerbund eine Zuwendung von 100 000 Goldfrancs an die Nansen-Hilfsorganisation für Griechenland beschloß, stellte die Assimilation der Flüchtlinge ein enormes Problem dar. Man nannte sie »Turkospori« – »Türkensamen«.

Aristo ging aus der Katastrophe von Smyrna nicht nur mit einem Gefühl des Verlusts hervor. Die fatalistische Einstellung, Folge seiner Erlebnisse, verließ ihn zwar nie, ging aber Hand in Hand mit einem überwältigenden Vertrauen zu seiner eigenen Überlebensfähigkeit. Der Glaube, daß nur wer wagt, gewinnt, wurde später zum Angelpunkt seiner Weltsicht. Er brauchte jedoch einige Zeit, um herauszufinden, wie er das Prinzip unter weniger anomalen Umständen als in Smyrna anwenden sollte. Bald nach seiner Ankunft in Athen erlitt er den ersten echten Mißerfolg seines Lebens als Erwachsener.

Sokrates Onassis saß noch im Gefängnis in Smyrna, und Aristo war entschlossen, seine Freilassung zu erwirken. Er kaufte sich einen neuen Anzug, eine Reisetasche und buchte eine Überfahrt nach Istanbul an Bord der »Abbazia«, eines ägyptischen Passagierdampfers der Khedivia-Linie, die unter britischer Flagge fuhr. Auf der Fahrt hielt Aristo sich oft in der Nähe des

Speisesaals Erster Klasse auf, verwirrt über den Gegensatz zwischen der eleganten Atmosphäre und den Lebensumständen, die sich ihm und seiner Familie boten. Was er in Konstantinopel unternahm, ist nicht ganz klar. Er behauptete, er habe die britischen, italienischen und türkischen Geschäftsfreunde seines Vaters aufgesucht und mit ihnen einen Plan entwickelt, um die Freilassung Sokrates' zu erwirken. Sicher ist, daß der Plan größere Ausgaben nach sich zog und daß Aristo, ohne seine Familie zu fragen, den Rest ihres Geldes ausgab.

Bald darauf wurde Sokrates freigelassen – auch er kam über Lesbos nach Athen –, aber er ließ sich durch Aristos Darstellung genausowenig überzeugen, warum er so viel Geld ausgeben mußte, wie Onkel Homer. Es kam zu stürmischen Auseinandersetzungen, bei denen Aristo aufgefordert wurde, einen detaillierten Bericht darüber zu geben, wie er das Geld der Familie an sich gebracht und ausgegeben habe. Später kommentierte Onassis diese Demütigung wie folgt: »Die Menschen vergessen schnell. Nur wenige Wochen zuvor standen sie noch am Rande des Todes. Dann kommt die Befreiung, und schon beginnt Nörgeln und Klagen – über allerhand Nebensächlichkeiten.«

Er hatte guten Grund, verletzt zu sein. Ob nun seine Reise nach Istanbul nötig gewesen war oder nicht, seine Familie konnte ihm kaum die Rolle verargen, die er gespielt hatte, als er sie von Smyrna nach Athen begleitete. Anscheinend wurde seine hart erkämpfte Männlichkeit in Frage gestellt. Der Gegensatz zwischen Sokrates' strengem Naturell und Aristos ungestümem Wesen war lange Zeit eine Quelle familiärer Spannungen. Während Sokrates im Gefängnis saß, hatte Aristo, im großen und ganzen erfolgreich, seinen Platz als Oberhaupt der Familie eingenommen. Nun schien Sokrates entschlossen, seine Vorherrschaft zurückzufordern. Daß er gezwungen war, unter schwierigen Bedingungen zu leben, verärgerte ihn; daß sein Sohn zu dieser Situation beigetragen hatte, lieferte einen zusätzlichen Grund für seine Härte. Aristo seinerseits war über die väterliche Undankbarkeit aufgebracht. Sokrates hatte schlauerweise vor der Katastrophe Banknoten im Ausland angelegt, die genügten, um die Notlage der Familie Onassis zu lindern. Sie war zwar beträchtlich ärmer, aber noch immer weit davon entfernt, in Armut zu leben.

In den nächsten zehn Monaten war Aristo von einem »Gefühl der Wertlosigkeit« erfaßt, wie er es später bezeichnete. Sokrates, dessen Gesundheit im Gefängnis gelitten hatte, war dennoch imstande, seinen Tabakhandel wieder aufzunehmen. Aristo beteiligte sich nicht daran. Er führte ein zurückgezogenes Leben ohne eigentliche Beschäftigung. Seine früheren Freunde, eifrig bemüht, die Reste ihres Lebens zu sammeln, sahen ihn nur selten. Ihnen allen erschien Athen im Vergleich zu Smyrna wie ein enttäuschend provinzieller Ort der Rückständigkeit und Stagnation. Die intelligenteren Jungen der

Evangeliki-Schule bemühten sich, Pläne für eine weitere Ausbildung zu verwirklichen. Der Verlust ihrer Schule und all ihrer Zeugnisse brachte ein bürokratisches Problem mit sich: wie sollten sie die Universitäten davon überzeugen, daß sie die Schule ordnungsgemäß absolviert hatten? Schuldirektor Lithoxoos wurde ausfindig gemacht und war bereit, eidesstattliche Erklärungen abzugeben. Michael Anastasiades, der Aristo mit den verbrannten Bleistiften geholfen hatte, wurde beauftragt, eine Liste aufzustellen, die der Pädagoge unterschreiben sollte. Er fand, er könnte unter diesen Umständen ungestraft davonkommen, wenn er auch Onassis' Namen, wie immer als letzten, auf die Liste setzte. Lithoxoos war jedoch nicht versöhnlich gestimmt. Als er zum Ende der Liste kam, runzelte er die Stirn und strich Onassis mit drei roten Tintenstrichen durch.

»Janko« Voulgarides erinnert sich, daß Aristo dann »herumlief und versuchte, rauszukommen«. Er fühlte sich gedemütigt und wollte unbedingt Erfolg haben. Seine Erinnerungen bekamen den Charakter einer fixen Idee. Das Verlangen, klarzumachen, daß er und nicht sein Vater recht hatte, brachte Aristo dazu, das Ausmaß der Greuel und zugleich seine eigene Rolle bei der Rettung seiner Familie zu übertreiben. Er erzählte seinen Freunden, er habe mitangesehen, wie seine Onkel gehängt wurden; er habe die Geldmittel der Ethniki Amina gerettet und nach Griechenland gebracht. Manchmal behauptete er sogar, er sei schwimmend an Bord des US-Zerstörers »Edsall« gelangt. Diese Lügen, wenn man sie so nennen will, waren für ihn persönlich notwendig, für den Aufbau einer Identität, auf die er sich bei dem harten Leben verlassen konnte.

Alexis Minotis, derzeit Griechenlands hervorragendster Schauspieler und Direktor des Griechischen Nationaltheaters, lernte Onassis 1922 in Athen kennen. Er war wie Onassis arm und ehrgeizig. Wie Onassis wurde er eine überragende Persönlichkeit, jeder auf seinem Gebiet. Es war der Beginn einer lebenslangen Freundschaft. Minotis erinnert sich, daß Onassis ursprünglich vorhatte, in die Vereinigten Staaten auszuwandern. Diese Idee mußte er jedoch aufgeben, als er die damals für Immigranten geltenden ethnischen Einwanderungsquoten erfuhr. Schließlich entschloß er sich für Argentinien. Es war ein Land, wo Griechen angeblich Erfolg hatten, und es gab dort auch einige entfernte Verwandte. Onassis versuchte, »Janko« und dessen Bruder zu überreden, mit ihm zu kommen, aber sie gehörten zu den Glücklichen, die eine gute Anstellung gefunden hatten.

Sokrates wollte Aristo das Fahrgeld nicht vorstrecken. Für ihn waren die Pläne seines Sohnes ein weiterer Beweis seines Leichtsinns. Es gab so viele Münder zu ernähren und wenige Männer, die imstande waren, genügend Geld für die Familie zu verdienen. Sokrates war der Ansicht, Aristo solle sich in

Athen eine Anstellung suchen, statt die Heimat zu verlassen. Aristo wandte sich an seine Freunde. Janko und sein Bruder Manolis gaben ihm zweihundert Dollar. Sie erwarteten nicht, sie zurückzubekommen. »Wir wollten aus seinem Mißgeschick keinen Profit ziehen«, erklärten sie.

Als klar wurde, daß der Entschluß Aristos unwiderruflich war, gab Sokrates seinem Sohn noch weitere 250 Dollar. Als Flüchtling aus Smyrna konnte Aristo keinen griechischen Paß bekommen. Das einzige für ihn verfügbare Reisedokument war nur für eine Reise gültig. Mit diesem und mit einer Buchung für Buenos Aires verließ Aristo im August 1923 den Hafen Piräus. Die erste Etappe seiner Reise war Neapel, wo er drei Wochen auf einen Passagierdampfer nach Argentinien warten mußte. Später erinnerte sich Onassis mit großem Vergnügen an seine erste Erfahrung mit einer Wohnung fern seiner Familie. Die Küche seiner neapolitanischen Wirtin übertraf bei weitem die heimatliche, und die vor kurzem verwitwete Tochter der Dame förderte seine Erfahrung in Liebesdingen. Als er sich nach Südamerika einschiffte, waren beide Frauen in Tränen aufgelöst.

Der Zwölftausend-Tonner »Tomaso di Savoia« war überfüllt mit italienischen Auswanderern, die ins Zwischendeck und in Laderäume gepfercht waren, die man in Schlafräume für je dreihundert Menschen umgewandelt hatte. Aristo gab dem Kapitän einen Fünfdollarschein und überredete ihn, ihn im Heck des Schiffes in einer Kabine schlafen zu lassen, in der die Achterleinen aufbewahrt wurden.

Am 21. September 1923 glitt das Schiff durch die seichten, schlammigen Wasser des Rio del Plata in den Hafen von Buenos Aires. Der siebzehnjährige Aristoteles Onassis drängte sich auf dem Landungssteg zwischen Familien, die in lateinischer Überschwenglichkeit ihre Wiedervereinigung feierten, hindurch, um auf einem neuen Kontinent Fuß zu fassen. Er hatte eine abgenutzte Reisetasche in der Hand und ein paar hundert Dollar in der Tasche.

Tobacco Road

Jannis Katapodis, ein griechischer Obsthändler, stand am Kai, als die Passagiere von der »Tomaso di Savoia« an Land gingen. Er war zum Hafen gekommen, in der Hoffnung, einen Verwandten aus seiner Heimat unter den Neuankömmlingen zu finden. Er wollte schon fortgehen, als er niemanden erkannte, da bemerkte er einen Jungen, der eine schwere Reisetasche schleppte. Katapodis bot ihm einen Apfel an. Als der Junge auf griechisch dankte, kamen sie ins Gespräch. »Mir fiel sofort die persönliche Ausstrahlung des Jungen auf«, erinnerte sich Katapodis. »Nicht daß er besonders brillant gewesen wäre, aber ich war selten jemandem begegnet, der so selbstsicher war...«

Der Händler nahm Onassis mit nach Hause und bot ihm einen Job in seinem Obst- und Gemüseladen an, dazu seine Gastfreundschaft, solange er wollte. Onassis nahm das Quartier für eine Nacht und die Arbeit für ein paar Tage an, bevor er ins Haus eines entfernten Verwandten im Hafenviertel La Boca zog. Er teilte das Zimmer mit einem Mann, der die Gewohnheit hatte, beim Schlafen auf den Boden zu spucken. Onassis breitete sorgfältig alte Zeitungen auf den Fußboden aus, um das Saubermachen am Morgen zu erleichtern, bevor er auszog. Er fand eine Wohnung im zweiten Stockwerk eines Hauses in der Avenida de Corrientes, gegenüber der Straße des Mercado de Abasto, des riesigen Zentralmarktes von Buenos Aires. Die Miete betrug fünfundzwanzig Dollar im Monat für Bett und Frühstück (Butter und Marmelade einen Dollar extra).

Onassis' Hauptsorge war es, Arbeit zu finden. Der Obstverkauf bei Katapodis war gewiß nicht das, was er sich vorgestellt hatte, aber feste Jobs waren schwer zu finden. Eine Zeitlang half er, Leute über den Riachuelofluß rudern, einem stinkenden Wasserlauf an der Südgrenze von Buenos Aires. Zu seinen weiteren Gelegenheitsarbeiten gehörten die Tätigkeit als Maurergehilfe auf einer Baustelle und als Tellerwäscher in einem Lokal an der Ecke Talahuano und Corrientes, im Zentrum des Vergnügungsviertels. Jahre später, im Gefühl der Sicherheit seines Reichtums, sprach Onassis davon, wie stolz er gewesen war, die von einem Stammgast, dem weltberühmten Tangosänger Carlos

Gardel, benutzten Gläser zu waschen – zu jener Zeit waren Tangosänger und Fußballer die Helden der kleinen Leute. Dennoch war es höchst deprimierend, Ziegel zu tragen, schmutziges Geschirr zu waschen, immer müde und knapp an Geld: es war nicht das Leben, von dem Onassis auf der Überfahrt geträumt hatte.

Nach bitteren sechs Monaten erlahmten sein Schwung und seine Energie. In Argentinien beginnt der Winter im Juni, und Onassis wußte, daß dieser Winter kälter und nasser werden würde, als er ihn je in Smyrna erlebt hatte.

Enttäuscht und allmählich an der Hoffnung verzweifelnd, einen Job zu finden, der seiner eigenen hohen Meinung von sich und seinen Talenten entsprach, beschloß Onassis, den traditionellen griechischen Ausweg zu wählen – zur See zu gehen. Er wanderte durch den großen Hafen, versuchte bei einem Schiff anzuheuern; viele von ihnen liefen unter griechischer Flagge, doch er hatte keinen Erfolg. Endlich versprach ein älterer Kapitän, ein Schotte, ihn zu nehmen: das Schiff hieß »Sokrates« und gehörte einer britischen Firma, Lamport & Holt. Onassis vereinbarte, daß er in zwei Tagen an Bord kommen werde, und fuhr mit der Straßenbahn heim. Da hörte er zwei junge Leute miteinander Griechisch sprechen.

Onassis hatte nichts zu verlieren und stellte sich vor. Er erfuhr, daß die beiden fest angestellt waren: sie bauten die alte manuelle Telefonzentrale in ein automatisches System um. Seine neuen Freunde waren sicher, ihm eine Anstellung verschaffen zu können, schärften ihm aber ein, er solle nicht vergessen zu sagen, daß er aus Saloniki komme, denn der Boß der Firma, ein Oberst Smith, hatte gute Erinnerungen an seinen dortigen Aufenthalt. Auch sein wahres Alter solle er nicht angeben. In dieser Situation war seine Jugend kein Vorteil, aber die Behörden würden wahrscheinlich eine Geschichte über Dokumente, die während der schrecklichen Tage in Smyrna verlorengegangen waren, akzeptieren.

Am 12. März 1924 bewarb sich Onassis bei der British United River Plate Telephone Company, einer der vielen großen argentinischen Gesellschaften, die von britischem Kapital kontrolliert wurden (Argentinien wurde oft Englands fünftes Dominion genannt, so weit ging dieser finanzielle Einfluß). Das Bewerbungsformular ist noch erhalten. Unter »Geburtsort« schrieb Onassis natürlich »Saloniki«. Er hatte nicht die Absicht, mit den Massen der Flüchtlinge aus dem Mittleren Osten in einen Topf geworfen zu werden, die aus der Türkei nach Argentinien geflüchtet waren und von den Argentiniern verächtlich »Turcos« genannt wurden. Er machte sich um zwei Jahre älter, indem er sich für fast zwanzig ausgab (in Wirklichkeit waren erst zwei Monate seit seinem siebzehnten Geburtstag vergangen). Onassis bewarb sich als Elektriker und gab an, daß er Englisch, Französisch, Türkisch und Spanisch spreche und Schreibmaschine schreiben, nicht aber stenographieren könne. Als Adresse gab er die Triumvirato an, eine Straße im Nordteil der Stadt. Damals wechselte Onassis anscheinend beunruhigend oft die Wohnung. Dennoch scheint seine Geschichte, er sei einmal so arm gewesen, daß er sein Bett mit einem anderen griechischen Einwanderer habe teilen müssen, der eine tags, der andere nachts, eine unromantische Erfindung zu sein.

Im Winter 1924 war Onassis in der Zentrale der United Telephone auf der Avenida, einem der elegantesten Bezirke von Buenos Aires, fest angestellt. Er war offiziell als Elektriker beschäftigt, eine ziemlich großartige Bezeichnung für einen Job, bei dem er Bündel von Drähten für den neuen automatischen Klappenschrank zusammenlötete. Zum Glück für Onassis hatte die Arbeit, wenn sie auch von zermürbender Eintönigkeit war, ihre Vorteile. Die alte manuelle Zentrale arbeitete während der Umstellung weiter und wurde ausschließlich von etwa zweihundert Telefonfräulein bedient. Onassis arbeitete auf dem Boden kauernd hinter dem Klappenschrank, an dem die Mädchen saßen. Wohin immer er blickte, seine Augen fielen auf schlanke Frauenbeine. Es war ein gewisser Ausgleich für die ersten freudlosen Monate in Buenos Aires.

Onassis war bei den Mädchen beliebt. Er hatte Charme. Ein Foto aus jener Zeit zeigt einen breitschultrigen, ernsten jungen Mann mit pechschwarzem Haar, dichten Augenbrauen und vollem, ausdrucksstarkem Mund – ein Gesicht, das recht liebenswürdig wirkt, aber bereits auf die gedrungene Statur späterer Jahre hindeutet. Damals war ein entfernter Vetter, Paul Kamatropoulos, mit ihm befreundet, der seine Geschicklichkeit mit leiser Eifersucht beobachtete: »Aristoteles mochte die Mädchen gern, wie alle Jungen seines Alters, und ich muß zugeben, daß er die Gabe hatte, sie mehr für sich einzunehmen als wir anderen. Er sprach Spanisch einfach drauflos, und ich glaube, sie haben seine Konversation überaus charmant gefunden. Aber er verlor bei keiner den Kopf und schon gar nicht seine Zeit.« Ein anderer Bekannter, Egidio Amadeo Comité – ein Buchhalter im Ruhestand, der noch in Buenos Aires lebt –, erinnert sich lebhaft an Onassis: »Er war herzlich, hatte einen offenen Blick, lebendige, fragende, lüsterne Augen und rote, dicke Lippen.«

Nicht jeder fand Onassis so anziehend. Enrique Gomez war ein Kollege der United Telephone und ärgert sich noch heute über den Mann, »diesen Schuft«: »Ich stellte ihn einem Mädchen vor und sagte ihm, sie sei seriös, und er solle nicht den Schlauen spielen. Aber als guter Grieche versuchte er, sie herumzukriegen, und machte mich in den Augen ihrer Familie zum Arschloch. Später lieh ich ihm ein paar Mangos (argentinischer Dialektausdruck für Pesos), und er sagte mir, er werde sie zurückzahlen ... doch nichts dergleichen geschah. Als ich ihm dann meine Meinung sagte, spielte der Bursche den Tauben, und ich war der Dumme.« Solche Erinnerungen scheinen jedoch die Ausnahme zu sein. Die meisten Leute mochten ihn gern.

Nach einigen Wochen bei der Telefongesellschaft fragte Onassis, ob er in der Nachtschicht arbeiten könne. Er habe tagsüber »andere Dinge zu tun«. Er ließ sich als Telefonist umschulen und begann von elf Uhr abends bis sieben Uhr morgens in der Zentrale Retiro, gegenüber der Zweigstelle von »Harrod's«, zu arbeiten. Die Nachtschicht war leichte Arbeit, die hauptsächlich darin bestand, dann und wann die Geräte zu überprüfen, und Onassis konnte, wenn er nicht Spanisch lernte, auch mal ein wenig schlafen.

Es war eine merkwürdige Zeit. In den ersten Monaten nach seinem Eintritt bei der Telefongesellschaft zeigte sich schon seine Fähigkeit, zumindest zwei Leben in einem einzigen Tag zu bewältigen. Es gelang ihm, durch Überstunden etwa fünfundzwanzig Dollar wöchentlich zu verdienen, was damals für einen Alleinstehenden ziemlich viel war. Der gesellschaftliche Streber zeichnete sich ab. Onassis trat dem »Aviron« bei, einem Ruder- und Jachtklub für den Mittelstand, und ruderte oft kilometerweit allein oder mit seiner jeweiligen Freundin. Es gab nette Picknicks mit Segelpartys auf den Inseln des Tigreflusses. Und es gab noch seine »anderen Dinge«, unter anderem das Verkaufen von Schlipsen auf der Straße und eine Geschäftsmöglichkeit, welche »Überraschung« hieß. Dabei zog man einen mit Sand beladenen Karren durch die Stadt und erlaubte den Kindern, für ein paar Centavos die Hände in den Sand zu stecken und darin verborgene kleine Spielsachen herauszuziehen. Solche Unternehmungen wurden bald von Versuchen abgelöst, im Tabakgeschäft Eingang zu finden. Onassis sagte später oft, wenn er an diese Zeit zurückdachte, daß »die ersten fünftausend Dollar immer die am schwersten zu verdienenden seien«.

Er begann wieder, seinem Vater zu schreiben, und es entwickelte sich eine herzliche Korrespondenz. Ein Vetter, der mit der Familie Onassis nach Athen gekommen war, erinnert sich noch, wie Sokrates alle zusammenrief, wenn er einen Brief von Aristo erhielt, und sagte: »Seht, was mein Sohn geschrieben hat. Er hat Köpfchen, der Junge.« Onassis' Briefe waren voller Neuigkeiten über die unerhörten Geschäftsmöglichkeiten in Argentinien. Er interessierte sich besonders für die Aussicht, orientalischen Tabak an ortsansässige Zigarettenfabrikanten zu verkaufen. Argentinien importierte riesige Mengen kubanischer und brasilianischer Tabakblätter, aber nur eine Handvoll orientalischer Sorten (damals stammte türkischer Tabak hauptsächlich aus Griechenland). Onassis überredete schließlich seinen Vater, einige Proben der besten Tabakblätter, den zart duftenden Tabak aus Navplion auf dem Peloponnes, nach Buenos Aires zu schicken. Als die Sendung eintraf, machte

Onassis die Runde bei den Zigarettenfabrikanten, ein deprimierendes Erlebnis: er konnte nur Proben loswerden, in der schwachen Hoffnung, eines Tages von Käufern zu hören. Dieser Tag kam nie.

Da er daran zweifelte, je eine positive Antwort zu bekommen, »wählte« Onassis bewußt den leitenden Direktor einer der größten Firmen des Landes, einen gewissen Juan Gaona, zu seinem Ziel. Er stellte sich jeden Tag vor Gaonas Büro auf, wenn er zur Arbeit kam, und starrte ihn wortlos, ein wenig vorwurfsvoll an. Jeden zweiten Tag wiederholte er das gleiche Spiel nachdenklich, wortlos vor Gaonas Haus. Gaona hielt es vierzehn Tage lang aus, dann fragte er, verständlichermaßen verärgert, seinen Sekretär, wer zum Teufel Onassis sei und warum er ihn ständig belästige. »Ein kleiner Griechenjunge«, sagte der Sekretär. Als Gaona ihn kommen ließ, erklärte Onassis, er wolle seiner Firma erstklassigen orientalischen Tabak verkaufen. Gaona war belustigt und ein wenig erleichtert und schickte ihn ins Einkaufsbüro der Firma, wo Onassis durch geschickte Erwähnung des Namens des Chefs sein Ziel erreichte – eine ernsthafte Prüfung seiner Tabakproben.

Da die Qualität tatsächlich hervorragend war, bestellten Gaonas Einkäufer prompt Tabak für 10 000 Dollar. Onassis berechnete seinem Vater die übliche Handelsprovision von 5 %. Die 500 Dollar, die er bekam, sagte er oft, bildeten den Grundstein zu seinem Vermögen. Da er nun zu einer der bedeutendsten Firmen Zugang gefunden hatte, erhielt er bald eine neue Bestellung, diesmal für 50 000 Dollar. Als sich das herumsprach, kamen Bestellungen von anderen Händlern, und Onassis schlief nun noch weniger, um mit dem Geschäft Schritt halten zu können. Er eröffnete ein Bankkonto für seine Provisionen, das bald eine fünfstellige Summe aufwies, aber das war Geld, das für die Zukunft bestimmt war. Er arbeitete aber weiter in der Nachtschicht der Telefonzentrale und lebte von seinem Gehalt.

Die Tochter des Geschäftsführers einer Fabrik, die seinen Tabak kaufte, erinnert sich noch gut an Onassis. Ihr Vater sagte ihr, er sei »sehr intelligent und wagemutig«, zu großen Dingen ausersehen. Eines Tages wurde ihnen ein herrlicher Teppich aus Smyrna ins Haus geliefert, ein Geschenk von Onassis, zum Dank für einen geschäftlichen Rat. Es war ein frühes Beispiel für Onassis' Fähigkeit, aus einer Geschäftsbeziehung eine persönliche zu machen.

Onassis nahm gelegentlich kleine Kredite auf, um die Zeit zu überbrücken, bis die Kunden zahlten. Er borgte sich nie mehr als 3000 Dollar und bezahlte immer prompt, erhielt jedoch in dieser Zeit keinen Penny von seinem Vater als Startkapital. Sobald Onassis die ersten Geschäftsverbindungen angebahnt hatte, wurde er der Agent seines Vaters, nahm Bestellungen an und bemühte sich um Lieferung. Sein erster Durchbruch war jedoch ihm allein zu verdanken, und er ging bald daran, ein eigenes Unternehmen zu gründen.

Im Mai 1925, nach etwa einem Jahr bei United Telephone, beschloß Onassis, seinen Job aufzugeben. In den Aufzeichnungen der Gesellschaft steht, daß er entlassen wurde, »weil seine Dienste nicht länger benötigt wurden«. Er scheint sich jedoch freundschaftlich von der Gesellschaft getrennt zu haben. Sein unmittelbarer Chef hatte Onassis gefragt, warum er ausscheide – ob er sich in der Firma nicht wohl fühle? Nun, sagte Onassis, er habe gern hier gearbeitet, »aber jetzt habe ich andere Pläne.«

Der Plan bestand darin, eine eigene Zigarettenfabrik aufzuziehen. Er mietete einen engen kleinen Laden auf der Calle Viamonte und ließ von einem Schildermaler folgenden Hinweis auf dem Fenster anbringen: »Aristoteles Onassis – Importeur von orientalischem Tabak«. Bei seinem Unternehmen wurde er von zwei Vettern unterstützt, Nikos und Kosta Konialidis, die im Blutbad von Smyrna zu Waisen geworden und Aristoteles nach Buenos Aires gefolgt waren. Das Geschäft wurde mit den gesparten 25 000 Dollar und einem Kredit in gleicher Höhe finanziert.

Zigarettenherstellung ist bei den Griechen eine traditionelle Fertigkeit. Anstatt Zigaretten zu kaufen und dafür eine beträchtliche Verbrauchssteuer zu bezahlen, mischen und rollen die Dorfbewohner ihre Zigaretten selbst. Durch das Geschäft seines Vaters in Smyrna verstand Onassis etwas vom Mischen. Er investierte minimales Kapital in einige handbetriebene Rollmaschinen, etwas größer als die heute üblichen, holte sich ein paar griechische Einwanderer und bezahlte sie stückweise. Es gab zwei Marken, »Primeros« und »Osman«, und Onassis kontrollierte jedes Päckchen, bevor er sie zu Quanta Tre schickte, dem Großhändler von Zigaretten, der sie für ihn vertrieb. Beide Sorten waren für den Luxusmarkt bestimmt, insbesondere für die jungen Töchter der Reichen, die an dem zarten Duft von Onassis' orientalischem Tabak und eleganten Neuerungen wie Rosenblatt-Mundstükken und mehrfarbigen Päckchen Gefallen fanden.

Onassis scheute sich nicht, selbst an der handbetriebenen Rollmaschine zu arbeiten. Zalman Fonebinder, heute Optiker in Buenos Aires, war damals ein aufmerksamer und neugieriger Schuljunge. Er lieferte uns ein rührendes biographisches Detail: »Der Grieche, wie Onassis damals genannt wurde, mietete ein kleines möbliertes Zimmer im Haus meiner Tante Fanny. Das Haus gibt es noch, Sarmiento 2210. Onassis wohnte in einem Dienerzimmer, das nur über eine hölzerne Wendeltreppe zu erreichen war. Im Zimmer gab es nur einen kleinen Kleiderschrank, ein wackeliges Bett und einen Tisch, auf dem er seine Zigaretten rollte. Ich war damals noch ein Kind und half ihm, die Zigarren vom Havanatyp und Zigaretten mit hübschen Goldmundstücken zu versehen.

Ich erinnere mich, daß er viel Zeit für die Zigaretten verwendete. Er klebte das Zigarettenpapier mit einem Spezialleim zusammen und befestigte dann goldfarbene Aluminiumfolie auf dem Mundstück. ›Wickle die Zigarren in Cellophan ein‹, sagte er mir in drollig klingendem Spanisch mit griechischem Akzent.

Fanny hatte eine Verwandte, die auch Fanny hieß, Fanny la Negra, eine hervorragende Köchin.

Onassis fand das heraus und besuchte sie häufig. Er ›leckte sich die Finger‹ – *chupaba los dedos*, eine spanische Redensart, wenn jemand bei Tisch kräftig zulangt – bei gefülltem Fisch, mit Kräutern gewürzt, und großen Fleischklößen mit Kartoffeln, wie sie nur Fanny la Negra zu bereiten verstand.

Er war ein gewissermaßen nüchterner Mensch, der wenig Worte machte. Er hatte weder ein Radio noch Grammophon, grüßte die anderen Mieter kaum und beteiligte sich auch nicht gern an einer Gesprächsrunde, wurde aber im Haus respektiert. Trotz seines scheinbar mürrischen Wesens war er aber herzlich und zartfühlend.«

Die Geschäftspraktiken des Tabakhandels waren recht rauh. Jahre später schilderte Onassis einem Freund sie als eine gewisse »Ruppigkeit«, die manche Geschäftsleute gegen ihre Konkurrenten anzuwenden pflegten.

»Ein Mann trat in einen Tabakladen, kaufte ein Päckchen Zigaretten, und sobald er aus dem Laden war, injizierte er mit einer Pravazspritze ein chemisches Präparat in das Päckchen. Dann ging er zurück in den Laden und sagte: ›Ich habe mich geirrt, ich wollte eine andere Marke. Könnten Sie mir das Päckchen umtauschen?‹ Das Loch war sehr klein, für das menschliche Auge nicht erkennbar. Das chemische Präparat verlieh dem Tabak einen abscheulichen Geschmack; es verbreitete sich im ganzen Päckchen. Es gab in Buenos Aires nur sehr wenige Zigarettenmarken, so war es daher leicht, den Käufern ihre Marke zu verleiden, so daß sie sich einem anderen Fabrikat zuwandten.«

Onassis ergötzte sich an dieser Geschichte, und der Freund, dem er sie erzählte, gewann den Eindruck, daß Onassis selbst diese Technik angewandt hatte.

Er beschloß, eine neue Sorte unter dem Markennamen »Bis« auf den Markt zu bringen, eine Bezeichnung, die zufällig auch die am meisten verkaufte Zigarette in Argentinien trug. Onassis verkaufte seine Sorte billiger als die original Bis-Zigaretten und verdiente recht gut dabei, bis der Besitzer der Bis-Fabrik diese unorthodoxe Konkurrenz entdeckte, gegen Onassis klagte und ihn zu einem außergerichtlichen Vergleich zwang, der ihn einige tausend Pesos kostete – der erste und sicher billigste der Prozesse, die ihm seine Geschäftsmethoden noch eintragen sollten.

Onassis' Tabak kam über Genua. Der junge Unternehmer hatte offenbar den Einfall, die Tabakballen während des Aufenthaltes in Genua mit Salzwasser besprengen zu lassen. Seine reklamierten Einbußen bei den Versicherungsgesellschaften für »Seewasserschäden« bildeten eine willkommene Steigerung seines Handelsgewinns. An dem Schwindel waren Angestellte der Versicherungen beteiligt, und als schließlich einer von ihnen die Sache ausplauderte, wurde einer der Onassis-Agenten in Genua verhaftet und wanderte für einige Zeit ins Gefängnis.

Onassis hatte das Glück, zu einer Zeit nach Argentinien gekommen zu sein, als sich dort ein wohlhabender, gebildeter Mittelstand etablierte. Die Neutralität im Ersten Weltkrieg hatte für die Wirtschaft Argentiniens Wunder bewirkt: traditionelle Exporte wie Fleisch, Getreide und Häute waren enorm gestiegen, während die Importe von Industriegütern unwahrscheinlich zurückgegangen waren. Die höchst aktive Handelsbilanz brachte es mit sich, daß der Peso zwischen 1916 und 1919 bedeutend höher notiert wurde als jede andere wesentliche Währung der Welt. Die Hausse hielt auch nach dem Krieg an, insbesondere für die neuen inländischen Unternehmen.

Viele waren im Besitz oder wurden geleitet von gebürtigen Europäern oder Söhnen von Einwanderern. Sie waren kosmopolitischer und toleranter als gebürtige Argentinier. Verhältnismäßig neu im Land, entwickelten sie nie die sozialen Vorurteile der *estancieros,* der großen konservativen Familien mit ihrem Geld aus Vieh- und Landbesitz. Buenos Aires, der finanzielle, kommerzielle und gesellschaftliche Mittelpunkt Argentiniens, war voll von vorwärtsdrängenden jungen Leuten, die mit neuen Techniken viel Geld machten – im Nachrichtenwesen, Import–Export, Bauwesen, Transportgeschäft. Vielleicht war Onassis die Stadt zuerst hart und einschüchternd vorgekommen – sie zählte 1923 zwei Millionen Einwohner, sechsmal so viel wie Smyrna zu seiner Zeit –, aber sie bot eine Gesellschaft, die durch harte Arbeit, Ehrgeiz und eine ordentliche Portion Frechheit immer zugänglicher wurde.

Als das Tabakgeschäft einen Aufschwung nahm, begann sich Onassis mehr für das gesellschaftliche Leben zu interessieren. Er stürzte sich mit Begeisterung in das Vergnügungsleben. Es gab eine reiche Auswahl an Veranstaltungen. Mitte der zwanziger Jahre war Buenos Aires tatsächlich eine sehr lebenslustige Stadt, mit einem ebenso guten – oder, je nach Geschmack, schlechten – Nachtleben, wie man es in Europa, einschließlich Paris, fand, jedenfalls aber unendlich besser als in den Vereinigten Staaten, wo während der Prohibition geschmacklos überladene Bumslokale florierten. Die Prostitution war offiziell verboten – durch Hipólito Irigoyens Reformen von 1917, als Buenos Aires weltweit bekannter Mittelpunkt des Mädchenhandels war –, aber die Seeleute der ganzen Welt sprachen voll Begeisterung von den im Viertel La Boca gebotenen Zerstreuungen. Im Afrika-Saal im Alvear Palace

Hotel – wo Donald Deans amerikanische Kapelle gastierte, gekleidet wie Kino-Jäger in Hollywood, mit Tropenhelmen und Safarianzügen vor einer Szenerie mit Strohhütten und Tamtams –, im Gong-Klub in der Calle Cordoba und vor allem im Tabaris, das man nur als hochklassiges Etablissement für Zufallsbekanntschaften beschreiben konnte, verbrachte Onassis seine Abende in Gesellschaft anderer draufgängerischer Lebemänner.

Einer seiner regelmäßigen Begleiter war sein Vetter Nikos. Beide liebten die Gesellschaft junger Frauen, doch Nikos widmete sich der Schürzenjagd in besonderem Maß. »Auf diesem Gebiet«, erzählte Onassis, »war er unersättlich.«

Anfang 1926 nahm Onassis ein Appartement in einem Hotel auf der Florida, einer der elegantesten Straßen. Er begann sich besser zu kleiden, obgleich er schon mit zwanzig Jahren heraus hatte, daß ein guter Anzug, wenn er ihn ein paarmal getragen hatte, wie eine Gabe von der Heilsarmee aussah. Er nahm privaten Französisch- und Englischunterricht, kaufte auch einen Gebrauchtwagen und begann die Umgebung von Buenos Aires abzuklappern, um neue Geschäftsmöglichkeiten auszukundschaften. Juan Glicas, der damals als Straßenhändler arbeitete, lernte Onassis und drei andere junge Leute Anfang des Jahres 1926 in Berisso, etwa fünfzig Kilometer südlich von Buenos Aires, kennen. Sie suchten einen Platz, um einen kleinen Laden mit Schuhputzstand zu eröffnen. Glicas führte sie herum und zeigte ihnen, was es in dem Nest zu sehen gab. »Als sie am Nachmittag wegfuhren, sah mich Onassis mit seinen großen Augen an und sagte: ›*Paisano amigo,* ich mag das Kleinstadtleben nicht.‹«

Ende der zwanziger Jahre schloß Onassis Freundschaft mit einem Mann, der für den Rest seines Lebens sein engster Gefährte und Vertrauter werden sollte. Kosta Gratsos war ein stämmiger, geselliger junger Mann, der als Seekadett auf einem der Schiffe seiner Familie diente. Seine Reisen brachten ihn oft nach Buenos Aires, wo er und Onassis gemeinsam ausgingen. Er war in Ithaka als Sohn einer alten Familie von Schiffseignern geboren, hatte in London die Wirtschaftshochschule besucht, wo Harold Laski, der führende Theoretiker des britischen Sozialismus, sein Lehrer war. Seine sozialistische Phase endete jedoch, als er zur See ging und die »Arena seines Lebens betrat«.

Gratsos war von Onassis' Schwung und Tatkraft fasziniert. Er fand, daß die Beziehung zu seinem Vater die treibende Kraft seiner Persönlichkeitsentwicklung war: »Onassis fühlte sich von ihm zurückgewiesen. Er entwickelte diese Leidenschaft für Geld und Macht, wollte besser sein als sein Vater. Die ganze Zeit über in Argentinien strebte er nach Erfolg. Das war einer seiner hervorstechenden Wesenszüge. Er versuchte zehn Dinge auf einmal, in der Hoffnung, daß zumindest eines davon ihm Erfolg bringen würde.«

Dabei vernachlässigte Onassis selten die Freuden des Lebens. »Geld war für ihn nie ein Endzweck«, erinnert sich Gratsos. »Wie düster und kummervoll jene ersten Jahre auch gewesen sein mochten, er verwechselte nie das Geldverdienen mit dem Genuß. Sein Geld verlieh ihm ein Gefühl der Macht, und er verwendete es zu seinem eigenen Vergnügen, auch schon als junger Mann.«

Onassis war gerade zweiundzwanzig, als er sich den Luxus seiner ersten ernsten Liebesaffäre erlaubte. Das Mädchen tanzte im Ballett der weltberühmten Gruppe von Anna Pawlowa, die den Winter in Südamerika verbrachte. Als die Gruppe nach Buenos Aires kam, wohnten einige Tänzerinnen in Onassis' Hotel. Onassis erzählte, sie hätten einander kennengelernt, seien ausgegangen und hätten sich ineinander verliebt. Als die Saison zu Ende ging, weigerte sich das Mädchen, ihn zu verlassen. Die Pawlowa kam selbst ins Hotel, um Onassis zu bitten, das Mädchen zu überreden, ihre Karriere nicht aufs Spiel zu setzen; doch es war vergeblich. Sie blieb in Buenos Aires und trat dem dortigen Ballettkorps bei. Das Liebesverhältnis dauerte ein Jahr. Eine andere Liebesaffäre endete, als Onassis befürchtete, sich eine venerische Infektion zugezogen zu haben. Erst nach mehreren Konsultationen beim Arzt wurden seine Bedenken zerstreut.

Auf einem anderen Gebiet erlitt er jedoch einen schmerzlichen Rückschlag. Obwohl der Geschäftsumfang der »Fabrik« so zugenommen hatte, daß Onassis zeitweise dreißig Arbeiter beschäftigte, die im Hinterzimmer unermüdlich Zigaretten rollten, begann er, Geld zu verlieren. Traurig beschloß er, die Fabrikation einzustellen. Er machte noch ein wenig Gewinn durch den Verkauf der Markenbezeichnungen Osman und Primeros, mußte sich jedoch damit abfinden, daß sein erstes eigenes Unternehmen bankrott gegangen war.

Nun war Onassis fast völlig von den Handelsbeziehungen zu seinem Vater in Athen abhängig. Obwohl die Nachfrage nach importierten Tabakblättern weiter anstieg, war das keine ausreichende Basis für geschäftlichen Erfolg. Im Sommer 1929 wurde dieses Geschäft plötzlich ernsthaft bedroht. Unerwartet verkündete die griechische Regierung, in Auseinandersetzungen wegen eines Handelsvertrags mit Bulgarien verwickelt, daß der Einfuhrzoll auf Waren aus Ländern, die über kein Handelsabkommen mit Griechenland verfügten, um 1000 Prozent angehoben werden sollte. Der Beschluß zielte hauptsächlich darauf ab, die widerspenstigen Bulgaren zum Abschluß eines Handelsvertrages zu bewegen, hatte jedoch nicht zu übersehende Nebenwirkungen – zum Beispiel in Argentinien, das gleichfalls keinen Handelsvertrag mit Griechenland hatte. Aus Onassis' Sicht war es gewiß, daß Argentinien – schon aus Tradition – empfindlich reagieren und mit ebensolchen Zöllen auf griechische Waren antworten würde. Sein Geschäft konnte die Kostensteigerung nicht verkraften. Die einzige Lösung bestand darin, die griechische Regierung zu veranlassen, Argentinien aus den neuen Verordnungen auszuklammern. Ein moralisches Druckmittel bestand darin, daß 1929 ein Großteil der griechischen Handelsmarine damit beschäftigt war, europäische Waren nach Argentinien zu befördern. Gewaltige Erhöhungen an Hafengebühren hätten dieses für die griechische Wirtschaft überaus gewinnbringende Geschäft zunichte gemacht. Mit einem längeren Memorandum für Ministerpräsident Venizelos bewaffnet, fuhr Onassis zum erstenmal seit sechs Jahren in die Heimat.

Zu Onassis' Verwunderung gelangte das Memorandum tatsächlich auf den Schreibtisch des Ministerpräsidenten, und er wurde zu einer Zusammenkunft mit dem großen Mann beordert. Venizelos war sichtlich beeindruckt und sorgte dafür, daß Onassis von Außenminister Andreas Michalokopoulos empfangen wurde, dessen Ministerium das umstrittene Handelsdekret abgefaßt hatte. Die Geschichte seiner Begegnung mit dem Minister pflegte Onassis später mit Vorliebe zu erzählen.

Als Onassis das Arbeitszimmer betrat, stand Michalokopoulos – ein hochgewachsener, imposanter Mann – neben einem prächtigen Louis-Quinze-Schreibtisch. Die beiden Männer nahmen Platz, und Onassis wurde kurz aufgefordert, sein Anliegen vorzubringen. Michalokopoulos schien übelzunehmen, daß ihm Onassis vom Ministerpräsidenten aufgedrängt worden war. Während Onassis sprach, säuberte Michalokopoulos seine Fingernägel mit einem Brieföffner. »Ich hatte noch nicht alle Argumente vorgebracht, da blickte mich der Minister plötzlich über den Rand seiner Brille hinweg an und unterbrach mich, den Brieföffner auf mich richtend, mitten im Satz: ›Ich verstehe Ihren Standpunkt, junger Mann. Lassen Sie doch bitte Ihren Namen und Ihre Adresse bei meinem Sekretär. Ich werde darüber nachdenken und Sie auf dem laufenden halten, Herr ... äh ...Herr ... Anisos.‹«

Das war mehr, als Onassis ertragen konnte. »Besten Dank«, erwiderte er. »Ich hoffe nur, daß Sie so freundlich sein werden, meinem Vorschlag mehr Aufmerksamkeit zu schenken als bisher. Ich war der Meinung, Sie seien ein vielbeschäftigter Mann, nun sehe ich aber, daß Sie sich mehr dem Säubern Ihrer Fingernägel widmen. Ihre Hände sind Ihnen wichtiger als der Ausfuhrhandel Ihres Landes!«

Onassis drehte sich auf dem Absatz um und verließ das Zimmer; da stotterte Michalokopoulos: »Warten Sie, kommen Sie zurück.« Onassis ließ sich von zwei Sekretären zurückhalten und kehrte zum Minister zurück. Die Atmosphäre klärte sich. Schon am nächsten Tag ordnete Michalokopoulos Verhandlungen mit Argentinien an.

Ins Haus der Familie in Athen zurückgekehrt, nahm Onassis bescheiden ihr Lob entgegen. »Michalokopoulos behandelte ihn zuerst sehr schlecht«, entsinnt sich ein Vetter, »aber es wurde ihm bald klar, wie klug Aristoteles war.«

Das Familientreffen war ein Triumph. Der durch sein zunehmendes Alter besänftigte Sokrates freute sich, einen erfolgreichen Sohn zu haben. Onassis hatte die Witwen der Familie mit Geld für die Erziehung ihrer Kinder unterstützt. Er wurde als »Stammeshäuptling« anerkannt und war befriedigt über seine Würde. Sie schien nicht nur seinen Auswanderungsentschluß zu rechtfertigen, sondern auch seine vorher umstrittene Handhabung des Geldes, das er aus der Katastrophe von Smyrna gerettet hatte. Die Versöhnung mit seinem Vater schien vollkommen zu sein. Zwei Jahre später, 1931, starb Sokrates im Alter von achtundfünfzig Jahren an einem Herzschlag.

Trotz der herzlichen Versöhnung mit seiner Familie dachte Onassis nie daran, in Griechenland zu bleiben. Er war begierig darauf, zurückzufahren und in Buenos Aires Geld zu verdienen, und nicht nur mit Tabak. Schon seit einiger Zeit befaßte er sich mit dem Gedanken an Reederei. Buenos Aires war der einzige argentinische Umschlaghafen für die gewaltigen Rindfleisch- und Getreideexporte nach Europa. Sogar während der Weltwirtschaftskrise wurden dort neuntausend Schiffe jährlich abgefertigt. Zwar fuhren die meisten unter britischer Flagge, aber ein großer Prozentsatz der Kapitäne und Seeleute waren Griechen. Gratsos erinnert sich, wie er mit Onassis im Hafen umherschlenderte. »Als wir uns kennenlernten, war er noch nicht im Reedereigeschäft tätig, dachte aber den ganzen Tag an nichts anderes. Er war von Schiffen fasziniert. Der Gedanke, Kapitän zu sein, erschien ihm nicht besonders anziehend, aber Schiffe waren billig, und die Leute verdienten Geld. Griechen verdienten Geld, und er wurde von dem Virus angesteckt. ›Ich muß in dieses Geschäft einsteigen‹, sagte er.«

Sein Vetter Paul Kamatropoulos war dabei, als Onassis sein erstes Schiffahrtsunternehmen startete. Bei einem Besuch in Montevideo, auf der anderen Seite des Rio de la Plata, bemerkte Onassis am Flußufer den rostigen Rumpf eines gestrandeten Schiffes. »Zufällig war ich dabei, als er den Gedanken faßte, das Schiff wieder flottzumachen«, erzählte Kamatropoulos. »Wir alle versuchten, es ihm auszureden und ihm klarzumachen, daß er sich ruinieren würde, aber es war zwecklos. Er machte sich in Begleitung meiner Mutter auf die Suche nach griechischen Bergungsleuten, die er anstellte, um das Schiff wieder herzurichten.« Die Arbeit zog sich monatelang hin, doch am Ende hatte Onassis sein erstes Schiff, und er hatte es bar bezahlt. Die »Maria Protopapas« war ein fünfundzwanzig Jahre alter Siebentausendtonner. »Sie soll angeblich ein Überseedampfer gewesen sein«, sagte Gratsos, »aber ich weiß nicht, ob sie diese Bezeichnung wirklich verdiente.« Bald nachdem Onassis sie flottgemacht hatte, sank sie während eines Wirbelsturms, als sie im Hafen von Montevideo vor Anker lag.

Der Rückschlag dämpfte Onassis' Begeisterung für Schiffe nicht, doch er wurde vorsichtiger. Er verdiente noch immer viel Geld, durch Ausdehnung seines Tabakhandels auf Kuba und Brasilien. 1932 – Onassis war sechsundzwanzig – wurde seine führende Stellung als Tabakhändler von den griechischen Behörden gewürdigt: er wurde zum außerordentlichen Vizekonsul in Buenos Aires ernannt. Diese Stellung brachte ihn in noch engeren Kontakt mit den Seehandelsbehörden des großen Hafens. Sie vergrößerte seine Möglichkeiten, Geld zu verdienen. Onassis konnte seine offizielle Stellung dazu benutzen, große Valutenmengen zu offiziellen Umrechnungskursen zu kaufen, die er dann auf dem florierenden schwarzen Markt wieder verkaufte.

Er nahm auch die Gelegenheit wahr, seine Stellung bei den argentinischen Behörden zu ordnen, indem er einen argentinischen Paß beantragte und ihn auch erhielt. Seit seiner Anstellung bei der Telefongesellschaft hatte Onassis nichts dagegen, für älter gehalten zu werden, als er tatsächlich war. Im Geschäftsleben gelten ältere Leute für sicherer. Sein Paß war zwar gültig, aber die Angaben über seinen Inhaber stimmten keinesfalls. Onassis hielt an Saloniki als Geburtsort fest, erfand jedoch ein völlig neues Geburtsdatum – den 7. Januar 1900 –, das ihn offiziell um sechs Jahre älter machte, als er tatsächlich war.

Er war bereit zu einem neuen, besser kalkulierten Angriff auf das Reedereigeschäft. Im Herbst 1932 hob Onassis seine Ersparnisse – insgesamt 600 000 Dollar – ab und reiste nach London, der Hauptstadt der Welt des Seehandels.

Liebe und Tanker

Als Onassis zum erstenmal ernsthaft mit dem Gedanken spielte, ins Reedereigeschäft einzusteigen, war die griechische Handelsflotte die am schnellsten wachsende und veraltetste zugleich. Die Trampschiffahrt wurde von Griechen dominiert, und das Geschäft trug noch die Merkmale seines ungehobelten Ursprungs. Viele Schiffseigner konnten sich noch an die Zeit erinnern, in der mehrere Familien – mitunter ein ganzes Dorf – sich zusammentaten, um ein altes Schiff zu kaufen.

Die griechischen Schiffseigner hatten, von wenigen Ausnahmen abgesehen, einen schlechten Ruf. Weil ihre Schiffe so alt und kaum versichert waren, war es für die Griechen schwer, mitunter unmöglich, das Geld für den Ankauf modernerer Schiffe aufzubringen. Wenn europäische Reeder – Holländer, Norweger, Briten – ein brandneues Schiff kauften, bezahlten sie zehn Prozent in bar und den Rest in zehn Jahresraten. Ein Grieche dagegen mußte für einen ehrwürdigen Trampdampfer gewöhnlich fünfzig Prozent des Kaufpreises in bar anzahlen und den Rest in drei oder vier Jahren abzahlen. Bei Lloyd's of London, dem bedeutendsten Versicherungsunternehmen der Welt, bestand ein tiefverwurzelter Argwohn gegen griechische Schiffseigentümer. Zwar scheint die Geschichte, es habe ein Schild mit der Aufschrift FÜR GRIECHEN KEIN ZUTRITT gegeben, eine böswillige Behauptung zu sein, aber es gab tatsächlich ein Vorurteil, nicht nationaler, sondern kommerzieller Art. Zu Beginn der zwanziger Jahre hatte Lloyd's den noch nie dagewesenen Schritt unternommen, eine Erklärung über »die ungewöhnliche Zahl von Schiffbrüchen in der griechischen Handelsmarine« abzugeben. Die stillschweigende Folgerung war, daß in zahlreichen Fällen Versicherungsbetrug vorlag. Die Lage besserte sich im Laufe der Jahre, aber nur allmählich. Als Andreas Lemos, Griechenlands bedeutendster Marinehistoriker, in letzter Zeit über die griechische Schiffahrtsindustrie während der Weltwirtschaftskrise schrieb, räumte er vorsichtig ein, daß »manche Reeder unter dem Druck der Umstände ihre Zuflucht zu Handlungen genommen hätten, die auf Betrug hindeuteten«.

London, die damalige Marinehauptstadt der Welt, war der Magnet für jene

Griechen, die über das Klischee des griechischen Reeders hinauswachsen – oder es einfach umgehen – wollten. Die dort seit den frühen Zeiten der Segelschiffahrt ansässige griechische Gemeinde erfreute sich eines allgemein guten Rufes. Tatsächlich beneidete man die Londoner Griechen um ihren Erfolg und ihre Fähigkeit, aus den aussichtslosesten Bedingungen noch ein paar Pfund Gewinn herauszuquetschen. Es kümmerte sie nicht, ob sie in dem Land, in dem sie sich niedergelassen hatten, besonders angesehen waren, aber die Namen Livanos, Kulukundis, Embirikos, Goulandris und Vergottis bedeuteten ziemlich viel in der Reedereiwelt.

Basil Mavroleon, heute ein millionenschwerer Reeder, war leitender Angestellter der Firma Rethymnis und Kulukundis, als Onassis im Herbst 1932 zum erstenmal nach London kam. »Er kam eines Tages zu uns, um sich vorzustellen. Er erklärte, daß er von der Reederei gar nichts verstehe, er sei gekommen, um zu lernen. Der Mann zeigte sich ziemlich bescheiden, aber ich war zu sehr beschäftigt, um auf einen von vielen Neuankömmlingen zu achten.« Onassis verhandelte bereits, wie er sich erinnert, über einen Schiffskauf mit einer viel kleineren Agentur, die Perikles Drakoulis, einem Onkel seines Freundes Kosta Gratsos, gehörte. »Ich glaube, Onassis hatte sich Drakoulis ausgesucht, weil es eine kleinere Firma war und weil er ein bedeutender Kunde, ein großer Fisch in einem kleinen Teich, wenn Sie es so nennen wollen, sein wollte.«

Im Dezember 1932 kam Onassis wieder, um mit dem jungen und dynamischen Boß der Firma, Manuel Kulukundis, zu sprechen, der bei den Londoner Griechen als *O Aitos* – »Der Adler« – bekannt war. Kulukundis spürte sofort, daß Onassis erfolgsträchtige Pläne hatte. Er feierte den Kauf der »Bampton Castle«, eines Passagierschiffs der alten Union Castle Line, als Onassis in sein Büro geführt wurde. Er erinnert sich, daß Onassis »seine Lebensgeschichte erzählte, wie schrecklich die ersten drei Jahre in Argentinien gewesen seien, ein Kampf ums Überleben und ohne Geld.« Onassis erzählte, er sei nach London gekommen, um Schiffe zu kaufen, und Drakoulis habe ihm von der »Bampton Castle« erzählt. »Ich sagte, das Schiff können Sie nicht bekommen, ich will es behalten. Es gibt doch genug andere Schiffe zu kaufen.« Ein anderes Mal habe er die ganze Nacht mit Onassis im Café Royal in London gesessen und über Geschäfte gesprochen. »Es war die einzige Nacht, die ich ohne meine Frau und meine Familie verbrachte.« Der Vorwurf war unterschwellig zu hören. Die gesetzteren Londoner Griechen hatten nichts übrig für den Besuch von Nachtklubs.

»Schiffe waren billig, Sie können sich gar nicht vorstellen, wie billig«, erzählte Kosta Gratsos. »Zu jener Zeit konnte man alte, aber noch seetüchtige Schiffe von 9000 Tonnen für den Preis eines neuen Rolls Royce, um etwa 20 000 Dollar, bekommen.« Trotz oder vielleicht wegen der Krise des Welthandels wurde es Onassis bald klar, daß das Reedereigeschäft eine seltene Gelegenheit bot, sein Vermögen zu vergrößern. Er war gekommen, um zu lernen, und er lernte schnell.

Der wirtschaftliche Gesichtspunkt war einfach. Ein zehn Jahre alter Frachter, für dessen Bau im Jahr 1920 eine Million Dollar aufgewendet werden mußte, hatte die Hälfte seines Arbeitslebens hinter sich. Anfang der dreißiger Jahre, als sich die Wirtschaftskrise verschlimmerte, waren solche Schiffe häufig zu einem Preis unter ihrem Schrottwert zu haben, manchmal schon für die halbe Summe dessen, was man erzielen konnte, wenn man sie demontierte und das Metall verkaufte. Die wirklichen Gelegenheitskäufe machten aber jene, die bereit waren, darauf zu spekulieren, daß die Nachfrage nach Schiffsraum noch innerhalb der restlichen zehn Jahre der Lebensdauer des Schiffes steigen würde. Dann konnte sich die Investition ganz leicht innerhalb von zwölf Monaten amortisieren. Wenn die Spekulation mißlang, war es noch immer möglich, das Schiff zu verschrotten und einen bescheidenen Gewinn zu erzielen. Durch derartige Berechnungen angelockt, kauften wagemutige Spekulanten überall in der Welt alte Schiffe auf. Manuel Kulukundis kaufte und verkaufte achtundfünfzig Schiffe in einem Jahr. Onassis hatte nicht die Absicht, sich das Geschäft entgehen zu lassen. Ein schneller Besuch in Schweden bei der großen Gotaverken-Werft genügte, um ihn zu überzeugen, daß neue Schiffe nur Zeitvergeudung waren – zumindest im Augenblick. Es gab da die anschaulichsten Beweise für die Wirtschaftskrise: nagelneue Schiffe verließen die Werft und wurden von den Eigentümern auf Dock gelegt, da sie nicht genug Schiffsgut fanden. Onassis kehrte nach London zurück und benutzte Drakoulis' schäbiges Büro als Stützpunkt.

Bei der Canadian National Steamship Company standen zehn Schiffe zum Verkauf, von denen keines über fünfzehn Jahre alt war, einige waren in den frühen zwanziger Jahren gebaut worden. Alle hatten zwischen 8500 und 10 000 Tonnen, und der Preis von 30 000 Dollar pro Stück überstieg ihren Schrottwert sicher nicht. Schon damals interessierte sich Onassis nicht für kleinere Schiffe als diese, in der richtigen Einschätzung, daß die Wirtschaftlichkeit eines einzigen Zehntausendtonners größer war als die von zwei Fünftausendtonnern, und die Gewinne dementsprechend höher. Die kanadischen Schiffe waren für zwei Jahre auf dem Sankt-Lorenz-Strom aus dem Verkehr gezogen worden, als Onassis mit einem von Drakoulis geliehenen Ingenieur erschien, der ihn beraten sollte. Es war Winter, kanadischer Winter, und die Schiffsdecks waren mit tiefem Schnee bedeckt. Als Onassis das Schiff besichtigte, stieß er plötzlich einen lauten Schrei aus und verschwand von der Bildfläche. Er war in eine tiefe Schneewehe vom oberen zum unteren Deck geraten.

Mehrere der Schiffe waren von Canadian Vickers erbaut worden, damals ein berühmter Name im Schiffsbau. Andere waren »Standardmodelle«, die britische Version der Libertyschiffe aus dem Ersten Weltkrieg. Der Ingenieur bescheinigte, daß sie noch tadellos intakt waren. Auf dem windumtosten Deck zusammengekauert, machte Onassis das Angebot: sechs Schiffe für je 20 000 Dollar. Zuerst feilschten die Kanadier, erzählte er, und stimmten nur bei zweien zu, die er prompt kaufte. Als es ihnen nicht gelang, die Summe zu erhöhen, verkauften sie ihm auch noch die vier anderen.

Onassis bezahlte bar. Er war dazu gezwungen, da ihm niemand in London, auch Drakoulis nicht, einen Kredit für dieses Geschäft gewährte. Aber nun konnte er endlich von sich behaupten, Schiffseigner zu sein. Er war endgültig in ein großes Geschäft eingestiegen, das er nicht dem Einfluß oder der Fachkenntnis seines Vaters verdankte. Seine Karriere als unabhängiger Geschäftsmann von Bedeutung sollte nun beginnen. Es machte kaum etwas aus, daß seine »Flotte« mehrere Monate im gefrorenen Sankt-Lorenz-Strom vor Anker blieb. Onassis taufte die Schiffe sofort um: die zwei ersten, die »Canadian Miller« und »Canadian Spinner«, wurden in »Onassis Sokrates« und »Onassis Penelope« nach seinem Vater und seiner Mutter benannt. Er eröffnete in Buenos Aires ein Büro in der Calle Santa Maria, aber an der Tür hing ein Schild mit der Aufschrift: Aristoteles Onassis, Schiffahrtsagent. Sein Vetter Nikos Konialidis wurde als Geschäftsführer eingesetzt.

Onassis hatte genug vom Trampdampfergeschäft aufgeschnappt, um zu begreifen, daß es sogar in den fetten Jahren riskant sein konnte. Ob man Geld verdiente, hing davon ab, daß man vorausschauen konnte, wie die Frachtraten sich entwickeln. Sie konnten sich in wenigen Tagen so drastisch verändern, daß ein Reeder, der Getreide zu einem anscheinend recht günstigen Frachtsatz von Argentinien nach Europa verschiffte, am Ende einen enormen Verlust erlitt, wenn die Frachtrate von Kohle für die Rückreise inzwischen gefallen war. Eine Neunzig-Tage-Fahrt Buenos Aires–London–Buenos Aires, die schiefging, konnte den Reeder wesentlich mehr kosten, als er für das Schiff bezahlt hatte. Um bei der Partie, die unerhörte Gewinne bringen konnte, erfolgreich zu bleiben, mußte ein Reeder über sehr viel geistige Wendigkeit verfügen – er mußte mit den kompliziertesten Frachttabellen vieler Häfen jonglieren, die Tausende Kilometer voneinander entfernt lagen – und einen kühlen Kopf bewahren. Beide Eigenschaften besaß Onassis im Übermaß.

Onassis war mit einem beträchtlichen psychologischen Vorteil in das Geschäft eingetreten. Er war ein Optimist. Seine Bereitwilligkeit, Risiken einzugehen und selbst sein Glück zu machen, war etwas, das ihn von den meisten griechischen Reedern unterschied. Für sie waren die schlimmsten Jahre der Wirtschaftskrise eine traumatische Erfahrung gewesen. Sie gingen aus diesem

Alptraum ärmer und ängstlich hervor, und ihr Instinkt veranlaßte sie, sich geradezu verzweifelt an das zu klammern, was übrig blieb: ihre Besitztümer zu horten, keine Kredite aufzunehmen und niemals unnötige Risiken einzugehen. Für Onassis und einige andere junge Griechen, die in den frühen dreißiger Jahren zum erstenmal ins Reedereigeschäft einstiegen, gab es diese Hemmungen nicht. Sie hatten keine große Summen Bargeld verloren, sich nie in einem Netz von Hypotheken befunden, die zurückgezahlt werden mußten, während die Gewinne praktisch versiegten. Sie waren nicht verschreckt durch »Papierreiche« von verpfändeten Flotten und langfristigen Krediten. Infolgedessen waren sie auch flexibler und empfänglicher für die Gelegenheiten, die sich boten, als der internationale Handel sich allmählich erholte.

Im Sommer 1934 lernte Onassis die schöne Norwegerin Ingeborg Dedichen kennen, eine Dame der Gesellschaft, und verliebt sich in sie; sie sollte entscheidenden Einfluß auf seine Karriere und auch auf seinen Charakter nehmen. Sie gehörte zu einer Gruppe von Norwegern, die auf dem italienischen Passagierdampfer »Augustus« von Buenos Aires nach Genua reiste. Ihre zweite Ehe war in Auflösung begriffen, und sie hielt sich instinktiv an alte Freunde ihrer Familie. Ihr verstorbener Vater, Ingevald Bryde, war einer von Norwegens führenden Schiffseignern gewesen. Zu der norwegischen Gruppe an Bord der »Augustus« gehörten Lars Christensen, Besitzer einer Walfangflotte, und Gustav Bull, ein anderer prominenter Reeder. Onassis war ein Mitpassagier, der in der Ersten Klasse reiste.

Nach Ingeborg Dedichens Schilderung war Onassis' offensichtliches Interesse für sie eine Quelle der Belustigung für ihre Freunde. Der physische Gegensatz war auffallend. Ingeborg Dedichen war hochgewachsen, blond und schlank. Sie war auch um einige Jahre älter als ihr Bewunderer. Ihre Freunde merkten als erste, daß Onassis ihr überall auf dem Schiff folgte und sie unverwandt anstarrte. »Warum verfolgt dich dieser kleine schwarzhaarige Mann so hartnäckig?« fragten sie. »Er sieht aus, als wollte er dich auffressen.« Nun beobachtete auch Ingeborg Dedichen Onassis und bemerkte »dieses freundliche Gebaren eines traurigen Hundes... wir dachten, er müsse stumm oder unfähig sein, sich in einer der fünfzehn Sprachen auszudrücken, die wir beherrschten.«

Nach einigen Tagen stummer Verehrung bewerkstelligte Onassis ein zufälliges Zusammentreffen im Schwimmbassin. Er tauchte neben Ingeborg Dedichen auf, um ihr zu sagen, daß der Spanier, der sie im Kraulen unterrichtete, es ganz falsch machte. Zu Ingeborg Dedichens Verwunderung radebrechte er in Schwedisch, das er, wie er später erklärte, von einer Bekannten in Buenos Aires gelernt hatte.

Am Nachmittag stellte sich Onassis offiziell vor – »Aristoteles Sokrates

Onassis, griechischer Reeder«. Ingeborg Dedichen ließ gleich einen Schwall von Beschimpfungen gegen die Praktiken griechischer Schiffseigner los und erwähnte, wie überaltert ihre Schiffe und wie schlecht bezahlt ihre Besatzungen waren. Onassis geriet aus der Fassung, vermutlich weil, was sie sagte, zutraf. Aber das gemeinsame Schwimmen hielt sie beisammen. Onassis brachte ihr das Kraulen bei. Ingeborg Dedichen erinnert sich: »Bereits Anzeichen von einem Bauch! Ein sehr muskulöser Körper mit ziemlich kurzen Armen. Onassis war körperlich ungewöhnlich gebaut, zu untersetzt, sein mächtiger Kopf saß auf Schultern, die so breit waren wie die eines Dockarbeiters. Mit seinem schwarzen Haar und der olivfarbenen Haut sah er aus wie ein einfacher asiatischer Arbeiter, als ob er auf den Kais von Istanbul oder Trapezunt beschäftigt gewesen wäre.«

Ingeborg Dedichen fand Onassis' dunkle Augen unwiderstehlich, seine Stimme warm und einschmeichelnd und sein Lächeln offen und gewinnend. Sie war allerdings nicht ganz ohne Argwohn, was die Gründe für sein Interesse an ihr betraf. Sie stellte Onassis ihren Freunden vor, die ihn gleichfalls sehr sympathisch fanden. Er saß stundenlang mit den Christensens und Gustav Bull beisammen und redete über Schiffe. Onassis schien, wie Ingeborg Dedichen es nannte, »ein vollendetes Chamäleon« zu sein, indem er sich mühelos der Gesellschaft anpaßte, mit der er zusammen war, und für Stimmung und Atmosphäre äußerst aufgeschlossen war. Ingeborg Dedichen befand sich eigentlich in trüber Stimmung. Ihr Vater war kurz zuvor gestorben, und sie war noch betroffen über das Fehlschlagen ihrer zweiten Ehe. Onassis schien zu spüren, daß es nicht der rechte Augenblick für ein Abenteuer war. Er verhielt sich während der ganzen Reise zartfühlend und aufmerksam und unternahm keine ernsthaften Annäherungsversuche.

Als die »Augustus« in Genua anlegte, schlug Onassis vor, Ingeborg Dedichen solle mit nach Marseille fahren, wo er geschäftlich zu tun hatte, und von dort dann den Schnellzug nach Paris nehmen. Sie war nicht überrascht, als er ihr beim Verlassen Genuas gestand, er habe in Marseille nichts Dringendes zu tun. Sollten sie nicht statt dessen nach Venedig fahren? Er sei noch nie dort gewesen. Sie könnte ihre Familie anrufen und erklären, daß sie einen Umweg mache, um die Frau eines kranken Freundes zu besuchen. In derselben Nacht nahm ihre Liebesbeziehung in der eleganten Umgebung des Hotels Danieli in Venedig ihren Anfang. »In seinen Armen fand ich Freude an seiner braunen Haut, die einen Kontrast zu der meinen bildete. Abwechselnd tauschten wir Zärtlichkeiten aus und umarmten uns immer wieder, bis wir im Morgengrauen einschliefen.« Sie gaben einander Kosenamen – Mamita für sie, Mamico für ihn. Onassis vertraute Ingeborg Dedichen an, woran seine letzte Liebesaffäre in Buenos Aires gescheitert war. Das Erlebnis hatte bei ihm eine emotionale

Narbe hinterlassen und dazu geführt, daß er sich vor allen Frauen in acht nahm. Ingeborg Dedichen schrieb: »Wenn ihn die Medikamente der Ärzte körperlich geheilt haben, so habe ich dabei geholfen, ihn seelisch zu heilen.«

Sie führten zuerst ein merkwürdig unstetes Leben, fuhren in Onassis' geliebtem Cadillac von einer Stadt zur anderen, erledigten Geschäfte in Triest und waren dann unterwegs nach Monte Carlo, wo sie den eleganten neuen amerikanischen Sport, Wasserski, lernten. Ingeborg versuchte es als erste und meisterte ihn recht gut, wodurch Onassis gezwungen wurde, sie zu übertreffen, »aber er konnte sich nur unter größten Schwierigkeiten auf den Brettern halten«. Dann wieder fiel es ihnen plötzlich ein, ihre Reisetaschen in den Wagen zu packen und stunden-, manchmal tagelang von einem Fünf-Stern-Hotel zum anderen zu fahren. Einmal gerieten sie auf der Fahrt zu einer geschäftlichen Verabredung in Schweden – von Nizza aus dreitausend Kilometer, die sie in vier Tagen zurücklegten – auf dem Brenner in eine Schneewächte, und Ingeborg schob ihren teuren Seehundmantel unter die Reifen, um wieder frei zu kommen. In Livorno wurde Ingeborg von einem Moskito gestochen und bekam einen leichten Malariaanfall. Es gab wilde Szenen, in denen von Trennung gesprochen wurde, leidenschaftliche Versöhnungen, weitere Autofahrten, Hotels, Grenzen.

Er beobachtete und lernte unaufhörlich von ihr. »Ein Schwamm«, sagte sie, »der Informationen aufsaugte und entdeckte, wie man sich *comme il faut* benimmt.« Im »Maxim« in Paris hinderte sie ihn mit knapper Mühe daran, den Besitzer, ihren alten Freund Albert, mit einem griechischen »Psst!« oder einem Klopfen mit seinem Messer an das Weinglas herbeizurufen. Bei der komplizierten Speisekarte war er verloren und dankbar, daß sie den Wein bestellte. Er stolperte unbeholfen auf dem Tanzparkett umher. Ingeborg Dedichen bemerkte scharfsinnig: »Seine Unbekümmertheit den anderen gegenüber trug zu seinem phantastischen Erfolg bei.«

Sie war auch überwältigt von seiner Leidenschaft und Charakterfestigkeit, dennoch vermochte sie, ihre Liebesbeziehung mit objektiven und einsichtsvollen Augen zu analysieren. »Mamico kam nur mit Leuten zusammen, die für sein Geschäft nützlich waren, wo immer wir waren, in Paris und später auch in Schweden und Norwegen.« Die anderen – Ingeborg Dedichens viele Freunde in der Welt der Kunst, Musik und Literatur – wurden auf Onassis' Drängen brüsk aus ihrem Leben entfernt. Er trat zum Sturm auf die skandinavische Reedereiaristokratie an. Die Kultur sollte nicht zwischen ihn und seine Zukunftspläne treten.

Für Onassis waren die Trampschiffe nur eine Brücke, ein Mittel zum Erwerb von Kapital, um im Öltankergeschäft Eingang zu finden. Es war nicht bloß deren Gewinnpotential, das ihn anzog – man brauchte kein großes Genie zu sein, um zu erkennen, daß Öl für die Weltindustrie ständig wichtiger werden mußte und daß Schiffe das beste Mittel waren, um Öl von der Quelle zum Markt zu befördern. Ebenso wichtig war die Tatsache, daß es im Tankergeschäft praktisch keine Griechen gab. Griechen waren traditionsgemäß »Trokkenreeder«. Es gab einen bescheidenen, von London aus geleiteten Ring von Tankereigentümern, aber keiner der in London etablierten Griechen interessierte sich besonders dafür. In schlechten Jahren, wenn die Ladungen rar waren, deckte der Ring die Wartungs- und Hypothekenkosten. Wenn das Geschäft gut war, erzielte der Ring sehr ansehnliche Gewinne. Die Transaktionen wurden von Briten, Schweden und Norwegern beherrscht.

Mitte der dreißiger Jahre waren Tanker noch ein verhältnismäßig kleines Geschäft. Das Öl machte nur fünfzehn Prozent des gesamten Energiebedarfs der Welt aus; die Kohle war König, sie lieferte fünfundsiebzig Prozent des gesamten Brennmaterialverbrauchs. Onassis' Sprung in das Geschäft war ein großartiger Anfang, der, wie Basil Mavroleon erzählt, von den meisten anderen griechischen Reedern mit Gleichgültigkeit beobachtet wurde. »Keiner hatte Interesse dafür. Für die meisten von uns war es ein fremdes Geschäft.« Er drückte damit aus, daß sie neuen Entwicklungen gegenüber ängstlich waren – das Trauma der Zeit nach der Wirtschaftskrise war zu stark.

Onassis war nicht der erste Grieche, der ins Tankergeschäft einstieg. Lazarus Kalliglas kaufte im Jahr 1933 einen älteren Fünftausendtonner, die »Irene«, und, wie der Marinehistoriker Andreas Lemos schreibt, »er bereute es nicht«. Ein oder zwei andere kleine Reeder arbeiteten während des Spanischen Bürgerkrieges ab 1936 auf diesem Gebiet und belieferten beide Seiten, ohne eine zu bevorzugen. Was Onassis ganz klar erkannte, war, daß Tanker viel größer sein konnten, als irgend jemand damals für möglich hielt. Er sah intuitiv gewaltige Ersparungen in den Betriebskosten voraus. Dann hatte er den Mut, seine Vision zu verwirklichen.

Onassis hatte gewisse Kenntnisse von der skandinavischen Schiffsbauindustrie, bevor er Ingeborg Dedichen kennenlernte. Während einer früheren Europareise hatte er sich mit dem schwedischen Reeder Gustav Sandstrom angefreundet und durch ihn die Bekanntschaft von Ernst Heden, dem Boß der Gotaverken, gemacht. Er beschloß, daß seine neue schwedische Gesellschaft, A. S. Onassis, Goteburg, A.G., ihren ersten Tanker in Hedens Werft bestellen solle.

Sein ursprünglicher Auftrag bei Gotaverken lautete auf einen 15 000-Tonner, 3000 Tonnen größer als andere Tanker. Die Schweden waren verdutzt und skeptisch, doch Onassis setzte seinen Willen durch. Der Kaufpreis betrug 800 000 Dollar, wovon ein Viertel während des Baus, der Rest mit 4,5 % Verzinsung in zehn Jahresraten zu bezahlen war. Es gab keinen »griechischen« Straftarif mehr: Onassis' Kreditfähigkeit war im Steigen begriffen. Die Tankertonnage konnte die steigende Nachfrage nicht mehr erfüllen, die infolge des allmählichen Wirtschaftsanstiegs überall in der Welt herrschte, noch unterstützt durch die Aufrüstungen der Europäer. Onassis fuhr für seinen ersten Tanker-Chartervertrag in die Vereinigten Staaten, wo er ein Abkommen über neun Frachten – die Arbeit eines Jahres – schloß, um Öl von San Francisco nach Yokohama in Japan zu befördern, was nicht einmal J. Paul Gettys Tidewater Oil Fleet zustande brachte. In Amerika erwarb er sich auch den Spitznamen, der ihm bis an sein Lebensende verblieb – Ari.

Schon bevor Onassis 1936 sein Amt als stellvertretender griechischer Konsul in Buenos Aires aufgab, verbrachte er immer weniger Zeit in Argentinien. Ein großer Teil seiner Konsulararbeit und die südamerikanische Seite seines Reederei- und Tabakgeschäftes wurde den Brüdern Konialidis übertragen. Ihr Einsatz ließ ihm Zeit und Gelegenheit, sich um die europäische Reederei zu kümmern und seine Beziehung zu Ingeborg Dedichen fortzusetzen.

Er war oft in London, wo sein engster Freund Panagis Vergottis war, ein griechischer Reeder, der im Hotel Ritz wohnte. Vergottis, ein kultivierter Junggeselle, war einer der wenigen in London etablierten Griechen, der Onassis' lebhafte Energie sofort schätzte. Er war um sechzehn Jahre älter und reich genug, um sich durch den Neuankömmling nicht bedroht zu fühlen. Onassis schmeichelte ihm und behandelte ihn als gütigen väterlichen Freund.

Eine andere Londoner Bekanntschaft stammte auch aus dieser Periode: Stavros Niarchos, der in den späteren Jahren eine wichtige Rolle spielen sollte. Im Gegensatz zu Onassis hatte er sich bereits mit siebenundzwanzig Jahren ein hohes Maß an gesellschaftlichem Schliff erworben. Er trug maßgeschneiderte Anzüge aus der Savile Row und bevorzugte dunklen Flanell, dessen Schnitt seine geschmeidige Gestalt gut zur Geltung brachte. Sein Haar war dunkel, seine Augen gelb und sein Benehmen geschmeidig wie eine Katze. Er sprach aus dem Mundwinkel wie die englische Oberklasse – beim ersten Zusammentreffen hatte man den Eindruck, er litte unter einem Sprachfehler. Er fuhr einen roten Bugatti.

Die griechische Zeitungsverlegerin Helena Vlachos, die Niarchos damals kannte, beschrieb ihn in begeisterten Worten als »klug, flink, entschlossen und ehrgeizig. Er war auch ein Snob; die beste Art von Snob. Er hatte eine Vorliebe für Qualität, er wollte sich den höchsten Lebensstandard leisten und mit den Leuten zusammenkommen, die alles darüber wußten. Stavros Niarchos' Traum von Macht und Reichtum ging viel weiter als bloß bis zu Schiffen, luxuriösem Leben und unterwürfigem Lächeln von Oberkellnern in den exklusivsten Nachtklubs der Welt. Er war sich klar darüber, daß er auf dem

Gebiet von Manieren, Essen, Kunst, Sport und Kleidung noch viel zu lernen hatte.«

Auch im Reedereigeschäft war er ein Emporkömmling. Nachdem sein Vater das Familienvermögen mit Börsenspekulationen verloren hatte, begann Niarchos sein Arbeitsleben als Angestellter im Getreidemühlengeschäft seiner Onkel im Piräus. Niarchos war als junger Mann in der betrüblichen Situation, Zugang zum Reichtum zu haben, ohne selbst über Geld zu verfügen. Seine Onkel ermöglichten ihm die Aufnahme im Jachtklub von Athen und liehen ihm ihre Jacht. Er entwickelte Geschmack für Dinge, die er sich mit seinem Angestelltengehalt nicht leisten konnte. 1930 brannte er mit der Tochter des Admirals Konstantin Sporides durch. Der Admiral war wütend, und die Ehe dauerte kaum einen Monat.

Niarchos begann sich für Schiffe zu interessieren und überredete seine Onkel, in das Geschäft einzusteigen. Die sechs 9000-Tonnen-Frachter, die er in London fand, wurden für den Getreidetransport von Buenos Aires nach Athen eingesetzt. Als Lohn für seine Initiative wurde Stavros mit der Leitung der Reederei betraut und reiste durch Europa. Als er Onassis in London kennenlernte, zog er in Erwägung, sich von dem Unternehmen seiner Verwandten zu trennen und unabhängiger Reeder zu werden.

Inzwischen überwachte Onassis den Bau seines ersten Schiffes wie ein besorgter Vater. Im Jahr 1937 mietete er ein Haus in Sandefjord, Ingeborg Dedichens Heimatstadt, und belästigte die Gotaverken-Werft mit Besuchen und Telefonanrufen.

Ingeborg stellte Onassis bangen Herzens ihrer Mutter vor. Sie hätte sich keine Sorgen zu machen brauchen – Onassis' Fingerspitzengefühl war so sicher wie immer. »Mutter, o Mutter«, rief er, als er in das Empfangszimmer trat. In seinen Augen standen Tränen. Ingeborg fand seinen Rudolfo-Valentino-Stil ein wenig übertrieben, aber ihre Mutter war stark eingenommen. Als das Abendessen zu Ende war, gehörte sie zu seinen entschiedenen Anhängerinnen und war von der Ehrbarkeit seiner Absichten überzeugt.

Als Zeichen ihrer Zustimmung zog Frau Bryde zu ihrer Tochter und Onassis. Ingeborgs norwegische Freunde beeilten sich, Aristoteles zu akzeptieren. Er fand ohne Schwierigkeiten Zutritt zu Norwegens oberster Gesellschaftsschicht als Ehrengast bei »Mutters« Abendgesellschaften, wo er gelegentlich andere Gäste erschreckte, indem er auf griechische Art mit den Fingern aß oder sie mit improvisierten Vorträgen griechischer und argentinischer Volkslieder entzückte, die er mit einer angenehmen Stimme vortrug. Frau Bryde konnte nie ganz begreifen, warum Ingse zögerte, Ari zu ihrem dritten Ehemann zu nehmen.

Während sich seine Beziehung zu Ingse vertiefte, offenbarte Onassis auch andere Aspekte seiner Persönlichkeit. Nicht alle waren so angenehm wie jene, die Frau Bryde betört hatten. Es gab an ihm eine merkwürdige Ambivalenz. Er brauchte es, beliebt zu sein und akzeptiert zu werden, haßte es aber, sich jemandem verpflichtet zu fühlen. Sein Geltungsbedürfnis führte mitunter zu seltsamen Formen von Neigungen. Ingeborg Dedichen konnte Spuren einer Abstammung von den schottischen Grafen von Klerck nachweisen. In der norwegischen Gesellschaft wurden solche Vorfahren nicht sehr wichtig genommen. Onassis war jedoch beeindruckt und kaufte seiner Geliebten einen mit der Krone von Klerck verzierten Siegelring. Es gefiel ihm, sich Ingeborg als die Lady von Klerck vorzustellen, und er ermutigte sie, den Ring bei größeren Empfängen zu tragen.

Manchmal beriet sich Onassis mit Ingeborg über geschäftliche Entscheidungen, was er noch mit keiner Frau zuvor getan hatte. Ingeborg Dedichen fand das nicht immer angenehm. Bei einer Gelegenheit fragte er sie, wer wohl ein Registrierungsproblem in Ordnung bringen könne, das sich bei einem seiner Schiffe ergeben hatte. Sie wies ihn an Anders Jahre, einen Rechtsanwalt und alten Freund ihrer Familie. Jahre löste prompt das Problem, stellte jedoch klar, daß er es mehr aus Respekt für Ingeborg Dedichens verstorbenen Vater als aus Neigung für Onassis getan habe. Es war eine Art Abfuhr, und Ingeborg mußte Onassis' Wut über sich ergehen lassen. Er schien, sagte sie, »einen Komplex mir gegenüber zu entwickeln, der einer unbestimmten Krankheit glich. Er war zu ehrgeizig und zu stolz, er konnte nicht zugeben, daß einer meiner Freunde bei seinem Aufstieg zum Erfolg eine Rolle gespielt hatte.« Onassis freundete sich später mit Jahre an, aber die Episode bewirkte Ingeborg, von nun an keine weiteren Ratschläge in Geschäftsangelegenheiten zu erteilen.

Ein anderes Hindernis in ihrer Beziehung war Onassis' Eifersucht, die manchmal ans Pathologische grenzte. Ingeborg, die damals an keinem anderen Mann interessiert war, empfand sie als zermürbend – eher ein Zeichen des Mißtrauens als ein Beweis für die Intensität seiner Zuneigung. Doch trotz dieser Komplikationen blieb ihre gegenseitige körperliche Anziehung bestehen. Laut Ingeborg Dedichen war Onassis kein großer Sexprotz – *»un amoureux de classe, certainement pas«* – aber er hatte eine immense sinnliche Ausstrahlung.

»Wir zogen uns aus und schliefen nackt – eng aneinandergeschmiegt. Die Szene war immer die gleiche, auch wenn wir vorgaben, schlafenzugehen.

Ari legte zwei Finger auf meine Schulter und streichelte zart meinen Rücken. Von seinem Magnetismus elektrisiert, verspürte ich ein Prickeln am ganzen Körper und drückte mich an ihn, während er seine Liebkosungen fortsetzte. Dieser Hautkontakt bereitete mir das größte Vergnügen, und er konnte ihn endlos fortsetzen. Schließlich vermochten wir uns nicht länger zurückzuhalten, unsere Körper ersehnten einander, und wir ließen uns im Wirbel der Liebe fortreißen, die uns vereinte...

Keiner von meinen Ehemännern hatte eine Haut, die ich so gern streichelte wie die seine. Und keiner von ihnen rief in mir eine so überwältigende Leidenschaft hervor. Aris Haut hatte einen besonderen Duft, eine Wärme, eine Weichheit, die mich faszinierte. Keiner von uns beiden hätte ein erfülltes Leben gehabt, wenn wir uns nicht kennengelernt hätten, keiner ließ dem anderen einen Wunsch offen und jeder erreichte eine ideale körperliche Beglückung wie nie zuvor.

Oft leckte er mich im Verlauf unserer Liebesspiele wie eine sich putzende Katze zwischen den Zehen. Er küßte jeden Teil meines Körpers und bedeckte mich mit Küssen, bevor er sich den Füßen widmete, die er innig liebte. Er fand sie so weich wie einen Babypopo und macht mir immer ihretwegen Komplimente. Sogar heute erinnere ich mich noch voll Sehnsucht an die Zartheit und Zärtlichkeit meines bezaubernden Freundes in diesen Momenten der Hingabe.«

Aris Fähigkeit zu sexueller Zärtlichkeit hatte auch Aspekte, die man als weniger romantisch betrachten mag. Sein Hang zur Pantomime veranlaßte ihn, mitunter in Ingses Kleider zu schlüpfen. Er hatte auch etwas für Analhumor übrig. Als sie eines Abends in Oslo nach dem Diner zum Hotel zurückgingen, beklagte sich Onassis bei Ingeborg über nicht genau anzugebende Schmerzen. Ingeborg war sehr besorgt und fragte, woher sie wohl kämen. »Mamita«, stöhnte Onassis, »ich glaube, ich habe Hämorrhoiden. Morgen früh muß ich gleich zum Arzt.« Im Hotelzimmer entkleidete sich Onassis und bat sie zögernd, ob sie so lieb sein wollte, den betreffenden Teil seines Körpers näher zu untersuchen. Das tat sie und bekam zum Dank einen Furz mitten ins Gesicht. Sie erinnert sich, daß ihr Geliebter den Scherz komischer fand als sie.

Der erste Tanker hatte, lang bevor er vom Stapel glitt, schon seinen Namen erhalten – die »Ariston«, ein hübsches Wortspiel über Onassis' Vornamen und das griechische Wort für »das Beste«. Onassis hatte bereits zwei weitere Tanker bei Gotaverken bestellt, die »Aristophanes«, 15 000 Tonnen, Preis ungefähr 825 000 Dollar, und die »Buenos Aires«, 17 500 Tonnen, zum Preis von 870 000 Dollar. Alle drei Schiffe wurden nach genauen Spezifikationen gebaut. Die »Ariston« hatte ein umwandelbares Schwimmbassin und zwei riesige Passagierkabinen. Die nüchternen Schweden hielten ihn für verrückt, so viel Geld für unwichtigen Plunder hinauszuwerfen, bis andere präsumptive Käufer kamen, sich die »Ariston« ansahen, davon entzückt waren und gleiche Schiffe bestellten.

Die »Ariston« wurde im Juni 1938 unter der blaugelben schwedischen

Flagge von Gustav Sandstroms Frau getauft. Onassis nahm Ingeborg Dedichen und den Großteil seiner Familie auf die Jungfernfahrt nach San Francisco mit, eine Zwölftagereise, die durch allerlei lustige Streiche und auf Kosten von Nikos Konialidis aufgelockert wurde, der mit seiner neuvermählten Frau Merope, Onassis' Halbschwester, die Flitterwochen an Bord verbrachte. Nikos nahm seine ehelichen Pflichten ernst. Während er eines Nachmittags Merope in der Kabine liebte, besorgten sich Onassis und Ingeborg Dedichen eine Spritze aus dem Arzneikasten und besprühten das nackte Paar mit kaltem Wasser. Nikos wütender Ausbruch bei diesem rüden Verhalten war lautstark. In San Francisco wurde die »Ariston« sofort in Betrieb genommen: sie beförderte US-Öl für Japans Reserven, während die japanische Armee durch China rollte.

Onassis' Behauptung, er sei ein Pionier auf dem Gebiet des unabhängigen Öltankergeschäfts, steht mit den historischen Aufzeichnungen im Einklang. Fragwürdiger ist sein anderer Pionieranspruch in bezug auf seine Reedereitätigkeit in den dreißiger Jahren. Laut Onassis' Darstellung gab er Anlaß für eine der bedeutendsten Neuerungen in den Jahren nach der Wirtschaftskrise – die systematische Verwendung von »Zweckmäßigkeits«flaggen als Methode, Steuern zu sparen. Es war eine Geschichte, die Onassis später mit Vorliebe erzählte.

Gegen Ende 1932 löschte, so berichtete Onassis, die »Onassis Penelope« einen Teil ihrer Fracht in Rotterdam und sollte mit der restlichen Ladung nach Kopenhagen laufen. Sie fuhr aus sentimentalen Gründen unter griechischer Flagge. Onassis hielt sich privat in London auf, da hörte er, daß der griechische Konsul in Rotterdam der »Penelope« das Ausklarierungsattest verweigert hatte, bis ein Ersatz für einen Mann der Besatzung gefunden wäre, einen Hilfskoch, der ins Krankenhaus gebracht worden war. Der Konsul berief sich auf die griechischen Schiffahrtsbestimmungen – der Ersatzmann mußte gleichfalls ein Grieche sein. Onassis fuhr in aller Eile nach Holland, um mit dem Konsul zu sprechen, einem früheren Schulkameraden und guten Freund, der sich aber strikt an die Vorschriften hielt. Kein griechischer Koch, keine Ausklarierung. Die Verzögerung bedrohte den sorgfältig berechneten Reiseplan der »Penelope« – das konnte verlorene Frachten, ja sogar, entsetzlicher Gedanke, Geldeinbußen für verspätete Lieferungen bedeuten. Das war zu viel für Onassis. Komm morgen wieder, sagte er dem Konsul.

Eine Nacht lang telefonierte und telegrafierte Onassis, und es gelang ihm, die Umregistrierung der »Penelope« für Panama zu erreichen. Als der griechische Konsul am nächsten Tag wiederkam, begrüßte ihn Onassis mit Champagner und der in Packpapier eingewickelten griechischen Flagge. Die Pointe, an die er sich noch fröhlich erinnert, war immer die gleiche: »Mein Freund, du bist nun an Bord eines *Panama*-Schiffes.« Die »Penelope« lief aus und ließ einen verdutzten griechischen Konsul zurück, der die Findigkeit von Aristoteles Onassis bewunderte.

Wie so manche von Onassis' Lieblingsgeschichten scheint auch diese nicht mehr als ein Körnchen Wahrheit zu enthalten. Manuel Kulukundis hat eine merkwürdig ähnliche Geschichte, die er den Londoner Griechen gern erzählte. Im Jahr 1932 lag eines seiner Schiffe in Rotterdam fest, weil ein englischer Funker zu seiner Besatzung zählte. Der griechische Funker wartete in Newcastle, doch der Konsul verweigerte die Ausklarierung von Kulukundis' Schiff ohne den Griechen an Bord. Kulukundis befahl seinem Kapitän, ohne Papiere nach Newcastle zu fahren, und entschloß sich, die griechische Flagge aufzugeben. Kulukundis ist sicher, daß er, nicht Onassis, als erster zu Panama überwechselte. Bis zum Jahr 1938 ließ er fast zwanzig Schiffe unter dieser Flagge fahren.

Die historischen Aufzeichnungen geben Kulukundis recht. Die kanadischen Schiffsregistraturakten zeigen, daß die »Onassis Penelope« zusammen mit der »Onassis Sokrates« im Jahr 1933 gekauft wurde – ein Jahr *nach* seinem angeblichen Zweikampf mit dem Rotterdamer Konsul. Beide wurden als griechische Schiffe im Besitz von A. S. Onassis, Piräus, registriert. Die Akten bei Lloyds of London zeigen, daß die »Onassis Penelope« erst im April 1938 von der griechischen zur panamaischen Registrierung überwechselte. Die »Onassis Sokrates« wurde sechs Monate später in Panama registriert.

Onassis war kein bewußt politisch denkender Mensch. Seine Jugend hatte ihn in einem Blitzkurs gelehrt, welch böse Folgen Rassenhaß hat, das führte jedoch zu keiner bestimmten Ideologie. Als sich gegen Ende der dreißiger Jahre das Gewitter zusammenzog, fand es Onassis nicht notwendig, sich für eine bestimmte Seite zu entscheiden. Er nahm an, die Gewitterwolken würden sich wieder auflösen. Sie konnten, meinte er, nur schlecht für das Geschäft sein. Er war wachsam, aber unbeteiligt und, wie Gratsos meinte, »naiv in seiner Haltung gegenüber der Weltlage, wenn auch im Grunde für die Alliierten«. Er zeigte kein Interesse, weder geschäftlich noch politisch, für den spanischen Bürgerkrieg, den viele als blutiges Vorspiel zu einem größeren Konflikt erkannten. Dies trotz der Tatsache, daß seine geschäftlichen Transaktionen ihn in regelmäßigen Kontakt mit Parteigängern beider Seiten der europäischen Auseinandersetzung brachten. In London und Oslo war es unmöglich, die wachsenden Feindseligkeiten gegenüber dem nationalsozialistischen Deutschland zu übersehen. In Buenos Aires gab es eine starke Sympathieströmung für den Faschismus.

Als England und Frankreich am 3. September 1939 Deutschland den Krieg erklärten, hätte Onassis kaum in einer schlimmeren Lage sein können. Er befand sich im Savoy in London. Sein Cadillac lag mit einer Panne in Belgien fest. Ingse war in Paris. Zwei seiner Tanker, die »Ariston« und die »Buenos Aires« (die noch im Bau war), lagen in Schweden, bedroht von einer Regierung, die darauf bedacht war, ihre Neutralität unter Beweis zu stellen. Nur die unter norwegischer Flagge auf Charterfahrt befindliche »Aristophanes« schien ungefährdet. Onassis durfte nach Schweden einreisen; die Verhandlungen brachten jedoch kein befriedigendes Ergebnis. Die Schweden erklärten sich ausdrücklich mit Deutschland einer Meinung, daß Schiffe ausländischer Eigner, die unter schwedischer Flagge fuhren und in schwedischen Häfen gebaut waren, für die Dauer der Feindseligkeiten im Land bleiben müßten.

Als Norwegen im April 1940 besetzt wurde, ging die Regierung nach London ins Exil und beschlagnahmte prompt die »Aristophanes«. Fünfzigtausend Tonnen der modernsten Tanker der Welt waren in einer Zeit immobilisiert, in der sie für Onassis von höchstem Wert sein konnten. Er mußte sich auf die Schiffe stützen, über die er noch frei verfügte – die kanadischen Frachter und das »Trocken«geschäft drüben in Argentinien. Im Juni 1940 fuhr er, während die Schlacht um England tobte, von London nach New York.

Ein ruhiger Krieg

Die Kabinen erster Klasse an Bord des Cunard Line Dampfers SS »Samaria« waren ausgebucht, und Onassis mußte sich mit der zweiten Klasse begnügen. Er spürte nun den Krieg am eigenen Leib, den er so lang ignoriert hatte. Berichten anderer Londoner Griechen zufolge verbrachte Onassis die ansonsten ereignislose Überfahrt in ständiger Furcht vor feindlichen Angriffen. Seine endemische Schlaflosigkeit wurde akut. Anstatt seine Kabine zu benutzen, döste er lieber in den leeren Salons in Griffweite der Schränke mit den Schwimmwesten. Bei Rettungsbootübungen hielt er die Aktenmappe mit den Besitzurkunden seiner Schiffe umklammert. Er erholte sich erst, als die Freiheitsstatue New Yorks in Sicht kam.

Sein Benehmen brachte Heiterkeit in die Langeweile des Bordlebens und gab später Anlaß zu abfälligen Bemerkungen über seinen Mangel an Mut. Aber es spiegelte deutlich sein Gefühl für Gefahr wider, das ihn seit den tragischen Ereignissen in Smyrna nicht verließ. Die erste Überquerung des Atlantik erfolgte im Schatten der Massaker von Smyrna, und das Gefühl, ein Flüchtling zu sein, begleitete ihn sein Leben lang. Nun, da sein Geschäft bedroht und Europa in Gefahr war, befand er sich abermals auf der Flucht.

Er war dreiunddreißig Jahre alt, hielt jedoch an der Fiktion seines Alters und Geburtsortes fest. Das Dokument seiner Befragung durch die Einwanderungskommission von Ellis Island liegt noch in den Akten der US-Einwanderungsbehörden:

»Ausländer, vereidigt durch Insp. Galvin, sagte auf englisch aus:

F. Wie lautet Ihr voller und richtiger Name?

A. Aristoteles Sokrates Onassis.

F. Waren Sie jemals unter anderen Namen bekannt oder haben Sie solche verwendet?

A. Nein.

F. Sie sind Staatsbürger welches Landes?

A. Argentiniens.

F. Aus welchem Land stammen Sie?

A. Griechenland.

F. Wo und wann wurden Sie geboren?
A. In Saloniki, Griechenland, am 21. September 1900.«

Onassis war mit einem sechsmonatigen Besuchervisum eingereist, und 500 000 Dollar auf seinem Konto bei der Barclay's Bank waren mehr als ausreichend, um zu verbürgen, daß er der Öffentlichkeit nicht zur Last fallen würde. Die Art seiner Geschäfte in den Vereinigten Staaten wurde nicht geklärt, vermutlich mit Absicht – eines seiner Schiffe war vor kurzem in Savannah gelandet, ein anderes sollte bald eintreffen, und es gab die Möglichkeit, an der Westküste ein Schiff zu kaufen. Ob er zu diesem Zeitpunkt den Rest des Krieges in New York verbringen wollte, ist nicht klar, aber während des nächsten Monats bombardierte er Ingeborg Dedichen mit Telegrammen und Briefen. Er fühlte sich krank und einsam. Wahrscheinlich deswegen fügte er seinem Drängen, sie solle die Gefahren von Paris gegen die Sicherheit New Yorks eintauschen, einen neuerlichen Heiratsantrag hinzu.

Als Ingse dann nach einer Reise über Marseille, Spanien und Portugal in New York eintraf, hatte er bereits festen Boden unter den Füßen und bewohnte ein Appartement mit Hotel-Service in den Ritz Towers, einem Luxuswohnhaus, Ecke Park Avenue und Siebenundfünfzigste Straße. Ihr neues Leben wurde mit einer Einkaufsorgie im Vorkriegsstil gefeiert: für Ingse ein funkelnagelneuer Cadillac als Ersatz für den in Belgien verlorenen, für Aristoteles ein Smoking, sein erster überhaupt. In seiner Übereile beging er den Fehler, ihn von der Stange zu kaufen, mit dem Ergebnis, daß er in eleganten New Yorker Restaurants mitunter irrtümlich für einen Kellner gehalten wurde.

Onassis begann in New York wie anderswo seine Lehrzeit von ganz unten nach ganz oben. Zu Anfang war seine Tätigkeit hauptsächlich auf die Interessen seiner Familie in Buenos Aires ausgerichtet – Import von Anis und Olivenöl, Export von amerikanischem Tabak mit einem Umsatz von nur 150 000 Dollar in den letzten sechs Monaten des Jahres 1940. Aber er ging seinem Geschäft mit bekannter Gründlichkeit nach. Ingse fiel seine Fähigkeit auf, die ungeduldige nervöse Energie zu zügeln und in Tatkraft umzusetzen. Er kam von der Arbeit nach Hause, legte sich völlig angekleidet auf den Boden – nie aufs Bett – und schlief einige Stunden. Es war unmöglich, ihn zu wecken, wenn er schlief. Sobald er erwachte, war er putzmunter.

New York war die Stadt, in die er immer wieder zurückkehren sollte. Ständig auf der Flucht, und später zum Kommen und Gehen gezwungen, identifizierte er sich mit dieser Weltmetropole, die Generationen von Einwanderern Hoffnung, Zuflucht und manchmal Reichtum geschenkt hatte. Ihr Tempo und ihre Gegensätze paßte zu seinem eigenen Lebensgefühl, und die Vergnügungen, die sie bot, harmonierten mit seinem wählerischen Geschmack. Mit Ingse streifte er häufig durch die Stadt, sie erforschten die engen Straßen des unteren Manhattan und die riesige Hafengegend. Einen Abend verbrachten sie in einem Nachtklub in Harlem, wo es zu einer Messerstecherei kam, und sie mußten in aller Eile verschwinden. Ingses aus zweiter Hand gekaufter Nerzmantel wurde langsam schäbig, und Onassis bestand darauf, ihr einen neuen zu kaufen. »Bestell dir den schönsten und elegantesten, den du finden kannst«, sagte er ihr. Der Mantel kostete 16 000 Dollar, und Onassis zahlte, ohne mit der Wimper zu zucken. Es war ja schließlich eine notwendige Ausgabe, die ebenso zum Ritual des New Yorker Lebens gehörte wie die Osterparade auf der Fifth Avenue. Außerdem rief sie Neid hervor und erhöhte seinen Ruf als wohlhabender Mann.

Wahrscheinlich hatte Onassis nicht viel mehr Geld als Ende der dreißiger Jahre. Im Grunde war sein Einkommen, da ein so großer Teil seiner Flotte in verschiedenen skandinavischen Häfen blockiert war, geringer als damals. Er war jedoch mehr als wohlhabend. Als er 1945 eine Verlängerung seines Visums beantragte, sagte er den US-Behörden, daß er monatlich 4000 Dollar Unterhalt aus »einem von seiner Familie errichteten Fond« beziehe. Der »Fond« war ein erster Faden des verwickelten Netzes, das er später spann, um Größe und Natur seiner Aktiva zu verbergen. Aber zu jener Zeit waren 4000 Dollar monatlich mehr als ausreichend um in New York auf großem Fuß zu leben.

Für Onassis bestand zwischen seinem Geschäfts- und dem Privatleben nie eine klare Grenze, und in New York fand er beides, nicht durch die expatriierte griechische Reedergemeinde, sondern durch einen seiner Bekannten aus Argentinien, Alberto Dodero. Für die Griechen galt er noch immer als kein ganz seriöser Schiffseigentümer, Dodero hingegen sah die Welt ganz ähnlich wie Onassis, und es entstand sofort eine Beziehung, die bei Wochenendpartys auf dem luxuriösen Besitz Doderos auf Centre Island, kaum eine Stunde von Manhattan entfernt auf Long Island, gefestigt wurde; Onassis' Haltung war ähnlich der, die er später gegenüber Patriarchen wie J. Paul Getty und Winston Churchill mit dem gleichen Erfolg zeigte – aufmerksam, respektvoll und charmant. »Er wird es weit bringen«, sagte Dodero einem von Onassis' Freunden, »wenn er nur lernt, Entschlüsse zu fassen.« Es war die klassische Onassisrolle – der junge, arme Grieche, der zu Füßen der Älteren Weisheit und Erfahrung gewinnt.

1940 schien Dodero, ein kleiner, dynamischer Mann, auf dem Gipfel des Erfolgs zu stehen. Sein Geld und sein Lebensstil hatten ihn zu einer legendären Gestalt gemacht. Als jüngster von fünf Söhnen eines italienischen Einwanderers, der es in Uruguay zu Reichtum gebracht hatte, durfte er in Irland eine Privatschule besuchen. Sein Vater besaß eine kleine Reederei, doch Dodero lief fort und arbeitete bei der Mihanovic-Linie in Argentinien. Nach zehn Jahren hatte er eine Kapitalmehrheit in der Firma erworben und fusionierte mit der Firma seines Vaters. Zu Beginn des Zweiten Weltkriegs besaß er die größte Privatflotte der Welt.

Seine Expansion wurde weitgehend durch Kredite auf der Grundlage der enormen Gewinne finanziert, die er alljährlich aus einem Monopol schöpfte: sechs Fährbooten, die zwischen Buenos Aires und Montevideo verkehrten. Für seine zweite Frau, das amerikanische Starlet Betty Sunmark, erwarb er einen Besitz fünf Kilometer von Montevideo entfernt, Bet-Alba; die Villa und eine Anzahl von Gästehäusern waren rund um das Gelände erbaut. Im Zentrum der Villa wölbte sich ein mächtiges Schirmdach, das ein riesiges Speisezimmer und einen Kinosaal überspannte, in dem sich Betty die neuesten Hollywoodfilme vorspielen ließ.

Bei einer von Doderos berühmten Partys lernte Onassis einen bedeutenden österreichischen Industriemagnaten kennen, Fritz Mandl. Der Wiener Jude verdiente seine ersten Millionen mit der Herstellung von Waffen und Munition. Er hatte bereits einen Großteil seines Geldes nach Argentinien transferiert, als die Nazis im März 1938 in Wien einzogen. Als Onassis ihn kennenlernte, war Mandl bereits argentinischer Staatsbürger, verkehrte in den besten Kreisen und erweiterte seine Unternehmungen. Mandl ist hauptsächlich durch seine Ehe mit der Schauspielerin Hedy Kiesler bekannt geworden, die später in Hollywood unter dem Künstlernamen Hedy Lamarr Karriere machte. Mandls Kontakte wurden vom US-Geheimdienst überwacht, insbesondere seine Verbindung mit den Hermann Göring-Stahlwerken 1940. Als Onassis ihn kennenlernte, wurde Mandl in den USA mit offensichtlicher Feindseligkeit behandelt. Später wurde er sogar auf die anglo-amerikanische Schwarze Liste gesetzt und ihm die Einreise verwehrt. Onassis' Kontakt mit Mandl und vermutlich mit anderen mißliebigen Personen dürfte die Entscheidung J. Edgar Hoovers erklären, Onassis während seines Aufenthaltes in den USA unter Beobachtung zu halten. Sie erfolgte in Form eines Briefes von Hoover an Admiral Emory S. Land, den Leiter der Kriegsschiffahrtverwaltung, die alle zivilen Schifftransporte während der Feindseligkeiten kontrollierte. Unter dem Datum des 16. Juli 1942, »Persönlich und vertraulich, durch Eilboten«, heißt es:

»Mein lieber Admiral,

aus vertraulicher Quelle wurde berichtet, daß Mr. Aristoteles Onassis, angeblich Teilhaber der Tanker ›Calliroy‹ und ›Antiope‹, am 18. Juni 1942 aus Buenos Aires mit der Pan American in die Vereinigten Staaten fliegen wollte. Laut Gewährsmann ist sein Reisezweck, die Verhandlungen über den Verkauf dieser zwei Tanker an die Kriegsschiffahrtverwaltung fortzusetzen.

Der Gewährsmann teilte mit, es gebe keinen Hinweis, daß Mr. Onassis andere Beweggründe für eine Reise in die Vereinigten Staaten habe, es wurde aber berichtet, daß er feindselige Ansichten über die Kriegsanstrengungen der Vereinigten Staaten hege. Seine Tätigkeit und seine Reisen in den Vereinigten Staaten sollten daher sorgfältig überwacht werden.

Ihr ergebener
John Edgar Hoover.«

Onassis war tatsächlich Mitbesitzer des Tankers »Callirhoe« – Hoovers Agent hatte den Namen falsch buchstabiert –, aber es gibt keine Beweise dafür, daß er sich jemals nach Kriegsbeginn den USA gegenüber »feindselig« geäußert hätte. Abgesehen von der Bekanntschaft mit Mandl gab es noch etwas, das vielleicht dem FBI zur Kenntnis gelangte. Onassis hatte Anfang 1940, lange bevor der Angriff auf Pearl Harbor die Vereinigten Staaten zum Eintritt in den Krieg veranlaßte, zwei seiner früheren kanadischen Frachter einer japanischen Reederei verkauft. Die Schiffe wurden von den Japanern zum Kriegsdienst eingesetzt und später von den Amerikanern versenkt.

Kosta Gratsos glaubt, daß der »Hooverbrief« einfach ein »Mißverständnis« war. Leute, die regelmäßig zwischen Argentinien und den Vereinigten Staaten reisten, kamen natürlich unter Beobachtung. »Wir merkten, daß man uns folgte und daß unsere Telefone abgehört wurden. Es war wirklich nur eine Routinesache.« Drei Jahre später, erzählt Gratsos, traf er Hoover bei einem gesellschaftlichen Anlaß in Washington. »Wir machten Späße über die ganze Geschichte.«

Dessenungeachtet geht aus vertraulichen FBI-Aufzeichnungen hervor, daß Onassis fast zwei Jahre Anlaß von Ermittlungen war. Das FBI entdeckte nie, wann, wo und zu wem er angeblich feindliche Ansichten gegen die Kriegsanstrengungen der Vereinigten Staaten geäußert haben sollte, obwohl eines der Dokumente eine plausible Hypothese bietet. Onassis wurde mit der Forderung der US-Regierung konfrontiert, zwei seiner in Panama registrierten Schiffe wieder unter US-Flagge laufen zu lassen. Anfangs wollte er die Schiffe verkaufen, aber die Amerikaner verboten die Transaktion. Ein FBI-Bericht schloß, daß die Onassis zugeschriebenen Äußerungen »vielleicht seinem Ärger über die Vereitelung des Geschäfts entsprungen waren«. Andere Berichte erwähnen die Versicherungs- und Währungsschwindeleien, die seinen Aufstieg in Argentinien kennzeichnen, aber keiner liefert Gründe für den Verdacht einer spezifisch anti-amerikanischen Tätigkeit. Das letzte Dokument trägt das Datum des 1. April 1944 und schließt: »Bis heute hat die Nachforschung keine subversiv geartete Tätigkeit von seiten des Überprüften ergeben. Weitere Nachforschungen erscheinen nicht gerechtfertigt. Damit ist der Fall abgeschlossen.«

Die Beziehung zwischen Onassis und Dodero in New York schloß gegenseitige Unterstützung ein, aber sie hatte ihre Grenzen. Dodero befand sich, dem äußeren Anschein zum Trotz, in Schwierigkeiten. Seine Geschäftszweige waren allzu zersplittert, und erforderten viel Bargeld und kaufmännisches Geschick. Aus diesem Grund bat er Ingse, sie solle Onassis überreden, einen Anteil an seiner Gesellschaft zu erwerben. »Onassis kann aus dem klapprigsten alten Kahn Geld machen«, sagte er. Ingse hatte es sich zum Prinzip gemacht, sich nie in die Geschäfte ihres Geliebten einzumengen, daher riet sie Dodero, sich persönlich an Onassis zu wenden. Obwohl Onassis Dodero gern mochte, lehnte er ab, weil seine persönliche Beteiligung an dem Unternehmen nicht genügt hätte, um ihm eine Kapitalmehrheit zu verschaffen.

Dodero erhielt das Geld – es kam von dem allgegenwärtigen Fritz Mandl –, aber Onassis' spätere Karriere bestätigte, wie klug seine Entscheidung gewesen war. Dodero befreundete sich mit Juan Perón, dem führenden Mitglied der Militärjunta, die 1943 die Macht übernahm. Doch nachdem Perón 1948 Präsident geworden war, wurde Dodero gezwungen, einen hohen Kapitalanteil – einschließlich der kostbaren Fährschiffe – für den lächerlichen Preis von drei Millionen Dollar an den Staat zu verkaufen.

Obgleich er Doderos Angebot ausschlug, hat Onassis sich seine freundschaftlichen Beziehungen erhalten. Damals wie heute war das Centre Island mehr als eine Vorstadt- und Wochenendgemeinde. Seine reichen Einwohner trafen sich im Jachtklub und besuchten einander mit der für die amerikanischen Reichen charakteristischen Ungezwungenheit. Eines der an Doderos Besitz grenzenden Grundstücke gehörte Cecil Stewart aus einer alten New Yorker Reederfamilie, mit der Dodero seit 1912 Geschäfte machte. Stewart besaß gute Verbindungen, war reich und verkehrte mit Franklin D. Roosevelt, den er mit dem Vornamen anredete. Sein Sohn erzählt, er habe eine Menge Geld geerbt, alles verloren, es wieder verdient, dann in der Wirtschaftskrise verloren – und es daraufhin nochmal verdient.

Es war vielleicht dieser Unternehmergeist, der Stewart zu Onassis hinzog. Jedenfalls wurde die Firma Frank B. Hall & Co., deren Präsident er war, bald nach Onassis' Ankunft in den Vereinigten Staaten dessen Versicherungsagent. Im September 1940 erhielt Jimmy, Stewarts Sohn, von Onassis' Schiffsmakler einen auf sein Konto bei der First National City Bank gezogenen Scheck für 2 000 000 Dollar als Bezahlung für die »Santa Maria«, für deren Kauf Onassis einen Vertrag mit der Union Oil Company of California hatte. Jimmy Stewart kannte Onassis nicht persönlich, und sein Vater war nicht da. Also wandte er sich an die First National City und ersuchte sie, den Scheck zu beglaubigen. Stewart fragte bei der Bank an, wer Onassis sei, und wieso ein verhältnismäßig junger und unbekannter Grieche einen Scheck über einen so hohen Betrag ausstellen könne. Nach entsprechendem Hinweis auf das Bankgeheimnis sagte der Beamte, daß auch er keine Ahnung habe, wieso Onassis über so viel Geld verfüge, aber es bestünde eine Vereinbarung, daß die Bank für Beträge bis zu einer Höhe von vier Millionen Dollar gutsagen würde.

Wenig später erwarb Cecil Stewart einen kleinen Anteil an einer von Onassis' Unternehmungen. In der Hoffnung, daß die Frachtraten steigen würden, kauften sie »einen rostigen alten Kahn« für 350 000 Dollar, der sich auf der Fahrt von der Ostküste nach Südamerika befand. Das Schiff sollte zwecks Neuausrüstung nach New York auslaufen. Als es in die Karibische See kam, war es schon 700 000 Dollar wert, zwei Tage später 900 000. Onassis war hocherfreut, aber nicht sicher, ob er verkaufen oder abwarten solle. Vielleicht konnte es einen noch höheren Preis erzielen. Das Risiko wurde ihm offensichtlich zu groß. Jedesmal wenn der Kahn mehr wert war, wandte er sich an Stewart. Sollte er nun verkaufen oder nicht? Stewart riet, er solle sofort verkaufen. Onassis konnte sich jedoch nicht entschließen. Als das Schiff Florida erreichte, war es bereits 1 200 000 Dollar wert, und Onassis' Unschlüssigkeit hatte sich zu hohem Fieber gesteigert. Stewart verbrachte einen Urlaub in seinem Haus in Palm Beach, und Onassis flog extra nach Florida, um mit ihm über sein Dilemma zu diskutieren. »Jeden Abend gehe ich mit dem Entschluß ins Bett, zu verkaufen«, erzählte er Stewart, »und jeden Morgen erwache ich und sage: ›Nein, morgen bekomme ich mehr dafür.‹« Stewart blieb die Nacht mit Onassis auf, um sicherzugehen, daß seine Entschlossenheit die Morgenstunden überdauere. Am nächsten Tag war das Schiff verkauft.

Im Frühjahr 1941 rief Stewarts Frau Dorothy Ingse an und lud sie nach Centre Island ein. Ingse entdeckte am Strand in einiger Entfernung von dem imposanten Heim der Stewarts ein völlig verlassenes Haus. Dorothy erklärte, es heiße Fosters House, und niemand von der Familie bewohne es. Stewart hatte es gegen Ende der Wirtschaftskrise gekauft, um den Stadtbehörden zu beweisen, daß die Grundsteuern auf Centre Island aufgrund künstlich hoher Grundstückswerte aus der Zeit vor dem Preissturz festgesetzt waren. Als er das Haus zu einem Spottpreis gekauft und somit seinen Standpunkt bewiesen hatte, verlor er das Interesse daran. Als Ingse Stewart anbot, das Haus zu mieten und wieder instand zu setzen, sagte er hocherfreut zu; sie könne es umsonst haben. Ingse bestand jedoch darauf, etwas für das Haus zu bezahlen, und sie machte sich daran, bei den Trödlern der Umgebung auf Suche nach Möbeln zu gehen. Onassis' erstes wirkliches Heim nahm bald Gestalt an. Sein Glanzstück war ein riesiges Sofa, das Ingse im Sammellager der Heilsarmee erspäht hatte.

Ingses Bemühungen, ein Zuhause zu schaffen, weckten schließlich Onassis' Interesse. Er stellte ein französisches Ehepaar als Köchin und Butler an, ließ

Die Eltern. Sokrates Onassis war ein wohlhabender Kaufmann, eine Stütze der griechischen Gemeinde von Smyrna, und ein strenger Vater. Penelope Onassis starb, als Aristoteles erst sechs Jahre alt war.

Die Zerstörung von Smyrna, 13. September 1922. Nach der Einnahme der Stadt setzten die Türken das griechische Viertel in Brand und massakrierten die Einwohner. Die Familie Onassis verlor den Großteil ihres Besitzes. Die überlebenden Familienmitglieder flohen nach Griechenland. Ein Jahr später wanderte Aristoteles nach Argentinien aus.

Der Konsul. Seinen ersten Erfolg erzielte Onassis im Tabakhandel. Mit sechsundzwanzig Jahren wurde er griechischer Vizekonsul in Buenos Aires. Nach einem FBI-Bericht nutzte er diese Stellung, um beträchtliche Summen Geldes zum offiziellen Kurs zu kaufen und dann auf dem schwarzen Markt wieder zu veräußern.

nassis und Ingse Dedichen auf
er »Ariston«, seinem ersten
anker. Er hatte Ingse, die
ochter eines führenden skan-
navischen Schiffseigners, auf
ner Überfahrt von Argenti-
en nach Europa kennenge-
rnt.

Onassis, Stavros Niarchos und dessen zweite Frau Melpomene auf Long Island, 1944.

Athina (stehend) und Eugenie, Livanos' Töchter. Onassis und Athina heirateten 1946, Niarchos und Eugenie 1947, nachdem Niarchos von Melpomene geschieden worden war.

Stavros Livanos, der Patriarch des griechischen Reedereigeschäfts.

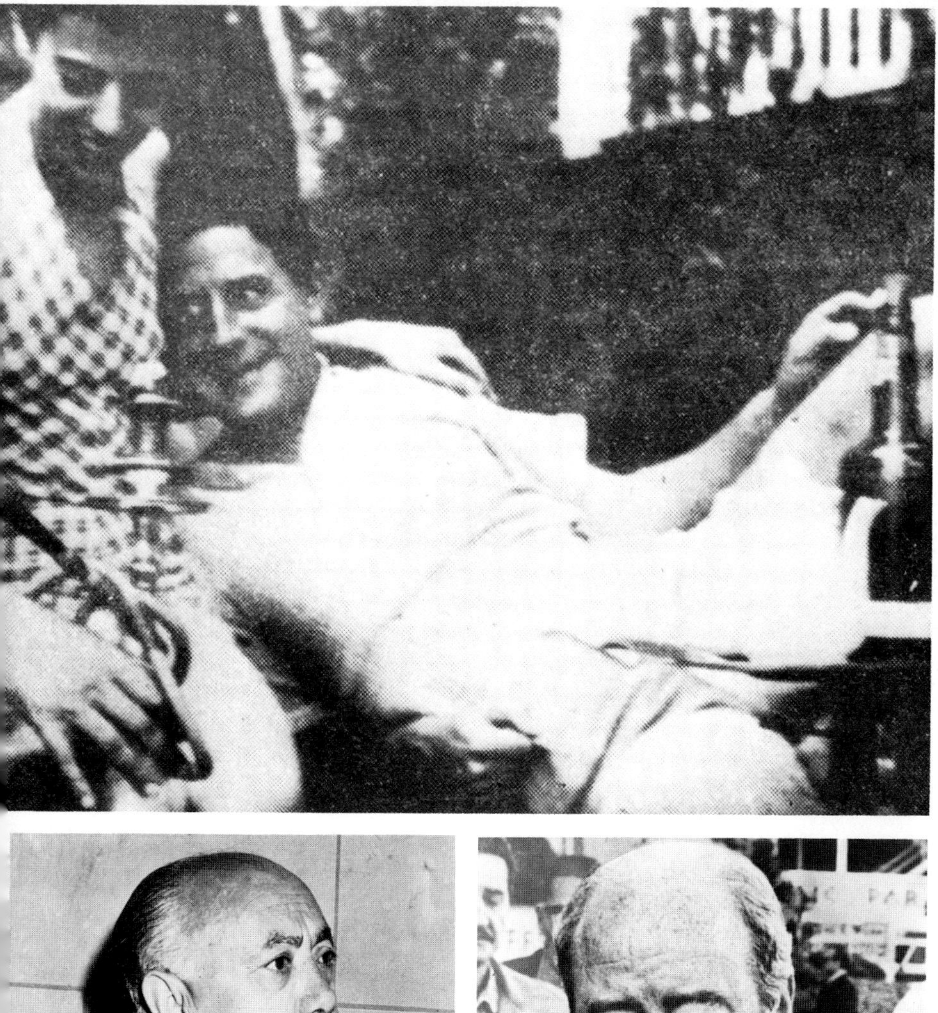

Mittelsmänner. Spyridon Katapodis (links), der Onassis bei seinem Saudi-Arabien-Geschäft behilflich war und es später untergrub; Robert A. Maheu, ehemaliger FBI-Mann, brachte das Geschäft endgültig zu Fall.

Onassis bei einer Anhörung vor einem Ausschuß des amerikanischen Kongresses, der ihn betrügerischen Vorgehens beim Erwerb von Überschußschiffen nach dem Zweiten Weltkrieg verdächtigte.

Millionäre unter sich. J. Paul Getty und Onassis.

Moby Aristoteles. Ein Pottwal wird an Bord der »Olympic Challenger« zerlegt. Onassis' Walfangflotte wurde von der peruanischen Marine aufgebracht und von seinen norwegischen Konkurrenten aus dem Rennen geworfen. Bis dahin war es ein lukratives Geschäft gewesen.

Der Schloßherr. Onassis und Tina vor ihrem Château de la Croë, nahe dem Cap d'Antibes

in Südfrankreich. Onassis bewohnte es von 1950 bis 1954, später kaufte Niarchos den Besitz.

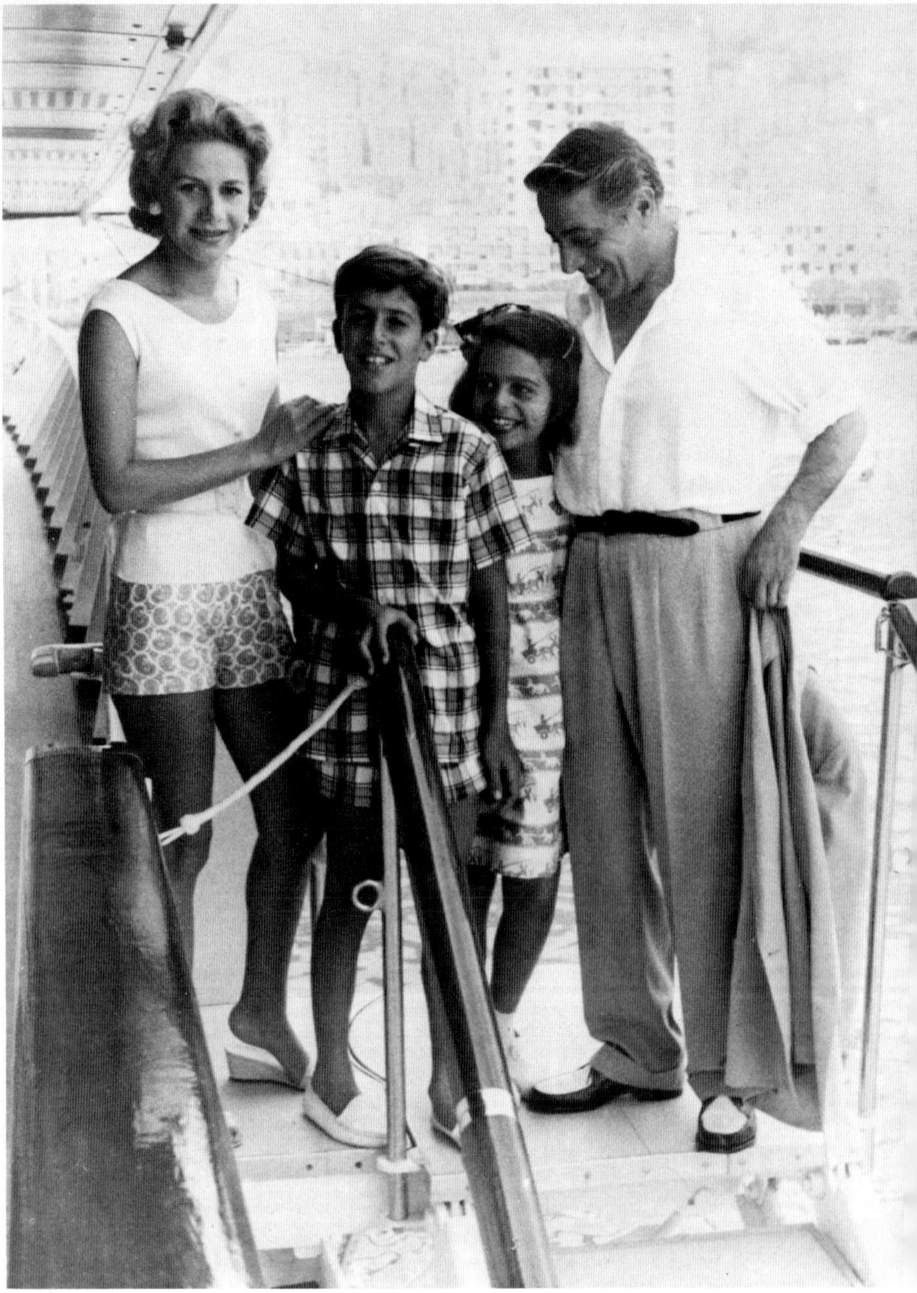

Der Familienvater. Tina, Alexander und Christina mit Onassis auf der »Christina« im Hafen von Monte Carlo. Onassis besaß die Aktienmehrheit der Gesellschaft, die die Spielbank kontrollierte. Dreizehn Jahre lang war das Fürstentum die Basis seiner Finanzoperationen und Brennpunkt seines gesellschaftlichen Lebens.

sich ein maritimes Bildmotiv für das Wohnzimmer einfallen und kaufte Ingse einen Chris-Craft-Kabinenkreuzer. Das Landhaus wurde Ingse zu Ehren in »Mamita« umgetauft, und Onassis fand sich zum erstenmal im Leben zu einer häuslichen Routine bereit. Sie verbrachten einen großen Teil des Sommers auf Long Island. Onassis fuhr nach New York, wenn er dazu Lust hatte, ansonsten führte er sein Geschäft über das Telefon. Es gab Grillpartys, bei denen er sich als Chefkoch kostümierte, und Pokerpartien im Bootshaus unweit der Villa, die die ganze Nacht dauerten. Onassis' Freundeskreis vergrößerte sich. Viele Griechen, darunter die Familien Livanos und Embirikos, besaßen Sommersitze auf Long Island, und sie kamen vorbei, um über Geschäfte zu reden. Onassis und Ingse lernten auch viele ihrer amerikanischen Nachbarn kennen, darunter Jimmy Mooney, den Präsidenten von General Motors. Obwohl Onassis die meisten Nächte in Ingses Zimmer verbrachte, bestand sie darauf, aus Rücksicht auf den amerikanischen Puritanismus, die Fiktion der getrennten Schlafzimmer aufrechtzuerhalten. Wenn sie Freunde im Haus herumführte, pflegte sie nachdrücklich darauf aufmerksam zu machen, daß Ari und sie eigene Schlafzimmer hätten. Die Behauptung konnte niemanden täuschen, aber »der Schein blieb gewahrt«.

Dieses angenehme Arrangement erwies sich als kurzlebig. Die vierziger Jahre waren eine lustige Zeit in New York, und die Bezeichnung »Café Society« kam auf für die Reichen und Neureichen sowie Hollywoodgrößen, die sich jede Nacht im Klub 21 oder im El Morocco (kurz Elmo) trafen, um zu sehen und gesehen zu werden.

Besonders das Elmo war bald Onassis' Lieblingsplatz. Sein Begründer, John Peróna, war Argentinier, und argentinisch war auch die Dekoration. In den vierziger Jahren liebte man so etwas, heute würde man sie wahrscheinlich als Edelkitsch bezeichnen. Unter einer himmelblauen Decke mit schummriger Beleuchtung standen Papierpalmen und zebragestreifte Bänke. Das Essen war gut, wenn auch nicht raffiniert – ein weiteres Plus bei Onassis, der eine Vorliebe für Riesenportionen Hackfleisch entwickelte.

Damals stand das Elmo jedem offen, der den Portier davon überzeugen konnte, daß er dorthin gehörte. Die Gäste wurden nach ihrer Bedeutung gewertet, und zwar durch die Tischordnung. Für jene, die Peróna entmutigen wollte, gab es immer nur Plätze in »Sibirien«, im hinteren Teil des Klubs, unweit der Küche, wo die Sicht und die Bedienung mehr oder minder gleich mangelhaft waren. Onassis wurde nie nach Sibirien geschickt. Er benützte das Elmo fast als zweites Büro, das auch noch den Vorteil hatte, seine Arbeitsstunden einhalten zu können, aber es war so diskret, niemals im Lokal Verträge abzuschließen.

Die gesellschaftlichen Veränderungen hatten unvermeidlich ihre Auswirkung auf seine Beziehung zu Ingse. Er hatte sie kennengelernt, als er noch jung und unbedeutend war, und ihr Verhältnis hielt stand, weil er bereitwillig auf ihre Wünsche einging. Sie war seine Mamita, er war ihr Mamico – die Namen, die sie einander gaben, sind bezeichnend für den Zustand gegenseitiger Abhängigkeit. Vielleicht etwas spät wollte Onassis seine Unabhängigkeit behaupten, und er kam eines Tages mit einem Ersuchen, das ebenso überraschend wie ungewöhnlich war. »Plötzlich wurde ihm klar, daß die Jahre vergingen«, erzählte Ingse, »daß er in seinen Geschäften erstickte und das Leben vernachlässigte, das nun in seiner Reichweite lag. Seine Freunde führten ein Leben, das er nie gekannt hatte, sie gingen mit den bezauberndsten Frauen aus. Er hatte begonnen, mich zu betrügen, um es ihnen nachzutun. Zuerst fragte er mich immer um Erlaubnis. Nun verlangte er eine Art Liebesferien. ›Mamita, wir werden später heiraten‹, sagte er. ›Laß mir vorerst noch ein wenig Freiheit.‹«

Ingse willigte ein – sie hatte keine andere Wahl, da er sich wahrscheinlich seine »Liebesferien« genommen hätte, auch ohne ihr Einverständnis. Doch der Grad, bis zu dem sie zu gehen gewillt war, scheint sogar Onassis überrascht zu haben. Sie wurden, wie sie es nannte, »eher Komplicen als ein Liebespaar«, obgleich sie gelegentlich noch miteinander schliefen. Er hatte gewünscht, sie solle ihm erlauben, er könne hingehen und sich vergnügen, geriet jedoch aus der Fassung, als Ingse Teilnahme an seinem Playboyleben zeigte und über seine neuen Liebesbeziehungen Intimitäten hören wollte.

Sein Leben als Genießer begann an der Westküste. Zwei seiner Schiffe, die »Callirhoe« und die »Gulf Queen«, die er von Gulf Oil gekauft hatte, beförderten Öl zwischen San Pedro in Kalifornien und Vancouver in Britisch-Kolumbien. Nach Pearl Harbor wurden die Schiffe von der US-Regierung gechartert, operierten jedoch praktisch auf derselben Route. Onassis flog häufig von New York nach Los Angeles, um die Schiffe zu inspizieren und mit den Kapitänen zu sprechen. Sein Freund Kosta Gratsos war griechischer Konsul in San Francisco, und gemeinsam begannen sie, das süße Leben Hollywoods der vierziger Jahre zu erforschen. Gratsos überließ Onassis' Glück, Geschick und Wagemut, sowohl in Herzens- wie in Geschäftsangelegenheiten, den Vorrang, doch das Betätigungsfeld war so groß, daß sie sich nicht ins Gehege kamen. »Wir saßen in Los Angeles und vernaschten die Mädchen. Es gab einen Vorrat ohne Ende – Jung- und Altstars, Anfängerinnen und Prominente ... ein wunderbarer Krieg für zwei Kerle wie uns.«

In späteren Jahren zeigte Onassis sich reserviert, ja abweisend gegenüber Fragen, die seine glücklichen Tage in Hollywood betrafen, und brachte einen puritanischen Abscheu gegen die Filmwelt und ihre Randerscheinungen zum Ausdruck. In Wirklichkeit aber hatte er beträchtlichen Gefallen daran gefunden. Sein Name wurde mit einer Anzahl von Berühmtheiten in Zusammenhang gebracht, darunter Paulette Goddard, Simone Simon und Veronica Lake. Miß Lake behauptete später, Onassis habe ihr einen Heiratsantrag gemacht, sie habe jedoch abgelehnt, weil seine stechenden Augen sie nervös machten. »Er war wirklich reizend«, sagte sie, »aber diese schwarzen Augen, du mein Gott! Sie blicken einen an, als würden sie einen bis zum Hinterkopf durchbohren.« Sie nahm dessen ungeachtet dankbar seine Geschenke an, die im Krieg Mangelware waren – Parfüm, Nylonstrümpfe und erlesene Weine. Kosta Gratsos bezweifelt die Ernsthaftigkeit von Onassis' angeblichem Heiratsantrag: »Was die Ehe anlangt, interessierte sich Onassis eher für Erbinnen als für Filmstars.«

Onassis freundete sich mit Spyros Skouras an, dem Boß von Twentieth-Century Fox, und fand in Hollywoods Café Society ebenso leicht Eingang wie früher in New York. Er wurde Stammgast bei Romanoff und ein intimer Freund des Besitzers, »Fürst« Mike Romanoff, des ersten und erfolgreichsten der vielen Romanoffs aus Brooklyn. Und er wurde ebenso oft im »Mocambo« auf dem Sunset Strip gesehen, einem Nachtklub, der auf einem hohen Felsen erbaut war, mit Ausblick auf Los Angeles. Das »Mocambo« stand bei südamerikanischen Millionären in hoher Gunst, wegen seiner lateinamerikanischen Musik, seiner Tropenvögel in Glaskäfigen und seines stets verfügbaren Vorrats an aufstrebenden Leinwandköniginnen. Es gab auch noch andere Lokale mit vielsagenden Namen – »Perino«, das »Villanova«, »A Bit of Sweden« und ein Restaurant, das »Cock and Bull« hieß.

Wenn er Ingse von seinen Abenteuern erzählte, war zweifellos ein gewisses Maß an Boshaftigkeit eingeschlossen. Er spielte »Katz' und Maus« und quälte sie mit seinen Erfolgsmeldungen. Dennoch war er anscheinend ebenso erstaunt wie sie über seine Eroberungen, und er kam zu ihr um Rat in heiklen Angelegenheiten. Er war weder von Natur noch aus Erfahrung ein Frauenheld, und er ließ eine rührende Unwissenheit in Liebesdingen erkennen. In einem Fall handelte es sich um ein Starlet, das er verführt hatte, und dessen Zudringlichkeit und sexuellen Appetit er bald lästig fand. Ingse brachte in Erfahrung, daß die Dame sehr freigebig mit ihrer Gunst war und sich einen schlechten Ruf als Überträgerin »eleganter« Krankheiten erworben hatte. Onassis, an sein Mißgeschick in Argentinien erinnert, war entsetzt und suchte eiligst einen Arzt auf. Er war erleichtert, als dieser ihm sagte, es fehle ihm nichts, und so dankbar für Ingses Warnung, daß sie einander eine Zeitlang wieder näherkamen.

Zumindest eine dieser Liebesbeziehungen an der Westküste ging tiefer. Onassis lernte Geraldine Spreckles kennen, eine reiche Erbin aus San Francisco, und verliebte sich in sie. Die darauffolgende Blitzwerbung brachte seine

Beziehung zu Ingse in eine kritische Phase. Eines Freitagmorgens kam Onassis zu ihr und verkündete seine Absicht, nach Kalifornien zu fliegen und das Wochenende mit Miß Spreckles zu verbringen. »Ich glaube, ich bin ziemlich verliebt in sie«, sagte er. »Wer weiß, vielleicht werden wir heiraten.« Ingse bewahrte kaltes Blut und setzte ihm nichts anderes entgegen als Sorge um seine Gesundheit und Würde. Er besaß keinen leichten Mantel. »Mit diesem Wintermantel wirst du vor Hitze umkommen«, antwortete sie. »Du siehst ja aus wie ein Bauer..., der kein Geld hat, sich einen anständigen Mantel zu kaufen... Ich werde mich noch für dich schämen müssen.« Als Onassis widersprach, er habe keine Zeit, sich einen neuen Mantel zu kaufen, ging sie aus und kaufte einen. Aber Onassis kam nicht dazu, ihn zu tragen. In San Francisco erwartete ihn die Nachricht, daß Miß Spreckles ihn leider nicht treffen könne, aber sich freuen würde, wenn er zu einer bestimmten Adresse auf einen Drink käme. Ari nahm das erste Flugzeug zurück nach New York und fand bei Ingse Trost.

Nichtsdestoweniger setzte er seine Werbung um Miß Spreckles hartnäckig fort. Einmal rief er Ingse an, um ihr zu sagen, er werde sie heiraten. Zwei Tage später erhielt sie einen Scheck über 200 000 Dollar, begleitet von der Mitteilung, das sei »zum Ausgleich«. Was das Geld ausgleichen sollte, wurde nicht erklärt. Ingse behielt den Scheck, um ihn zurückzugeben, sobald Aristoteles wieder in New York sein würde. Wahrscheinlich war er froh, das Geld zurückzubekommen, die Ankündigung seiner Verlobung mit Miß Spreckles war nämlich verfrüht, sie heiratete bald darauf einen anderen.

In einer anderen Angelegenheit an der Westküste hatte Onassis mehr Erfolg. Er kaufte zusammen mit Kosta Gratsos eine alte Walstation namens Eureka, die aus der großen Zeit des kalifornischen Walfangs vor fünfzig Jahren stammte. Seit seinem Aufenthalt in Norwegen war Onassis vom Walfang fasziniert. Das Unternehmen in Kalifornien war keineswegs groß, schien aber entwicklungsfähig, weil der Krieg den Preis für Walratöl in die Höhe getrieben hatte. Gratsos rechnete aus, daß nicht mehr als 15 000 Dollar Kapital erforderlich waren, um die Station wieder in Gang zu setzen und zwei ältere Schlepper zu mieten. Sie fanden einen schwedischen Jäger, trieben auch einen Gehilfen für ihn auf und lernten durch Zufall einen griechischen Seemann der Handelsmarine kennen, der durch den Krieg in den USA gestrandet war. Operation Eureka nahm ihren Anfang.

Das erste Problem bestand darin, Wale ausfindig zu machen. Gratsos erzählt, daß die US-Küstenwache ihnen zu Hilfe kam, ihre Beobachtungsluftschiffe betätigten sich als Aufklärer. Bald fanden die Partner heraus, daß das Zerhacken der toten Wale zum Kochen zeitraubend und beschwerlich war. Viel günstiger war es, das Fleisch zu Fütterungszwecken an die vielen Nerzfarmer Kaliforniens zu verkaufen. Schließlich wandte sich die Borden Company an sie und bot ihnen an, alle Wallebern zu kaufen, die sie liefern könnten. Wallebern, die mehrere hundert Pfund wiegen können, enthalten große Mengen von Vitamin A, eines der Haupterzeugnisse von Borden. Nach norwegischen Maßstäben war die Jagdbeute gering, aber den zwei Griechen brachte das Geschäft in den zwei Jahren, die es anhielt, einen bescheidenen Gewinn.

Als Onassis aus Kalifornien zurückkehrte, nahm er sein Leben mit Ingse wieder auf. Sie war aus seinem Appartement in ein anderes in den Ritz Towers umgezogen, zwei Stockwerke tiefer, und begann ihr eigenes Leben zu führen; sie strickte Bolerojacken für den norwegischen Hilfsfonds und verkaufte sie den Damen der Gesellschaft in einem Laden in der Fifth Avenue. Onassis überschüttete sie noch immer mit Geschenken, darunter einen Steinway-Flügel für ihre neue Wohnung. Obgleich er nie vorher viel Interesse für Musik gezeigt hatte, hörte er gern zu, wenn sie spielte. Sie übte Bach, und er fragte sie, ob sie ihn lehren würde, Klavier zu spielen. Er konnte nicht Noten lesen, war jedoch erstaunlich geschickt. Seine neue Fertigkeit kam ihm im nächsten Winter in Kalifornien zustatten. Bei einer von der griechischen Schauspielerin Katina Paxinou gegebenen Party wurde er Artur Rubinstein vorgestellt und sprach mit ihm über Musik. Rubinstein war verblüfft über sein ersichtliches Interesse für Musik und fragte Onassis, ob er Musiker sei. Mit geziemender und zweifellos bewußter Bescheidenheit erwiderte Onassis, das sei nicht der Fall; er hege aber eine Leidenschaft für eine von Bachs *Fugen.* Rubinstein bestand darauf, daß er sie ihm vorspiele, und das tat Onassis zur allgemeinen Überraschung mit Erfolg. Nachher erzählte er Ingse, er habe das Stück während der letzten sechs Monate geübt.

Onassis' »Krieg« in Kalifornien stand in krassem Gegensatz zu dem Kampf, der von anderen prominenten griechischen Reedern gefochten wurde. Bis 1942 waren die meisten Londoner Griechen nach New York übersiedelt, wo sie Appartements in Hotels wie dem »Pierre«, dem »St. Regis« und dem »Plaza« bewohnten. Die Schiffe, die sie noch besaßen, operierten auf der gefährlichen Atlantikroute. Die Verluste an Menschen und Material waren hoch.

Stavros Niarchos verbrachte den Krieg recht erfolgreich. Bis 1939 hatte er genug Geld verdient, um eine eigene Flotte von Trampfrachtern zu unterhalten, die von London aus operierte. Als die Alliierten seine Schiffe für den Kriegsdienst requirierten, trat Niarchos in die griechische Marine ein und diente einige Zeit auf einem Zerstörer bei Atlantikgeleitzügen. Später diente er als Assistent des Marineattachés in der griechischen Botschaft in Washington. Es war eine Stellung, die ihm gestattete, viel Zeit in New York zu verbringen. Der Krieg schadete seinem Geschäft nicht, trotz der Verluste auf See. Im Jahr 1940 kaufte er die »Bayou«, einen Erzfrachter von den Großen Seen mit 7000 Tonnen, und die »Olympic«, einen alten, in einen Tanker umgewandelten Frachter. Beide Schiffe wurden auf der Fahrt über den Atlantik von U-Booten versenkt. Die »Olympic« versank mit der gesamten Besatzung. Die Auszahlung der Versicherungssumme für diese und andere Verluste – auf 2 000 000 Dollar geschätzt – brachte Niarchos in die erste Reihe der jüngeren Generation griechischer Reeder. Er mietete ein Haus in Lloyd Neck auf Long Island, begann Kunstgegenstände zu sammeln und die besten New Yorker Nachtklubs zu frequentieren.

Onassis und Niarchos wurden mehr als bloße Bekannte. Jeder scheint in dem anderen einen potentiellen Rivalen gewittert zu haben. Als Emporkömmlinge war keiner von ihnen für die etablierte griechische Gesellschaft akzeptabel; als erfolgreiche Reeder, die in diese Gesellschaft aufgenommen zu werden wünschten, wollte keiner von beiden allzu eng mit dem anderen verbunden sein. Sie machten einander schon Konkurrenz – Onassis auf Wasserskiern gegen Niarchos im Segelboot –, aber vorläufig beschränkten sie diese auf Gebiete, in denen ihre getrennten Interessen gesichert waren. Die einzige Ausnahme bei dieser stillschweigend eingehaltenen Regel war Poker, wo ihre Fähigkeiten mehr oder minder gleichwertig waren.

Sie wurden jedoch durch die Freundschaft, die sich später zwischen Ingse und Niarchos' Frau entwickelte, in eine nähere Beziehung gebracht, als ihnen wahrscheinlich lieb war. Melpomene Kapparis Alexandropoulos – die zwanzigjährige Witwe eines griechischen Diplomaten und Tochter eines ruinierten Reeders – war im Jahr 1940 Niarchos' zweite Frau geworden. Zwei Jahre später ließ die Ehe Zeichen einer Krise erkennen. Niarchos verbrachte die meiste Zeit in New York in einer Wohnung, die er von Harry Hopkins, dem Berater Präsident Roosevelts, gemietet hatte. Melpo wohnte in einem Vorort und nahm Drogen, um ihre Schlaflosigkeit zu bekämpfen. Sie geriet in einen apathischen Zustand und verbrachte einen Großteil des Tages im Morgenrock auf einer Couch.

Ingse fand, daß sie moralische Unterstützung brauche, und erbot sich, Melpo bei der Verschönerung ihres Hauses zu helfen. In Wirklichkeit bedeutete das, daß Ingse »Gärtnerin, Faktotum und Haushälterin« im Haushalt Niarchos wurde. Eines Morgens, als sie die Terrasse saubermachte, kam Niarchos überraschend zu Besuch. Ingses Hände waren schmutzig, ihr Haar voller Blätter. Niarchos war erstaunt. »Was ist los?« fragte er. »Geht es Onassis so schlecht, daß Melpo Sie als Reinemachefrau beschäftigt?«

Ingse erinnert sich, wie Niarchos sie eines Abends dringend anrief: er hatte mit Melpo Streit gehabt. Sie habe ihn angerufen und gesagt, sie habe sich in der

Wohnung eingeschlossen und eine große Dosis Barbiturate genommen. Niarchos hatte den Wohnungsschlüssel verloren und war verzweifelt. Er rief Ingse an, weil ihre Wohnung von derselben Immobilienfirma verwaltet wurde und bat sie, sich einen Hauptschlüssel vom Pförtner zu besorgen. Ingse fand Melpo in einem Dämmerzustand, der kaum stärker war als gewöhnlich. Als Niarchos eintraf, täuschte sie jedoch Bewußtlosigkeit vor. Es wurde ein Krankenwagen gerufen, der sie in Ingses Begleitung ins Hospital brachte. Melpo zwinkerte Ingse zu. »Ich möchte Stavros nur ein wenig Angst einjagen«, sagte sie.

Nach einem Abendessen mit den Niarchos schlug Onassis Ingse, zum erstenmal. Es hatte Streit gegeben, weil Ingse darauf bestand, eine gelbgrünkarierte Hose zu tragen, die er unkleidsam fand. Beim Abendessen war er ungewöhnlich schweigsam, ebenso auf der Rückfahrt. Als sie wieder daheim waren, schlug sein verhaltener Zorn in unbeherrschte Gewalttätigkeit um. Er trat und schlug Ingse, bis er erschöpft zu Bett ging. Am nächsten Tag hatte er alles vergessen. »An meinem Körper waren keine Striemen zu sehen«, bemerkte Ingse. »Er wußte wie ein Fachmann, wohin er schlagen mußte.«

Onassis rechtfertigte sich mit einem Hinweis auf die traditionellen Rechte, die griechische Männer über ihre Frauen besitzen. »Jeder Grieche, und da gibt es keine Ausnahmen, schlägt seine Frau«, sagte er Ingse. »Es ist gut für beide, es hält sie in Einklang.« Aber das war Großsprecherei, das wußte Ingse sehr wohl. Als seine Wutanfälle zunahmen, entdeckte sie ein Muster darin. Er ärgerte sich, ebenso wie Niarchos, über jede Art gesellschaftlicher Demütigung. Er konnte sich hinter einer Maske von Bescheidenheit und Gutmütigkeit verbergen – er war noch »der bescheidene junge Grieche«. Aber ihre eigene Freimütigkeit und gesellschaftliche Zwanglosigkeit zwangen ihn in die Defensive. Und das konnte Aggression hervorbringen, die ein Bestandteil seines Charakters war.

»Er war nicht nur der charmante junge Mann, den er spielen konnte, wenn er gefallen wollte. Man konnte ihn mit einem Elektrizitätsspeicher vergleichen. Er häufte bei all seinen Betätigungen Energie an, und wenn er sie nicht länger zu zügeln vermochte, explodierte er. Er brauchte ein Opfer, an dem er seine nervöse Spannung entladen konnte. Es hätte seinem komplizierten Charakter nicht zugesagt, über das zu diskutieren, worüber wir uneinig waren, und wir taten es auch nie. Er versuchte immer, mich ins Unrecht zu setzen, denn er mußte seine Opfer in seiner Gewalt behalten ... er mußte sie in seiner hohlen Hand haben. Seltsamerweise schienen ihn diese Anfälle sinnloser Gewalttätigkeit zu befriedigen ... er ging aus ihnen so entspannt und glücklich hervor, als käme er aus einer sexuellen Umarmung.«

Alkohol verschlimmerte diese Wutanfälle, und Onassis hatte die Gewohnheit angenommen, stark zu trinken. Aus einem der Anfälle ging Ingse mit einem Gesicht »wie ein Boxer, der soeben einen Kampf verloren hat« und Bänderzerrungen hervor. Onassis war so erschrocken, daß er Ingse am nächsten Morgen in seinen Cadillac setzte, nach Centre Island brachte, die Diener fortschickte und sie dort zurückließ, damit sie sich erholte. Sie hatte ihrerseits solche Angst vor einer weiteren »Prügelei«, daß sie ihren ganzen Mut zusammennehmen mußte, um Onassis zu bitten, sie wieder in ihre New Yorker Wohnung zu bringen. Als sie zu ihrem Arzt ging, erzählte sie ihm, sie sei auf der Treppe gestürzt. Der Arzt wollte das nicht glauben und sagte, er sei bereit, ihretwegen mit Onassis zu sprechen. Sie lehnte ab, weil das nur die Gefahr erhöht hätte.

Nur Onassis' Besitzgier verhinderte den Abbruch der Beziehung. Er konnte sich nicht entschließen, Ingse zu verlassen, und konnte auch nicht zulassen, daß sie ihn verließ. Ingse war nun dabei, sich ein eigenes Leben aufzubauen. Sie besuchte alte Freunde und fand bald einen Liebhaber. Onassis begann ihr nachzuspionieren. Er stand auf der Straße vor ihrer Wohnung, in der Hoffnung, die Männer zu treffen, mit denen sie ausging. Nach einem regnerischen Abend machte er ihr auf der Park Avenue wieder einen Heiratsantrag. Zu ihrer eigenen Überraschung nahm Ingse ihn an. Sie machten Pläne für die Nachkriegszeit. Onassis versprach Ingse eine Jacht, einen Tanker und eine griechische Insel. Er kaufte ihr ein antikes ägyptisches Halsband, das sie bei der Hochzeit tragen sollte. Ingse bestellte sogar das Hochzeitskleid. Dann verschob Onassis das Hochzeitsdatum und verschwand wieder einmal in Richtung Westküste. Sie sollten im Herbst 1944 in New York heiraten.

Es blieb noch ein Problem. Ingse mußte sich operieren lassen, um Kinder haben zu können. Sie und Onassis hatten bereits von dieser Möglichkeit gesprochen, er hatte aber immer Angst um Ingse gehabt – seine Angst vor Ärzten war fast abergläubisch zu nennen. Nun wurde seine Abneigung dagegen, daß Ingse sich der Operation unterzog, wieder ein Vorwand für die Verschiebung ihrer Hochzeit. Schließlich ging sie ins Krankenhaus, ohne es Onassis zu sagen. Die Operation war erfolglos, und Onassis reagierte nicht mit Teilnahme, sondern wieder mit einem seiner Wutanfälle. Ingse habe ihn »entehrt«, behauptete er, und all seine griechischen Freunde würden ihn hinter seinem Rücken auslachen. Ingse war durch diese »ständige Marter« erschöpft. Sie litt unter schweren Depressionszuständen und nahm eines Abends, allein in ihrer Wohnung, eine Überdosis Nembutal. Zum Glück hatte Onassis wieder einmal beschlossen, ihr nächtliches Leben zu kontrollieren, und kam zurecht, um sie zu retten, indem er ihren Kopf in kaltes Wasser tauchte. Der Selbstmordversuch tötete jedoch jedes Gefühl, das Ingse noch für Onassis bewahrt hatte. Sie zog sich ernüchtert aus seinem Leben zurück, traf ihn immer seltener und dann nur, wenn er darauf bestand.

Ein unsicherer Frieden

Als der Krieg zu Ende ging, hatte Onassis Grund genug zur Freude. Drei seiner Schiffe waren noch immer von der United States Maritime Commission gechartert und brachten ihm etwa 250 000 Dollar jährlich ein. Seine Tanker konnten endlich aus den skandinavischen Häfen auslaufen, in denen sie seit 1940 blockiert gewesen waren. Die »Ariston«, noch immer einer der größten Tanker der Welt, fuhr nach New York, und Onassis gab an Bord für seine griechischen Freunde eine Party. Von der offiziellen Gesamtzahl von 450 griechischen Schiffen, die am Krieg teilgenommen hatten, waren 360 verlorengegangen. Onassis hatte kein einziges Schiff, keinen einzigen Seemann verloren.

Die New Yorker Griechen waren unsicher, wie sie ihr Geld verwenden sollten. Nach dem Krieg lagen die Werften Europas in Trümmern, mit Ausnahme der skandinavischen, die auf mehrere Jahre hinaus ausgebucht waren. In den Vereinigten Staaten konnten die meisten Werften bauen, aber ein Schiff kostete doppelt so viel wie in Europa. Die älteren und konservativeren Griechen sahen auf jeden Fall skeptisch in die Nachkriegszeit. Viele von ihnen hatten Väter oder Freunde, die 1918 groß ins Geschäft eingestiegen und in der Baisse 1923 bankrottgegangen waren.

Onassis' Glaube an die Zukunft war nicht durch solche bösen Erinnerungen geprägt. Von Natur starrköpfig, war er der Ansicht, daß auf die Kriegskonjunktur in Amerika bald ein starker Wirtschaftsaufschwung in der übrigen Welt folgen werde. Die Erfolge der US-Kriegswirtschaft hatten die Regierung zum größten Einzelbesitzer von Handelsschiffen in der Welt gemacht. Als der Einbahnstrom von Material und Menschen von Amerika nach Europa abflaute, wurde ein großer Teil der US-Flotte auf Dock gelegt. 1946 waren dann die Häfen der Ostküste, die Flüsse Hudson und Delaware, mit rasch verrostenden Überschuß-Schiffen überfüllt.

Der Schwerpunkt dieser immer größer werdenden stillgelegten Flotte war die ehemalige Errungenschaft amerikanischer Impovisationskunst, das Liberty-Schiff.

Als der Kongreß 1946 das Schiffsverkaufsgesetz beschloß, durch das Liberty-Schiffe für private Unternehmer in alliierten Ländern verfügbar wurden, im Rahmen des Versuchs der USA, den europäischen Wiederaufbau zu unterstützen und so eine Weltwirtschaftsrezession zu verhindern, drängte Gratsos Onassis zu raschem Handeln. Die Bedingungen waren unglaublich günstig. Sie ermöglichten es Barkäufern, ein Schiff für 550 000 Dollar zu erwerben. Wenn die Regierung des Heimatlandes des Käufers bereit war, die Kaufsumme zu garantieren, konnte ein Liberty-Schiff gegen eine Barzahlung von 125 000 Dollar gekauft werden, wobei der Rest in einem Zeitraum von sieben Jahren mit einer Verzinsung von nur drei Prozent abgezahlt werden mußte. Gratsos schätzte, daß der Marktwert jedes Schiffes nicht weniger als eineinhalb Millionen Dollar betrug.

Sophokles Venizelos, der griechische Finanzminister, verhandelte in Washington über eine Anleihe für die griechische Regierung, als die neuen Vorschriften des Schiffsverkaufsgesetzes veröffentlicht wurden. Die Amerikaner verlangten von jedem Land, es solle angeben, wie viele Schiffe es brauche. Venizelos schlug vor, man solle die Angelegenheit der Vereinigung griechischer Schiffseigentümer übertragen, einer in den zwanziger Jahren von Manuel Kulukundis gegründeten Organisation, die während des Krieges nach New York verlegt worden war. Onassis, der sich noch nie um diese Organisation gekümmert hatte, begann, sich nun lebhaft für sie zu interessieren.

Das war wahrscheinlich strategisch gesehen falsch. Manuel hatte die Haltung der Londoner und New Yorker Griechen erforscht und eine negative Antwort erhalten. Die Reeder zweifelten an dem Wert vorfabrizierter, geschweißter Schiffe. »Zu jener Zeit hielt kein Grieche ein Schiff für sicher, das nicht in England gebaut war«, erinnert sich Kulukundis. »Sie hüteten sich vor den Liberty-Schiffen. Die werden auseinanderfallen, sagten sie mir.« Kulukundis stellte fest, daß es so wenige Käufer gab, daß die griechische Regierung nur sechzig Schiffe bestellte. Onassis ging, ohne Kulukundis zu informieren, zu Venizelos: man dürfe sich eine so günstige Gelegenheit nicht entgehen lassen, die griechische Regierung solle »mehrere Hundert Schiffe« kaufen. Er redete auch den griechischen Reedern intensiv zu und erklärte ihnen eindringlich, daß ihre übertriebene Vorsicht läppisch sei. Seine Haltung war alles andere denn taktvoll. »Sie sind von viel besserer Qualität als alle Schiffe, die ihr je besessen oder zu besitzen geträumt habt.«

Onassis' Vorstoß war überzeugend. Mehrere Reeder änderten ihre Haltung. Stavros Livanos zum Beispiel stellte einen Antrag auf zwölf Libertys. Die gefürchtete Rezession erfolgte nicht, und die früher uninteressierten Griechen starteten zu einer verzweifelten Jagd nach Schiffsraum. Kulukundis erhöhte den griechischen Anteil auf hundert Schiffe. Sogar das war zu wenig, um die wachsende Nachfrage zu befriedigen. Einige Reeder waren enttäuscht, allen voran Onassis, der kein einziges der dreizehn Schiffe erhielt, die er verlangt hatte. Laut Kulukundis' Angaben wurde Onassis' Ansuchen nie ernsthaft in Betracht gezogen. »Er kümmerte sich niemals um die griechische Handelsschiffahrt. Er wollte, daß all seine Schiffe unter panamesischer Flagge liefen. Und jedenfalls hatte er den Krieg ohne Verluste überstanden.« Die Libertys wurden Reedern zugewiesen, die Schiffe unter griechischer Flagge verloren hatten.

Diese einfache Erklärung wollte Onassis nicht glauben. Er erinnerte sich daran, daß viele der Griechen ursprünglich mit Hohn auf seine Kampagne reagiert hatten – er sei kein »richtiger Grieche«, ein Mann aus Smyrna, ein Argentinier, ein Emporkömmling. Diese Kränkungen hatten in ihm ein Gefühl des Hasses hervorgerufen, das ihn nie verließ. Onassis gelangte zu der Überzeugung, daß ihn Kulukundis persönlich um diese dreizehn Libertys gebracht habe, und er war entschlossen, sich zu rächen.

Es ergab sich eine Gelegenheit, als im Jahr darauf die US-Regierung Griechenland sieben Tanker vom Typ T-2 mit je 16000 Tonnen anbot. Onassis schickte ein dringendes Telegramm an die griechische Regierung, in dem er sich erbot, alle sieben Schiffe zu übernehmen. Es war eine direkte Herausforderung an Kulukundis und die etablierten Griechen, die Mitglieder der Reedervereinigung waren. Damit es keinen Irrtum über die Nachricht geben konnte, fügte Onassis einen Passus ein, in dem er erklärte, daß die ausgewanderten Griechen »niemals etwas für ihre Regierung oder ihr Vaterland getan« hätten.

Kulukundis schlug mit einem taktvoll formulierten Telegramm an die griechische Regierung zurück. Onassis' Ansuchen um die Tanker solle in Betracht gezogen werden, doch müsse er formellen Protest gegen die »verleumderischen Behauptungen« einlegen. Die griechische Regierung hatte begriffen. Als die Zuweisung der T-2 erfolgte, fehlte Onassis' Name in der Liste der glücklichen Empfänger.

Wieder war Onassis übergangen worden. Seine Enttäuschung wurde durch einen Bericht von Kosta Gratsos über ein Gespräch mit Kulukundis noch verstärkt, das einige Tage vorher stattgefunden hatte. Gratsos hatte Kulukundis gefragt, ob er eine Kopie von Onassis' Telegramm besitze, das damals in den New Yorker Büros der griechischen Reeder die Runde machte. Ja, das habe er, antwortete Kulukundis. »Sie sollten sich schämen«, fuhr er fort. »Es ist schrecklich, daß Sie als Nachkomme einer alten griechischen Reederfamilie derartige Verleumdungen gutheißen.« Gratsos antwortete einigermaßen pikiert, er habe mit dem Telegramm nichts zu tun gehabt. »Mir ist klar, daß Sie dieses Telegramm abgefaßt haben«, erwiderte Kulukundis. »Onassis würde nie etwas in diesem Stil schreiben.« Später behauptete Kulukundis, diese

Bemerkung sei völlig harmlos gemeint gewesen – er habe Gratsos, den er immer als einen Protégé betrachtet habe, bloß tadeln wollen. Onassis dagegen interpretierte es als eine neuerliche Beleidigung. Er dachte, Kulukundis wollte zu verstehen geben, er könne nicht Griechisch schreiben.

Tatsächlich *hatte* Gratsos das beleidigende Telegramm abgefaßt. Er und Onassis waren mehr als vertraute Freunde geworden. Gratsos arbeitete weiterhin für seinen Onkel Perikles Drakoulis, erhielt aber auch ein jährliches Pauschalhonorar von Onassis. Er war der erste außerhalb Onassis' engstem Familienkreis, der in seine Protektionsrunde einbezogen wurde. Gratsos konnte, erklärte Onassis einem amerikanischen Freund, »tüchtig mit jedermanns Geld umgehen, außer mit seinem eigenen«. Jedes Jahr zu Weihnachten setzte Onassis sich mit Gratsos hin und bezahlte dessen Schulden. In späteren Jahren wurde Gratsos Onassis' Vertrauter, der einzige in seiner Umgebung, der nicht nur die Anordnungen des Chefs zur vollen Zufriedenheit ausführen, sondern auch mit neuen Ideen kommen konnte. Tatsächlich stammten viele Neuerungen, die Onassis zugeschrieben wurden, von Gratsos, der zufrieden war, im Schatten seines Freundes zu bleiben.

Gratsos hatte trotz seiner Abstammung genausowenig Respekt vor den etablierten griechischen Reedern wie Onassis, und aus einer Reihe von Gesprächen über Onassis' Schwierigkeiten mit Kulukundis erwuchs ihr nächstes gemeinsames Projekt. »Ari kam in mein Büro, saß stundenlang dort und beklagte sich darüber, daß er die Schiffe nicht bekommen hatte. Ich weiß nicht, wessen Idee es war, aber wir begannen gemeinsam ein ›Schwarzbuch‹ über griechische Reeder anzulegen. Es war ein bösartiges, im Schmutz herumrührendes Buch, ausgesprochen verleumderisch, mehr für uns geschrieben als zu sonst einem Zweck.«

Dieses Buch spiegelte eine Haltung gegenüber dem geschriebenen und auch dem gedruckten Wort wider, die sie auch im späteren Leben beibehielten. »Wir verdrehten die Tatsachen, wenn wir dazu Lust hatten. Wenn wir etwas nicht sicher wußten, erfanden wir es.« Es wurden Andeutungen über das Versenken überversicherter Schiffe im Hafen und Witze über die Knauserigkeit gewisser Reeder gemacht. Es war unvermeidlich, daß vor allem Kulukundis die Zielscheibe wurde.

Zuerst wurde das Schwarzbuch in Manuskriptform unter den New Yorker Griechen in Umlauf gebracht, bei denen es rasch einen gewissen Ruf als Geheimpapier bekam. Kulukundis erhielt kein Exemplar. Onassis und Gratsos diskutierten die Möglichkeit, einen Verleger zu finden, kamen jedoch zu dem Schluß, daß sie sich damit nicht unbeträchtliche Rechtsprobleme aufhalsen würden. Deshalb gingen sie mit einem Blaustift über das Manuskript und placierten dann die übriggebliebenen zweitausendfünfhundert

Worte in *Atlantis,* einer in New York erscheinenden griechisch-amerikanischen Zeitung, sowie in einer kommunistischen Tageszeitung in Athen als anonymen »Offenen Brief an Manuel Kulukundis«. Kulukundis sah sich als Kraken karikiert, der mit seinen Fangarmen die griechische Reedereiszene umfaßt.

Der Groll, den der Offene Brief hervorrief, währte bis zu Onassis' Tod. Kulukundis beantwortete routinemäßig die Einladungen zum Stapellauf von Onassis' Schiffen mit den Worten: »Wie können Sie, wenn Sie diesen Brief geschrieben haben, von mir erwarten, daß ich komme? Wenn jemand anders ihn geschrieben hat, sagen Sie mir einfach, wer, und ich werde Ihre Einladung mit Vergnügen annehmen.« Onassis' Schweigen in dieser Frage bestätigte Kulukundis' schlechte Meinung über ihn; er war in jeder Hinsicht kein Mann von Ehre. Mehrere Jahre später dinierte Kulukundis mit Sophokles Venizelos im »Pavillon« in New York. Da schickte Onassis eine Karte, mit der er sie an seinen Tisch einlud. Kulukundis wollte mit Onassis nicht am selben Tisch sitzen, wurde aber überredet, hinüberzugehen. »Onassis gab mir gegenüber zu, daß er den Brief geschrieben habe und damit unrecht getan hatte, doch, und das war in gewisser Weise typisch für ihn, nahm er die Abbitte sofort wieder zurück. Er konnte es nicht ertragen, im Unrecht zu sein.«

Onassis vertrat eine neue, vielleicht härtere Generation von Griechen. Für Onassis' spätere Karriere war dieses Geltendmachen seiner Eigenart von größter Wichtigkeit. Es erhöhte seine Selbstbehauptung gegen eine Übermacht. Unmittelbarer gesehen, veranlaßte es ihn, seine Unternehmungen ohne die schützende Hilfe der griechischen Regierung zu finanzieren. Es gab Liberty-Schiffe, die auch für Käufer zugänglich waren, die nicht durch ihre Regierung unterstützt wurden – wenngleich zu weniger günstigen Bedingungen –, aber Onassis interessierte sich nie besonders für sie, weil es Trockenfrachter waren. Gratsos behauptet, er habe den Antrag auf dreizehn Liberty-Schiffe nur gestellt, um zu zeigen, daß, wenn die anderen Griechen sie bekämen, er sie auch bekommen würde.

Onassis bekam seine Libertys – und was noch wichtiger war, die First National City Bank war bereit, ihm fünfzig Prozent des Kaufpreises vorzuschießen. Der Kredit war keineswegs so großzügig wie jene, welche die anderen New Yorker Griechen mit der US-Regierung aushandelten, aber er stellte einen Präzedenzfall dar: Onassis war der erste Grieche, der Schiffe mit dem Geld einer amerikanischen Bank kaufte. Er war sich damals dessen nicht bewußt, hatte aber Zugang gefunden zu einer Quelle, aus der sein späterer Reichtum fließen sollte.

Onassis' öffentliches und privates Leben trat nun in eine neue Phase. Er eröffnete ein Büro in der Broad Street 80 in New York, als Vertretung für die immer komplizierter werdenden Interessen in Amerika. Als leitenden Direktor wählte er Nikolas Kokkinis, einen Vetter seines Freundes André Embirikos. Kokkinis war zwar erst dreißig, aber bekannt für seine Klugheit und Umsicht. Er gab der Organisation die Stabilität, deren Onassis und Gratsos bei der Plackerei der Routinearbeit bedurften. Das »Familienunternehmen« war nun zu groß geworden für eine zentrale Leitung. Onassis' Vettern Nikos und Kosta Konialidis waren für Buenos Aires und Montevideo verantwortlich.

Ingse Dedichen beschloß 1946, nach Norwegen zurückzukehren. Onassis begrüßte ihren Entschluß mit einer versöhnlichen Geste, die ihrem langen und oft schmerzlichen Verhältnis einen freundlichen Schlußpunkt setzte – er stellte ihr die »Aristophanes« für die Reise zur Verfügung. Ingse kaufte alle Delikatessen ein, die in Norwegen nicht zu haben waren, und wurde so, wie sie es nannte, zu ihrem eigenen Marshallplan. Natürlich war sie gekränkt über die Art, wie sich die Dinge entwickelt hatten. »Ich war der Zement und der Mörtel seines Vermögens. Ich war seine Gefährtin, seine Vertraute, seine Geliebte, seine Public-Relations-Agentin und die Frau, die ihm Manieren beibrachte...« Nun wurde sie ausrangiert wie ein Schiff, für das er keine Verwendung mehr hatte. Onassis sorgte für Ingse, wie für die meisten Frauen, die seinen Weg kreuzten. Sie erhielt eine Wohnung in Paris, 35 000 Dollar in bar und ein monatliches Einkommen von 500 Dollar. Ihre New Yorker Freunde rieten ihr, ein schriftliches Übereinkommen zu treffen, bevor sie abreiste, doch sie zog es vor, das nicht zu tun.

Als der Krieg zu Ende ging, interessierte sich Onassis eifrig für eine Heirat. Er hatte das Mädchen, das seine Frau werden sollte, drei Jahre vor Ingses Abgang kennengelernt – am Sonnabend, dem 17. April 1943, um es genau zu sagen. An jenem Tag wurde Onassis zum erstenmal Athina Livanos, der jüngsten Tochter von Stavros Livanos, im Plaza Hotel vorgestellt. Onassis war einer von mehreren griechischen Geschäftsleuten, die in Livanos' Suite versammelt waren. Man sprach über Schiffe und spielte Bridge. Das war Livanos' Lieblingsspiel, und er fand stets Partner unter den Leuten, die seine Freundschaft und seinen Einfluß suchten. Er war damals bekannt als der reichste in New York lebende griechische Reeder.

Gegen sieben Uhr wurde die reine Männerversammlung durch den Eintritt von Madame Livanos und ihrer zwei Töchter aufgelockert. Die damals vierzehnjährige blonde Athina und die sechzehnjährige, dunkelhaarige Eugenie wurden allen anwesenden Herren vorgestellt. Es war keine Zeit für mehr als ein paar förmliche Begrüßungsworte, dann entschuldigten sich die Damen und entfernten sich wieder. Tina humpelte auf Krücken, sie hatte sich vor kurzem bei einem Sturz vom Pferd das Bein gebrochen. Dieser kurze Damenbesuch machte auf Onassis tiefen Eindruck. Später verewigte er den Augenblick, indem er Tina eine Goldmünze mit dem Bildnis Alexanders des Großen und der Inschrift: »Sonnabend, 17. April 1943, 7 Uhr abends, T.I.L.Y.« schenkte. Die Initialen bedeuteten Tina I love you.

Auf Tina machte das erste Zusammentreffen mit Ari einen weniger tiefen Eindruck. Sie hatte bereits eine quasi-romantische Bindung zu John Vatis, dem Sohn eines griechischen Reeders, der etwa in ihrem Alter war. Ihr Ehrgeiz gipfelte zu jener Zeit darin, ihre Krücken loszuwerden und wieder auf ein Pferd zu steigen. Später erzählte sie einem Reporter, sie erinnere sich nur undeutlich an ihre erste Begegnung mit Onassis. »Für mich war er bloß einer von Vaters vielen Freunden, jünger und besser aussehend als die meisten von ihnen... sonst nichts.« Auf die Frage nach weiteren Erinnerungen sagte sie: »Mein Bein machte mir zu schaffen, und ich achtete nicht sehr auf die Gäste meines Vaters. Später sagte mir Ari jedoch, er erinnere sich genau an mich. Er behauptete, er habe sich damals in mich verliebt.«

Kenner der Fehde zwischen Niarchos und Onassis glauben mitunter, daß sie an jenem Abend begonnen habe. Auch Niarchos scheint von Tina gefesselt gewesen zu sein, und als er sich später von Melpo scheiden ließ, fragte er ihren Vater, wie seine Aussichten stünden. Die Antwort lautete, daß Tina »viel zu jung zum Heiraten sei«. Onassis war weitblickender. Er ließ sich Zeit und konzentrierte sich darauf, dem Mädchen den Hof zu machen, bevor er sich an ihre Eltern wandte. Als er von seinen Freunden geneckt wurde, weil er sich für ein Schulmädchen interessierte, tat er Behauptungen über ernste Absichten mit Lachen ab. »Eine Tochter von Stavros Livanos heiraten und ihn als Schwiegervater haben? Da spring' ich lieber aus dem Fenster.«

Trotz ihres Altersunterschiedes war der Gedanke einer solchen Verbindung keineswegs absurd. Der Vorteil einer Verbindung mit Livanos lag für Onassis auf der Hand. Es war nicht bloß eine Frage des Reichtums. Wichtiger war für Männer wie Niarchos und Onassis der Gedanke einer endgültigen Anerkennung durch die griechischen Reeder. Die älteren Mitglieder ihrer Führungsschicht bezeichneten die beiden gönnerhaft als »Fallschirmspringer« – Männer, die sich mitten unter sie gestürzt hatten.

Der Stammbaum der Familie Livanos war, auch wenn man den strengsten Maßstab anlegte, tadellos. Die Verbindung mit der See reichte auf Stavros' Großvater zurück, einen einfachen Seemann, der im frühen 19. Jahrhundert ein Segelboot rund um das östliche Mittelmeer steuerte. Die Familie stammte von der Insel Chios. Chios war reicher als die meisten anderen griechischen Inseln, und unter der türkischen Herrschaft erfreuten sich die Einwohner begrenzter Vergünstigungen. Den reicheren Bewohnern wurde es gestattet, ihre Kinder in Europa zur Schule zu schicken, und zu einer gewissen Zeit waren die meisten Ärzte im türkischen Reich, die an europäischen Universitäten studiert hatten, Griechen aus Chios. Im griechischen Unabhängigkeitskrieg spielten Seeleute aus Chios eine wesentliche Rolle. Das Flaggschiff der türkischen Flotte wurde durch einen Stoßtrupp, der von der Insel aus operierte, in Brand gesteckt. Obgleich das griechische Festland 1932 unter dem Schutz von Großbritannien, Frankreich und Rußland eine Art von Unabhängigkeit erreichte, war Chios unter türkischer Herrschaft geblieben. Seine kurzlebige Revolte war mit äußerster Grausamkeit niedergeschlagen worden.

Großvater Stavros überlebte diese gefährliche Zeit und vererbte seinem Sohn Georg die Liebe zur See und den Haß gegen die Türken, aber sonst nur wenig. Er starb als armer Mann, ohne jemals seinen Traum, ein Schiff zu besitzen, erfüllen zu können.

Georg Livanos sollte diesen Traum vielfach verwirklichen. Zur Jahrhundertwende kaufte er als einer der ersten Einwohner von Chios einen Dampfer, einen in Großbritannien gebauten 2800-Tonner. Kapitän Georg fuhr ihn mit seinem ältesten Sohn, Michael, als zweitem Steuermann, und seinem zweiten Sohn, John, als Maat. Bald wurden sein dritter Sohn,Stavros, und der vierte, Nikolaus, ebenfalls in die Kunst der Seefahrt eingeweiht. Das hielt die Familie im Geschäft und die Löhne niedrig, und so blieb mehr Geld für den Kauf von Schiffen übrig. 1911 besaß Georg Livanos schon zwei Dampfer – einer war ein 4500-Tonner – und mehrere Segelschiffe. Schließlich überließ er die Seefahrt seinen Söhnen und eröffnete ein Kontor in Chios, um die Geschäfte seines kleinen Reiches zu leiten. Die Balkankriege in den Jahren 1912–13 behinderten seine Entfaltung keineswegs. Chios wurde wieder mit Griechenland vereinigt, und Stavros kehrte aus den Kriegen zurück, bereit, eine Rolle mit größerer Verantwortung im Familienunternehmen anzutreten. Kurz nach Ausbruch des Ersten Weltkriegs wurde er nach London geschickt, um dort eine Zweigniederlassung zu eröffnen.

Stavros war von gedrungener Statur, ein dunkelhaariger junger Mann von immenser Energie. In London verhalfen ihm sein Fleiß und seine praktische Erfahrung mit Schiffen zu sofortigem Erfolg. Obgleich sein Vater auf Barkäufen beharrte, fand Stavros reichlich Gelegenheit, die Flotte auszubauen. In den frühen zwanziger Jahren, als es mit der Nachkriegskonjunktur der Reedereien ein jähes Ende hatte, gingen viele Griechen, welche die Bezahlung ihrer Hypothekar- und Darlehenszinsen nicht einhalten konnten, zugrunde. Die Firma Livanos war stärker denn je. Bevor Kapitän Georg im Jahr 1926 auf Chios starb, übergab er Stavros die Leitung des Unternehmens.

Stavros Livanos heiratete Arietta Zafirakis, die Tochter eines reichen griechischen Kaufmanns. Er war vierzig, Arietta fünfzehn. Die Ehe erwies sich als außerordentlich glücklich. Stavros brachte seine Frau nach England, wo seine drei Kinder zur Welt kamen – Eugenie am 11. August 1926, Tina am 19.

März 1929 und Georg am 15. April 1935. Der Lebensstil der Livanos in London war behaglich, ohne auffallend elegant zu sein. Sogar unter den unermüdlich arbeitenden Londoner Griechen hielt man Stavros' Hingabe an die Arbeit für ein wenig übertrieben. Es wird erzählt, ein griechischer Matrose habe sich während der Wirtschaftskrise über den ihm angebotenen Lohn von einem Pfund monatlich beklagt. Stavros soll ihn mit dem Einwand beruhigt haben: »Vielleicht ist es nur ein Pfund im Monat, aber in tausend Monaten sind das tausend Pfund. Stell dir vor, was du mit tausend Pfund tun kannst, wenn du dein Geld sparst.« Livanos war knauserig seinen Angestellten und Bekannten gegenüber, aber auch für sich selbst nicht gerade freigebig. Sein Geschmack in bezug auf Essen und Kleidung war so einfach, daß er schon bescheiden zu nennen war; er ging lieber kilometerweit zu Fuß, als sich ein Taxi zu leisten. Selten fand er es notwendig, über etwas anderes als Schiffe zu sprechen oder nachzudenken, nur für Bridge und Golf entwickelte er, als er das mittlere Alter erreichte, eine Leidenschaft. Außerhalb seiner Arbeitszeit – im Durchschnitt zwölf Stunden täglich – war er ein ausgeprägter Familienmensch.

Seine Töchter wurden streng erzogen. Eine von einem Chauffeur gelenkte Limousine – Livanos' einzige Konzession an sichtbaren Aufwand – brachte sie täglich von der Wohnung im Holland Park, West London, zur Schule. Der Besuch der Familie jeden Sonntag in der Orthodoxen Kirche war obligatorisch. Später wurden die Mädchen nach Heathfield, einem Internat für junge Damen in Ascot, geschickt. Die Ferien verbrachten sie in Chios; sie lernten Griechisch und Französisch, zu Hause sprachen sie meist Englisch, mit dem arroganten Akzent der Oberschicht. Beide wurden dazu erzogen, sparsam zu sein und Respekt vor dem Wert des Geldes zu haben. Keine von beiden lernte etwas Anspruchsvolleres zuzubereiten als ein Spiegelei. Um ihrer Mutter Freude zu machen, zeigte Eugenie Begeisterung, aber herzlich wenig Talent für das Klavierspiel. Tina, die lebhaftere von beiden, hatte eine Leidenschaft für das Reiten. Die Schwestern waren einander, Zeit ihres Lebens, tief verbunden.

1940 übersiedelte Stavros nach Montreal, Kanada. Die Mädchen wurden in die Villa Maria, ein Kloster in der Vorstadt, geschickt. Zwei Jahre später wurden sie wieder aus ihrer Umgebung gerissen und übersiedelten in eine Suite im Plaza Hotel in New York. Tina wurde nach Greenwich, Connecticut, zur Schule geschickt; Eugenie besuchte ein vornehmes New Yorker Institut, wo die Töchter der Reichen den letzten Schliff erhielten.

Beide Mädchen waren reizvoll, und Tina versprach, eine echte Schönheit zu werden. Ihre Erziehung, die der Krieg zufällig kosmopolitisch gestaltet hatte, gab ihnen eine über ihre Jahre hinausgehende Selbstsicherheit, ohne ihr kindliches Gemüt zu zerstören. Stavros kann sich keine Sorgen darüber gemacht haben, daß die Mädchen, auch ohne die Aussicht auf eine Mitgift, sitzenbleiben könnten. Und es eilte ihm nicht, sie in Verbindungen zu jagen, die ihm nicht vorteilhaft erschienen. Seine eigene Erfahrung im Eheleben brachte ihn dazu, ältere Kandidaten – Männer, die sich durchgesetzt hatten – als Bewerber seiner Töchter zu bevorzugen. Tinas Schulmädchenschwärmerei für John Vatis lehnte er entschieden ab.

Onassis' Werbung um Tina entsprach den Vorstellungen der alten Welt. Im Sommer 1945 trafen sie sich oft und zwanglos in der Oyster Bay auf Long Island, wo Onassis wie auch Livanos Sommersitze besaßen. Onassis erheiterte das junge Mädchen mit einer gereinigten Version seiner faszinierenden Lebensgeschichte und unterhielt sich angeregt mit ihrem Vater. Beim Wasserskisport bot er eine etwas füllige, aber im wesentlichen angenehme Erscheinung. Tinas Neugier wurde geweckt, als er hinter seinem Schnellboot einen Wimpel flattern ließ, der zum erstenmal mit den vier Initialen T.I.L.Y. bestickt war. »Was bedeutet das?« fragte Tina. Er sagte es ihr.

Zu Anfang des Jahres 1946 bat Onassis Stavros Livanos förmlich um die Hand seiner Tochter. Er wurde abgewiesen, nicht weil Livanos etwas gegen den Bewerber gehabt hätte, sondern weil er fand, es zieme sich nicht, daß seine jüngere Tochter vor der älteren verheiratet würde. Später sagte Onassis, nur halb im Scherz: »Livanos betrachtete seine Töchter wie Schiffe und wollte die erste der Linie als erste loswerden.« Die Entzweiung war jedoch nicht von langer Dauer. Tinas Kummer über die Entscheidung ihres Vaters veranlaßte Livanos, sie umzustoßen.

Am 29. Dezember 1946 registrierte die *New York Times* in aller Form das Ereignis:

»Athina Livanos hat geheiratet
Trauung in der hiesigen Griechischen Kathedrale
mit Aristo S. Onassis

Miss Athina Livanos, die Tochter von Mr. und Mrs. Stavros George Livanos, Plaza, New York wurde gestern nachmittag in der Griechisch-Orthodoxen Kathedrale mit Aristo S. Onassis, New York und Oyster Bay, Long Island, dem Sohn des verstorbenen Sokrates Onassis und der verstorbenen Mrs. Penelope Onassis, Athen, Griechenland, getraut. Die Zeremonie wurde durch Erzbischof Athenagoras unter Mitwirkung von Vater Euthimion vollzogen.

Die Braut hatte ihre Schwester, Miss Eugenie Livanos, als Brautführerin. Brautjungfern waren die Misses Nancy Harris, Andree Maitland, Janet Bethel und Joan Durand, alle aus New York. Beatrice Ammidown und Cornelia Embiricos streuten die Blumen. André Embirikos war Brautführer. Der Empfang fand im Terrace Room des Plaza statt.«

Tina war siebzehn, Onassis vierzig. Stavros Niarchos fehlte wie immer, als sich die Gäste im Terrace Room des Plaza versammelten. Obwohl Onassis bis zu seiner Hochzeit weiter in enger Verbindung zu Ingeborg Dedichen stand, scheint es keinen Grund zu geben, daran zu zweifeln, daß er für seine junge Braut eine starke und aufrichtige Zuneigung empfand. Er und Ingse hatten die Reserven ihrer Leidenschaft aufgebraucht. Er war bereit, neu anzufangen, und eifrig daran interessiert, seine eigene Dynastie zu gründen. Er brauchte einen Sohn und Erben. Tina brachte eine weniger komplizierte Persönlichkeit in die Verbindung, aber sie war völlig von ihm eingenommen. »Griechische Ehen«, sagte sie einige Jahre später, »werden nicht selten arrangiert. Es wäre auch in meinem Fall das Übliche gewesen. Aber meine Hochzeit mit Ari wurde nur durch Eros, den Gott der Liebe, ›arrangiert‹.«

Die Flitterwochen dauerten zwei Monate. Sie begannen mit einer Kreuzfahrt von New York nach Florida und wurden in Argentinien fortgesetzt. Onassis war über die mögliche Bedrohung seiner Geschäftsinteressen durch die Peronistenbewegung beunruhigt. Dennoch waren es außergewöhnlich lange Flitterwochen. Trotz oder vielleicht wegen seiner schnellen geistigen Reaktionen gelang es Onassis, immer den Anschein zu erwecken, als sei er nicht in Eile. »Mein Vater geht nie«, sagte Tina, »mein Mann läuft nie.« Spyros Skouras, der sie in Argentinien traf, erinnerte sich später, daß »sie ein prächtiges Paar waren, so verliebt!«

Das Haus Sutton Square 16 in New York war von Stavros Livanos für 460 000 Dollar gekauft und der eigens gegründeten »Tina Grundstücksgesellschaft« umsichtig zur Schenkung gemacht worden; es wurde den Neuvermählten zur Verfügung gestellt. Onassis hatte noch einmal dieselbe Summe für Umbau und Ausstattung ausgegeben. Das Haus war vier Stockwerke hoch, mit Aussicht auf den East River, und verfügte, was sogar für diese exklusive Gegend New Yorks ungewöhnlich war, über einen Garten. Sie hatten für eine Million Dollar das wahrscheinlich luxuriöseste und begehrenswerteste Haus von New York, doch damals beschrieb es Tina recht nüchtern: »Es ist so klein, daß man kaum durch die Eingangstür hineinkommt... manchmal glaubt man, es müsse jeden Augenblick zusammenfallen. Wenn die Autos (auf dem East River Drive) vorbeifahren, klirren die Kandelaber.« In späteren Jahren, als im Rückblick klar wurde, daß es das einzige Heim im konventionellen Sinn war, dessen sie sich je erfreuen sollten, sah sie es als verlorenes Liebesnest, erinnerte sich, daß es in einer verkehrslosen Sackgasse lag, und beschrieb es als »ein Juwel von Haus... nicht sehr groß, aber ich liebte es«.

1949 gingen Onassis und Tina eines Tages zu der Broadway-Aufführung von »Bells Are Ringing«, in der, wie in der späteren Filmfassung, Judy Holliday die Hauptrolle spielte. Als der Vorhang aufging, hielten die beiden

den Atem an. »Siehst du das, was ich sehe?« rief Ari. »Unser Haus!« rief Tina. Die Szene war eine genaue Wiedergabe ihres Hauses: die gleiche elegante moderne französische Einrichtung, die gleichen Muster auf den Tapeten, die gleichen Marmorflächen, sogar die Bilder waren mehr oder minder die gleichen wie ihre (Onassis hatte einen Renoir als Blickpunkt gekauft). Bei ihrer Heimkehr zum Sutton Place wurde alles enthüllt. Ein Diener »gestand«, daß eines Tages, als sie beide ausgegangen waren, der Bühnenbildner sie besucht hatte. Er erklärte, er wolle einen Eindruck aus erster Hand darüber gewinnen, wie New Yorks Superreiche wohnten, und fragte, ob er sich im Haus umsehen könne. Der Diener fand kein Unrecht darin und erlaubte es ihm. Der Bühnenbildner hatte gefunden, was er brauchte, und das Haus in toto kopiert.

Er war nicht der einzige, der zu dem Schluß gelangte, daß Onassis' Lebensstil Nachahmung verdiente. Im November 1947 machte Stavros Niarchos Tinas Schwester Eugenie zu seiner dritten Frau und zog in Sutton Place 25, gerade um die Ecke, ein. Es war ein größeres Haus, und Niarchos machte sich daran, es so auszustatten und zu möblieren, daß es das Haus seiner angeheirateten Verwandten in den Schatten stellte.

Onassis bekam bald den erwünschten Erben. Am 30. April 1948 wurde dem Paar in New York City ein Sohn geboren. Er wurde Alexander getauft, nach Onassis' Onkel, der von den Türken zu Tode gemartert worden war, und nach Alexander dem Großen.

Bald nach Alexanders Geburt gab Onassis bekannt, daß er beabsichtigte, die Basis seines Unternehmens nach Europa zu verlegen. Er schlug Tina vor, mit ihm hinüberzufahren und ein oder zwei Häuser zu suchen. Das kurze Zwischenspiel, in dem Tina ein Haus besaß, das wirklich ein Heim war – und einen Mann, der regelmäßig dorthin zurückkam –, war bereits vorbei.

Bald war Onassis – zusätzlich zu seinem Haus in Montevideo, der ständigen Suite im Plaza Hotel in Buenos Aires und dem Haus auf dem Sutton Square – Besitzer einer Strandvilla an der Peripherie von Athen, sowie einer Wohnung im obersten Stockwerk der Avenue Foch 88 in Paris. Außerdem hatte er das Château de la Croë an der Südspitze des Cap d'Antibes gemietet. Das strahlend weiße Schloß – mit seinem Privatstrand, zehn Hektar Nadelwald, Tennisplätzen, Schwimmbassins und einem Dach im Salon, das sich öffnen ließ – zählte König Leopold von Belgien, König Umberto von Italien und den Herzog von Windsor zu seinen früheren Bewohnern. Niarchos folgte hart auf Onassis' Fersen. Er mietete das unweit gelegene Château de la Garoupe, das die Onassis kurz gemietet, aber nie wirklich bewohnt hatten. Als das Château de la Croë frei wurde, beschlossen sie, lieber dort zu wohnen. Ein Hausverwalter, zwei »maîtres d'hôtel«, drei Kammermädchen, eine Wäscherin, eine Küchenhilfe, ein Butler, ein Kammerdiener, eine Zofe, die nötigen Gärtner und später zwei Gouvernanten für die Kinder waren erforderlich, um den palastartigen Haushalt in Gang zu halten. Bald nachdem sie das Château übernommen hatten, kehrte Tina nach New York zurück, wo sie am 11. Dezember 1950 ihr zweites Kind zur Welt brachte. Es war ein Mädchen, das sie Christina nannten. Onassis, dessen ständige internationale Reisen nun immer rasantere Formen annahmen, war tatsächlich anwesend. Dann ging die Familie für den Winter nach Sankt Moritz, aber Onassis blieb nicht lange. »Wenn ich skilaufen ging, saß ich gewöhnlich auf dem Hintern.« Das gefiel ihm nicht. Außerdem war Niarchos, der sich zur Abwechslung einmal irgendwo vor der Familie Onassis eingerichtet hatte, auch dort. Und er war ein ziemlich guter Skiläufer.

Anderer Leute Geld

Im Sommer 1947 begab sich Eva Perón, die schöne junge Frau des argentinischen Präsidenten, auf eine Rundreise durch Europa. Der Besuch sollte Staatsgeschäfte mit Vergnügen verbinden. Unter den Personen, die sie auf ihrer Reise begleiteten, befand sich Onassis' alter Freund Alberto Dodero. Als die Reisegruppe im Hôtel de Paris in Monte Carlo abstieg, wurden alte Bekanntschaften erneuert – Onassis und Tina, die in Südfrankreich ihre Ferien verbrachten, gehörten gleichfalls zu den Mittagsgästen im Hotel.

Onassis erzählte Dodero, wie sehr er Peróns Gattin bewundere. Obwohl sie einander nie in Gesellschaft getroffen hatten, hatten sie sich vor vielen Jahren schon einmal gesehen. Die griechische Einwandererkolonie in Argentinien hatte im Zweiten Weltkrieg eine große Zahl von Lebensmittelpaketen gesammelt, um sie nach Griechenland zu schicken, während das Land unter deutscher Besetzung war. Doch die argentinischen Behörden verweigerten die Erlaubnis, die Pakete abzuschicken, weil das Land neutral sei und ein solcher Akt der Wohltätigkeit von den Deutschen als feindselige Handlung interpretiert werden könnte. Onassis war damals zu Besuch in Buenos Aires, und seine griechischen Landsleute wandten sich mit dem Problem an ihn. Sein Vorschlag bestand darin, Eva Peróns Foto auf alle Pakete zu kleben. Dann suchte er sie auf und legte dar, es wäre doch schade, den Griechen die Freude zu rauben, ihr Foto zu besitzen. Daraufhin wurde die Aktion erlaubt.

Nach dem Lunch im Hôtel de Paris bat Onassis Dodero, sich dafür zu verwenden, daß er Eva ungestört treffen könne. Alles verlief nach Wunsch, und Onassis erhielt die Einladung zu einem Lunch mit der Frau des argentinischen Präsidenten in ihrer Ferienvilla in Santa Margherita an der italienischen Riviera. Eva empfing Onassis unter vier Augen mit allergrößtem Entgegenkommen. Sie schliefen miteinander, und Eva kochte für ihn ein Omelette. Onassis zeigte seine Anerkennung, indem er einen Scheck über 10 000 Dollar als Schenkung für eine wohltätige Stiftung ausstellte. Später sagte er, das Omelette habe gut geschmeckt, sei aber »das teuerste gewesen, das ich je aß«.

Onassis' Kühnheit als Bewerber um die Gunst prominenter Damen kam jener auf dem Gebiet der Hochfinanz gleich. Was ihn anfangs von den anderen griechischen Reedern unterschied, war sein rückhaltsloses Operieren mit langfristigen Krediten. Er war erfolgreich, weil er den konventionellen Spruch »cash and ships« (Schiffe gegen Kasse) ignorierte. Von manchen Griechen wurde diese »Weisheit« höher geachtet als eine Anleitung für erfolgreiche Geschäftstätigkeit – sie wurde zu einer Art fixen Idee. Für sie waren Banken bösartige Institutionen, verschworen, die Unglücklichen in gefährliche Verpflichtungen, die ihre Verhältnisse überstiegen, zu locken.

Onassis' Schlüsselspekulation erfolgte im Herbst 1947, als er zum erstenmal mit der Metropolitan Life Insurance Company in New York in Kontakt kam und eine Reihe von Verhandlungen begann, die dazu führten, daß er sich die gewaltige Summe von vierzig Millionen Dollar für den Bau neuer Schiffe borgte. Seine Grundkonzeption bestand darin, die Kreditrisiken zu umgehen, indem er die Finanzinstitute dazu brachte, ihm langfristige Kredite, gesichert durch einen Chartervertrag mit einer Ölgesellschaft, einzuräumen, dessen Laufzeit so lang war wie die Kreditfrist.

Diese Idee erwies sich von revolutionärer Tragweite. In Wahrheit liehen die Institute nicht Onassis, sondern der Ölgesellschaft Geld. Das von der Ölgesellschaft bezahlte Charterhonorar konnte der Bank »zediert« werden, ohne durch Onassis' Hände zu laufen. Es gab dabei wenig oder gar kein Risiko, da die Kreditfähigkeit und das Ansehen einiger der größten und gewinnbringendsten Ölgesellschaften der Welt für Onassis' Zahlungsfähigkeit eintraten. Es war so, erklärte Onassis später, als wenn man jemandem Geld borgte, der den Rockefellers ein Haus vermieten wollte. Es spielte keine Rolle, ob das Haus »Löcher im Dach hatte oder mit Goldplatten gedeckt war; wenn die Rockefellers erklärt hatten, die Miete zu bezahlen, war das für jedermann Sicherheit genug, um Geld auf das Haus zu leihen«.

Henry Hagerty, der damalige Präsident der Metropolitan Life, und Walter Saunders, sein Rechtsberater, waren von dieser Geschäftspraktik beeindruckt. Hagerty gefiel Onassis' Auffassung von »konservativer Wirtschaft«, während Saunders von seiner Geschäftstüchtigkeit geblendet war. »Ich hatte das Gefühl«, sagt Saunders, »daß da ein Mann war, der den Eskimos Kühlschränke verkaufen konnte, aber auch, daß er alles bis ins kleinste berechnet hatte.«

Onassis war von leitenden Angestellten der First National City Bank empfohlen worden, mit denen er kurz zuvor wegen Ankauf der Liberty-Schiffe verhandelt hatte. Die Haltung der First National war, daß es nicht ihren Gepflogenheiten entspricht, gegen Charterverträge Geld zu leihen, aber vielleicht würden Versicherungen diesem Ansinnen positiver gegenüber stehen. Versicherungsgesellschaften waren ständig auf der Suche nach potenten, entwicklungsfähigen Kunden. Die Wirtschaftskrise hatte sie gelehrt, daß

Versicherungspolicen, wie schlimm sich die Lage auch entwickeln sollte, selten aufgelöst wurden. Es gab keinen Run auf eine Versicherungsgesellschaft. Und sie verfügten infolge der Kriegskonjunktur über reichlich Geld. Hagerty und Saunders eruierten die Haltung der großen Ölgesellschaften auf Onassis' Plan, sie zeigten sich fast durchweg positiv.

Es gab nüchterne Überlegungen, warum die Ölgesellschaften Leute wie Onassis förderten und bereit waren, die Expansion unabhängiger Tankerflotten zu fördern. Alle größeren Gesellschaften waren von dem starken Nachkriegsbedarf und von der wachsenden Abhängigkeit Europas von importiertem Öl überrascht worden. Da sie alle gewaltige, langfristige Kapitalaufstokkungspläne in Landerforschung und Ölraffinierung hatten, suchten sie nach Gebieten, wo die Expansion gebremst oder zumindest reduziert werden konnte, indem man Außenseitern den Einstieg ermöglichte. Forschung, Raffinierung und Vertrieb waren keine Operationen, die man Außenseitern überlassen konnte. Transport war etwas anderes. Auch hier war eine Expansion erforderlich, die nicht billig zu bewerkstelligen war – zwei Supertanker zum Beispiel kosteten so viel wie eine ansehnliche Raffinerie. Um ihr Transportproblem zu lösen, waren die Ölgesellschaften bereit, Onassis garantierte Chartertarife zu bezahlen, um die Entwicklung unabhängiger Flotten zu fördern. Onassis verglich die Misere der Ölgesellschaften mit der jedes leitenden Angestellten der Wall Street, der in den regnerischen und verschneiten Tagen von Weihnachten nur allzu froh war, in der Stoßzeit ein Taxi zu finden.

Onassis bekam seinen Kredit von der Metropolitan Life und gab das Prinzip an seinen Schwager weiter. Bald machten Hagerty und Saunders große Geschäfte mit Stavros Niarchos. Ein Finanzmechanismus war gefunden, der sie in die erste Reihe der griechischen Reeder brachte. »Die Ölgesellschaften haben den Griechen zum Erfolg verholfen«, sagt Hagerty. »Ohne diese Verbindung hätten wir ihnen keinen Pfennig geborgt.«

Onassis war der Pionier dieses Mechanismus, hat aber nicht, wie er später behauptete, die Grundidee erfunden. Dieses Verdienst gebührt Daniel Ludwig, einem in Michigan geborenen Geschäftsmann. In den dreißiger Jahren kam er, nach vielen Jahren als kleiner Reeder, fast durch Zufall auf die Formel »schöpferische Kreditaufnahme«, das OPM, *other peoples money* (anderer Leute Geld), wie es später genannt wurde.

Ludwig wollte einen Trockenfrachter kaufen und ihn in einen Tanker umwandeln. Als die Chemical Bank sich weigerte, ihm dafür Geld zu leihen, hatte er den klugen Einfall, ein anderes Schiff, das ihm allein gehörte, als Sicherheit anzubieten. Die Idee war einfach und gerissen. Sein Tanker würde von einer Ölgesellschaft gechartert und die Einnahmen der Bank zediert. In fünf Jahren würde er beide Schiffe besitzen. Dann konnte er für die Schiffe einen neuen Chartervertrag abschließen und das Einkommen, das sie brachten, als Rückzahlung für einen weiteren, größeren Kredit verwenden.

Ludwig ging noch einen Schritt weiter. Anstatt Geld für den Kauf alter Schiffe zu borgen, schlug er den Banken vor, ihm Geld zu leihen, damit er neue Schiffe bauen könne. Es sollten Kredite nach dem Ratenzahlungssystem sein, demzufolge die Banken wenig von ihrem Geld zurückerhalten sollten, bis die Schiffe gebaut und befrachtet worden waren. Ludwig war nicht in der Lage, eine bessere Deckung anzubieten. Er hatte die Hypotheken auf seine anderen Schiffe ausbezahlt, die noch weitere Charterverträge besaßen und somit größere Gewinne abwarfen. Daher wurde dieser neue Kredit durch beträchtliche Reserven sowie durch die der Ölgesellschaften gedeckt, die er aufforderte, die Schiffe zu chartern. Im Bankierjargon wurde diese Verfeinerung des OPM als »Zwei-Namen-Papier« bekannt, da eine Bank für ihren Kredit doppelte Deckung, in jedem Fall von einer Gesellschaft mit gewisser Bonität besaß.

Ludwig vergrößerte seine Flotte ständig. 1976 kontrollierte er dann eine der größten privaten multinationalen Gesellschaften, die nur von dem durch das von Howard Hughes kontrollierte Imperium übertroffen wurde. Seine Flotte von 5,6 Millionen Tonnen war größer als Onassis' und Niarchos' Unternehmungen, aber Ludwig war in den Augen der Griechen kein richtiger Reeder.

Die griechische Definition dessen, was einen Reeder ausmacht, fußte auf einer realen Vorstellung des Tankermarktes der Kriegszeit. Obgleich die Ölgesellschaften ihre Flotten allmählich erweiterten, beförderten sie noch immer nur etwa fünfzig Prozent ihres eigenen Rohöls und überließen den Rest Unternehmern wie Onassis, Niarchos und Ludwig. Was die beiden Griechen von Ludwig unterschied, war die Anwendung verschiedener Formen von Charterabkommen, die sie mit den Gesellschaften, insbesondere auf dem sogenannten »Kassamarkt«, schlossen.

Der Kassamarkt entsprang dem Widerwillen der Ölgesellschaften, höhere Tonnagen zu chartern, als sie bedurften, aber die drastische Steigerung des Ölverbrauchs bedeutete, daß ihre Kalkulationen gewöhnlich höchst konservativ waren. Infolgedessen waren sie oft knapp an Schiffen und bereit, für Charterverträge auf kurze Sicht eine Prämie zu bezahlen. Somit bot der Kassamarkt höhere Gewinne als der von Ludwig bevorzugte »Zeitfracht«-markt, enthielt jedoch ein gewisses Risiko. Die Frachtraten hingen von der Tonnage ab, und die Ölgesellschaften gingen von einem unabhängigen Unternehmer zum anderen, auf der Suche nach dem günstigsten Tarif. Bei einem schlechten Markt drückten die Ölgesellschaften die Unternehmer im vollen Bewußtsein, daß sie bei einem guten Markt ihrerseits ausgepreßt würden.

Das Spiel auf dem Kassamarkt erforderte einen hohen Grad an innerer

Ruhe. Ein erfolgreicher Unternehmer mußte nicht bloß wissen, wie viele Schiffe seine Konkurrenten besaßen und ob sie verfügbar waren, sondern auch ein Gespür für die Marktentwicklung haben. Es war zum Beispiel zwecklos, bei einem »Kassacharter« viel Geld zu verdienen, wenn das Schiff dann ein halbes Jahr stillag.

Onassis und Niarchos waren Spieler, und somit reizte sie der Kassamarkt. Aus diesem Grund ersannen sie, sobald sie ihre langfristigen, mit Charter gebundenen Hypotheken bezahlt hatten, eine andere Methode, um Geld von Finanzinstituten zu borgen. Anstatt Schiffe auf individueller Basis zu finanzieren, machten sie Kopplungsgeschäfte, indem sie sich so viel Geld borgten, wie sie auf Grund der laufenden Kassalage ihrer gesamten Flotte bekommen konnten. Es war, wie Walter Saunders es nannte, »eine wesentlich differenziertere Operation«. Sie konnten ihre Schiffe bestellen und sich entschließen, wie sie auf dem Markt mitmischen sollten, sobald sie fertiggestellt waren.

Wie die meisten erfolgreichen Spieler waren Onassis und Niarchos vorsichtig. Zumeist ließen sie ihre Flotten zu fünfzig Prozent mit langfristigen Chartern laufen, zu zwanzig Prozent mit Drei-Jahres-Chartern, und riskierten nur die restlichen dreißig Prozent für die Launen des Kassamarktes. In den Jahren nach dem Krieg veranlaßte sie jedoch ihr wechselseitiges Konkurrenzgefühl, größere Risiken einzugehen. Ihre Rivalität war in dieser Hinsicht wichtiger als ihre Erklärungen und Gegenerklärungen, wer zu einer bestimmten Zeit die größte Flotte besaß. Sie hatten nahezu die gleichen Einkünfte und verfügten über das gleiche Vermögen.

Onassis wie Niarchos begannen, ihre Schiffe in den Vereinigten Staaten von Bethlehem Steels in Sparrows Point, Maryland, und Quincy, Massachusetts, bauen zu lassen. Onassis einen 18 000-Tonnen-Tanker und noch fünf 28 000-Tonner, Niarchos einen 18 000- und einen 28 000-Tonner. Onassis' Schiffe hatten grellgrüne Decks. Er erfand auch die charakteristisch schräge Form des Schornsteins. Ein Schiff hat eine Persönlichkeit, erklärte er, genau wie eine Frau, und seine Schornsteine lassen sich mit einem Hut oder einer Nase vergleichen. Niarchos war weniger phantasievoll, doch seine kurzen und dicken roten Schornsteine hoben sich wirkungsvoll von dem schlichten schwarzen Rumpf der Schiffe ab. Es bestand auch ein Gegensatz in der durch die Namensgebung der einzelnen Schiffe wachgerufenen Symbolik. Onassis' generelles »Olympic« deutete Wetteifer an und erinnerte an seine wenn auch spärlicheren Bindungen an das Vaterland. Niarchos' »World« wie in »World Glory« und »World Enterprise« war eine hoffnungsvolle Beschwörung weltumfassender Reichweite.

Zu jener Zeit geriet die Presse noch in Aufregung, wenn große Schiffe vom Stapel liefen. Niarchos und Onassis hatten unterschiedliche Ansichten über

Publicity. Niarchos' Feiern waren würdevoll, nur geprägt durch die Anwesenheit eines bedeutenden Bankiers und einiger Mitglieder der lokalen Geschäftswelt. Onassis wollte und bekam mehr. Als die »Olympic Games« vom Stapel lief, fuhr er nach New York und gab an Deck eine Party für die gesamte Presse des Landes. Er erschien in einem Anzug, den die Reporter für Khakihosen aus dem Armeeüberschuß hielten, und gab eine kurze und mitreißende Schilderung seiner Jugend als armer Teufel. »Seht, wo ich jetzt stehe«, fuhr er fort. »Ich bin verheiratet mit der Tochter des reichsten Reeders der Welt, und ich werde noch größere und bessere Tanker bauen.«

Die Schiffe liefen in eine erstaunliche Frachtkonjunktur. Der harte Winter des Jahres 1948 trieb den Ölpreis in den Vereinigten Staaten von 1,50 auf 4,00 Dollar je Barrel, und die Tankertarife stiegen entsprechend. Der Marshallplan war angelaufen, und der Strom von Öl, Rohmaterial und Industrieartikeln dauerte bis weit ins Jahr 1950 an. Tanker waren, wie Onassis vorausgesagt hatte, »eine Art San-Francisco-Goldrausch« geworden.

In diesem günstigen Klima ging er zurück nach Europa, um über die nächste Phase seiner geschäftlichen Expansion zu verhandeln. Amerikanische Schiffswerften wurden infolge der hohen Arbeitskosten und voller Bestellbücher immer kostspieliger. Onassis' Hintermänner waren jedenfalls froh, ihm Geld für Schiffe zu leihen, die außerhalb der USA gebaut wurden, und er begann, sich nach Werften umzusehen, die seinen Ansprüchen genügen könnten. Er fand, was er suchte, inmitten der Trümmer des Nachkriegs-Deutschland, das Tina und er im Februar 1949 besuchten.

Auf dieser Reise lernte er zum erstenmal die Zerstörung und das durch den Krieg verursachte Leiden kennen. Er kam mit dem Schlafwagen in Bremen an; er trug einen leichten Vicuña-Mantel, Tina einen Nerz. Ihr Gepäck bestand aus einer Garnitur Louis-Vuitton-Koffer und -Taschen und mehreren Hutschachteln mit Pariser Etiketten. Die Deutschen starrten die Onassis-Gruppe wie Erscheinungen aus dem Märchenland an. Während der Fahrt nach Hamburg blieb Onassis in untypisch gedämpfter Stimmung. Erst später fand er seine Selbstsicherheit so weit wieder, um Kurt Reiter, dem Reedereiangestellten, der sie begleitete, zu sagen, daß die Deutschen nicht als einzige im Krieg gelitten hätten. »Verglichen mit den Smyrnaer Griechen kommen Sie noch gut weg«, sagte er wiederholt. Reiter merkte, daß das nur zum Teil eine Mitleidsgeste war. Onassis war über die Kriegsauswirkungen ehrlich entsetzt, und er suchte auf seine Art, damit fertig zu werden – indem er an die Greuel seiner Kindheit erinnerte.

Die Ankömmlinge wurden zuerst im Restaurant »Kaiserkeller« in Hamburg mit den kleinen Portionen deutscher Lebensmittelrationierung konfrontiert, und dann fuhren sie zur Weserwerft AG. Der Zerstörung durch die

Bomben der Alliierten war die Beschlagnahmung der übriggebliebenen Maschinen gefolgt. »Wie können Sie hier Schiffe bauen?«, fragte Onassis. »Sie haben doch nicht einmal einen Kran.« Er regte an, die Werft auf dem anliegenden Grundstück völlig neu zu errichten. Obwohl ohne Erfahrung als Schiffsbauer, war er von den Möglichkeiten so beeindruckt, daß er in Betracht zog, die Aufgabe selbst zu übernehmen. Während Schneeflocken durch das löcherige Bürodach drangen, kritzelte Onassis auf ein Stück Packpapier und kam auf eine Summe von 2 000 000 Dollar. Es war eine grandiose Idee, die später im harten Licht der Zweckdienlichkeit mit weniger Mitteln realisiert werden sollte.

Einige andere Werften – namentlich Blohm und Voss sowie die Howaldt-Werke – waren in besserem Zustand. Onassis wurde Adolph Westphal von den Howaldt-Werken in Kiel vorgestellt. Gemeinsam entwickelten sie Pläne für die Umwandlung eines T-2-Tankers in ein Walfangschiff. Die »Herman T. Witton« wurde nach Kiel gebracht, die Werft in Gang gesetzt, und mehrere Monate später stach sie wieder in See, diesmal als die »Olympic Challenger«.

Onassis war beeindruckt von dem Tempo, in dem der Umbau bewerkstelligt wurde, und von der respektvollen Behandlung, die ihm in den deutschen Werften zuteil wurde. Er engagierte Reiter als Mitarbeiter und schickte Nikolas Kokkinis nach Hamburg, damit er sich Kenntnisse im Tankerbau aneignete. 1950 begannen Verhandlungen mit den deutschen Schiffswerften, nicht ohne gewisse Schwierigkeiten. Reiter entdeckte zu seiner Bestürzung, daß Onassis so gut wie nichts von den Einzelheiten des Schiffsbaus verstand und eine ziemlich unorthodoxe Auffassung von Geschäften hatte.

Es war für ihn typisch, daß die Besprechungen, zu denen die Elite der deutschen Industrie geladen war, in zwei exklusiven Hamburger Restaurants stattfanden, bei »Ehmke« und im »Halali«. Onassis äußerte sich vorerst nicht nur vage über seine Pläne, er benahm sich auch so inkonsequent, daß es zum Verzweifeln war. Er nagelte die Deutschen am Ende des Abends auf einen niedrigeren Preis als ursprünglich angeboten fest, und rief sie am nächsten Tag wieder zusammen, um erneut zu verhandeln. Die Formulierungen waren für ihn eine fixe Idee. Einmal brachte Reiter vier Stunden mit ihm zu, um über ein einziges Wort in einem Vertrag zu verhandeln, den er im Verlauf der Gespräche wieder verwarf. Es war zum Teil Methode, zum Teil unwiderstehlicher Zwang. Er war immer mißtrauisch. »Wenn Sie das durchgemacht haben, was ich in Südamerika erlebt habe«, sagte er zu Reiter, »wissen Sie, daß jeder darauf aus ist, Sie zu betrügen.«

Der unwiderstehliche Zwang wurde bei den »Mitternachtsspaziergängen«, die er nach jeder Verhandlung allein absolvierte, ausgelebt. Onassis ging jede Einzelheit des Tages methodisch durch. Zum Ärger aller Beteiligten kam er gewöhnlich zu dem Schluß, daß irgendeine Klausel oder ein Wort geändert werden müsse. Die Deutschen standen die wunderlichen Launen Onassis' gelassen durch und wurden durch den größten Einzelauftrag belohnt, den sie je erhalten hatten. Von den New Yorker Banken wurden 100 Millionen Dollar an drei Werften überwiesen, für sechs 20 000-Tonner von Weser-Hamburg, zehn 21 000-Tonner von Howaldt-Kiel und zwei 45 000-Tonner von Howaldt-Hamburg.

Onassis wurde zum Lokalhelden. Man schrieb ihm das Verdienst zu, dem deutschen Wiederaufbau den entscheidenden Anstoß gegeben und den Martini dry in Hamburg eingeführt zu haben. Sein Lieblingslokal in Hamburg war das »Tarantella«, ein ziemlich ruhiger Nachtklub, in dem Geschäftsleute für ernste Gespräche und harmlose Unterhaltung zusammenkamen. Zu dieser Zeit trank Onassis schon ziemliche Mengen. Reiter erinnert sich, daß die Abende gewöhnlich mit lautem Gezänk, meist zwischen Onassis und einem seiner Kapitäne, Georg Koutsouvelis, endeten, der sich seinem Boß in der Frage, wer mehr von der Reederei verstand, nicht beugen wollte. Sie saßen sich gegenüber und beschimpften sich heftig auf griechisch, zur Bestürzung der phlegmatischen deutschen Gäste. Onassis wurde aber nie aufgefordert, das Lokal zu verlassen. Seine Bedeutung brachte bereits die Vorrechte fürstlicher Immunität mit sich.

Er entwickelte, was Reiter als exzentrisches Interesse für Details bezeichnete, indem er sich stundenlang in die Einkaufslisten verschiedener Schiffe vertiefte. Einmal wollte er wissen, warum ein Schiff doppelt so viele Glühbirnen verbrauchte wie ein anderes. Er bekam einen Wutanfall, weil einer seiner Kapitäne in einem Mittelmeerhafen, in dem Eier billig waren, nicht den Vorrat für die ganze Reise gekauft, sondern später einige Cents mehr pro Dutzend gezahlt hatte.

Bei einem seiner Mitternachtsspaziergänge faßte Onassis einen anderen grandiosen Plan – er würde die Werft Howaldt-Hamburg kaufen. Reiter war dagegen, noch bevor die deutsche Regierung die entmutigende Bedingung stellte, daß die Belegschaft zehn Jahre lang nicht verringert werden dürfe. Onassis gab Dutzende Studien in Auftrag, um, wenn sie fertig waren, das Interesse daran zu verlieren. Manchmal hatte man den Eindruck, Geschäft sei ein Spiel, das ihn unterhielt, seine Untergebenen jedoch aufrieb. Onassis verbrachte aber, im Gegensatz zu anderen Reedern, nur wenig Zeit in den Werften, während sie im Bau waren.

Anders stand es mit den Stapelläufen. Hamburg, Bremen und Kiel waren Städte mit einer alten Schiffahrtstradition, und ein Stapellauf bot Gelegenheit für eine Feier, an der die ganze Bevölkerung teilnahm. Zu Anfang der fünfziger Jahre war das auch ein Mittel, um dafür zu danken, daß das

Gemeinwesen aus Asche und Trümmern wieder aufgebaut worden war. Onassis wurde mit einer Hochachtung behandelt, die eher in einem Feudalsystem am Platze gewesen wäre, und er reagierte dementsprechend. Es war Reiters Aufgabe, die Feiern zu organisieren, aber Onassis übernahm die Auswahl der Geschenke und Andenken – Feuerzeuge, Halstücher, Broschen und Spitzentaschentücher mit dem gestickten Symbol, das seine Schornsteine zierte, und einer Darstellung des Schiffes, das vom Stapel laufen sollte.

Die Menge am Eingang zu den Docks starrte die Gäste an – Frauen in Nerzpelzen, Männer in langen Mänteln und mit breitkrempigen Hüten. Den Dockarbeitern wurde, auf Onassis' Ersuchen, für zwei Stunden freigegeben, damit sie mit ihren Frauen den Feierlichkeiten von einer speziell gebauten Tribüne aus beiwohnen konnten.

Für den Stapellauf der »Tina Onassis« am 24. Juli 1953 in Hamburg brachte er seine Frau und die Kinder mit. Der 45 000-Tonnen-Tanker, damals der größte der Welt, hatte über sechs Millionen Dollar gekostet. Tina lehnte die Ehre ab, das nach ihr benannte Schiff zu taufen. An ihrer Stelle schaffte es die nur zweieinhalb Jahre alte Christina, die Champagnerflasche in Richtung des Schiffsrumpfes zu dirigieren, während der fünfjährige Alexander auf den Knopf drückte, der das Schiff ins Wasser gleiten ließ.

Onassis war siebenundvierzig Jahre alt, ließ aber noch keine Müdigkeit erkennen. Seine Unternehmen hatten, dem führenden amerikanischen Wirtschaftsmagazin *Fortune* zufolge, einen Wert von ungefähr 100 Millionen Dollar. Nur Niarchos konnte mit ihm Schritt halten. Seine Methoden wurden indes allgemein nachgeahmt. Sogar Livanos machte die späte Entdeckung der Freuden des Kredits, doch wenn Bekannte darüber Bemerkungen machten, antwortete er mit der ganzen Heftigkeit eines Mannes, dessen verborgenste Geheimnisse der Öffentlichkeit preisgegeben wurden. Bis in sein hohes Alter zweifelte er an der Realität von »Papiervermögen«. Kurz vor seinem Tod 1963 reiste er noch rund um die Welt und inspizierte seine Schiffe, die im Bau standen. Als Jimmy Stewart ihn fragte, warum er sich diese Mühe mache, erklärte er, daß er »sich das Ganze gern ansehe«. Heute seien Reeder nichts als Spekulanten oder Verbindungsleute von Banken.

Für die älteren Griechen war es schwierig, den Erfolg von Neuankömmlingen in ihren Reihen gelassen hinzunehmen. Die Abneigung Onassis und Niarchos gegenüber hatte jedoch einem widerwilligen Respekt Platz gemacht. Durch sie waren die griechischen Reeder zu einem neuen Ansehen in der Reedereiwelt gelangt. Bis 1953 hatten sie ihre Verluste aus dem Krieg mehr als wettgemacht. Sie kontrollierten die drittgrößte Flotte der Welt, die nur von so traditionellen Seefahrtsmächten wie den Vereinigten Staaten und Großbritannien übertroffen wurde. Noch wichtiger war vielleicht, daß es ihnen endlich gelungen war, das früher der griechischen Reederei anhaftende Stigma zu tilgen. Ein großer Teil der in ihrem Besitz befindlichen dreizehn Millionen Tonnen Schiffsraum war, wenn nicht neuwertig, so doch in verhältnismäßig gutem Zustand. Ihre Beziehung zu Banken, Versicherungsgesellschaften und Befrachtern hatte sich verändert. Anstatt in ungleichem Wettbewerb mit angeseheneren Flotten um Geschäfte zu kämpfen, konnten griechische Reeder sich nun daran erfreuen, wie andere sich um ihre Gunst bemühten.

Onassis' bedeutende Rolle bei dieser Entwicklung wurde außerhalb der Fachwelt kaum gewürdigt. Für die Presse war er nur zu sprechen, wenn das seinen Geschäftsinteressen dienlich war. In diesem Abschnitt seines Lebens stand sein Streben nicht nach Ruhm. Er beschäftigte keinen Public-Relations-Berater, und die Presse ihrerseits hatte keinen besonderen Grund, ihn anders zu behandeln als jeden erfolgreichen Geschäftsmann.

All das änderte sich im Sommer 1953, als Onassis die Aktienmehrheit der Société des Bains de Mer et Cercle des Étrangers in Monaco erworben hatte. Diese Gesellschaft (kurz SBM) besaß oder kontrollierte einen großen Teil von Monte Carlo, darunter das berühmte Casino, das Hôtel de Paris und die herrlichen Gärten. Die Meldung darüber war ein Fressen für die Sensationspresse. Über Nacht wurde Onassis eine Berühmtheit, »der Mann, der die Bank in Monte Carlo kaufte«. Er behauptete später, die Publicity sei für ihn völlig überraschend gekommen, er habe nie daran gedacht, sie sei ihm aufgehalst worden. Diese Behauptung scheint in gewisser Weise zuzutreffen. Wahr ist aber schon, daß er die Berühmtheit liebte, als er sie einmal besaß.

Seit er vom Deck des Schiffes aus, das ihn seinerzeit nach Argentinien brachte, die wunderschöne Silhouette von Monte Carlo zum erstenmal erblickt hatte, war Onassis vom Wunsch beseelt, Monte Carlo aufzukaufen. Er besuchte Monaco zum erstenmal in den dreißiger Jahren mit Ingse Dedichen und war von der Atmosphäre bezaubert. Zweifellos spielten sentimentale Gefühle eine Rolle, aber es gab genügend nüchterne geschäftliche Gründe für den Entschluß, sich in Monte Carlo einzukaufen. Onassis brauchte dringend eine Operationsbasis, von der aus er das Imperium zentralisieren konnte, das sich von Argentinien und Montevideo bis New York und London erstreckte. Paris war zu kostspielig und zu weit entfernt von der Riviera, deren Klima Onassis sehr angenehm fand. Noch angenehmer würde es sein, es mit dem freundlichen Steuerklima von Monte Carlo verbinden zu können. Monaco bot die Annehmlichkeit minimaler Personen- und Körperschaftssteuern, und diese konnten mit Zustimmung der französischen Regierung sogar erlassen werden. Es hatte auch strategische Vorteile. Monaco lag, zwischen den großen Häfen Marseille und Genua, ungefähr auf halbem Weg zwischen den Ölfeldern des Mittleren Ostens und Onassis' größten Absatzmärkten.

Die Übernahme der SBM wurde mit Onassis' gewohnter Heimlichkeit und Wichtigtuerei vorangetrieben. Sie begann beim Lunch mit dem französischen Bankier Charles Audibert im Café de l'Opéra in Paris. Onassis erwähnte beiläufig, daß er daran denke, seine Zentrale nach Monte Carlo zu verlegen. Audibert wies darauf hin, daß die SBM-Aktien zur Zeit an der Pariser Börse sehr billig notierten. Er rechnete auf seiner Serviette aus, daß Onassis für etwa achthundert Millionen Francs – ungefähr drei Millionen Dollar – einen hohen Kapitalanteil erwerben könnte. Das entsprach annähernd dem Wert eines seiner T-2-Tanker. Onassis fand, Monte Carlo sei diesen Preis wert. Er bat Audibert, über Strohmänner SBM-Aktien für ihn aufzukaufen, um den Preis nicht hochzutreiben.

Die Strategie entging der Aufmerksamkeit des Monarchen von Monaco, Fürst Rainier III., nicht, paßte jedoch in seine Pläne. Die SBM war mehr oder minder dem Tode geweiht, und Rainier begrüßte die Aussicht auf eine Finanzspritze. Onassis hatte seinen Segen. Anfang 1953 besaß Onassis ungefähr ein Drittel des effektiv ausgegebenen Kapitals, und das genügte, im Verein mit Rainiers privater Beteiligung, für den beabsichtigten Schachzug. Bei der Jahresversammlung der SBM im Sommer brauchten Onassis' Bevollmächtigte genau achtundvierzig Minuten, um die Kontrolle zu übernehmen. Onassis setzte seinen Mann, Charles Simon, als Geschäftsführer ein und erklärte sich einverstanden, Rainiers Vertrauensmann und Berater, Pierre Rey, zum Präsidenten zu ernennen. Der Old Sporting Club in der Avenue d'Ostende, mit Ausblick auf Monte Carlos herrlichen Hafen, wurde die Zentrale von Onassis' Holdinggesellschaft »Olympic Maritime«.

Eine Woche danach flog Onassis nach Hamburg zum Stapellauf eines Schiffes, das das Symbol seines aufregenden neuen Lebens werden sollte. Die Jacht »Christina« war das einzige Schiff, für das Onassis je eine Vorliebe empfand. Wann immer Onassis eine Bestätigung seines Status im internationalen Jet Set suchte, hier konnte er ihn finden. Die Gäste, die seine Einladung zu einer Kreuzfahrt annahmen, sind ein Beweis für seine gesellschaftliche Stellung. Wenn Monte Carlo ihn zu einer Person des öffentlichen Lebens gemacht hatte, so gestattete ihm die »Christina«, diese Rolle zu unterstreichen.

Die Jacht, die früher »Stormont« hieß, war eine kanadische Fregatte von 2200 Tonnen. Onassis kaufte sie einem amerikanischen Rennbahnbesitzer für 50 000 Dollar ab und gab nochmals 4 000 000 Dollar dafür aus, sie in der Howaldt-Werft in Kiel umbauen zu lassen. Er zeigte fast ein hysterisches Interesse an jedem Detail. Die Deutschen, die sonst Onassis' Gelassenheit gewöhnt waren, fanden sein Verhalten gelegentlich beschwerlich.

Onassis hatte einen hervorragenden deutschen Architekten, Professor

Caesar Pinnau, für den Umbau der Jacht gewonnen. Seine eleganten Skizzen zeigten ein glänzend weißes Schiff von herrlich schnittiger Linie, mit einem hohen, schlanken Bug. Die Werft war hocherfreut, endlich einmal etwas anderes, viel schöneres als Öltanker bauen zu können. Dann erfuhren sie zu ihrer Bestürzung, daß Onassis auf Deck Platz für zwei Flugzeuge, mehrere Schnellboote, ein Tragflächenboot und ein Segelboot, zusätzlich zu den üblichen Rettungsbooten, wünschte. Dafür waren einige heikle Berechnungen erforderlich, um die Stabilität der »Christina« zu gewährleisten. Auch der ungewöhnliche Bug brachte Probleme mit sich. Er mußte aus einem Stück hergestellt und auf den ursprünglichen Rahmen aufgeschweißt werden, bevor er geschliffen und mit zwölf Lackschichten versehen werden konnte. Als ihn Onassis das erstemal sah, konnte man auf der Metalloberfläche einige geringfügige Kratzer erkennen. Onassis gab Befehl, ihn zum Alteisen zu werfen.

Die gleiche intensive Aufmerksamkeit wurde der Inneneinrichtung der »Christina« gewidmet. Onassis bestand darauf, von der versenkbaren Badewanne aus Siena-Marmor in seine tiefer liegende Schlafkabine, die eine genaue Nachbildung eines Schlafzimmers eines antiken Palastes in Kreta war, zu gelangen. Starke Abstützungen unter dem Bad machten das ungeheuer schwierig; daher wurde der ganze Fußboden erhöht, um den Abstieg auf wenige Zentimeter zu beschränken.

Gewöhnlich war es der Kummer gewohnte Kurt Reiter, der Onassis' Beschwerden entgegennahm. Als sie einmal das Schiff inspizierten, bemerkte er einige kleine Astlöcher in der Holzverkleidung, die das Metall der Innenschotten verbarg. Reiter erklärte, das sei bloß eine vorläufige Verkleidung, die am Schluß durch Eichentäfelung ersetzt würde. »Weg damit«, schrie Onassis, »reißen Sie alles ab!«

Onassis hatte so viele Geräte verlangt, daß jeder Winkel des Schiffes mit elektronischen Ausrüstungen vollgestopft war. Zwischen die Decks wurde eine riesige Klimaanlage eingepfercht. Eine hochempfindliche, durch offene Bullaugen oder eine heftige Temperatursteigerung ausgelöste Alarmanlage wurde vom Ruderhaus aus überwacht. Ein anderer Stromkreis hielt das Seewasser in dem Swimming-Pool wenige Grade unter der Lufttemperatur, so daß die Gäste angenehm erfrischt waren, wenn sie badeten. Onassis' Wunsch, auf dem Oberdeck tanzen zu können, stellte die Erfindungsgabe der Howaldt-Fachleute auf eine schwere Probe. Schließlich konstruierten sie eine Vorrichtung, daß der Boden des Bassins – der mit schönen Mosaikszenen aus der griechischen Mythologie ausgelegt war – elektronisch gehoben werden konnte, so daß er auf Deckhöhe eine Tanzfläche bot. Die Funkverbindung mit ihren vierzig Linien mittels Radargeräten erhöhte den Strombedarf der »Christina« dermaßen, daß vier Dieselgeneratoren praktisch durchgehend laufen mußten, um sie in Betrieb zu halten. Ein Isolationsspezialist mußte extra aus Berlin eingeflogen werden, um die Anlage schalldicht zu isolieren.

Die Räume wurden mit verschwenderischem Luxus ausgestattet. Der riesige offene Kamin im Rauchzimmer war mit Lapislazuli eingelegt; die Kosten betrugen vier Dollar pro Quadratzoll. Zwei Türen, die zum Oberdeck führten, waren in antiker japanischer Lackarbeit ausgeführt. Für die neun Doppel-Gästekabinen, deren jede den Namen einer anderen griechischen Insel trug, wurden Unmengen von Marmor und Mosaiken verwendet. Der französische Künstler Marcel Vertès erhielt von Onassis selbst den Auftrag, auf die Täfelung des Speisesaals vier große Ölbilder zu malen. Das Thema waren die vier Jahreszeiten, die von der Familie Onassis in verschiedenen allegorischen Posen dargestellt wurden: im Frühling tollten Alexander und Christina ausgelassen auf einem Rasen; der Winter zeigte Tina als hübsche Eiskunstläuferin, beim Pirouettendrehen. Unter den klassischen Ölgemälden befanden sich El Grecos »Madonna und Engel«, das hinter Onassis' kunstvollem Schreibtisch hing, einige wertvolle russische Ikonen und eine Menge anderer Kostbarkeiten.

Onassis gab zu, daß die »Christina« das Spielzeug eines reichen Mannes darstellte, aber er nahm es sehr ernst und er war wütend, wenn man erwähnte, daß Niarchos' Dreimast-Schoner, die »Creole«, vielleicht eher als eine Jacht zu bezeichnen sei und Niarchos als ein echter Seemann. Onassis war sonst ein großzügiger Arbeitgeber, doch in bezug auf die Besatzung der »Christina« war er zutiefst nachtragend. Er warf Leute ohne Zögern hinaus, wo der Kapitän sich mit einer Standpauke begnügt hätte. »Du kannst ein Schnellboot, das 20 000 Dollar kostet, kaputtmachen, ohne daß er ein Wort sagt«, erzählte uns ein ehemaliger Matrose, »aber spuck nur mal aufs Deck der ›Christina‹, und du bist arbeitslos.«

Kurz nach dem Stapellauf der »Christina« hörte Onassis, daß Bundeskanzler Adenauer den Mann kennenlernen wolle, der soviel für die Wiederbelebung der Schiffbauindustrie seines Landes getan hatte. Onassis traf den Kanzler im Palais Schaumburg in Bonn und machte, mit Reiter als Dolmetscher, einen angenehmen Eindruck. Das Gespräch berührte auch Onassis' Interessen in Monte Carlo. Adenauer erinnerte sich, daß er vor fünfzig Jahren zum erstenmal Monte Carlo besucht hatte. Die Erinnerung war noch frisch, es war auf seiner Hochzeitsreise gewesen und er hatte im Casino ein goldenes Zwanzigfrancstück gesetzt und verloren. Onassis ließ sich eine Zwanzigfrancmünze aus dem Jahr 1904 besorgen und von einem guten Juwelier auf einen Brieföffner löten, der mit dem Initial A verziert war, und dem Kanzler das Geschenk mit Onassis' Empfehlungen überbringen. Adenauer war gerührt.

Nun schien Onassis' Reichtum so weit gesichert, daß er sich Risiken erlauben konnte. Er betrachtete sein Geschäft eher als Möglichkeit, seinen Abenteuerinstinkt auszuleben, denn als Quelle fortgesetzter Sicherheit. Doch die Grundlage seines Vermögens war verletzlicher, als es den Anschein hatte, und innerhalb von zwei ungestümen Jahren kam Onassis an den Rand des Bankrotts.

Im Januar 1954 befand sich Onassis in Purfleet in England zur Feier der Rückkehr der »Tina Onassis« von ihrer Jungfernfahrt nach Kuweit. Die Gästeliste spiegelte seinen Einfluß wider. Unter der aus London angereisten Gästegruppe befanden sich die Präsidenten von Lloyd's und von Englands fünf Großbanken. Die Kapitänskajüte war mit Mimosen geschmückt, die mit dem Flugzeug aus Südfrankreich eingeflogen worden waren, ein wohlduftender Jahresbeginn, aber kein gutes Vorzeichen. Ehe das Jahr um war, sollte Onassis die ersten ernsten Rückschläge auf all seinen Operationsgebieten – Reederei, Öl und Walfang – erfahren. Dabei sollte er sich nicht nur als der berühmteste, sondern auch der berüchtigtste Grieche der Welt erweisen.

Unter Arrest

Am Freitag nachmittag, dem 5. Februar 1954, speiste Onassis im »Colony«, einem eleganten Restaurant im Zentrum Manhattans. Er war bei seinem ersten Martini dry, als sein Büro anrief und mitteilte, es sei ein Bundesgerichtsbeamter mit einem Haftbefehl für ihn gekommen. Die Beschuldigung lautete auf Betrugskomplott gegen die Vereinigten Staaten.

Der Fall rührte aus einer Seite von Onassis' Nachkriegstätigkeit her, die beträchtlich weniger Publicity erlangte als seine großartigen Schiffsbauunternehmungen. Für ihn und eine Reihe anderer griechischer Reeder ergab sich ein Problem aus dem Schiffsverkaufsgesetz des Jahres 1946, das die Veräußerung der Überschußtonnage nach dem Krieg regelte. Mehrere der nutzbringenden Schiffsklassen waren wegen ihres strategischen Werts für ausländische Käufer nicht erhältlich. Zu dieser Kategorie gehörten die T-2-Tanker, robuste, geschweißte 16 500-Tonner. Onassis bemühte sich 1946 um zwanzig Tanker dieses Typs, wurde jedoch abgewiesen. Wie gewöhnlich machte ihn die Absage noch begieriger nach dem Besitz der Schiffe.

Wie es ihm gelang, die Staatsbürgerschaftsauflagen zu umgehen, geht aus Dokumenten hervor, die in letzter Zeit vom US-Justizministerium zugänglich gemacht wurden. Sein erster Schritt bestand darin, eine Anzahl bedeutender New Yorker Anwaltsfirmen zu konsultieren. Das Schiffsverkaufsgesetz schrieb nur die amerikanische Eigentümerschaft vor, sagte aber nichts darüber aus, wie die Eigentümerschaft ausgeübt werden solle, noch, ob die Schiffe auch von amerikanischen Staatsbürgern *betrieben* werden müßten. Das war, wie Onassis feststellte, ein entscheidender Punkt. Für den Gewinn war es unbedeutend, wem ein Schiff gehörte. Onassis' gesamte Flotte war an Gesellschaften verpfändet, die sein Bauprogramm finanziert hatten. Er besaß nichts als die Luft über ihren Schornsteinen. Und doch warfen die Tanker beträchtlichen Gewinn ab.

Die Lösung bestand darin, eine Anzahl amerikanischer Staatsbürger zu finden, die eine Mehrheitsbeteiligung an den Gesellschaften erwarben, bei denen die T-2-Tanker registriert waren, ohne daß sie sich besonders um das Drum und Dran des Frachtgeschäfts kümmerten. Es war typisch für Onassis, daß er geradeswegs zur Spitze ging, um seine »stillen Amerikaner« zu finden, wie man sie später nannte. Joseph F. Casey, ein ehemaliger Kongreßabgeordneter, brachte Onassis in Verbindung mit Edward Stettinius, Außenminister unter Roosevelt und Truman und erster US-Delegierter bei den Vereinten Nationen.

Die Nachwelt war ihm nicht freundlich gesonnen. Man erinnert sich seiner, wenn überhaupt, wegen der Art und Weise seiner Entlassung aus dem Staatsdienst. Er hatte die Angewohnheit, jeden Morgen Präsident Roosevelt anzurufen und zu fragen, was er tun solle. Als er so mit Truman verfuhr, reagierte dieser verärgert. »Wenn Sie nicht wissen, was Sie zu tun haben, werde ich mir lieber jemand anders suchen, der das weiß.« 1947 war Stettinius arbeitslos. Er hatte als leitender Angestellter der United States Steel seine Karriere begonnen und war zusammen mit einer Anzahl von Industriellen nach Washington geholt worden, um an dem militärisch-industriellen Komplex mitzuwirken, der Washington zur Kriegszeit beherrschte. Nun war er bestrebt, eine nicht allzu anstrengende Tätigkeit mit Ehrenposten zu verbinden, die älteren Staatsmännern gewöhnlich in den Schoß fallen.

Onassis traf mit Stettinius auf dessen elegantem Landsitz in Virginia zusammen. Er bewunderte Stettinius' Erinnerungsstücke an Stalin und Molotow. Stettinius' weißes Haar beeindruckte ihn ebenso wie das höfliche und respektvolle Benehmen des Älteren. Das Gespräch nach dem Essen verlief, wie Onassis berichtete, auf rührend taktvolle Weise. »Ari, ich betrachte Sie als einen der großen Unternehmer im internationalen Geschäft. Ich möchte, daß Sie nachdenken und mir einige Anregungen geben, wie man einen ›ehrlichen Dollar‹ verdienen kann.« Der »ehrliche Dollar«, fügte Stettinius hinzu, sei in erster Linie nicht für ihn bestimmt. Für seine Familie sei gesorgt, er habe jedoch eine Anzahl Freunde, deren »totale Aufopferung für ihr Vaterland« sie höchst bedauerlicherweise dazu geführt habe, ihre eigenen Interessen zu vernachlässigen. Stettinius ging auch auf eins seiner allgemein bekannten Hobbys ein. Als guter Demokrat machte er sich Sorgen um die Zukunft des kleinen westafrikanischen Staates Liberia. Er hatte die Liberian Trust Company gegründet, um amerikanische Investitionen in Liberia zu fördern. Er fragte Onassis um seine Ansicht über die Möglichkeit, aus Liberia ein Schifffahrtsland zu machen. »Ich habe das Gefühl, ich muß etwas für die Liberianer tun«, schloß er.

Nach einigen freundlichen Worten verabschiedete sich Onassis mit dem Versprechen, über die Sache nachzudenken. Zweifellos wußte er bereits, zu welchen Schlüssen er gelangen würde. Stettinius und die liberianischen Minister wurden später am Sutton Square festlich bewirtet und die Strategie entwickelt. Bald darauf erklärten sich die US-Ölgesellschaften und Banken bereit, die Flagge Liberias zu akzeptieren. Sie wurde zu einem wesentlichen Faktor des Onassischen Wirtschaftsimperiums, der gewährleistete, ohne wesentliche Einmischung von seiten staatlicher Gremien operieren zu können und gleichzeitig fast keine Steuern zahlen zu müssen.

Stettinius war sich jedoch nicht sicher, ob alle Vorschläge Onassis' so günstig waren. Onassis versicherte, daß ihm »Millionen ehrlicher Dollar« zufallen würden, wenn er bereit sei, »mit seinen Freunden, amerikanischen Staatsbürgern, eine panamaische Gesellschaft zu gründen und sich um den Ankauf von vierzig T-2-Tankern zu bewerben«. Onassis war bereit, zwanzig Millionen Dollar bereitzustellen – ein Viertel des Kaufpreises. Der Rest würde von der Regierung der Vereinigten Staaten beigesteuert. »Schließlich werden Sie die Schiffe in fünf Jahren voll bezahlt haben ... und jedermann wird bereit sein, Ihnen Ihren Anteil abzukaufen.« Stettinius scheint von der Tragweite der Vorschläge und der draufgängerischen, energischen Art, wie sie vorgebracht wurden, überrascht gewesen zu sein. »Er konnte es nicht glauben«, erklärte Onassis später, »und seine Teilhaber ebensowenig. Es klang beinahe betrügerisch. Ich kann es ihm nicht übelnehmen.«

Stettinius und seine Teilhaber kauften schließlich doch fünf T-2-Tanker. Onassis wurde nicht in ihr Konsortium aufgenommen. Stettinius ließ ihn wissen, daß »er offensichtlich ein reicher und bedeutender Mann sei und somit keine zusätzlichen Dollars brauche, so ehrlich sie auch verdient sein mochten.

Onassis ließ sich durch diese Abfuhr nicht abschrecken. Wenn Stettinius nicht bereit war, sich mit ihm auf ein Unternehmen einzulassen, so gab es doch zweifellos eine große Anzahl amerikanischer Staatsbürger – zugegeben, weniger prominente –, die nur allzu begeistert sein würden. Und so wurde auf Onassis' Veranlassung am 27. Oktober 1947 die United States Petroleum Carriers im Staat Delaware als ordnungsgemäße Gesellschaft registriert, deren Aktienmehrheit in den Händen von US-Staatsbürgern lag. In den nächsten zwei Jahren erwarb die Gesellschaft, in ihrem eigenen Namen oder im Namen verschiedener Tochtergesellschaften, neunzehn Schiffe – zehn T-2, sieben Victory-Schiffe und, um das Maß voll zu machen, zwei Libertys.

Onassis' Beteiligung an diesen Geschäften kam auf Umwegen ans Licht, als Ergebnis einer Untersuchung des Senats über die Korruption, die man der Truman-Administration zum Vorwurf machte. Senator William Fulbright prüfte die Tätigkeit der Reconstruction Finance Corporation (RFC), eine von Herbert Hoover ins Leben gerufene Institution, die während der Wirtschaftskrise mit Regierungsgeldern bedürftige Industrien unterstützte. In letzter Zeit war die RFC mit dem Geld der Steuerzahler bemerkenswert freigebig umgegangen und hatte sogar einer Anzahl von Rennbahn- und Spielkasinounternehmern Beträge zukommen lassen. Bei seinen Versuchen, Licht in die

Geschäfte der RFC zu bringen, rief Fulbright mehrere Lobbyisten in den Zeugenstand, darunter Joseph F. Casey.

Casey war ein liebenswürdiger Zeuge. Er rechtfertigte die Provision von 75 000 Dollar, die er von der Atlantic Basin Iron Works in Brooklyn erhalten hatte, durch die muntere Bemerkung, das sei eine geringe Summe, verglichen mit den 250 000 Dollar, die er mit einer Investition von 20 000 Dollar für Überschußtanker verdient habe. Damit regte er die Phantasie des Komitees an, weigerte sich jedoch, auf irgendwelche Einzelheiten der Geschäfte einzugehen, mit der formal richtigen Begründung, daß Reederei nicht unter die Zuständigkeit von Fulbrights Komitee falle.

Mehr als alles andere war der Zeitpunkt, zu dem Caseys Enthüllung erfolgte, verhängnisvoll. Seit Juni 1950 standen die Vereinigten Staaten im Krieg mit Korea. Die republikanische Mehrheit im Kongreß suchte nach Möglichkeiten, die Truman-Regierung in Verlegenheit zu bringen, und die Aufdeckung von Schiebergeschäften klang vielversprechend. Es war auch zu klären, wozu die wieder in Betrieb gesetzte, stillgelegte Flotte in letzter Zeit verwendet worden war. Onassis sah voraus, daß diese Frage gestellt werden würde. Im August 1950 schickte er folgendes Telegramm an das Marineministerium: »Als Präsident der Olympic Oil Lines Panama SA, Besitzer von fünf bei der Bethlehem Steel Company erbauten Supertankern und verwaltender Disponent verschiedener anderer Tanker ... ersuche ich respektvoll um die Ehre und die Vergünstigung, für die Dauer der derzeitigen abnormalen Situation und für den Notfall über unsere Mittel zu verfügen, als wären sie im Besitz der Vereinigten Staaten.« Er bot den USA »kostenlos alle Rechte und Einrichtungen an«, sollte die Regierung eine Walfangflotte in den Atlantik schicken wollen. Wenn es irgend etwas gäbe, wodurch er die Kriegsanstrengung unterstützen könnte, sei er dazu bereit, »gleichgültig wie bescheiden, riskant oder gefährlich es wäre«. Er erhielt *pro forma* einen höflichen Brief, in dem die Vereinigten Staaten bedauerten, keine Verwendung für seine Flotte oder seine Person zu finden, und das US-Marineamt sprach ihm seinen Dank aus.

Dessenungeachtet setzte er beharrlich seine Versuche fort, sich bei der Regierung beliebt zu machen. Im Oktober 1950 bot er noch einmal seine Tanker an. »Gestatten Sie mir, Ihnen mitzuteilen, daß ich mich nicht um Geschäfte bemühe«, informierte er Vize-Admiral Cochrane. »Es fällt mir schon überaus schwer, meine eigentlichen Kunden zufriedenzustellen.« Darauf ließ Onassis einen noch schwülstigeren Brief folgen, in dem er seine Bereitwilligkeit betonte, »sich als einfacher Matrose zur Marine zu melden«, wenn der Kriegsnotstand es erfordern sollte. Auf Grund seiner Erfahrungen im Zweiten Weltkrieg kann man mit Sicherheit annehmen, daß er in Wirklichkeit keine derartigen Absichten hegte. Onassis nahm selten grundlos eine demütige Haltung ein. In diesem Fall lagen seine Gründe auf der Hand. Regierungsbeamte waren dabei, die Fäden des Überschußtanker-Geschäfts, das Casey im Vorjahr so sorglos zur Sprache gebracht hatte, zu entwirren. Sie waren Onassis bereits auf der Spur. Thomas Stakem, ein Beamter des Handelsministeriums, hatte die letzten sechs Monate damit verbracht, die Bücher Onassis' durchzugehen. Natürlich war Onassis über diese unangenehme Wendung der Dinge besorgt. Er erinnerte Vize-Admiral Cochrane an »die Worte eines Ihrer guten Freunde, der zufällig einer der bekanntesten Schiffsbauer Amerikas ist, ›ich hätte den Abbruch der Bethlehem Werft in Sparrows Point verhindert‹ ... Ich hoffe und wünsche, daß zumindest, wenn Ausländern wie mir keine Unterstützung zuteil wird, der Seelenfriede, den die schwierige, bahnbrechende Arbeit erfordert, nicht beeinträchtigt wird.«

Sein Wunsch wurde nicht erfüllt. Die ganze Frage der Überschußschiffsverkäufe wurde im März 1952 in aller Form durch das Untersuchungs-Unterkomitee des Senats wieder aufgerollt, zu dessen Mitgliedern auch die Senatoren Joseph McCarthy, Karl Mundt und Richard Milhous Nixon zählten. Den Senatoren wurde ein längerer und verwirrend genauer Bericht erstattet, wie über einige Schiffe verfügt worden war. Während ihrer Untersuchung entdeckten sie zu ihrer Verblüffung, daß ein von Präsident Truman bestellter Ermittler, der die Korruption in Regierungsangelegenheiten ausfindig machen sollte, dabei behilflich gewesen war, eine Gesellschaft zu gründen, um einer Gruppe chinesischer Nationalisten zu ermöglichen, zwei Tanker zu kaufen. Eine leichte Entspannung brachte die Aussage einer Dame namens Olga Konow, die in stockendem Englisch schilderte, wie sie Tankerbesitzerin geworden war. »Es war der größte Tag meines Lebens«, sagte sie. Die Presse gab ihr einen Spitznamen – »Ölboot-Olga«.

Wieder war jedoch Casey der nützlichste Zeuge. Er gab mit Vergnügen zu, daß seine Gruppe bei einer seriösen Spekulation drei Millionen Dollar verdient hatte. Er erklärte, Risiko gehöre im Grunde zum Wesen des freien Unternehmertums. Er sei stolz darauf, mit Edward Stettinius und den anderen hervorragenden Männern verbunden zu sein, die an seinem Konsortium beteiligt waren. Er ging zum Angriff über, indem er das Komitee des Chauvinismus beschuldigte. »Ich wäre nicht aufrichtig«, sagte er, »wenn ich nicht hier im Raum bei der Erwähnung von chinesischen, griechischen oder britischen Staatsbürgern eine Atmosphäre der Abneigung bemerken würde.« Casey hatte, nach Stettinius', von Onassis vorgeschlagenen Richtlinien, fünf Tanker im Namen einer amerikanischen Gesellschaft erworben, die dann von einer panamaischen Gesellschaft gechartert wurden. Später wurden sie an eine Ölgesellschaft weiterverfrachtet, eine einfache Methode, Steuern zu sparen.

Tina und Onassis auf einem Gala-Empfang im Casino von Monte Carlo.

Onassis im Empire-Saal des Hôtel de Paris in Monte Carlo. »Jedesmal, wenn er kam, fühlte er sich wie im Himmel«, erzählte ein Angestellter, »es war wie ein Diamant, der ihm gehörte.«

Die »Christina«, Onassis' Jacht im Hafen von Monte Carlo. Er hatte die ehemalige kanadische Fregatte für 50 000 Dollar erworben und für über vier Millionen zu einer der luxuriösesten Jachten der Welt umbauen lassen. Das Schiff war quasi sein Heim.

Blick in den Speisesaal der »Christina«, der über zwanzig Personen Platz bietet.

Alexander Onassis und Sir Winston Churchill an Bord der »Christina«. Sir Winston war oft zu Gast. »Ich liebe das Leben auf Ihrer Jacht«, sagte er zu Onassis, den er für einen »Mann von Bedeutung« hielt.

Die Bibliothek mit einem Bild von Onassis' Tochter Christina über dem offenen Kamin. Nach ihr erhielt die Jacht ihren Namen.

Der Swimming Pool. Um an Deck tanzen zu können, wurde eine Vorrichtung eingebaut, die nach Ablassen des Wassers den mit Intarsien ausgelegten Plafond des Beckens in Deckhöhe hob und so eine Tanzfläche bildete.

Der Rosenball 1960. Am Tisch v. l.: Fürstin Gracia, Onassis, Filmregisseur Michael Audley, Roger Crovetto (ein Freund Rainiers und zeitweilig Außenminister Monacos), die amerikanische Filmschauspielerin Ava Gardner und Fürst Rainier. In Monaco entwickelte Onassis seine erfolgreiche Kombination von Geschäft, Show business und großer Gesellschaft.

Onassis in seinem Arbeitszimmer in Monte Carlo. Sein Büro lag im Old Sporting Club an der Avenue d'Ostende. Nach seiner Fehde mit Rainier 1966 kehrte Onassis nur noch ein einziges Mal nach Monaco zurück. Seine 180 Angestellten blieben.

:s Maria Callas im Juni 1959 der Covent Garden Opera die Medea« sang, gab Onassis ihr zu Ehren einen Empfang im Dorchester Hotel. Es war Londons glänzendstes gesellschaftliches Ereignis in diesem Jahr. Hier wird die Diva von Onassis und ihrem Ehemann Giovanni Meneghini noch einträchtig umarmt.

Jeanne Rhinelander, die »Mrs. J. R.« in Tinas Scheidungsklage. Es wurde behauptet, sie hätte mit Onassis ein Verhältnis gehabt.

Im Juli 1959 besichtigten die Callas, Tina und Lady Churchill auf einer Kreuzfahrt den Apollo-Tempel in Delphi. Als die Gesellschaft Venedig erreichte, ließ Onassis Frau und Kinder an Bord zurück, und die Diva erklärte ihrem Mann: »Es ist alles aus, ich liebe Ari.«

Die Diva im Meer. Die Callas nimmt von Bord der »Christina« ein Bad, 1965.

Christina und Alexander im Alter von zehn und dreizehn Jahren. Nach der Scheidung ihrer Eltern pendelten sie zwischen Onassis' wechselnden Wohnsitzen und Tinas Haus in England hin und her. Tina heiratete den Marquess of Blandford.

Maria Callas und Onassis
in Monaco.

1950 hatte er beide Gesellschaften verkauft, eine an die Delaware Tanker Corporation, die in den Vereinigten Staaten registriert war, die andere an Greenwich Marine, eine Gesellschaft in Panama. In der US-Firma war die Mehrheit der Aktienbesitzer amerikanische Staatsbürger, das stimmte. Aber die panamaische Gesellschaft, die den Chartervertrag besaß und somit den Großteil der Gewinne aus den Schiffen einstrich, war im Alleinbesitz von Stavros Niarchos.

Es war Niarchos auch gelungen, neun T-2-Tanker durch die in den USA ansässige North American Shipping and Trading Corporation zu kaufen. Sein eigenes Aktienpaket betrug nur vierzig Prozent, aber seine Schwester, Mrs. Andrew Drakopoulos, die in den Vereinigten Staaten geboren war, machte diesen Mangel wett. Tatsächlich sicherte ihr Anteil Niarchos eine Mehrheitsbeteiligung der Gesellschaft.

Die Senatoren waren, das ist nicht verwunderlich, äußerst verwirrt durch das Spinnennetz organisatorischer Verflechtungen, die vor ihren Augen enthüllt wurden. Wenige von ihnen waren auch nur einigermaßen vertraut mit den ausgeklügelten Methoden, nach denen die Geschäfte von der Reedergilde mitunter abgewickelt werden. Doch das eigentliche Ergebnis der Nachforschungen war einfach. Eine Gruppe bekannter amerikanischer Staatsbürger, meist Demokraten, hatte mit Staatseigentum eine Menge Geld verdient. Und es sah so aus, als wären die Schiffe schließlich zu einer Zeit, da die Vereinigten Staaten sie sehr wohl hätten gebrauchen können, in die Hände von Ausländern gelangt. Sie hatten das Geld steuerfrei bekommen. Senator Mundt brachte die Reaktion der Senatoren zum Ausdruck: »Ich bin es leid, Tag um Tag hier sitzen zu müssen, um zu versuchen, die Interessen der Steuerzahler zu schützen, und dabei von Zeugen verunglimpft zu werden, die sich schmähender und unziemlicher Bemerkungen bedienen. Wenn Sie das unterbinden könnten«, sagte er, sich an Thomas Stakem wendend, der die Untersuchung geleitet hatte, »meinen herzlichsten Dank.«

Zu Anfang war es jedoch der eigensinnige antikommunistische Senator von Wisconsin, der bei der Tankeruntersuchung das Tempo angab. Joe McCarthy war bei den Vernehmungen nur sporadisch anwesend; er hatte keine Zeit für die Kniffligkeit der Finanzgebarung in der Schiffahrt. Ihn interessierte es nur, ob die Ausländer, welche amerikanische Schiffe gekauft hatten, sie dazu benutzten, die nationale Sicherheit durch den Handel mit den Roten zu untergraben. 1952 stand er auf der Höhe seiner Macht, und das Verteidigungsministerium beeilte sich, nachzuforschen, ob seine Behauptungen begründet waren. Es fand heraus, daß achtundzwanzig Schiffe von Livanos das eine oder andere Mal kommunistische Häfen angelaufen hatten. Auch Kulukundis wurde als Übeltäter genannt. Daran war nichts gesetzwidrig – das

Verbot des Handels mit kommunistischen Ländern galt nur für Schiffe der Vereinigten Staaten. Alliierte, darunter auch Großbritannien, trieben weiter Handel mit Ländern hinter dem Eisernen Vorhang. Die Griechen hatten jedoch ihre Basis in den USA und waren somit von der Politik der Amerikaner abhängig. Für Livanos war seine Ungestörtheit fast so wichtig wie sein Leben. McCarthys Interesse für sein Geschäft ließ für die Zukunft Böses erwarten.

Stakems Bericht über Onassis' Rolle in der Affäre der Überschußschiffe wurde dem Justizministerium übermittelt, wo sich einige Monate lang Staub darauf sammelte. Die Verzögerung ließ sich leicht erklären. Das Land befand sich mitten in einer Wahlkampagne, und die Demokraten hatten es nicht eilig, sich mit Fällen zu befassen, auf die sie durch die Republikaner wegen Korruption in der Truman-Regierung aufmerksam gemacht worden waren. Teile des Stakem-Berichts gelangten jedoch an die Presse. Als im Januar 1953 ein republikanischer Präsident ins Weiße Haus einzog, war das Justizministerium zum Handeln gezwungen.

Stakems Enthüllungen betrafen die Umstände, unter denen die United States Petroleum Carriers (USPC) eine Anzahl von Überschußschiffen in ihrem eigenen Namen oder im Namen von Tochtergesellschaften erworben hatten. Insbesondere befaßte sich der Bericht mit der wohldurchdachten Art und Weise, in der die Aktien der Gesellschaft gehandelt worden waren, und mit den geheimnisvollen Personalveränderungen in den ersten Monaten ihres Bestehens. Diese ständigen Veränderungen führten dazu, die Fäden der Operationen der Gesellschaft, hinter einer scheinbar rein amerikanischen Fassade, Aristoteles Onassis in die Hände zu spielen. Von der Gesamtsumme von fünfunddreißig Millionen Dollar, die in die USPC eingezahlt wurden, hatte Onassis einundzwanzig Millionen Dollar aufgebracht. Etwa acht Millionen des Rests stammten aus Hypotheken der amerikanischen Regierung.

Stakem deckte ein ähnliches System auf, als er prüfte, wie die Schiffe verfrachtet worden waren. Am 20. Februar 1948 wurde die »Arickaree«, einer der ehemaligen T-2-Tanker, welche die USPC erworben hatte, für fünf Jahre zu zwei Dollar die Tonne an die Socony-Vacuum-Ölgesellschaft verfrachtet. Dann wurde das Schiff von der USPC an eine andere von Onassis' panamaischen Gesellschaften für zehn Jahre zu einem Dollar die Tonne »weiterverfrachtet«. Dann fiel der ursprüngliche Chartervertrag mit Socony-Vacuum auf eine Subcharterung zwischen Socony-Vacuum und der panamaischen Gesellschaft zurück. Die Ölgesellschaft erhielt den gleichen Service für den gleichen Preis wie vorher, doch das Arrangement hatte erfreuliche Folgen für Onassis. Der Zweck dieser Operation wurde sichtbar, als die Prüfer eine mutmaßliche Bilanz für die »Arickaree« unter den ursprünglichen Voraussetzungen aufstellten und sie mit der tatsächlichen verglichen. Bei einem Jahreseinkommen von 396 000 Dollar hatte der Trick 80 000 Dollar an amerikanischen Steuern erspart. Natürlich erhielt USPC ein Charterentgelt von Onassis' Gesellschaft, das genügte jedoch gerade für die Hypothekenzahlungen – der Reingewinn nach den neuen Vereinbarungen betrug 8680 Dollar, von denen die Teilhaber Onassis' nur 4400 Dollar erhielten. Nach der alten Vereinbarung hätten sie 69 000 Dollar bekommen. Natürlich kassierte Onassis den Löwenanteil der Gewinne steuerfrei durch seine panamaische Gesellschaft – die Gesamtsumme betrug 198 000 Dollar.

Anfangs zweifelte das Justizministerium, ob es bei einem Verfahren gegen Onassis Erfolg haben würde. Viel zu viel Zeit war seit dem Kauf der Schiffe durch die USPC (oder Onassis) vergangen. Die in Stakems Bericht geschilderte Transaktion war zwar gesetzwidrig, aber Onassis konnte nicht belangt werden, da die Verjährungsbestimmungen schon galten. Dann gab es auch die der Sache innewohnende Schwierigkeit einer juristischen Definition, was die »Kontrolle« einer Gesellschaft anbelangt. Das Schiffsverkaufsgesetz des Jahres 1946, auf Grund dessen die Verkäufe getätigt wurden, war irreführend einfach. Es besagte, daß die Kapitalmehrheit sich im Besitz von amerikanischen Staatsbürgern befinden mußte. Onassis war offenkundig so vorsichtig gewesen, dieser Bedingung zu entsprechen – das war die Erklärung der komplizierten Verkaufstransaktionen der USPC-Aktien. Doch dann definierte das Gesetz, in welcher Form eine Verletzung als gegeben anzusehen sei. Darunter war die Hypothese zu finden, daß die Kontrolle der Gesellschaft »einem Nicht-Staatsbürger übertragen oder überlassen« würde. Das schien im Fall der USPC gegeben zu sein.

Es gab noch eine unangenehme Geschichte. Die Marineverwaltung hatte zahlreiche Überschußschiffe unter höchst merkwürdigen Bedingungen abgestoßen. Auf dem Höhepunkt der Nachfrage nach Schiffen war es schwierig, die vielen Anträge zu bearbeiten. In dieser Ausverkaufsatmosphäre achteten manche Beamten nicht allzusehr auf die Legalität. Ein Marinekommissar widerstand jedoch entschieden diesem Druck. In Erwiderung hatte der mit der ständigen Vertretung des Justizministeriums beauftragte Anwalt ein Memorandum verfaßt, das unter allgemeingültigen Voraussetzungen den Verkauf an Gesellschaften billigte, bei denen nur eine Minderheit von Aktien durch Ausländer kontrolliert wurde. Das war der Grund, weshalb der Anwalt des Ministeriums, der den Fall Onassis zu bearbeiten hatte, widerstrebend empfahl, das Gerichtsverfahren fallenzulassen, obwohl er klarstellte, daß er mit allem sich eigentlich nicht einverstanden erklären könnte.

Eine weitere Komplikation lieferte die Ernennung von Herbert Brownell jr., einem engen persönlichen Freund des neuen republikanischen Präsidenten Eisenhower, zum Generalstaatsanwalt. Als New Yorker Anwalt hatte

Brownell früher Klienten über das Schiffsverkaufsgesetz beraten. Einer von ihnen war Manuel Kulukundis, der auf diese Weise eine Anzahl von Überschußschiffen erworben hatte, die zur Zeit vom Justizministerium unter die Lupe genommen wurden.

Ein anderes Prüferteam ging Onassis' Bücher nach weiteren Unregelmäßigkeiten durch. Es fand sie bald. 1950 hatte Onassis bei seinem letzten Ansuchen nach Schiffen durch Victory Carriers die Buchhaltungsvorschriften nicht beachtet. Die Kassenposition der Gesellschaft war durch eine viertägige Geldinfusion von seinen Maklern ausgepolstert worden, um die von der amerikanischen Regierung geforderten Kriterien für Bewerber zu erfüllen. Die Prüfer kamen zu dem Schluß, daß dies eine betrügerische Machenschaft war, mit dem Zweck, die Attrappenposition von Victory Carriers zu verschleiern. Sie fiel noch nicht in die Verjährungsfrist und konnte, zusammen mit den früheren Fällen, die Grundlage für eine Anklage gegen Onassis, sein Konsortium und seine Gesellschaften ergeben. Im März wurde ein großes Geschworenengericht ausgelost, um das Beweismaterial zu prüfen.

Das Verfahren fand vor dem Hintergrund lebhaften öffentlichen Interesses für die griechische Kolonie statt. Senator McCarthy ging sofort in die Offensive mit der Erklärung, daß sein Komitee binnen kurzem die ganze Frage des Handels zwischen Ost und West untersuchen werde. Wie gewöhnlich sprach er eine demagogische Warnung aus, ehe das Komitee die Beweise gehört hatte. Mindestens neunzig Schiffe, welche die Vereinigten Staaten an Ausländer verkauft hatten, seien mit einem »blutigen Handel« befaßt und transportierten strategisches Material hinter den Eisernen Vorhang, wo es dazu verwendet würde, »Yanks in Korea zu töten«. Die Regierung hatte bereits Maßnahmen ergriffen, die es den Griechen schwer machten, mit dem kommunistischen Block Handel zu treiben. In der Atmosphäre des Kalten Krieges, von McCarthy hochgepeitscht, konnte jedoch eine Schuldannahme ebenso schädlich sein wie ein Schuldbeweis.

Keiner der Griechen war darauf erpicht, im Scheinwerferlicht des McCarthy-Komitees zu erscheinen – auch Onassis nicht, der mit dem Ostblock keine Geschäfte gemacht hatte. »Ich kann mit Stolz behaupten«, sagte er, »daß ich der einzige Schiffseigner bin, ... der spontan und freiwillig seine Schiffe der amerikanischen Regierung angeboten hat, wozu ich keine anderen Verpflichtungen hatte als die meines christlichen Glaubens und meiner Prinzipien, als deren Treuhänder auf Erden ich die Vereinigten Staaten von Amerika betrachte.« Über diese frommen Loyalitätserklärungen hinaus bot er seine Dienste als ehrlicher Makler an, wie man die Griechen auf Vordermann bringen könnte.

Seine Hilfe wurde nicht benötigt. Kulukundis und Livanos reisten nach

Washington, um mit dem jungen, scharfsichtigen Robert Kennedy zusammenzutreffen, damals Mitglied von McCarthys Stab. Kennedy sprach kurz und zur Sache. Das Komitee wußte, daß einige Griechen mit China Handel trieben, außerdem kannte er noch »einigen Dreck« am Stecken der Reeder. Es war eine nackte Drohung. Kulukundis und Livanos waren froh, sich den Ratschlägen des Komitees zu fügen. Das Ergebnis war ein »Geheimpakt«, in dem Kulukundis und Livanos sich bereit erklärten, den Handel mit den Roten abzubrechen. Als Gegenleistung ließ McCarthy durchblicken, daß diejenigen Griechen, die den Pakt akzeptierten, nicht verhört werden sollten.

Dann ging McCarthy dazu über, die Eisenhower-Regierung aus dem Gleichgewicht zu bringen, indem er den Journalisten mitteilte, daß sein diplomatischer Beutezug »gewissermaßen die Wirkung einer Schiffsblockade habe ... und den Tag einer siegreichen und ehrenvollen Beendigung des Koreakrieges schneller nahebringen würde«. McCarthy konnte zwar die Demokraten ständig mit seinen Hexenjagden belästigen, aber es war etwas ganz anderes, sich in die Außenpolitik einzumengen, zumal ein Republikaner das Amt des Präsidenten bekleidete.

Das Außenministerium verwarf die Sache als »faulen Zauber«. Harold Stassen, Leiter des Amts für Nationale Sicherheit, beschuldigte McCarthy der Erpressung. Die Lage wurde so gespannt, daß Vizepräsident Nixon sich als Vermittler einschaltete und ein »Arbeitsessen« zwischen McCarthy und Außenminister Dulles arrangierte. Es wurde ein Kommuniqué ausgearbeitet, dem nur das formelle rote Band und das Wachssiegel fehlten. Beide Parteien räumten ein, daß Auslandsbeziehungen »in die Zuständigkeit des Ministers« fielen. Beide waren jedoch der Ansicht, daß McCarthys Anregung »im nationalen Interesse« läge.

McCarthys Schritt rief jedoch eine zaghafte Reaktion der Regierung hervor. Die Akten des Justizministeriums verraten, daß einer seiner rangältesten Beamten innerhalb einer Woche nach McCarthys Bekanntmachung des »Geheimpaktes« mit den Griechen den Besuch zweier Beamter der CIA und des Verteidigungsministeriums erhielt. Bei diesem Treffen wurden die Anschuldigungen gegen Onassis und Niarchos, was die Überschußschiffe anbelangt, in Worten geschildert, die mit dem Buchstaben des Gesetzes wenig zu tun hatten. Die Beamten deuteten an, daß die Regierung die gekauften Schiffe beschlagnahmen und »sie vorübergehend aus dem Verkehr ziehen« könnte. Das würde »alle griechischen Reeder zwingen, sich der Politik der Vereinigten Staaten zu unterwerfen«. Mit anderen Worten, es war durchaus möglich, Niarchos und Onassis unter Druck zu setzen, und ihre Schmerzensschreie würden wirkungsvoller sein als die diplomatische Initiative eines Senators.

Seltsamerweise standen Onassis und Niarchos unter dem Eindruck, daß sie die Kastanien für ihren Schwiegervater, Stavros Livanos, aus dem Feuer holen sollten, dessen Schiffe sehr weitgehend Handel mit Ländern hinter dem Eisernen Vorhang getrieben hatten, bevor die Regierung daran Anstoß zu nehmen begann. Nach Anhörung der CIA-Leute brachte der Beamte des Justizministeriums seine Überzeugung zum Ausdruck, daß auf Grund des vorliegenden Beweismaterials jeder Schritt, die Schiffe zu beschlagnahmen, unzulässig wäre, es sei denn, es könnte mit Sicherheit bewiesen werden, daß Niarchos und Onassis mit den Kommunisten Handel getrieben hätten.

Noch eine weitere Untersuchung wurde in Gang gesetzt. Onassis ging mit weißer Weste daraus hervor, Niarchos nicht ganz so. Das FBI stellte fest, daß ein altersschwacher Tanker aus seinem Besitz tatsächlich in den Besitz der polnischen Regierung übergegangen war und dazu diente, Kerosin nach Korea zu transportieren; doch Niarchos leugnete, irgend etwas von der Transaktion zu wissen. Die Anschuldigung mußte fallengelassen werden.

Im Herbst 1953 befand sich Onassis in der merkwürdigen Lage, zu wissen, daß die amerikanische Regierung ein Gerichtsverfahren gegen ihn eingeleitet hatte, ohne aber Einzelheiten zu kennen. Das Große Geschworenengericht hatte sich durch die ganze Reihe von Transaktionen hindurchgearbeitet, mittels derer Ausländer Schiffe erworben hatten, aber die Anklage blieb geheim, weil viele der betroffenen Personen – auch Niarchos und Onassis – sich außer Landes befanden. Zugleich wurden nun Schiffe auf gesetzlicher Basis »beschlagnahmt«. Jedesmal, wenn ein Onassis-Schiff in den Vereinigten Staaten vor Anker ging, informierte ein Zollbeamter schriftlich den Kapitän, daß das Schiff »unter Konfiskation« stehe. Wenige Stunden später erschien ein Bundesbeamter auf dem Schauplatz und brachte auf der Brücke des Schiffes eine »Beschlagnahmungsurkunde« an, um den Anspruch einer Prozeßpartei auf ein Schiff zu kennzeichnen. Der Kapitän wurde als stellvertretender Sheriff eingeschworen und erhielt die Erlaubnis, seine Pflicht weiter zu erfüllen. Die Regierung bezahlte die Mannschaft nach dem vorher festgesetzten Tarif, die Schiffseinnahmen blieben bis zur Beschlußfassung in dem Streitfall in Händen eines speziell eingesetzten Treuhänders. Tatsächlich wurde Onassis' Flotte durch die Regierung betrieben.

Daß eine Reihe von Beschuldigungen vorlag, blieb kein Geheimnis. Ein gewitzter Zeitungsmann war anwesend, als Allen Krouse, der mit dem Fall befaßte Regierungsanwalt, die Anklagen im Buch des Protokollanten registrierte. Die Kunde verbreitete sich schnell, bis sie schließlich zu Onassis und Niarchos gelangte. Beiden wurde geraten, nichts zu unternehmen und die Vereinigten Staaten nicht zu betreten. Aus Sorge um die Familie überredete Livanos den Chef der Twentieth Century Fox, Spyros Skouras, nach Washington zu fahren und Nachforschungen anzustellen. Das Justizministerium war nicht gewillt, Informationen zu erteilen. Erst nachdem Niarchos einen britischen Anwalt, L. E. P. Taylor, in seinem Namen nach Washington geschickt hatte, wurde die Lage geklärt. Das Justizministerium war nicht bereit, über die gepfändeten Schiffe zu diskutieren, ehe sich Niarchos nicht »selbst der Justiz der USA gestellt« hatte. Nun war klar – es gab außer dem Zivil- auch einen Strafprozeß.

In diesem Moment beschloß Onassis zu handeln. Für ihn war die ganze Affäre auch weiterhin völlig durchsichtig, trotz des belastenden Materials, das sich im Justizministerium angesammelt hatte. Er kümmerte sich nie um legale Feinheiten. Das Ziel der Untersuchung – die Feststellung, ob er die Schiffe »kontrollierte« – schien zu offensichtlich, um sich darüber in Haarspaltereien einzulassen. Es war eine unbestrittene Tatsache, daß die Gesellschaften zu einundfünfzig Prozent im Besitz von Amerikanern waren. Darüber hinaus gab es die Frage, was persönliche Ehre bedeutete. Ein entscheidender Punkt des Moralkodex, dem sich Onassis unterwarf, bestand darin, daß eine einmal getroffene Abmachung eingehalten werden muß. Das war eine Frage der Selbsterhaltung wie der Selbstachtung. Onassis änderte mündliche Abmachungen häufig so weitgehend, daß man sagen konnte, er habe sie gebrochen, aber schriftliche Verträge brach er selten. Und doch schien die Regierung der USA genau das zu tun. Sie hatte Überschußschiffe an die USPC verkauft und schien sie nun zurückzuverlangen, mit der Begründung, daß die Vertragsbedingungen ungünstig gewesen seien. Die Tatsache, daß Schiffe in Privathand Einnahmen von über fünfzig Millionen Dollar und einen Betriebsreingewinn von zwanzig Millionen Dollar gebracht hatten, ging die Regierung nichts an. Kurz, Onassis fühlte sich betrogen.

Seine Reaktion zeigte beachtlichen Mut. Am Montag, dem 1. Februar 1954, flog er nach New York, in Erwartung des Schlimmsten. Zuerst wurde er angenehm überrascht. Er kam unbehelligt durch den Zoll, fuhr in sein Büro und hielt eine Besprechung mit seinen Anwälten ab. Nach drei Tagen hatte seine Geduld sich erschöpft, und er schickte folgendes Telegramm ab: »Herrn Herbert Brownell jun., Generalstaatsanwalt des US-Justizministeriums. Ich gestatte mir, Ihnen mitzuteilen, daß ich am Montag abend aus Europa eingetroffen bin und mich während meines Besuches für jede Art von Auskunft zu Ihrer Verfügung halte, die Sie oder Ihr Ministerium zu erhalten wünschen.«

Am nächsten Tag kam der Bundesbeamte in sein Büro, um ihn in Gewahrsam zu nehmen. Als Onassis im »Colony« davon benachrichtigt wurde, rief er seinen Rechtsanwalt, Edward J. Ross, an. Ross legte bei dem Beamten Beschwerde ein, wandte sich an den örtlichen Sheriff und versprach, seinen Mandanten in das Bezirksgericht Washington zu bringen.

Am nächsten Montag flog Onassis, begleitet von seinen Rechtsberatern, nach Washington. Eine Anzahl Reporter beobachtete ihn, wie er mit ernster Miene das Büro von Leo Rover, dem US-Amtsanwalt, betrat. Er mußte sich ausweisen, wurde von allen Seiten fotografiert, seine Fingerabdrücke wurden genommen, und zusammen mit einer Gruppe von Puertoricanern, die angeblich am Vortag versucht hatten, im Kongreß eine Bombe zu legen, wurde er dem Gefängnis überantwortet. Es war nur eine Formalität; zehn Minuten später, nachdem er sich für nicht schuldig erklärt hatte und die Kaution auf 10 000 Dollar festgesetzt worden war, verließ er den Gerichtssaal.

Er war, zumindest dem Gesetz nach, kein freier Mann mehr. Onassis fühlte sich persönlich beleidigt. Er war mit der Absicht gekommen, den Streit zu schlichten, und hatte eine Abfuhr erlitten. Er kehrte nach New York zurück, wo er mit Kosta Gratsos' Hilfe eine Darstellung seiner Rolle in der Überschußschiffe-Affäre verfaßte. Sein Interesse an der stillgelegten Flotte der USA stellte er als Ergebnis seiner persönlichen Dankesschuld gegenüber den Vereinigten Staaten und als Reaktion auf das Ersuchen von Stettinius dar. »Wir denken selten an psychologische Auswirkungen, obwohl unsere ganze Existenz auf ihnen beruht und von ihnen abhängt.« Er wies auf den Gegensatz seines Schicksals und dem anderer Amerikaner hin, die gewaltige Gewinne aus den Tankern gezogen hatten, doch nur er – der Außenseiter, der »junge Grieche« – wurde verfolgt. Es schien, als würde man ihn zum Sündenbock machen. »Wessen Schuld ist es? Wer ist dafür verantwortlich, durch Horten besagter Tanker eine so künstliche Nachfrage geschaffen zu haben? Wer sonst als die Regierung? Wenn eine solche künstliche Nachfrage hervorgerufen wird ... kann da Günstlingswirtschaft oder Ähnliches ausbleiben? Besser spät als nie, gottlob, brach jemand das Eis, und diese riesige Pipeline begann sich zum Vorteil Amerikas und seiner von ihm abhängigen Freunde in Bewegung zu setzen. Angeklagt oder nicht, ich bin weiterhin stolz auf das, was ich getan habe.«

Das Dokument wurde nicht abgeschickt. Vielleicht war seine Abfassung nur Dampfablassen. Wahrscheinlicher ist, daß seine Anwälte davon abrieten, weil es ein Präjudiz schaffen könne. Aber seinen Ärger brachte er in einer Reihe von Telefonanrufen und Telegrammen nach Washington zum Ausdruck. Sein Wunsch, »die Dinge zu besprechen«, wurde dadurch kompliziert, daß das Justizministerium darauf bestand, die zwei Prozesse gegen ihn getrennt zu behandeln. In bezug auf den Strafprozeß waren Verhandlungen unmöglich. Warren Burger, stellvertretender Generalstaatsanwalt, mit dem Zivilprozeß betraut, war zu Gesprächen bereit. Onassis war hocherfreut und erging sich am Telefon in einer langen Rechtfertigung, aber Burger unterbrach ihn: »Ich bin sicher, Sie haben guten Grund, darauf stolz zu sein, denn ein

Gewinn von zwanzig Millionen Dollar in zweieinhalb Jahren ist ein gewaltiger Rekord.«

Als sie sich in Washington gegenübersaßen, gab Onassis sofort den Ton an. »Mr. Burger, wie hoch ist das Lösegeld?« Es war ein Schritt, der darauf abzielte, Burgers Zustimmung zu der Ansicht zu erlangen, daß der Straf- und der Zivilprozeß eng zusammenhingen und daß eine schnelle Lösung des einen zu einer verständnisvolleren Behandlung des anderen führen würde. »Lösegeld bedeutete Wiedererlangung der Freiheit«, erklärte Onassis später. »Befreiung aus einer Lage, in die mich die Umstände gebracht hatten. Das passiert den besten Leuten. Könige nahmen andere Könige gefangen und bezahlten Lösegeld.« Burger lachte und meinte, zwanzig Millionen wären vielleicht angemessen.

Dann begann, wie Onassis es nannte, »der Pferdehandel«. Burgers Position wurde durch die Tatsache geschwächt, daß Onassis die Schiffe ebensowenig brauchte wie die Regierung selbst. Ihr Hauptzweck war bereits erfüllt; in sieben Jahren Dienst hatten sie 250 Prozent Gewinn abgeworfen. Nun waren sie beinahe reif für den Schrotthaufen. Mit den Hypothekenzahlungen in Höhe von 800 000 Dollar gewährleistete Onassis der Regierung einen höheren Gewinn, als der Weiterverkauf der Schiffe zu bringen versprach. Und Onassis beschäftigte amerikanische Seeleute, ein heikler Punkt in einer Zeit der Arbeitslosigkeit in den USA. Onassis nutzte das Druckmittel maximal. »Hätte ich all das in Großbritannien getan, Mr. Burger«, sagte er, »oder in einem anderen Land, so hätte man mich geadelt. Hier werde ich angeklagt.«

Burger gab ein wenig nach und räumte ein, daß eine Geldstrafe nicht von der Höhe von Onassis' Gewinnen bestimmt werden solle, sondern sich nach dem gültigen Marktwert seiner zwanzig Schiffe, der damals bei zwölf Millionen Dollar lag, richten sollte. Dieser Vorschlag klang schon besser als sein ursprünglicher. Aber Burger hatte nicht mit den schwindelerregenden Kursschwankungen auf dem Reedereimarkt gerechnet. Bald nach der Übereinkunft kam es zweimal zu Preisstürzen, die den Wert der Flotte gewaltig minderten. Nach einer weiteren Verhandlungsrunde einigten sich schließlich beide Parteien auf die Summe von 7 000 000 Dollar. Niarchos, der durch seine Anwälte *in absentia* verhandelte, einigte sich auf eine Summe von knapp 5 000 000 Dollar. Mehrere Gesellschaften, an denen er beteiligt war, bekannten sich unwesentlicher Verstöße für schuldig und wurden mit mäßigen Strafen belegt. Die Anklagen gegen ihn persönlich wurden fallengelassen.

Der Strafprozeß gegen Onassis wurde immer komplizierter, je länger er sich hinzog. Ein internes Memorandum des Justizministeriums vom 8. August 1955 verrät den Pessimismus der Regierung. Ein Prozeß gegen Mitglieder der Casey-Gruppe war bereits fallengelassen worden. Das Hauptproblem bestand darin, daß die Marinebehörden aus den Prozessen oft mit weniger Glaubwürdigkeit hervorgingen als die Angeklagten. Obwohl die Ermittler behaupteten, das Beweismaterial gegen Onassis sei erdrückend, mußten sie auch das jüngst gefällte Urteil gegen Kulukundis zur Kenntnis nehmen, der in einem ähnlichen Fall freigesprochen worden war.

Das Ende kam am 21. Dezember 1955, begleitet von hektischer juristischer Betriebsamkeit und gekrönt mit einer Presseerklärung von Warren Burger. »Das Ganze war so aufgezäunt, daß es aussah wie ein Sieg der Regierung«, erinnerte sich Edward J. Ross, Onassis' Anwalt, »aber sogar die Regierungsleute wußten, daß wir die eigentlichen Sieger waren.« Es wurde Onassis nicht nur gestattet, seine amerikanischen Schiffe zu behalten, er erhielt auch die Erlaubnis, sie unter einer Flagge seiner Wahl laufen zu lassen, als Gegenleistung für seine Verpflichtung, in Amerika weitere Schiffe zu bauen und sie unter amerikanischer Flagge laufen zu lassen. Die Geldstrafe von sieben Millionen war nicht so schwer, denn Onassis durfte sie auf mehrere Jahre verteilen. Die durch das Übereinkommen vorgeschriebene »Reorganisation« seiner amerikanischen Interessen war kaum mehr als eine Bestätigung des *Status quo*, mit dem Unterschied allerdings, daß nicht Onassis, sondern das Justizministerium »die stillen Amerikaner« bestimmen würde, die im Aufsichtsrat seiner amerikanischen Gesellschaften saßen.

Die Entscheidung des Justizministeriums, einige Anklagepunkte gegen ihn fallenzulassen, als Gegenleistung dafür, daß seine Gesellschaften sich bei einer Reihe unwesentlicher Verstöße für schuldig erklärten, bestätigte nur Onassis' schlechte Meinung über die Motive der Regierung. Jetzt war er wieder ein freier Mann, und um seine Freilassung zu feiern, wechselte er auf eine obskure Whiskymarke über, die seine Stimmung zum Ausdruck brachte: »King's Ransom«, Lösegeld für den König, hieß sie.

Walschlächter

Die Bar auf dem Oberdeck der »Christina« war für Gäste am Ende einer gemächlichen Mittelmeer-Kreuzfahrt ein beliebter Treffpunkt. Auf hohen, mit schneeweißem Leder – der Haut des Hodensacks eines erwachsenen Wals – bezogenen Hockern thronend, hielten die Reichen und Berühmten sich an einem Geländer aus reinstem Walzahnelfenbein fest, das mit Szenen aus der Ilias und der Odyssee verziert war. Ihre Füße fanden Halt auf Stützen, die aus den Zähnen von Pottwalen hergestellt waren.

Man mußte kein besonders aufmerksamer Gast sein, um zu bemerken, daß Wale und Walfang dem Gastgeber etwas Besonderes bedeuteten, etwas Lebendigeres und Romantischeres als der Transport von Öl rund um die Welt.

Walfang war, so erzählte Onassis, wirklich ein Spiel mit höchstem Einsatz. Ein Walflottenbesitzer konnte in einer Saison bis zu fünf Millionen Dollar verdienen oder verlieren. Stürme, Eisberge, Nebel, plötzliche Schwankungen der Rohstoffpreise – das alles waren Risiken, die das Spiel ausmachten. Und die Elemente bekämpften einander: der Mensch die Seeungeheuer der Natur. Das war ein rauhes, blutiges Geschäft. Dazu der Wettbewerb unter den Männern, die in einem der härtesten Handelskartelle der Welt operierten. Onassis hatte es mit ihnen aufgenommen, sie auf ihrem eigenen Gebiet geschlagen und überlebt. Daß Onassis' Walfangunternehmen die meisten Fälle von rechtswidrigem Abschlachten zugeschrieben wurden, wird nicht erwähnt. Onassis' Erzählung war, so weit es die Naturgewalten betraf, wahr – aber es war nicht die ganze Wahrheit.

Es war ein außerordentlich rauhes Geschäft. Der Walfang war traditionsgemäß über lange Zeit von ein oder zwei Nationen dominiert worden. Norwegen hatte zu Beginn dieses Jahrhunderts die Führung von den Vereinigten Staaten übernommen, als es das Granatengewehr entwickelte, das die handgeworfene Harpune ersetzte, und konnte trotz scharfer deutscher Konkurrenz seine Stellung behaupten. Hitler hatte in der Bemühung, Deutschland in der Versorgung mit tierischen Fetten von fremder Hilfe unabhängig zu machen, den Aufbau der Walfangflotte befohlen. Die Norweger hielten vor allem wegen der unerreichten Geschicklichkeit ihrer Walfänger ihre führende

Position. Außerdem verbot ein 1934 erlassenes Gesetz Norwegern, für ausländische Walfanggesellschaften zu arbeiten; wer es dennoch tat, verlor seine Staatsbürgerschaft.

In den Nachkriegsjahren behielt Norwegen seine dominierende Stellung. Alle anderen großen Flotten – die britische, deutsche, russische, japanische – hatten im Krieg schwere Verluste erlitten und die meisten ihrer schwimmenden Fabriken eingebüßt, das Herzstück jeder Expedition. Auch die Verluste der Norweger waren schwer gewesen, aber ein paar Fabrikationsschiffe waren erhalten geblieben, vier in gutem Betriebszustand. 1945 war die norwegische Flotte erfolgreicher denn je. Die gewaltige Nachfrage nach tierischen Fetten auf den zerstörten europäischen Wirtschaftsmärkten trieb den Preis für Walfischtran in Rekordhöhen. Der Durchschnittspreis pro Tonne betrug über 360 Dollar gegenüber ungefähr 130 vor dem Krieg, und manche Fänge wurden zu Preisen bis zu 480 Dollar die Tonne verkauft.

Auch als die russische und britische Flotte wieder in die Jagdgebiete zurückkehrten, blieb die Nachfrage nach Walfischtran weit über der gemeinsamen Fangkapazität. Die Unilever-Gruppe, weit und breit der größte Einzelkunde auf dem Markt, bestimmte praktisch den Weltpreis für Walfischtran und war froh, mit neuen Partnern zu arbeiten: dadurch wurde der Wettbewerbsdruck auf die Norweger verstärkt. Onassis hatte beobachtet, daß Norwegen, trotz bitterer Proteste, nicht in der Lage gewesen war, die Rückkehr der Japaner ins Walfanggeschäft zu verhindern.

1949 setzte sich Onassis in aller Stille mit Finn Bryde, dem Bruder Ingse Dedichens, in Verbindung. Bryde war ein erfahrener Kapitän bei Lars Christensens Walfangflotte in Sandefjord. Onassis bemühte sich sehr um den soliden norwegischen Seefahrer und seine Frau und lud sie verschiedentlich nach Paris ein. Sie dinierten bei Maxim, fuhren im Auto mit Chauffeur nach Versailles und zu den Loire-Schlössern. Bei wichtigen Dingen, wenn viel auf dem Spiel stand, war Onassis nie kleinlich. Als die Brydes nach Norwegen zurückgekehrt waren, gründete Onassis ein neues Unternehmen in Panama – die Olympic Whaling Company.

Alles was für eine große Walfängerflotte notwendig ist, wurde rasch aufgetrieben. Die Howaldtwerft in Kiel baute das Fabrikationsschiff, die *Olympic Challenger* – ein umgebauter und »gestreckter« T-2-Tanker – und erledigte in schwindelerregendem Tempo den Umbau von sechzehn Korvetten, kanadische und britische Schiffe. Ein Problem waren lediglich die Harpuniere, bis Onassis Lars Andersen kennenlernte.

Andersen, alias Fa'an oder Old Nick, von riesengroßer Statur, galt als der beste Harpunenjäger – ein Mann, der Wale instinktiv riechen konnte und sie furchtlos verfolgte. Er war ein muskulöser Bursche, launenhaft, mit sechzig noch immer rauflustig und führte, sogar nach dem drastischen Maßstab von Walfängern, besonders zotige Reden. Andersen war in Norwegen in Ungnade gefallen. 1936 war er »desertiert«, hatte sich von Deutschlands neuer Walfangflotte anheuern lassen, beeindruckt von der Tüchtigkeit und dem guten Lohn, den die Deutschen zahlten. Nach der Invasion der Nationalsozialisten 1940 wurde er zum Kollaborateur, ein mit den deutschen Besatzern zusammenarbeitender Quisling. Nach dem Krieg wurde ihm der Prozeß gemacht, und er erhielt eine Geldstrafe von einer Million Kronen (150 000 Dollar). Ein Ausgestoßener seiner Heimat, hatte er die schwedische Staatsbürgerschaft angenommen und war nach Buenos Aires übersiedelt, um Juan Perón bei seinen Walfangplänen zu beraten. Da machte Onassis ihm ein besseres Angebot. Mit Andersens Hilfe engagierte er weitere vierzehn verbannte norwegische Waljäger und drei erfahrene Deutsche.

Die Norwegische Walfang-Vereinigung war nicht erfreut. Onassis' großzügiges Unternehmen stellte eine Bedrohung der norwegischen Wirtschaft dar.

Sogar wenn Onassis im Rahmen der internationalen Konvention operierte, erschien den Norwegern der zu erwartende Schaden erschreckend. Bei einem Tagespreis von etwa 320 Dollar pro Tonne errechneten sie sich einen Verlust von ungefähr drei Millionen Dollar. Sollte Onassis, was unvermeidlich schien, an den nächsten vier oder fünf Walfangsaisons teilnehmen, konnte Norwegen mit dem Rückgang seiner Einkünfte um mehr als vierzehn Millionen Dollar rechnen. Die norwegischen Walfangbehörden beschlossen, die Bedrohung abzuwenden, noch bevor Onassis' Flotte aus dem Kieler Hafen auslief.

Sie operierten auf verschiedenen Ebenen. Die erste und amüsanteste war ein Appell an Lars Andersens Patriotismus. Andersen, von Stolz geschwellt durch die Aussicht, eine neue Flotte zu befehligen, blieb völlig ungerührt. Die nächste Taktik der Norweger bestand in einem ungeschickten Versuch, die Howaldtwerke einzuschüchtern. Ein Emissär aus Sandefjord wurde nach Kiel entsandt, um darauf hinzuweisen, daß ein neuer, unerfahrener Unternehmer den Markt ernstlich in Gefahr bringen würde. Howaldt solle »vorsichtig« sein: sie könnte sonst die einträglichen Reparatur- und Instandhaltungsarbeiten der Norweger verlieren. Es war eine schlecht überlegte Drohung, da Norwegen nicht genug Kapazität besaß, um seine Reparaturen allein durchzuführen. Die dritte und vielversprechendste Taktik war Bestechung. Bekanntlich war Onassis selbst der Ansicht, daß jeder gekauft werden konnte, vorausgesetzt, der Preis stimmte. Die Norwegische Walfang-Vereinigung bemühte sich festzustellen, für welchen Preis Onassis gewillt sei, das Walfangprojekt aufzugeben. Anders Jahre, der Onassis noch aus der Vorkriegszeit kannte, wurde nach Paris geschickt, um Erkundungen einzuziehen.

Jahre kam rechtzeitig zur Versammlung der Vereinigung im Januar 1950 zurück, wo er ein ellenlanges Telegramm vorlegte – Onassis' Antwort. Der Stop der Expedition, erklärte Onassis, würde ihn persönlich etwa 650 000 Dollar kosten plus ungefähr 100 000 Dollar Entschädigung an Howaldt für den Abbruch der Umbauarbeit. Die Norweger hatten keinen rechtmäßigen Grund, sich gegen seinen Eintritt ins Walfanggeschäft zu wehren, da er wohlweislich die Olympic Whaling/Panama zu einer Tochtergesellschaft einer seiner in den USA registrierten Gesellschaften gemacht hatte, und die Vereinigten Staaten, als ursprüngliche Unterzeichner des Internationalen Walfang-Abkommens, hatten das Recht, Expeditionen auszuschicken. Onassis warnte davor, ihn weiterhin zu behindern. Er sei durchaus bereit, seine Flotte für zwei Saisons stillzulegen und in dieser Zeit andere Nationalitäten als Walfangjäger auszubilden, die dann in der Lage sein würden, den norwegischen Waljägern den Rang abzulaufen.

Die Norweger spürten hinter der scheinbaren Halsstarrigkeit noch einen Spielraum zum Verhandeln. Schließlich kam die Vereinigung mit einem interessanten Vorschlag. Zusammen mit den britischen Reedern, der damals zweitgrößten Walfangnation, boten sie Onassis für die nächsten vier Jahre je 4000 Tonnen Walfischtran jährlich an, wenn er das Geschäft ein für allemal aufgab. Es war ein geschicktes Lavieren und ließ die Bedeutung erkennen, die Norwegen seiner eigenen beherrschenden Lage des Walfangs zuschrieb. Bei den geschätzten Preisen für die Jahre 1950 bis 1954, könnte Onassis mit einem Reingewinn von zwei Millionen Dollar rechnen, ohne daß er etwas tat.

Onassis überlegte ernsthaft, dieses Angebot anzunehmen. Aber seine natürliche Kampflust überwog seinen Instinkt für einen raschen Gewinn. Außerdem war seine Flotte zum Auslaufen bereit, und die Walpreise kletterten in die Höhe. Am 28. Oktober 1950 stach die »Olympic Challenger« mit zwölf Walfangschiffen aus dem Kieler Hafen in See, mit Kurs auf die antarktischen Walfanggebiete. Die Besatzung bestand aus sechshundert deutschen Seeleuten unter dem Kommando von Kapitän Wilhelm Reichert, einem ehemaligen deutschen Marineoffizier. Am 6. Dezember 1950 – achtzehn Tage vor dem von der IWC offiziell festgesetzten Eröffnungstag der Blauwalfangsaison – harpunierte Lars Andersen den ersten Wal der Expedition, ein zu Hause im Zentralbüro gebührend gefeiertes Ereignis. Als Andersen und seine Kollegen vor Saisonbeginn mit den Abschüssen fortfuhren, gab es einen Aufstand unter den deutschen Besatzungsmitgliedern der »Olympic Challenger«, die formell bei Kapitän Reichert dagegen protestierten, daß dieses Vorgehen Deutschlands Aussichten für eine Wiederaufnahme des Walfängergeschäfts aufs Spiel setzen würde. Reichert sprach mit Andersen und versuchte dann, die Besatzung zu beruhigen. Die »Olympic Challenger« war, wie sie wußten, in Panama registriert. Da Panama nicht zu den Unterzeichnern des Internationalen Walfang-Abkommens gehörte, war es durchaus in Ordnung, die offiziellen Fristen zu ignorieren.

Als die IWC am 9. März die Walfangsaison für beendet erklärte, war Onassis mit seinem Fangresultat noch nicht zufrieden. Die Jagd wurde fortgesetzt. Es wurde Funkstille rund um die Uhr eingehalten. Kamen andere Schiffe in Sicht, wurden Name und Rauchfangmerkmale der »Olympic Challenger« hastig abgedeckt. In einem Fall war sie gezwungen, sich hinter einem Eisberg zu verstecken, um nicht entdeckt zu werden. Der unerlaubte Walfang wurde bis zum 19. März fortgesetzt. Die Befürchtungen der deutschen Besatzung wurden durch den Umstand wettgemacht, daß jeder zusätzlich erlegte Wal einen höheren Bonus bedeutete.

Plötzlich erschien zur allgemeinen Überraschung Onassis selbst in Begleitung von Tina, Kurt Reiter, Nikolas Kokkinis und einer Gruppe amerikanischer Geschäftsleute mit ihren Ehefrauen. Sie kamen von Bord eines Walfangschiffs, das sie in Chile abgeholt hatte. Onassis war entschlossen, seinen Gästen ein Schauspiel zu bieten. Die Gäste an Bord eines der Fangschiffe beteiligten sich an der Suche nach Pottwalschwärmen Hunderte Meilen entfernt. Doch sie bekamen nur einen einzigen fliegenden Fisch zu sehen. Onassis schien das Fehlen der Wale als persönliche Beleidigung aufzufassen. Seine Gäste waren gekommen, um sich zu amüsieren, und das mußte ihnen geboten werden. Wieder auf die »Olympic Challenger« zurückgekehrt, beschwerte er sich bei Lars Andersen. Der Norweger verschwand für eine Weile, dann kam er mit der Schiffskatze im Arm zurück. »Ich hab' da eine Spezialmethode, um Wale zu finden«, verkündete Andersen. »Ich schwinge die Katze dreimal um meinen Kopf.«

Das hatte Erfolg. Am nächsten Tag sah die Gesellschaft, wie ein Wal nach dem anderen getroffen und getötet wurde. Sie wurden eingeladen, selbst mit dem Harpunengewehr zu schießen. Marshall Dodge und Frederic Pratt erzielten Treffer. Als die Wale, tödlich verwundet durch das Schrapnell der Harpune, längsseitig gezogen wurden, stießen die Besatzungsmitglieder mit langen Stangen, an denen Messer befestigt waren, nach ihnen. Zugleich wurde Druckluft hineingepumpt, damit sie nicht versanken. Gewöhnlich dauerte es zwanzig Minuten, bis man sicher sein konnte, daß der Wal nicht mehr lebte. Die See war rot von Blut.

Die Gäste ekelten sich vor dem intensiven Gestank an Bord der »Olympic Challenger«, insbesondere auf dem Flensdeck, wo halbnackte Besatzungsmitglieder damit beschäftigt waren, Walkadaver in Stücke zu hacken, die mächtigen Knochen mit Kreissägen zu zerschneiden und den Walspeck in riesigen Kochtöpfen zu schmoren. Die Quartiere der VIPs waren mit Klimaanlagen ausgestattet, die Küche der Offiziersmesse war hervorragend, und an den Tafelweinen gab es nichts auszusetzen. Es gab sogar eine Art Kabarett, einen Pinguin, der zur Musik eines Plattenspielers umhersprang.

Onassis ordnete an, daß die Flotte bis Ende Juni weiterzuarbeiten habe. Jeder sollte ab sofort doppelte Löhnung erhalten, und die meisten Leute der Besatzung würden dann mit dem Flugzeug nach Deutschland gebracht. Es lohnte sich also. Zu Beginn der ersten Saison hatte Onassis das Angebot Unilevers auf Vorauszahlung von 282–294 Dollar pro Tonne abgelehnt. Von den meisten Norwegern war es angenommen worden. Onassis hatte spekuliert, daß der Koreakrieg, im Juni 1950 begonnen, die Nachfrage und den Preis für Walfischtran steigern würde. Als die »Ariston« eintraf, war der Tranpreis auf 448 Dollar die Tonne gestiegen und weiter im Steigen begriffen. Da die Hälfte der Kapitalkosten seiner Investition bereits abgeschrieben waren, war Onassis entschlossen, seine Gewinnsträhne forzusetzen. Aber es gab doch Grenzen. Die deutsche Besatzung weigerte sich, länger als bis zum 10. Mai zu arbeiten. Nach sechseinhalb Monaten auf See ging die Expedition auf Kurs Heimat.

Es war noch immer ein bombastischer Erfolg für Onassis. Als die »Olympic Challenger« zurückkam, war der Preis für Walfischtran auf 490 Dollar die Tonne gestiegen. Sein Nettogewinn lag bei etwa 4,2 Millionen Dollar. Nicht übel für einen Anfänger.

Für die Norweger war es eine Katastrophe. Sie waren von Anfang an überzeugt, daß Onassis jede im Buch der IWC stehende Vorschrift brach, und hatten keinen Zweifel, daß er außerhalb der Saison Walfang betrieben hatte. Sie verdächtigten Onassis auch, praktisch jeden Wal getötet zu haben, ohne die Vorschriften zu beachten, die gewisse Arten vom Schlachten ausnahmen.

Um das zu beweisen und um Druck auf Onassis von seiten der Walfangnationen ausüben zu können, obwohl Panama außerhalb der IWC stand, machte sich die Norwegische Walfang-Vereinigung daran, Verstöße zu registrieren. Die Aussichten für die Saison 1954–55 waren vielversprechend, und Onassis bereitete sich darauf vor, mit einem zufriedenstellenden Kontrakt mit Unilever in der Hand, seine Flotte wieder für die südamerikanische und die antarktische Saison auf die Reise zu schicken.

Das waren alarmierende Nachrichten für die im Juli 1954 tagenden Delegierten der IWC in Tokio. Die norwegische Kampagne gegen Onassis' Methoden begann bereits, andere Walfangnationen zu beeinflussen, obwohl noch keine klaren Beweise gegen ihn vorlagen. Manche ließen sich durch die Tatsache trösten, daß Panama, neues Mitglied der IWC, nun gezwungen war, zwei Inspektoren auf die »Olympic Challenger« zu entsenden. Aber das Hauptgesprächsthema der Branche war die Frage, ob es Onassis gelingen würde, die Vorschriften zu umgehen.

Durch eine geradezu ironische Wendung des Zufalls geriet Onassis unvermutet in die Rolle des Verteidigers der Freiheit auf See. Ende August 1954 erreichten die »Olympic Challenger« und fünfzehn Fangboote die Küste von Peru, wo sie jagen wollten bis zum Beginn der antarktischen Saison. Es ist keine Übertreibung zu sagen, daß die Augen der Marinewelt auf Onassis' Flotte gerichtet waren. Sie würde die erste Flottille sein, um ein 1952 in Santiago von den Regierungen Perus, Ecuadors und Chiles beschlossenes Gesetz zu testen. Danach stand jedem Unterzeichnerstaat eine 200-Meilen-Zone zu. Mit anderen Worten, dort durften keine Ausländer ohne Erlaubnis fischen oder Walfang treiben.

Die Rechtmäßigkeit der Verfügung von Santiago wurde von den anderen Schiffahrtsnationen energisch bestritten, doch keine Regierung hatte Lust, die Streitfrage zu entscheiden oder den Entschluß der drei Signatare zu testen. Peru war kampflustiger als seine kleineren Partner, und vor Perus Küste wurden bei weitem die meisten Pottwale gefangen. Als Onassis' Flotte sich näherte, bereiteten sich die peruanische Presse und die öffentliche Meinung auf eine Kraftprobe vor.

»Der Walfang-Pirat Onassis beharrt darauf, unsere nationale Souveränität zu mißachten«, erklärte Perus führende Zeitung *La Nación*. »Das werden wir nicht dulden... seine Schiffe müssen von unserer Marine beschlagnahmt werden.«

Onassis schien sich darum nicht zu kümmern. Er erklärte der Presse, die panamaische Regierung, unter deren Flagge die Flotte noch immer fuhr, habe auf sein Ersuchen in Peru interveniert. Inzwischen hatte er Kapitän Reichert Order erteilt, außerhalb der 200-Meilen-Zone zu bleiben. Die Diplomaten würden schon einen Weg finden. Man setzte ihm jedoch immer mehr zu. Jeder Tag, den die Flotte außerhalb der besten Jagdgebiete verbrachte, kostete Geld. Er hatte geschäftliche Probleme im Mittleren Osten, und die Affäre mit den »Überschußschiffen« in den Vereinigten Staaten sah nicht gut aus. Onassis war ein Angreifer von Natur aus, sobald er seine Interessen bedroht sah. Im Oktober gab er seine abwartende Haltung auf und brandmarkte öffentlich das Verhalten der peruanischen Regierung und ihr Beharren auf »rechtswidrigen« Ansprüchen. Er behielt sich das Recht vor, seine Schiffe zum Zweck der Selbstverteidigung zu bewaffnen.

Peru ließ zwei Zerstörer auslaufen. Es war klar, daß die geringste Verschärfung eine Auseinandersetzung mit Waffengewalt herbeiführen würde. Sie kam am 15. November, als Ferdinand Kreugel, ein Sprecher der deutschen Seeleute, vor der Presse in Hamburg große Töne redete und behauptete, der peruanische Bluff sei aufgedeckt. Die Flotte sei bereits weit innerhalb der 200-Meilen-Grenze auf Fang. Wenige Stunden später veröffentlichte eine Abendzeitung in Lima seine Äußerungen. Der Präsident von Peru, Manuel Odria, und der Großteil seines Kabinetts waren bei einer Cocktailparty, als ein Adjutant mit der Zeitung hereingestürzt kam. Auf der Stelle wurde Befehl erteilt, Onassis' Flotte zu beschlagnahmen.

Die Kampfhandlungen im sogenannten Walkrieg waren kurz. Am selben Tag noch wurden zwei Walfänger, die »Olympic Victory« und die »Olympic Lighting«, geentert und von Prisenkommandos nach Paita, einem kleinen Hafen nördlich von Lima, gebracht. Die »Olympic Conqueror« wurde einige Stunden später nach Paita eskortiert. Am nächsten Tag machten peruanische Flugzeuge die »Olympic Challenger« ausfindig und befahlen ihr über Funk, direkt die Küste anzusteuern. Die »Olympic Challenger« reagierte, indem sie mit Höchstgeschwindigkeit auf die hohe See hinauslief. Die ersten und letzten Schüsse des Walkriegs wurden abgefeuert – eine Maschinengewehrsalve verfehlte knapp das Schiff, einige kleine Bomben explodierten im Wasser.

»Wir werden von peruanischen Flugzeugen angegriffen und im Tiefflug mit Bordwaffen beschossen«, funkte Kapitän Reichert an das Büro der Olympic Whaling. Reicherts Flucht war nur von kurzer Dauer, obwohl die »Olympic Challenger« um einige Knoten schneller war als ihre peruanischen Verfolger. Reichert ergab sich, als die »Aguirre« ihn über Funk aufforderte, unverzüglich zu wenden und die Küste anzusteuern, »sonst wird die peruanische Luftwaffe Sie vernichten«. Die »Olympic Challenger« wurde bei der Einfahrt in den Hafen von Paita von der »Olympic Fighter« gefolgt und von den Einheimischen mit lauten Hallorufen empfangen. Die restliche Flotte, die Befehl erhielt, sich zu zerstreuen, lief zurück nach Panama. Ein offizielles peruanisches Kommuniqué, das echtes Pathos atmete, verkündete das Ende der Feindseligkeiten. Vierhundert deutsche Seeleute und fünf Schiffe befanden sich in Gefangenschaft.

In dem folgenden diplomatischen Geplänkel spielte die genaue Position der Schiffe Onassis' im Augenblick ihrer Beschlagnahme eine verhältnismäßig geringe Rolle. Deutschland und Panama legten geharnischten Protest im Interesse ihrer festgehaltenen Staatsbürger ein. Die Peruaner nahmen davon keine Notiz. Sie zeigten sich aber etwas entgegenkommender, als die britische Regierung unerwartet intervenierte.

Großbritannien behielt sich das Recht vor, »alle Ersatzansprüche für Schaden, der den britischen Interessen zugefügt wurde, genau zu prüfen«. Der Grund: Die gesamte Versicherung für Onassis' Flotte lag bei Lloyds of London, und die Schätzung der Haftung seitens Lloyds' gegenüber Onassis betrug etwa vierzehn Millionen Dollar.

Als weitere Einzelheiten bekannt wurden, herrschte in London große Aufregung über die Art der Deckung, die Onassis herausgeholt hatte. Seine

Schiffsversicherung enthielt eine optionelle Kriegsrisikoklausel, die unter bestimmten Umständen die Deckung erhöhte, so daß auch Beschlagnahme und Kaperung eingeschlossen waren. Onassis war auch gegen normale Handelsrisiken versichert. Eine Police für erhoffte Gewinne basierte auf Schätzungen des zu erwartenden Fangwertes. Sie würde den Walfischtran, der ihm infolge der peruanischen Aktion »verlorengegangen« war, decken. Onassis' dritte Police fanden die Fachleute besonders faszinierend. Sie versicherte ihn in kluger Voraussicht gegen das Risiko, daß seine Schiffe zwischen dem 7. Oktober und dem 20. November festgehalten würden, und das bedeutete, daß sie im Augenblick der Beschlagnahme nur noch eine Woche Laufzeit hatte. Ihren Bedingungen zufolge konnte Onassis eine Zahlung von 30 000 Dollar für jeden Tag fordern, den die Flotte in einem Hafen festgehalten wurde, bis zu 900 000 Dollar für dreißig Tage. Es war, wie die Londoner Versicherung vorsichtig bemerkte, eine »ungewöhnliche« Police.

Auch die Vereinigten Staaten hatten ein gewisses Interesse an der Affäre. Ihre Regierung war entschieden gegen eine 200-Meilen-Zone eingetreten und empfindlich in bezug auf den Status von Panama. Dieses Land war ein begünstigter Schützling, den man durch kleinere Mächte, insbesondere in Lateinamerika, nicht geringschätzig behandelt sehen wollte. Diese Überlegungen hatte Lloyd's veranlaßt, Onassis kurz vor Beginn der Krise, trotz des offensichtlichen Risikos, gegen Beschlagnahme zu versichern. Onassis war jedoch wegen seiner Geschäfte mit Überschußschiffen in Washington höchst unbeliebt und hatte sich mit seiner Tätigkeit im Mittleren Osten die Feindschaft des äußerst einflußreichen US-Ölkartells zugezogen. Washingtons bewußt neutrales Verhalten scheint durch den Wunsch geleitet worden zu sein, Onassis gedemütigt zu sehen.

Während des Austauschs diplomatischer Noten flog Onassis am 26. November nach London und hielt in seiner Suite im »Claridge« eine Pressekonferenz ab, bei der er betonte, wieviel der Streit die britischen Versicherungen kostete. Die peruanische Aktion sei ein Fall »tropischen Irrsinns«, eine 200-Meilen-Zone vor der Küste zu fordern, eine Wahnsinnsidee. Wenn 200, warum dann nicht auch 2000 Meilen? Vancouver könnte über Nacht sowjetischer Besitz werden, und die Australier würden, ehe sie sich's versahen, Inkas sein. Es ging nicht darum, diese Forderung speziell für den Walfang aufzustellen – »Walfang, Wasserskilauf, wo ist der Unterschied?«

Der von Onassis' kampflustigem Stil sichtlich beeindruckte Reporter der *London Times* schrieb über die Pressekonferenz: »Obwohl er keine Souveränität in Anspruch nimmt, machte er kein Hehl aus seinem internationalen Einfluß. Seine Äußerungen erstreckten sich von einem Kontinent zum anderen, wobei er da und dort eine Regierung scharf kritisierte, seine Bereitwilligkeit zum Ausdruck brachte, sich den ›Regeln und Vorschriften‹ der internationalen Walfang-Konferenz zu unterwerfen, die peruanische Regierung sanft lächerlich machte und die in letzter Zeit von der Regierung der USA gegen ihn erhobenen juristischen Beschuldigungen gereizt zurückwies.

Er stellt sich als Beschützer dieser engen Welt dar und antwortet auf die Frage, was er bezüglich seiner Walfangflotte zu tun gedenke, mit einem kaum merklichen Lächeln: ›Nun ja, natürlich eine neue bauen.‹«

Ende November verkündete ein peruanisches Marinegericht, die Onassis-Flotte hätte in den drei Wochen, in der sie von der peruanischen Küste operierte, die erstaunliche Menge von zweitausendfünfhundert bis dreitausend Wale getötet. Das Gericht belegte Olympic Whaling mit einer Geldstrafe von 57 Millionen peruanischen Soles – ungefähr 2,8 Millionen Dollar – und bestimmte, daß die beschlagnahmten Schiffe, falls das Geld nicht innerhalb von fünf Tagen beigebracht würde, konfisziert und versteigert werden sollten. Die britische Regierung forderte gelassen zweimal eine Verlängerung der gestellten Frist und erhielt sie auch, während Lloyd's in dieser Zeit ein Übereinkommen aushandelte. Die Geldstrafe schien Lloyd's einen weniger kostspieligen Ausweg zu bieten. Wenn aber die Schiffe verkauft wurden, hätte Onassis einen gültigen Anspruch auf ihren Gesamtwert. Das Problem bestand jedoch darin, daß Großbritannien und die Vereinigten Staaten eifrig bestrebt waren, keinen Präzedenzfall zu schaffen und jede stillschweigende Anerkennung von Perus Recht auf Verhängen einer Geldstrafe zu vermeiden.

Am 13. Dezember 1954 wurde dem peruanischen Finanzminister durch Roberto Arias, Onassis' panamaischen Anwalt, im Beisein zweier Vertreter von Lloyd's, ein Scheck über 57 Millionen Soles übergeben. Der Scheck war von Onassis unterzeichnet und lautete auf sein Konto bei der First National City Bank in New York. Doch das Geld stammte von Lloyd's. Offiziell war es eine »Anleihe«, die zurückgezahlt werden sollte, wenn das Geld »anderwärts« ersetzt wurde. Der Schein wurde bis zum Ende aufrechterhalten. Arias erhielt die Erlaubnis, gegen die Geldstrafe Protest einzulegen. Die Vertreter von Lloyd's behielten sich alle Rechte vor, die Versicherungssumme von einer der beiden Seiten zurückzuholen. Die Regierung von Panama verkündete, daß die Geldstrafe keine Anerkennung der Forderung Perus nach einer 200-Meilen-Zone bedeute. Es folgte noch ein formeller Austausch von Höflichkeiten, dann war der Walkrieg vorbei.

Als die Schiffe freigegeben waren, dirigierte Onassis die ganze Flotte für die im Januar 1955 beginnende Fangsaison in die Antarktis. Die Fangergebnisse waren ausgezeichnet, und die Preise für Walfischtran stiegen. Onassis' Stellung in der Walfangbranche schien gesichert. Während des Walkrieges hatte auch Norwegen Peru verurteilt. Onassis glaubte, durch sein Vorgehen auch die Interessen anderer Walfänger verteidigt zu haben, besonders die der Norweger. Er irrte. Bei der Jahresversammlung der IWC im Juli 1955 in Moskau führte die Norwegische Walfänger-Vereinigung ihren tödlichen Schlag.

Er war clever vorbereitet. Zuerst legte die japanische Delegation einen kurzen Bericht mit Fotos vor, die beweisen sollten, daß Onassis' Flotte Buckelwale außerhalb der Jagdsaison getötet hatte. Die norwegischen Delegierten legten dann förmlichen Protest ihrer Regierung bei der panamesischen gegen Verstöße der Olympic Whaling ein. Durch eine Unzahl von Einzelheiten, die nur von Eingeweihten stammen konnten, wurde das Fehlverhalten der Flotte seit dem Jahre 1950 untermauert. Onassis' Walfänger hätten außerhalb der Fangzeit gejagt, hätten Tausende Wale gefangen, die zu jung, zu klein, trächtig oder sonstwie geschützt waren, und praktisch alles harpuniert, was ihnen vor den Bug kam, dazu noch die Logbücher gefälscht. Der Protest stellte auch die Kompetenz der Inspektoren aus Panama in Frage, die gewährleisten sollten, daß Onassis die Vorschriften der IWC beachtete.

In der Januarausgabe 1956 der Norwegischen Walfang-Zeitung wurde ein Art Gegenangriff veröffentlicht. Die Inspektoren aus Panama, Adolfo Quelquejeu und Antonio Isaza, wiesen die gegen sie gerichteten Behauptungen als »Phantasieprodukte kommerzieller Interessen« zurück. In einem Begleitbrief ging Onassis, in seiner Eigenschaft als Chef der Olympic Whaling, mit Genuß auf die Norweger los und schilderte eingehend ihre früheren Versuche, ihn zu hindern, ihr einträgliches Monopol in Frage zu stellen, und die »lächerlichen« Angebote, ihn auszukaufen. Es fiel jedoch auf, daß weder Onassis noch die Panamaer versuchten, die vernichtende Statistik im Bericht der Vereinigung zu widerlegen. Diese erwiderte kühl, indem sie Auszüge aus den vertraulichen Akten der Olympic Whaling veröffentlichte, die die Beschuldigungen zu bestätigen schienen.

Im April 1956 ließen sie die Zeugenaussagen von sieben deutschen Besatzungsmitgliedern der »Olympic Challenger« folgen, die an Onassis' Expeditionen beteiligt waren. Es waren ausführliche Erklärungen: ein Tagebuch, Fotokopien von Fangprotokollen, Fotos von Walen an Bord des Fabrikationsschiffes, die scharf genug waren, um die Tiere zu identifizieren.

Der Mann, der das Tagebuch geführt hatte, war ein gewisser Bruno Schlaghecke, seit der Herbstsaison 1954 auf der »Olympic Challenger« als Fabrikationsarbeiter angestellt. Am 7. September 1954, vor Beginn der Walfangsaison, notierte er: »Heute fast nur Blauwale getötet. Wehe, wenn das rauskommt.« Wenige Tage später, am 11. September: »Heute nur kleine Pottwale getötet. Der Anblick dieser Tiere, die noch nicht einmal Zähne haben, macht mich innerlich stumm und leer.« 22. Oktober: »Auf dem Deck liegen noch immer Fleischfetzen von den gestern getöteten 124 Walen. Kaum einer davon war ausgewachsen. Alles, was vor die Harpune kommt, wird kaltblütig getötet.«

Schlaghecke hatte viele Fotos gemacht. Die Bilder zeigten, wie zu kleine und geschützte Wale auf dem Flensdeck geschlachtet und andere im Schlepptau gezogen wurden, bis man sie verarbeiten konnte. Er machte auch eine Reihe von Aufnahmen von der »Olympic Challenger«, die drei widerrechtlich geschossene Buckelwale im Schlepptau hatte, ihren Fang aber den Wellen überließ und sich hinter einem Eisberg versteckte, um nicht von einem japanischen Walfänger gesichtet zu werden.

Vier andere Besatzungsmitglieder auf der »Olympic Challenger«, Veteranen, gaben ebenso vernichtende Erklärungen ab.

Die Expedition 1954/55, die auf den Zusammenstoß mit Peru folgte, war die am gründlichsten dokumentierte und verheerendste von allen. Alle Zeugen waren in einem einig: die Inspektoren aus Panama waren *niemals* auf dem Fabrikationsdeck, wenn Wale gemessen oder verarbeitet wurden.

In ihrer Zusammenfassung des Beweismaterials gegen Onassis' Flotte kam die Vereinigung zu folgenden Schlußfolgerungen:

»1. Die ›Olympic Challenger‹ hat den Zeitpunkt des Beginns und des Endes der Walfangsaison in den Jahren 1954/55 nicht eingehalten. Im Gegenteil, die Expedition hat wiederholt mit dem Fang vor Eröffnung der Saison begonnen und sie bis zu dreizehn Tage über den festgesetzten Zeitpunkt fortgesetzt. Insbesondere war dies der Fall in der Saison 1952/53; ungefähr 44 000 Fässer Tran wurden widerrechtlich produziert.

2. Es wurden außerordentlich viele Blau- und Buckelwale außerhalb der Fangsaison harpuniert. Im Januar 1955 wurden 450 Buckelwale getötet, obwohl der Abschuß dieser Wale durch die Internationale Walfang-Kommission auf die Zeit vom 1. bis 4. Februar beschränkt wurde. Nach dem 4. Februar 1955 wurden noch weitere 389 Buckelwale harpuniert ...

3. Ungeachtet der internationalen Bestimmungen, die bestimmte Walarten, vom Alter und von der Größe her, vom Fang ausschließen, hat sich die ›Olympic Challanger‹ nicht daran gehalten und alles harpuniert, was ihren Weg kreuzte. Das gilt für alle Expeditionen und insbesondere für den Fang von Pottwalen vor der Küste Perus im Herbst 1954, als die Tiere nur eine Länge von 11,50 Meter aufwiesen.«

Bei diesen widerrechtlichen Fängen hatte Onassis, wie errechnet wurde, mindestens 8,6 Millionen Dollar verdient. Der Schaden, den seine Expeditionen dem Walbestand zugefügt hatten, war nicht abzuschätzen.

Es gab nie eine offizielle Erwiderung der Olympic Whaling auf die überwältigende Beweislast, obwohl Onassis dunkle Andeutungen über »Geschäftsneid« und den Schutz von Monopolen fallen ließ. Er wußte, es war Zeit, klein beizugeben.

Den Norwegern genügte es nicht, Onassis aus dem Walfanggeschäft zu drängen. Sie waren entschlossen, auch seinen Geldbeutel zu treffen, indem sie 700 000 Dollar als »Entschädigung« für den der Industrie zugefügten Schaden forderten. Als ihre Enthüllungen veröffentlicht wurden, erreichten sie eine gerichtliche Verfügung, in Hamburg, in einem von Onassis' Tankern, eine Ladung von Walfischtran im Wert von 2,1 Millionen Dollar zu beschlagnahmen. Einen Monat später wurde die »Olympic Challenger« in Rotterdam gleichfalls in Beschlag genommen. Onassis schlug am selben Tag zurück, indem er den Walfänger »Kosmos III« im selben Hafen beschlagnahmen ließ. Die »Kosmos« gehörte Anders Jahre. Onassis tat das einem alten Freund ungern an, doch er hatte keine andere Wahl.

Die darauffolgenden Verhandlungen wurden durch die Tatsache kompliziert, daß Onassis erklärte, er habe seine gesamte Walfangflotte, einschließlich der »Olympic Challenger«, Ende März 1956 einem japanischen Konzern verkauft. Kosta Gratsos hatte seit Monaten einen Käufer gesucht. Onassis behauptete, er habe den ausgezeichneten Preis von 8,5 Millionen Dollar erzielt. Der schließlich im Mai 1956 mühsam ausgearbeitete Vergleich tat beiden Seiten nicht erheblich weh. Die beschlagnahmten Schiffe wurden freigegeben, alle schwebenden Verfahren eingestellt und ein sogenannter Hochsee-Fond eingerichtet, in den Onassis den Löwenanteil von vier Millionen Kronen (570 000 Dollar) und die Vereinigung den Rest einzuzahlen hatte. Nach diesem Vergleich erklärte sich die Norwegische Walfang-Vereinigung einverstanden, gegen Onassis' Gesellschaften keine weiteren Rechtswege mehr zu beschreiten. Onassis bezeichnete seinen Beitrag zum Hochsee-Fonds als »Ausdruck seines guten Willens und Würdigung der Erfahrung, die er von der norwegischen Walfangindustrie gewonnen habe«.

Seine Karriere im Walfanggeschäft war beendet.

Ein arabischer Alptraum

Tina Onassis sagte einmal von ihrem Mann: »Wenn Ari ein Künstler gewesen wäre, hätte er nichts anderes als riesige Wandgemälde gemalt.« Es war eine sehr scharfsinnige Beobachtung dessen, was ihn von den meisten seiner Rivalen unterschied – die Begabung für grandiose Pläne. Er fühlte instinktiv, wenn aus einer Idee sich etwas Großes machen ließ.

Zugleich fühlte er sich durch die Hauptquelle seines wachsenden Reichtums eingeengt. Über sein Tankerreich sagte er manchmal, nur halb im Scherz, er sei »bloß der Beförderer der Ölgesellschaften«. Das Gefühl der Abhängigkeit von Auftraggebern wurde noch drückender, als er den märchenhaft reichen J. Paul Getty kennenlernte, der ebenfalls seine Sommerferien in Südfrankreich verbrachte und sich mit ihm anfreundete. »Mr. Getty arbeitet im Geschäft der Reichen. Er produziert *und* transportiert Öl«, bemerkte Onassis. »Ich arbeite im Geschäft der Armen. Ich transportiere es nur.«

Vor diesem Hintergrund war der Walfang ein Versuch, aus der Abhängigkeit auszubrechen. Onassis interessierte sich nie für Mannigfaltigkeit um ihrer selbst willen. Was er mehr als alles andere wünschte, war Kontrolle, und er wurde immer mehr darauf bedacht zu lernen, wie Getty seine beneidenswerte Unabhängigkeit erlangt hatte.

Getty hatte sein Glück gemacht, indem er die Drohungen der großen amerikanischen Ölgesellschaften ignorierte. 1934 kaufte er Tidewater Oil, eine mittelgroße Gesellschaft, die früher von den Rockefellers kontrolliert worden war. Sein größter Coup gelang ihm jedoch im Mittleren Osten. Er war 1948 der erste Unabhängige, der das von ARAMCO gehaltene Monopol für Gewinnung, Raffinierung und Transport des saudiarabischen Öls durchbrach. Es gelang Getty, mit König Ibn Saud einen Nebenkontrakt auszuhandeln, wesentlich großzügiger als der, den der König mit ARAMCO hatte.

Man muß sich vergegenwärtigen, wie sehr die arabische Welt damals durch die Politik der großen Ölgesellschaften dominiert wurde. Die westlichen Großmächte kontrollierten den Mittleren Osten praktisch durch die Ölgesellschaften, und zwar so stark, daß man oft nur schwer den Unterschied zwischen kommerziellen und diplomatischen Interessen zu erkennen vermochte.

Onassis besaß weder das Kapital noch die Fachkenntnis, um Gettys Spuren zu folgen, aber das Prinzip einer bedingten Unabhängigkeit von den großen Ölgesellschaften faszinierte ihn. Wenn er, ebenso wie Getty, in der Lage wäre, den Saudis *etwas* anzubieten, das sie von ARAMCO nicht erhielten, könnte er sie vielleicht dafür gewinnen, seine Schiffe voll auszunutzen. Dieses »Etwas« war die Grundlage einer saudiarabischen Handelsflotte. Gratsos hielt die Idee für »geradezu genial«.

Wie viele neue Ideen sollte auch diese außerordentliche Feindseligkeit hervorrufen. Onassis' epische Klage am Ende seines arabischen Abenteuers – »nie zuvor in der Geschichte vereinigte sich so viel Macht, um einen einzelnen Menschen zu bekämpfen und zu vernichten« – schien diesmal zumindest nicht übertrieben weit hergeholt zu sein.

Der Mann, der das Geschäft in Gang setzte, war Spyridon Katapodis, Anfang der fünfziger Jahre eine prominente Figur der Halbwelt an der Riviera. Er war ein Schulfreund von Kosta Gratsos, geboren in Ithaka, und hatte den Weg von Onassis in den dreißiger Jahren in London gekreuzt. Dort hatte er einen gewissen Erfolg gehabt. Seine Handvoll Trampdampfer hatten das Mittelmeer zwischen den russischen Schwarzmeerhäfen und Alexandria befahren. Der spanische Bürgerkrieg erhöhte die Konjunktur. 1940 übersiedelte er nach Frankreich. Als die Amerikaner 1944 in Südfrankreich landeten, bot er ihnen seine Dienste an und wurde der »Macher für alles« bei der Sechsten Armee.

1948 leistete er Onassis bei einem ersten Besuch in Europa einige kleine Dienste. Später wurde er ein häufiger Gast im Château de la Croë. Katapodis hatte nach dem Krieg seine Geschäftsbeziehungen im Mittleren Osten wieder aufgenommen. Er war in Kontakt mit einer Anzahl arabischer Regierungen getreten und kannte ihren Wunsch, ihren Anteil am Ölgeschäft möglichst groß und ihre Abhängigkeit von der amerikanischen und europäischen Fachkenntnis möglichst gering zu halten.

Im August 1953 trafen sich Katapodis und Onassis im Carlton Hotel in Cannes und kamen zu dem Schluß, daß es in Saudi-Arabien eine Menge Geld zu verdienen gäbe.

Später wurde viel darüber diskutiert, wie die eigentliche Vereinbarung zwischen ihnen gelautet habe. Katapodis behauptete, Onassis habe ihn zu seinem Bevollmächtigten in der arabischen Welt gemacht und ihm einen Anteil an den Gewinnen in Höhe von einer Million Dollar jährlich steuerfrei versprochen, sollte ein geeigneter Vertrag abgeschlossen werden. Onassis hielt daran fest, daß Katapodis im wesentlichen die Sache Saudi-Arabiens bei ihm vertrat – wie er zu seinem Profit kam, das war seine Sache.

Katapodis stellte die erste Verbindung mit dem Saudi-Regime her. Damals wohnten zwei wichtige Saudis in dem luxuriösen Hotel Martinez in Cannes. Mohammed Alireza und sein Bruder Ali waren wohlhabende Kaufleute, die in enger Verbindung mit der Feudalregierung standen. Sie waren vor allem Unternehmer, hatten die Konzession für den Import von Lincoln-Automobilen, kontrollierten den Hafen von Dschidda und besaßen einen beträchtlichen Anteil des in ihrem Land registrierten Schiffsraums. Sie waren aber auch zeitweise Verwaltungsbeamte ihres Landes.

Nach einer Zusammenkunft im Jachtklub von Cannes zeigten sich die Brüder Alireza von der Idee angetan. Nach weiteren Treffen in Paris und London begann sich ein brauchbares Abkommen abzuzeichnen. Alle Beteiligten waren sich der Notwendigkeit einer soliden Vereinbarung bewußt, bevor etwas zu ARAMCO durchsickerte, deren auf das Jahr 1933 zurückgehender Vertrag mit der saudiarabischen Regierung sowohl Transport- wie Schürf- und Produktionsrechte einbeschließt.

Im Dezember 1953 gab es einen Entwurf für ein Abkommen. Onassis versprach, der saudiarabischen Flagge eine Flotte von 500 000 Tonnen zu unterstellen und Lizenzgebühren für das Vorrecht zu zahlen, garantierte zehn Prozent – ungefähr vier Millionen Tonnen – der jährlichen Ölproduktion des Landes zu befördern. Als Entgelt für die relativ bescheidene Lizenzgebühr wurde Onassis das Recht zugestanden, seine Frachtsätze um einiges höher als üblich anzusetzen. Die Vereinbarung sah auch vor, daß Onassis seine Tonnage, auf Kosten anderer Transportfirmen, schnell vergrößern konnte. Zehn Jahre lang wurde ihm eine Monopolstellung garantiert. Die Flotte sollte durch ein neues Unternehmen, die Saudiarabische Seefahrtsgesellschaft, in Dschidda registriert, betrieben werden. Onassis versprach auch, eine Marine-Ausbildungsschule für junge Saudis zu gründen, und die Absolventen auf seinen Tankern zu beschäftigen. Es gab eine Klausel, welche die neue Gesellschaft von der Zahlung der Einkommensteuer befreite.

Im Januar 1954 flogen Onassis, Tina, Kokkinis, dessen Frau und Katapodis von Nizza nach Kairo. Kokkinis und Katapodis flogen direkt nach Dschidda weiter, während die anderen an Bord der »Tina Onassis«, gingen und durch das Rote Meer nach Süden fuhren. Am nächsten Tag legten sie in Dschidda an, wo das Abkommen ohne großes Aufsehen in Suleimans Villa unterzeichnet wurde. Onassis wurde von den Saudis gefeiert. Es gab Picknicks am Roten Meer und offizielle Bankette im Beisein von Mitgliedern der königlichen Familie. Während Onassis, Katapodis und Kokkinis in ihren englischen Flanellanzügen unbehaglich für die offiziellen Fotos posierten, wurde Tina von den vier Frauen des Königs im Palast zum Tee empfangen. Onassis wurde von König Saud in Audienz empfangen.

Die Bedingungen des Abkommens blieben weiterhin ein strenggehütetes

Geheimnis. Weder Onassis noch die saudiarabische Regierung gaben der ARAMCO Kenntnis über seinen Inhalt. Es war ein auffallendes Versäumnis, denn ARAMCO hatte den Großteil des Öls zu produzieren, das die neue Flotte transportieren sollte. Nach den 1935 vom König unterzeichneten Konzessionsbedingungen genoß ARAMCO bis zum Jahr 2000 die Förderrechte für saudiarabisches Öl. ARAMCO hatte auch das ausschließliche Recht, den Öltransport zu organisieren. Das geschah normalerweise durch langfristige Verträge mit unabhängigen Transportgesellschaften. Sie wurden durch das neue Abkommen ebenso betroffen wie die ARAMCO.

Onassis wollte diese Phase der Operation, die all seinen Charme und seine Überredungskunst erforderte, persönlich leiten. Doch die Affäre der Überschußschiffe hatte eben einen kritischen Punkt erreicht, und im Februar 1954, nach seiner Verhaftung in Washington, wurde das Problem, sich bei den amerikanischen Ölgesellschaften beliebt zu machen, überschattet von der Notwendigkeit, sich vor einer Gefängnisstrafe in den USA zu retten. Inzwischen begannen Nachrichten von dem Abkommen mit Saudi-Arabien an die Öffentlichkeit zu dringen. Sie hätten für Onassis' Interessen kaum schädlicher sein können.

Katapodis hatte in den Kasinos und Bars der Côte d'Azur, allen, die es hören wollten, erzählt, daß er und sein guter Freund Aristoteles Onassis mit den Saudis einen Vertrag abgeschlossen hätten, der sie beide märchenhaft reich machen würde. Die Bedingungen der Bezahlung von Katapodis wurden allerdings nie zufriedenstellend geklärt. Später behauptete er, er sollte eine Gewinnbeteiligung von 2,8 Millionen Dollar jährlich und eine runde Summe von 350 000 Dollar an jenem Tag erhalten, an dem das erste Schiff einen saudiarabischen Hafen verließ. Onassis leugnete das, räumte jedoch ein, Katapodis im Februar 25 000 Dollar zur Deckung seiner Spielschulden geliehen zu haben.

In der europäischen und amerikanischen Presse erschienen verstümmelte Versionen des Saudi-Vertrags. ARAMCO war schockiert und sandte einen geharnischten Protest an die Saudi-Regierung. Sie erkannten schnell: Onassis würde mit zehn Prozent beginnen, aber sein langfristiges Ziel war der Transport des gesamten saudiarabischen Öls. ARAMCOS Besorgnis wurde von den anderen unabhängigen Transportfirmen geteilt: Das gesamte neue Geschäft, das durch vergrößerte Produktion und die abgelaufenen Charterverträge entstand, würde an Onassis' Saudi-Flotille fallen.

Stavros Niarchos war mehr als wütend. Er beschloß, etwas zu unternehmen. Selbst wegen seiner Beteiligung an Geschäften mit Überschußschiffen unter Anklage, hatte er einen besonderen Instinkt dafür, was die Beamten in Washington in Erregung versetzte. Ein Streit wegen kommerzieller Interessen würde die Behörden nicht aufregen, doch sollte Onassis' Geschäft mit den Saudis so auszulegen sein, daß es in Gegensatz zu den langfristigen Zielen der amerikanischen Außenpolitik stand, wäre das etwas anderes.

Niarchos' New Yorker Büro erhielt Anweisung, jemanden ausfindig zu machen, der »sich in Washington gut auskannte«. Sie brachten Robert Maheu, einen beleibten ehemaligen FBI-Mann, auf den Plan. Maheu, später Boß von Howard Hughes' Glücksspiel-Imperium in Las Vegas, war ein äußerst geschickter Manager mit zahlreichen Verbindungen zu den Sicherheitsdiensten der USA.

Maheu begann damit, den Vertrag zwischen Onassis und den Arabern zu analysieren. Das Ergebnis wurde dem Nationalen Sicherheitsrat mitgeteilt. Das Abkommen wurde als Keil dargestellt, der zwischen die amerikanische Regierung und die Saudis getrieben werden konnte und so zu einer bedrohlichen Beeinträchtigung des amerikanischen Einflusses im Mittleren Osten führen würde. Der Bericht hatte Erfolg. Das Außenministerium instruierte seinen Botschafter in Saudi-Arabien, sich an den dortigen Direktor der ARAMCO zu wenden und die Besorgnis des Ministeriums über die Lage zum Ausdruck zu bringen.

Im März 1954 kam ein anderer Abgesandter Niarchos' mit einem unverschämten Vorschlag nach Washington. Robert L. McCormick erklärte im Außenministerium, Niarchos sehe das Abkommen als »verhängnisvoll« für die amerikanischen Interessen an und »sei daran interessiert, eine neue Lösung des Problems im Licht seiner eigenen Erfahrung zu finden.« Niarchos' Rezept klang verlockend einfach. Onassis hatte sich von den amerikanischen Banken und Versicherungsgesellschaften Geld geborgt, um die Flotte zu bauen, die das Öl der Saudis transportieren sollte. Anfangs hatten die amerikanischen Kreditgeber für alle Schiffe, die sie finanzierten, die Registrierung in den USA verlangt, dann aber Flaggen von Ländern wie Panama und Liberia akzeptiert. Nun wollte Onassis unter saudiarabischer Flagge fahren. »Mr. Niarchos' Vorschlag lautete«, berichtete das vertrauliche Dokument des Außenministeriums, »daß das Ministerium an die oben genannten Kreditinstitute herantreten und ihnen zu verstehen geben solle, es würde dem Ministerium nicht mißfallen, wenn sie sich weigern würden, ihre derzeitigen Registrierungsbedingungen zu ändern, und es wäre vorzuziehen, wenn sie ihre Vereinbarung mit Onassis lösten.«

John Jernegan, im Außenministerium mit dem Fall Onassis befaßt, lehnte den Plan jedoch ab. Er hatte den Nachteil, daß er das Außenministerium allzu direkt einbezog. Dessenungeachtet wurde der Bericht an das Justizministerium weitergeleitet.

Die amerikanische Regierung war nun schon gründlich in die Affäre verwickelt, aber nicht sicher, wie sie vorgehen solle. Es waren wichtige Gesichtspunkte im Spiel. ARAMCOs ursprünglich aggressive Reaktion hatte den Stolz der Araber und ihren Groll gegen die Amerikaner in Saudi-Arabien in Wallung gebracht. Edward Wadsworth, der amerikanische Botschafter, erhielt am 30. April eine Audienz bei König Saud. Er überreichte ein Memorandum, das auf die potentielle Bedrohung aufmerksam machte, welche die Vereinbarung mit Onassis für die amerikanischen Interessen zu Folge hätte. Die Antwort des Königs war unmißverständlich: er war zwar bereit, über einzelne Paragraphen des Vertrags zu diskutieren, doch die Sache selbst war beschlossen, und die Saudis würden so handeln, wie sie es für richtig hielten.

Der König hatte die Vereinbarung noch nicht ratifiziert – die energischen Proteste der ARAMCO und der amerikanischen Regierung ließen ihn anscheinend zögern. Und sein Kronrat war geteilter Ansicht – während Prinz Feisal, Finanzminister Suleiman und natürlich Alireza für den Vertrag eintraten, waren drei andere königliche Minister dagegen.

Onassis flog nach Dschidda, um den Entscheidungen noch einen Stoß in die gewünschte Richtung zu geben. Er erklärte sich zu einer Reihe von Konzessionen bereit, die darauf abzielten, den Forderungen der ARAMCO zu entsprechen und diskriminierende und monopolistische Punkte aus dem Vertrag zu streichen. Am 18. Mai 1954 wurde der Vertrag in aller Form von König Saud ratifiziert.

Onassis war sich völlig im klaren, daß die amerikanische Regierung ein viel mächtigerer Gegner war als die ARAMCO. Wenn man sie von seinen guten Absichten überzeugen konnte, würden die Ölgesellschaften von selbst zustimmen. Durch seinen Freund Spyros Skouras arrangierte er eine Zusammenkunft mit der Mittelost-Abteilung des Außenministeriums. Onassis gab sich überaus entgegenkommend und vernünftig. Er erklärte, daß neue Mitglieder der diplomatischen Weltgemeinde »den nationalistischen Wunsch haben, Schiffe zu besitzen, die unter ihrer eigenen Flagge operieren«. Er habe die Ölgesellschaften auf diese Entwicklung aufmerksam gemacht. Sie konnten nicht »erwarten, ihr Monopol auf unbegrenzte Zeit zu genießen«.

Die Beamten des Außenministeriums hörten ihm mit höflicher Skepsis zu. Ob er sich nicht der Feindseligkeit bewußt sei, die sein eigenes Monopol hervorrufen würde? Onassis' Antwort war ein Muster an Doppelzüngigkeit. Er habe versucht, seine Beteiligung auf einen kleinen Anteil zu beschränken, aber die Saudis hätten abgelehnt, und er sei gezwungen gewesen, ihre Bedingungen zu akzeptieren, um den Vertrag nicht zu verlieren. Jedenfalls sei die Vereinbarung nicht monopolistisch, denn ihre Bedingungen sollten nicht allzu wörtlich genommen werden. Er sei zu neuen Verhandlungen über Einzelheiten bereit, um den Vertrag für die amerikanische Regierung und die Ölgesellschaften akzeptabel zu machen. Das Problem bestehe darin, daß er die saudiarabische Regierung nicht »hintergehen« könne. Onassis, bemerkte Parker T. Hart, »machte den Eindruck eines Mannes, der in der Klemme sitzt«.

Am nächsten Tag traf er mit den hohen Tieren der ARAMCO zusammen, und er bekam zu hören, was er schon geahnt haben mußte. Die amerikanischen Ölgesellschaften weigerten sich, die Gültigkeit seines Vertrags anzuerkennen, weil er ihre eigene Konzession verletzte. Sie waren nicht bereit zu verhandeln, obgleich ihnen klar war, daß ein solcher Schritt ihre Position in Saudi-Arabien gefährden konnte. Sollten Onassis' Schiffe bei der Endstation der ARAMCO in Ras Tanura ihre ersten Ladungen saudiarabischen Öls aufnehmen wollen, hätten sie mit einer Abweisung zu rechnen.

Onassis reagierte mit Bluff und List. Baunummer 883, der neueste 46 000 Tonner seiner Flotte, stand in Hamburg kurz vor dem Stapellauf. Onassis beschloß, das Schiff nach König Saud I. zu taufen, und organisierte in der Howaldt-Werft eine Zeremonie. Riad schickte eine Abordnung mit Heiligem Wasser aus dem Brunnen Zem-Zem. Hunderttausend Gäste kamen, darunter die Elite aus Industrie und Gesellschaft, um zuzusehen und Beifall zu klatschen. Doch der Stapellauf begann, wie das Unternehmen selbst, unheilvoll. Die Saudis waren dagegen, daß eine Frau das Schiff mit dem heiligen Wasser taufe. Erst unter starkem Druck waren sie bereit, Onassis' Kandidatin, Fürstin Anne-Marie von Bismarck, zu akzeptieren. Sie warf die Flasche genau gegen den Schiffsrumpf, aber sie zerbrach nicht, da Wasser, anders als Champagner, nicht genügend Druck ausübt. Beim zweiten Versuch blieb die Flasche in dem kunstvollen Blumenschmuck am Bug hängen. Die Araber blickten finster drein. Erst beim dritten Mal zerbrach die Flasche, und die »Al Malik Saud Al-Awal« lief von Stapel.

Nach Paris zurückgekehrt, machte sich Onassis daran, ARAMCOs glatte Weigerung, mit ihm Geschäfte abzuschließen, auf die einzig mögliche Weise zu umgehen. Wenn die ARAMCO seinen Vertrag nicht anerkennen wollte, gab es jemand anders, der es vielleicht tun würde – J. Paul Getty. Onassis machte das Angebot, seine Schiffe Getty zur Verfügung zu stellen. Getty zeigte zurückhaltendes Interesse. Er instruierte John Pochna, seinen Generalmanager, die Verhandlungen mit Onassis zu führen, und die beiden Männer trafen sich im Château de la Croë. Das Ergebnis war ein schriftliches Abkommen, das Onassis im großen und ganzen Rückhalt gab. Getty war bereit, die »Al Malik« für drei Reisen zu chartern, Onassis mußte jedoch einen wesentlich niedrigeren Preis akzeptieren. Auf Pochnas Rat wandte sich Getty jedoch an das Außenministerium, um sich zu vergewissern, daß die Regierung nichts dagegen einzuwenden hatte. Er erhielt zur Antwort, man könne Getty nicht daran hindern, mit Onassis einen Vertrag abzuschließen, wäre aber dankbar, wenn er »den endgültigen Abschluß aufschieben könnte«, bis die heikle Situation geklärt sei.

Im Außenministerium erwog man zwei Möglichkeiten. Entweder sollte die ARAMCO ermutigt werden, gemäß den in ihrem Konzessionsabkommen vom Jahr 1933 vorgesehenen Schiedsgerichtsbestimmungen den Rechtsweg zu beschreiten, oder sie sollte auf eine energische diplomatische Offensive der amerikanischen Regierung dringen. Die ARAMCO war natürlich besorgt, wie sich ein komplizierter Rechtsstreit auf ihre Beziehungen zu Saudi-Arabien auswirken würde. Es war klar, daß die Saudis sich nur widerwillig einem Schiedsgericht unterwerfen würden; ebenso klar war, daß es Möglichkeiten gab, den Ölgesellschaften während des Verfahrens das Leben schwer zu machen. Außerdem war die Rechtsabteilung des Außenministeriums nicht völlig sicher, ob das Schiedsgericht zugunsten der ARAMCO entscheiden würde. Es bestanden Unklarheiten im Konzessionsdokument der ARAMCO, in dem die Saudis der ARAMCO das Recht garantierten, »Öl zu suchen, zu bohren, es zu gewinnen, zu verarbeiten, damit zu handeln, es abzutransportieren und zu exportieren«. Die Aufzählung der Tätigkeit ARAMCOs war so detailliert, wie man es nur wünschen konnte. Doch der Rechtsberater des Außenministeriums entdeckte ein Hintertürchen.

»Was bedeutet denn ›exportieren‹?« fragte er. *Webster's Dictionary* definiere, es heiße »ins Ausland transportieren oder schicken«. Was trifft nun zu? »Wenn es ins Ausland transportieren bedeutet, könnte es auch das ausschließliche Recht beinhalten, mit allen möglichen, von der Gesellschaft gewählten Mitteln, zu transportieren. Wenn es anderseits bedeutet ›ins Ausland schikken‹, beinhaltet dieses Recht nicht unbedingt die ausschließliche Bestimmung dessen, wodurch das Öl transportiert werden soll.«

Diese Unsicherheit gab den Ausschlag für eine diplomatische Offensive.

Am 16. Juli 1954 sandte Außenminister Dulles persönlich ein Telegramm mit einer langen Reihe von Anweisungen an Botschafter Wadsworth. Es begann mit der nochmaligen Versicherung, wie entschlossen die ARAMCO sei: »In der augenblicklichen Lage werden Holdinggesellschaften Ladung verweigern... obwohl man weiß, daß das Stillegung und eventuelle Verstaatlichung bedeuten könnte. Leitende Beamte sind sich über den Ernst der Lage klar, aber dennoch einig, daß sie auf ihrem Standpunkt beharren müssen. Sie haben sich vergewissert, daß die amerikanische Regierung einverstanden ist und sie unterstützen wird.« Dann kam die nackte Drohung: die Ölgesellschaften würden, falls die Saudis auf ihrem Plan beharrten, ihre Produktion in Saudi-Arabien drosseln, was zu einer katastrophalen Verringerung der saudiarabischen Einkünfte führen müßte. »Der König und seine Ratgeber sollten sich fragen, wo sie nach drei Jahren oder auch nur einem Jahr ohne Öleinkünfte stehen würden.«

Die Interventionen waren zumindest teilweise von Erfolg gekrönt. Der König erklärte sich zu einer Zusammenkunft mit der ARAMCO bereit, und sagte dann im August zu Wadsworth, er wünsche aus dem Vertrag »mit heiler Haut davonzukommen«. Es blieb jedoch die Frage seines Ansehens. Man mußte dem König einen zufriedenstellenden Vorwand bieten, den Vertrag mit Onassis zu lösen.

Mit diesem Problem befaßte sich Robert Maheu nun schon seit einigen Monaten. Bei seinen Nachforschungen stieß er auf das Buch *Saudi-Arabien* von Karl Twitchell, einen nüchternen Tatsachenbericht über Saudi-Arabiens Mineralreichtum und dessen spätere Nutzung durch die amerikanischen Ölgesellschaften. Twitchell, ein amerikanischer Geologe, hatte Saudi-Arabien auf vorhandene Bodenschätze untersucht. Im August 1933 verwirklichte er nach Verhandlungen, die sich über ein ganzes Jahr hinzogen, den historischen Vertrag zwischen dem König und der ARAMCO.

Maheu fand zu seiner Freude heraus, daß Twitchell noch am Leben war und sich nach Greenwich in Connecticut zurückgezogen hatte. Er überprüfte Twitchells Papiere beim Außenministerium – zu seiner Befriedigung erfuhr er, daß der Geologe »äußerst pro-amerikanisch« war. Maheu überredete ihn, nach Saudi-Arabien zu fahren, um eine im Grunde genommen private Mission am saudiarabischen Hof auszuüben. Das Ziel war, den König zu überzeugen, daß es nicht in seinem Interesse lag, den Vertrag mit Onassis zu erfüllen.

Im August wurde Maheu plötzlich in Niarchos' Suite im Claridge-Hotel in London bestellt. Die Besprechung dauerte einen ganzen Tag. Niarchos sprach von dem gefährlichen Präzedenzfall, den Onassis' Vertrag schaffe, und über seine unheilvollen Auswirkungen auf das Kräfteverhältnis im Mittleren Osten. Er erklärte, daß Onassis, sollte der Vertrag zum Tragen kommen, imstande sein würde, seine, Niarchos', Interessen in Saudi-Arabien auszuschalten. Er würde dann seinen Gewinn dazu benutzen, um seinen Schiffsraum zu vergrößern. Es gäbe keine Möglichkeit, ihn daran zu hindern, sein Geschäft kontinuierlich auszubauen. Onassis' einzige wirkliche Schwäche sei aber seine derzeitige Liquidität, die Niarchos auf nur fünf Millionen Dollar schätzte. Wenn es möglich wäre, das Geschäft mit Onassis zu verhindern, würde dieser durch seine hohen Schuldenrückzahlungen und die Feindseligkeit der Ölgesellschaften in beträchtliche Schwierigkeiten geraten.

Das Hauptthema ihrer Diskussionen war Spyridon Katapodis. An der Côte d'Azur war allgemein bekannt, daß Katapodis' Beziehung zu Onassis sich sehr verschlechtert hatte. Es ging die Rede, daß er sich betrogen fühlte, und man hörte von einem häßlichen Streit, im Flughafen von Nizza. Nach einer stürmischen Diskussion hatte Katapodis die Oberhand gewonnen und Onassis zutiefst getroffen, indem er schrie: »Du bist nicht einmal ein Grieche, sondern ein gottverdammter Türke, ja, das bist du!«

Bald nach der Besprechung im Claridge kam es zu einer Interessenverschmelzung. Am 24. September 1954 unterzeichnete Katapodis, in Gegenwart des britischen Konsuls, in Nizza eine längere eidesstattliche Erklärung mit vierunddreißig Belegen – Telegramme, Briefe und Fotos. Es war ein beachtenswertes Dokument und, falls es der Wahrheit entsprach, für Onassis höchst schädlich.

Es handelte sich um Katapodis' Version des Vertrags mit Saudi-Arabien, in der Onassis als ausgemachter Intrigant dargestellt wurde. Die Dokumente besagten, daß Onassis durch eine Reihe von Bestechungen den Vertrag erreicht und die Befreiung von der saudiarabischen Einkommensteuer zugesichert bekommen habe. Sie sollten beweisen, daß an verschiedene saudiarabische Minister und Palastbeamte Bestechungen von insgesamt 1,25 Millionen Dollar gezahlt worden waren. Die Belege waren eindrucksvoll, aber alles eher denn beweiskräftig. Ein entscheidendes Dokument, in dem Katapodis' Vertrag mit Onassis umrissen gewesen sein soll, fehlte gänzlich. Katapodis behauptete, es sei mit einer Tinte unterzeichnet worden, die völlig verblaßt war. Als er Onassis ersuchte, die Unterschrift zu erneuern, habe dieser den Vertrag an sich genommen und nicht mehr zurückgegeben.

An einer Stelle erinnerte sich Katapodis an den Grund, Verschwiegenheit zu wahren, *nachdem* der Vertrag unterzeichnet worden war: »Ich fragte Onassis, warum er das tat, und er sagte, daß er erwarte, mit der ARAMCO ein Abkommen zu treffen, demzufolge er entweder eine große Geldsumme oder andere wertvolle Zugeständnisse erhalten würde, so daß er seinen Vertrag mit der saudiarabischen Regierung annullieren könnte.«
Die Erklärung endete mit der Behauptung: »Onassis rühmte sich mir gegenüber wiederholt, daß er mit Mohammed Alirezas Hilfe den Einfluß brechen werde, den die ARAMCO seit vielen Jahren in Saudi-Arabien ausübte. Er sagte, er wisse sehr wohl, was er tue, und sei überzeugt, daß er letzten Endes bei der Ausbeutung der Bodenschätze Saudi-Arabiens eine wichtige Rolle spielen werde, die ihn schließlich zum reichsten und mächtigsten Mann der Welt machen würde.«

Maheus Aufgabe war es, König Saud über diese Aussagen zu informieren. Er hatte Niarchos und die CIA auf seiner Seite. »Ich mußte mich einschalten«, erinnerte sich Maheu, »aber als potentieller Sündenbock.« Sobald er in Dschidda ankam, wandte er sich an den amerikanischen Botschafter. Er war freundlich, klang aber keineswegs beruhigend. »Die Regierung wollte sich nicht festlegen«, sagte Maheu. »Sollte ich in Schwierigkeiten geraten, war ich auf mich allein gestellt.« Man erlaubte ihm jedoch, über das CIA-Netz, mittels eines vorher vereinbarten Codes, Botschaften an Niarchos zu schicken. Twitchell hatte inzwischen mit dem König gesprochen und dafür gesorgt, daß Maheu mit den engsten Ratgebern des Königs zusammentraf. Allerdings beharrte der König auf der Anwesenheit von Finanzminister Suleiman – der natürlich durch das Material in Maheus Händen schwer belastet war.

Die nächsten Tage verbrachte Maheu mit einem »flauen« Gefühl im Magen. An dem Tag, an dem er sich »vorstellen« sollte, fuhr der König auf seinem Weg zum Winterpalast in Riad durch die Straßen von Dschidda. Maheu beobachtete die Parade vom Balkon seines Hotelzimmers aus und sah zu seiner Bestürzung, daß Scheich Alireza in dem offenen Cadillac an der Seite des Königs saß. Um acht Uhr abends fuhren Maheu und Twitchell zu Suleimans Villa. Twitchell legte die »offizielle« Ansicht der USA dar, während Maheu über die in Katapodis' eidesstattlicher Erklärung festgehaltenen Bestechungsgelder sprach. Die Saudis reagierten höflich, aber zurückhaltend.

Am nächsten Tag traf Maheu mit dem Berater des Königs in der Hotelhalle zusammen. Er dankte Maheu, daß er ihn auf die Einzelheiten von Bestechungsgeldern aufmerksam gemacht hatte. Der König sei entschlossen, »mit Onassis Schluß zu machen«. Der Vertrag sei aber von ihm persönlich unterzeichnet worden, und so seien heikle Fragen der persönlichen Ehre im Spiel. Der König wünsche, man solle den Beschuldigungen größte Publizität verschaffen, mit nur einem wichtigen Vorbehalt – Maheu müsse selber die Dokumente jeder europäischen oder mittelöstlichen Zeitung zur Verfügung stellen, mit Ausnahme der amerikanischen Presse. Die Verhandlungen zwischen Saudi-Arabien und den Vereinigten Staaten seien in einem heiklen Stadium und der König wünsche den Schaden möglichst gering zu halten, indem man Aufsehen in Amerika vermied.

Schließlich fand man eine Lösung für die festgefahrene Situation. Suleiman wurde zum Sündenbock gestempelt und gezwungen, »aus Gesundheitsrücksichten« zurückzutreten. Im Oktober 1954 wurde Onassis von Ibn Saud nach Riad gerufen. Er verteidigte sich geschickt, indem er sich als Opfer einer Verschwörung hinstellte, aber des Königs Geduld war erschöpft. Er informierte die ARAMCO und die US-Gesandtschaft vertraulich, daß er, sollte Onassis eine vernünftige erneute Verhandlung über den Vertrag ablehnen, die Sache gern dem Schiedsgericht übergeben würde. Das war genau das, was sie hören wollten.

Eine neue Verhandlungsrunde war beim Tee in Dschidda schnell arrangiert. Fred Davies, der Präsident des Verwaltungsrates der ARAMCO, war vom Mißlingen überzeugt, obwohl Onassis zwei Punkte nannte, wo man sich hätte einigen können. Er war bereit, die monopolistischen Vertragsklauseln gegen eine Garantie der ARAMCO aufzugeben, daß ein bestimmter Prozentsatz des saudiarabischen Öls von seinen Schiffen transportiert werden solle. Er war auch bereit, niedrigeren Frachttarifen zuzustimmen. Davies sah eine Chance. Wenn er zur Bedingung machte, daß Onassis nur den Standard-Frachtbrief erhielt, mußte er ablehnen. Wenn der Markt zurückging, wäre seine Flotte an Tarife gebunden, die Verlust bedeuteten. Hiermit hatte er Erfolg. Onassis räumte ein, daß seine Tarife nicht jederzeit konkurrenzfähig sein konnten.

So lieferte die ARAMCO den Saudis den Beweis, daß Onassis nicht ernstlich bereit war, Zugeständnisse zu machen. Die Saudis waren einverstanden. Sollte innerhalb von dreißig Tagen keine Einigung erzielt werden, würde der Fall vor das Schiedsgericht kommen.

Onassis kehrte nach Europa zurück. Er erkannte, daß er »einen Dolchstoß in den Rücken bekommen hatte«. Maheu hatte die Behauptungen von Katapodis in ganz Europa verbreitet. Aber die Sache wurde erst am 19. November ernst, als Katapodis nach einer Pressekonferenz im Hotel George V. eine Klage gegen Onassis einbrachte. »Wenn ich den Prozeß gewinne«, sagte er, »werde ich den Großteil des Geldes Wohlfahrtsinstituten in Frankreich und Griechenland stiften.« Onassis brandmarkte die Klage sofort als »Teil der Propaganda, die seit der Veröffentlichung des Vertrages gegen mich im Gange ist, mit dem einzigen Ziel, ihn zu torpedieren.«

Als die ARAMCO und die saudiarabische Regierung die Angelegenheit in aller Ruhe dem Schiedsgericht übergaben, dienten Katapodis' Behauptungen den Zeitungsschreibern als sprudelnde Quelle für Sensationsnachrichten. Der Rechtsstreit griff auch auf die andere Seite des Atlantik über, als Katapodis in Washington und New York Klagen gegen Onassis einbrachte. Onassis antwortete mit einer Gegenklage auf Schadenersatz, mit der zweifellos plausiblen Begründung, daß Katapodis' Behauptungen seinen Ruf als Geschäftsmann schädigten. In den nächsten zwei Jahren wurde die Geschichte des Vertrags in Paris und New York neu aufgerollt. In Paris wurde auch Getty als Zeuge vernommen. Er wurde mit dem gebührenden Respekt behandelt, doch der Richter Gojon erklärte ihm, seine Aussage sei belanglos, ihn interessiere nur eine einzige Frage – nämlich ob Katapodis eine Kopie des famosen Vertrags mit Onassis besitze, auf dem angeblich die Tinte verschwunden war. Es war das einzige Dokument, das Katapodis nicht eingereicht hatte. Da es nicht beigebracht werden konnte, wurde die Klage abgewiesen.

In New York zog sich der Prozeß endlos hin. Onassis' Anwälte blieben dabei, daß hier nicht verhandelt werden könne, da der Vertrag in Frankreich unterzeichnet worden war und weder Katapodis noch Onassis in Amerika ansässig waren. Die Vorverhandlung wurde erst im Dezember 1955 eröffnet.

Das Verfahren bekam eine interessante Note, weil Onassis' Anwälte die Beziehung Niarchos-Maheu-Katapodis gründlich durchleuchteten. Katapodis bezeichnete Niarchos munter als seinen »Freund und Nachbarn«. Niarchos erlaubte sich, anderer Meinung zu sein. Südfrankreich, sagte er, sei »ein Dorf... man trifft oft Leute. Katapodis besucht das Casino. Wenn ich jeden zweiten Abend ins Casino ging, war er vielleicht dort. Anderseits sprachen wir niemals über irgendwelche ernsten Dinge. Vielleicht hat er mich als einen Freund betrachtet, einfach weil ich sein Landsmann bin. Soweit es mich anlangt, war er nicht mein Freund«.

Niarchos gab jedenfalls zu, daß Maheu seine Interessen im saudiarabischen Geschäft vertreten hatte und daß er ihm vor seiner Reise nach Saudi-Arabien die eidesstattliche Erklärung Katapodis' gezeigt habe. Dann erklärte er geheimnisvoll, daß er weiter darüber nichts sagen könne, weil Sicherheitsfragen im Spiel seien. »Wir vergeuden unsere Zeit, weil die ganze Sache vor einer Mauer endet, und ich würde gern erst aus Washington hören, ob ich diese Fragen beantworten soll oder nicht.«

Die Verhandlung wurde vertagt. Die Regierung gelangte zu dem Schluß, sie hätte gegen eine weitere Befragung nichts einzuwenden. Vier Tage später zog Katapodis die Klage zurück. Charles Tuttle, Onassis' Anwalt, bemerkte, daß dies eine Aufklärung »der gemeinen Intrige wegen der eidesstattlichen Erklärung von Nizza« verhinderte.

Niarchos, für den die Tage im Gerichtssaal natürlich keine reine Freude gewesen waren, hatte allen Grund, mit dem Ausgang der Angelegenheit zufrieden zu sein. Onassis war nicht gedemütigt worden, hatte aber zwei schlimme Jahre hinter sich. Während das Schiedsgericht tagte, konnte Onassis seine Pläne für eine arabische Tankerflotte nicht verwirklichen. Der Gerichtshof in Den Haag entschied schließlich im Jahr 1958 zugunsten der ARAMCO.

Bob Maheu erhielt neben seinem Lohn auch eine Lektion besonderer Art. Er und Niarchos feierten privat den Erfolg des Rechtsstreits im Mayflower Hotel in Washington. Niarchos beglückwünschte ihn zu seinem »schneidigen und erfinderischen« Auftreten, aber »Sie sind ein elender Geschäftsmann«. Maheu war berechtigt, seine Spesen Niarchos zu präsentieren, aber sie waren erbärmlich gering gewesen. Maheu erwiderte, Niarchos könne das als Versäumnis betrachten. »Es ist nicht zu spät«, sagte er. »Doch, es ist zu spät«, sagte Niarchos, »wenn ich Ihnen jetzt Geld gäbe, würden Sie die Lektion nie lernen.« Niarchos fand, daß Maheus Lebensstil zu wünschen übrig ließ. »Mir gefällt das Haus nicht, in dem Sie wohnen, mir mißfällt das Auto, das Sie fahren. Wenn Sie versprechen, daß Sie sich einen neuen Wagen und ein neues Haus kaufen, werde ich Ihnen 1500 Dollar monatlich überweisen, bis Sie

50 000 Dollar haben.« Maheu lernte seine Lektion und erhielt die volle Summe.

Onassis blieb dabei, daß seine Pläne für den Westen wirtschaftlich und geschäftlich vernünftig und der Widerstand dagegen widersinnig war. Der weitere Verlauf gibt ihm in gewisser Weise recht. Man kann sich der Schlußfolgerung kaum erwehren, daß die Unnachgiebigkeit der Araber bei Öllieferungen und -preisen in letzter Zeit die Folge jahrzehntelanger Frustration ist. »Mein Fehler war«, sagte Onassis im Rückblick, »daß ich zu früh aufwachte und die störte, die noch schliefen, und das Ergebnis war, daß ich in die schlimmste Patsche meines Lebens geriet.«

Kriegsglück

Ende des Jahres 1955 legte ein kleiner, in Monaco registrierter Tanker mit einer Ladung Öl für Esso in Rotterdam an. Im Hafen war nicht viel Betrieb. Größere Tanker wurden rasch gelöscht, doch das in Monaco registrierte Schiff schien nie an die Reihe zu kommen. Nach fünftägigem Warten fuhr der Schiffseigner eilig nach Rotterdam, um zu protestieren. Er erfuhr, daß Esso der irrtümlichen Ansicht war, das Schiff gehöre Aristoteles Onassis.

Die großen Ölgesellschaften hatten beschlossen, Onassis eine Lektion zu erteilen, ungeachtet des Vergleichs, der wegen der Saudi-Arabien-Operation getroffen wurde. Man ließ seine Schiffe bis zum letztmöglichen Löschtermin im Hafen warten. Im Tankergeschäft ist Zeit Geld, eine Verzögerung von vierundzwanzig Stunden konnte die Chance vereiteln, einen neuen Chartervertrag zu bekommen, sobald seine Tanker wieder frei waren.

Diese Scharmützel waren jedoch gar nichts, verglichen mit der Hauptwaffe der Ölgesellschaften – einem weltweiten Boykott der Onassis-Flotte. Der Boykott wurde durch die Shell Petroleum in London überwacht. Es gab nichts schwarz auf weiß, man gab bloß die Parole aus, daß die großen Ölgesellschaften Onassis aus den Charterverträgen auszuschalten wünschten.

Aus New York berichtete Kosta Gratsos, daß langjährige Geschäftsquellen in erschreckendem Ausmaß versiegten. Jedesmal wenn ein Chartervertrag ablief, rief Gratsos routinemäßig die Onassis-Makler an, um die Erneuerung anzubieten. Die Antwort war immer die gleiche – nichts zu machen. Einen oder zwei Tage später erfuhr dann Gratsos, daß der Auftrag an einen Konkurrenten gegangen war. Onassis kam zu der Überzeugung, daß die Gesellschaften »sein« Geschäft absichtlich Niarchos zuspielten, um ihm einen Denkzettel zu geben.

Nach fast einem Jahrzehnt ununterbrochenen Wachstums konnte sich der Boykott für Onassis katastrophal auswirken. Viele seiner Schiffe waren in den frühen fünfziger Jahren auf zwei- oder drei Jahre verpflichtet worden, die Verträge liefen nun allmählich aus. Ihre voraussichtlichen Einnahmen waren bereits als Hypothekenzahlungen für neue Schiffskäufe fest eingeplant.

Bis Ende 1955 hatte der Boykott Onassis zwanzig Millionen Dollar gekostet. Fast die Hälfte seiner Flotte lag still. Für manche faszinierte Beobachter sah es so aus, als wären die Ölgesellschaften entschlossen, ihn völlig fertig zu machen. Die Möglichkeit, an seinem fünfzigsten Geburtstag bankrott zu sein, war zum Greifen nahe. Ein leitender Angestellter von Shell erinnert sich, wie Onassis bei einem Zwischenaufenthalt in London zwischen Wut und Selbstmitleid schwankte. »Ihr tut mir wirklich weh«, sagte er am Ende einer längeren Tirade. »Ihr Burschen laßt mich die schlimmste Zeit meines Lebens durchmachen.« Onassis mußte sich eingestehen, wie sehr er von den Entscheidungen der Ölgesellschaften abhing, und das war ein schwerer Schlag für sein Unabhängigkeitsbedürfnis.

Einmal dachte er daran, seine gesamte Tankerflotte zu verkaufen, dann wieder zog er in Betracht, in den Vereinigten Staaten gegen die ARAMCO einen Antitrust-Prozeß anzustrengen. Der Verkauf seiner Walfangflotte an die Japaner im Frühjahr 1956 war nur ein vorübergehendes Plus. Der Tankermarkt erholte sich allmählich, doch nicht genug, um die Aussichten wesentlich zu verbessern. Die hochgradig verpfändete Flotte brauchte mehr als ein paar Charterverträge.

Im Sommer 1956 schienen die Chancen noch düsterer. Onassis brauchte ein Wunder, der ägyptische Präsident Nasser bescherte es ihm. Der Konflikt mit England, Frankreich und Israel, hervorgerufen durch Nassers Nationalisierung des Suezkanals, der Ausbruch der Feindseligkeiten im Oktober 1956 und die Schließung des Suezkanals stellten den Markt völlig auf den Kopf. Fast als einziger unter den größeren unabhängigen Reedern hatte Onassis den Hauptteil seiner Flotte frei, als die hektische Jagd nach Schiffsraum zur Beförderung von Öl um das Kap der Guten Hoffnung einsetzte. Die Ölgesellschaften schlugen sich jetzt um das Vorrecht, einen Chartervertrag für eine einzige Reise zu astronomischen Frachtraten zu ergattern.

Suez brachte Onassis ein Vermögen. Nach seinen eigenen Angaben verdiente er in den hektischen sechs Monaten, in denen der Kanal geschlossen blieb, auf dem Kassamarkt zwischen sechzig und siebzig Millionen Dollar. Alle Tankerflotten hatten ungefähr 95 Millionen Tonnen Öl jährlich über Suez transportiert, auf der Route rund um Afrika konnten sie höchstens fünfzig Millionen schaffen. Doppelt so viele Schiffe waren erforderlich, bloß um Europas Bedarf an Rohöl zu decken. Ein Gewinn von über zwei Millionen Dollar aus einer einzigen Fahrt vom Persischen Golf nach Europa war unter diesen Umständen keineswegs ungewöhnlich. Onassis konnte seine Schulden tilgen.

Doch der anfängliche Vorteil, den Onassis vor seinen Konkurrenten genoß, deren Flotten durch langfristige Charterverträge gebunden waren, dauerte nicht lange. Es kam zu einer Welle von Vertragsbrüchen. So schwierig war es nicht, einen Vertrag zu brechen. Sein Wortlaut war gewöhnlich absichtlich nicht genau formuliert, beide Seiten ließen Hintertürchen offen, für den Fall, daß sie plötzlich aussteigen wollten. Die beliebteste Rücktrittsklausel für Reeder ergab sich durch die Termine, an denen Zahlungen zu leisten waren. Da Ölgesellschaften große, bürokratische Organisationen sind, kamen ihre Schecks oft mit einem oder zwei Tagen Verspätung an und das lieferte Gründe zur Annulierung.

Der Gleichmut, mit dem die großen Gesellschaften Vertragsbrüche akzeptierten, wurzelte in dem, was ein erfahrener Schiffsmakler den »kontrollierten Darwinismus« des Marktes nannte. Es gibt keine fixen Regeln, kein verläßliches System für das Chartergeschäft. Es wird stillschweigend angenommen, daß die Ölgesellschaften normalerweise den Ton angeben. Wenn sie die Reeder bei einem schlechten Markt schröpfen können, dann tun sie es. Sollte sich der Spieß aber umdrehen – wie beim Suezkrieg –, sind es die Reeder, die sie schröpfen. Als die Balgerei um Onassis' Schiffe begann, waren die Feindseligkeiten der letzten zwei Jahre bereits vergessen. Man ließ nicht zu, daß Ressentiments das Geschäft beeinträchtigten.

Als Onassis' Gewinne anstiegen, zeigte er eine ausgeprägte Abneigung gegen Vorausplanungen. Sein Vertrauen in einen anhaltenden Boom war nie deutlicher gewesen. Es gab Benzinrationierungen in England und Frankreich, und die amerikanische Regierung intensivierte nach dem Abzug der anglofranzösischen Streitkräfte aus der Kanalzone die Versorgung Europas mit amerikanischem Öl. Auch wenn jedes seetüchtige Schiff eingesetzt wurde, erklärte Onassis, würde Tankerschiffsraum Mangelware sein. Dennoch hing die Konjunktur davon ab, daß der Suezkanal geschlossen blieb. Onassis' größte Sorge schien jedoch zu sein, nach Monte Carlo zurückzukehren und sich mit den Vorbereitungen zu seiner glanzvollen Silvester-Gala zu befassen, mit der er seinen geschäftlichen Erfolg zu feiern gedachte.

Gratsos und Kapitän Granville Conway, der Leiter von Onassis' Schifffahrtsgesellschaft in den Vereinigten Staaten, sahen, daß es Zeit war, aus dem Kassamarkt auszusteigen und sich den vorteilhaften Dauercharterverträgen zu widmen, die manche Ölgesellschaften – schwer getroffen durch den gewaltigen Anstieg der Frachttarife für Expreßversand – nun anboten. Onassis wies Gratsos' Vorschlag schroff ab, doch Conway blieb fest. Nach der Regelung der Überschußschiffsaffäre betreute Conway die Victory-Frachter ziemlich selbständig. In diesem Fall jedoch handelte Conway eigenmächtig. Zu Jahresbeginn 1957 berichtete er, daß er mit Esso für die zwölf Victory-Tanker einen Chartervertrag für neununddreißig Monate abgeschlossen hatte.

Onassis war wütend und zeterte, Conway habe gutes Geld zum Fenster hinausgeworfen. Wenige Wochen später kam er in Conways Büro gestürzt und küßte ihn schmatzend auf beide Wangen. Der Kanal sollte lange vor dem geplanten Datum wieder geöffnet werden, und die Tankerkonjunktur war fast von einem Tag zum anderen zusammengebrochen. Die Reise vom Persischen Golf nach Europa rund um das Kap brachte kaum genug ein, um die Betriebskosten zu decken. »Plötzlich fand man, daß es mehr Öl gab, die Tanker reichten aus, so daß man nicht wußte, was man mit ihnen anfangen sollte«, bemerkte Onassis ein Jahr später. Der Vorteil lag nun wieder bei den Ölgesellschaften, und die Tankerbesitzer begannen sich wieder zu bekriegen.

Onassis war nicht immun gegen die Rezession, doch er hatte bei der Suezkrise genug Geld verdient, um den Schlag abzublocken. Zu einer Zeit, da Geld und neue Schiffe verhältnismäßig billig waren, hatte er seine Gewinne wieder ins Reedereigeschäft gesteckt. Onassis hatte der Welt ersten 100 000-Tonnen-Tanker bei Bethlehem Steel bestellt. »Wenn Sie etwas besitzen, das 300 Millionen Dollar wert ist«, sagte er zu Journalisten, »fangen Sie nicht an, Ihre Autos zu verkaufen und Dienerschaft zu entlassen, um ein paar tausend Dollar zu sparen. Das ist sinnlos. Die Krise gehört zu dem Spiel.«

Ein anderer Aspekt des Spiels war seine dauernde Rivalität mit Niarchos, die Anfang 1957 in Paris wieder an die Oberfläche trat. Die Probleme waren geringfügig, verglichen mit denen des saudiarabischen Unternehmens, wurden jedoch nicht weniger heftig ausgetragen. Niarchos behauptete, er habe seinem Schwager Geld vorgeschossen, um es in Monte Carlo für ihn zu investieren. Onassis behauptete dagegen, es sei nur ein Darlehen gewesen. Es gab auch eine Meinungsverschiedenheit bezüglich eines Tausches von Privatflugzeugen. Der Streit wurde von René Thorp, einem Pariser Anwalt, geschlichtet, der entschied, daß Onassis Niarchos 130 Millionen alte Francs (ungefähr 280 000 Dollar) schulde. Man zitierte Niarchos' Ausspruch, daß ihm der Schiedsspruch »den glücklichsten Tag seines Lebens« beschert habe. Onassis informierte die Presse: »100 000 oder 100 Millionen Francs, für mich ist das ein Klacks.«

Der Eindruck, den Onassis bei dieser und anderen Gelegenheiten hinterlassen wollte, war der eines Individualisten. Für Zweifel an sich selbst gab es keinen Spielraum. Es war, als wäre es seine offenkundige Bestimmung, einen Platz an der Sonne zu finden.

Seine Persönlichkeit faszinierte seine Freunde und Bekannten bis an sein Lebensende. Es schien unmöglich, die Pole – Egoismus und Empfindlichkeit – in Einklang zu bringen. In der Öffentlichkeit wirkte er immer als überschäumender Mensch, doch die Anfälle von Melancholie nahmen zu, je älter er wurde. Onassis sprach bereitwillig über seine Anfänge – tatsächlich schenkte er der Legende seines Aufstiegs ebensoviel Aufmerksamkeit wie dem Scheffeln seiner Millionen –, aber auf merkwürdige Art. Es muß Zeiten gegeben haben, in denen er an der Gültigkeit dessen, was er schaffte, zweifelte.

»Er wollte, daß die Geschichte mit ihm seinen Anfang nahm«, sagte einer seiner engsten Freunde. »Man kann fast von einer Zeit ›vor und nach Christi Geburt‹ in Aris Leben sprechen. Wenn er von seiner Jugend sprach, erwähnte er seine Freunde nie namentlich. ›Nach Christi Geburt‹ beginnt ungefähr dort, wo er seine erste Million gemacht hatte.«

Im Sommer 1958 quälte ihn das verflixte Geschäft mit den Überschußschiffen von neuem. Der 1955 geschlossene Vergleich schien alles andere denn endgültig zu sein. Als Teil des Vergleichs hatte Onassis versprochen, seine wesentlichsten amerikanischen Interessen durch einen von der Grand National Bank in New York verwalteten Konzern vertreten zu lassen. Den Bedingungen entsprechend wurden fünfundsiebzig Prozent der Aktien der amerikanischen Unternehmen seinen beiden in Amerika geborenen Kindern, Christina und Alexander, übertragen, deren Interessen bis zum einundzwanzigsten Lebensjahr von Treuhändern verwaltet wurden. Onassis selbst behielt eine fünfundzwanzigprozentige Beteiligung durch Ariona, eine in Panama registrierte Gesellschaft. Die Treuhandverwaltung ging mit der amerikanischen Marine-Verwaltung einen sogenannten »Handels- und Bau«vertrag ein. Der Konzern erhielt die Genehmigung, vierzehn seiner in Amerika registrierten Schiffe – zwölf davon Tanker – unter der Flagge von Liberia fahren zu lassen. Als Entgelt für dieses Vorrecht verpflichtete sich der Konzern, drei neue Tanker mit einem Gesamtschiffsraum von fast 200 000 Tonnen in amerikanischen Werften zu bauen.

Die milden Steuergesetze von Liberia und die Löhne, die keinem Gewerkschaftstarif unterlagen, wirkten sich auf die Erträge von Onassis' alternder Flotte großartig aus. Bis zum Sommer 1958 hatten sie dem Konzern ungefähr zwanzig Millionen Dollar gebracht. Der »Bau«teil des Programms war jedoch weniger positiv. Im März 1958 informierte der Konzern, nach Rücksprache mit Onassis, die Marinebehörden, daß er den Bauverträgen nicht nachzukommen gedenke. Der Tankermarkt war zurückgegangen, und der Konzern kam zu der Überlegung, es sei vernünftiger, die acht Millionen Dollar Konventionalstrafe zu bezahlen.

Im Juni 1958 wurde Onassis als Zeuge von einem Unterausschuß des Parlaments geladen. In Marinekreisen galt die Untersuchung von Onassis' Reedereitätigkeit in den Vereinigten Staaten als öffentlicher »Prozeß«.

Onassis brauchte einige Zeit, um die Stimmung im Ausschuß zu beurteilen. Er begann ungeschickt, indem er einen Zeugen unterbrach und »nicht mehr als zehn Minuten« verlangte, um nicht kostbare Zeit zu vergeuden. Der Präsident, Herbert C. Bonner, schlug mit seinem Hammer so heftig auf den

Tisch, daß ein Glas Wasser zerbrach. »*Wir* führen diese Verhandlung«, schrie er zur Freude der zahlreich anwesenden Presseleute.

Onassis' Hauptgegner im Ausschuß war Herbert Zelenko, ein liberaler Demokrat aus New York City, ein äußerst schwieriger Gegner, als unnachgiebiger Anwalt mit umfassender Kenntnis des amerikanischen Reedereiwesens bekannt und einer tiefverwurzelten Abneigung gegen ausländische Reeder, die unter anderen Flaggen fuhren. »Ich bin ein wenig sentimental, wenn es um Arbeitsplätze für Amerikaner geht«, warnte er, bevor Onassis den Zeugenstand betrat.

Zelenkos Hauptsorge bestand darin zu beweisen, daß Onassis sich vor seinen Pflichten gegenüber der amerikanischen Regierung und der Schiffsbauindustrie gedrückt hatte. Seine Beweisführung führte zu einem lebhaften Wortwechsel. Onassis erklärte, er interessiere sich leidenschaftlich für die Tätigkeit des Konzerns, nicht auf Anordnung des Gesetzes, sondern des Allmächtigen. Er sei verpflichtet durch »das von Gott gewollte Interesse, und es gibt kein Gesetz und keine Verfassung, die in irgendeiner Weise dieses von Gott gewollte Interesse beeinträchtigen oder ändern können. Damit meine ich die Tatsache, Mr. Zelenko, daß ich zufällig der Vater zweier amerikanischer Bürger, Christina und Alexander, bin. Gleichgültig, welche Gesetze Sie zitieren, das ist von Gott gewollt. Ich gehöre zu diesen Kindern, und sie gehören zu mir. Deshalb habe ich ein so überaus großes Interesse daran.«

Nichtsdestoweniger achtete Onassis sorgfältig darauf, einen Unterschied zwischen Interesse und Kontrolle zu wahren. Er hatte in den Geschäften des Konzerns etwas zu sagen, dieser war aber nicht, wie Zelenko zu verstehen geben wollte, sein willenloses Werkzeug. Zelenko versuchte zu beweisen, daß Onassis' finanzielle Beteiligung ihm die effektive Kontrolle über alle Einzelheiten der Treuhandsurkunde einräumte.

»Ich möchte Sie etwas fragen«, sagte Zelenko. »Sie waren doch Ihr Leben lang im Geschäft tätig?«

Onassis: »Ich glaube, ja.«

Zelenko: »Ich nehme an, Sie sind damit vertraut. Würden Sie sagen, daß der Mann, der den Geldbeutel kontrolliert . . . auch das Geschäft kontrolliert?«

Onassis: »Anders gesagt, das Geld hat das letzte Wort. Das meinen Sie doch.«

Zelenko: »Sie wissen, was ich meine. Ich nehme an, Sie können es in mehreren Sprachen verstehen.«

Onassis beharrte darauf: Geld hatte nicht immer das letzte Wort; gelegentlich war es sogar ganz stumm. Zelenko begehrte zu wissen, wann das wohl der Fall wäre.

Onassis: »Ich werde Ihnen 30 000 Beispiele in allen möglichen Geschäftszweigen geben. Nehmen Sie zum Beispiel einen Bankier. Glauben Sie, daß irgend jemand das Sprichwort anwendet ›Geld hat das letzte Wort‹? Wenn mir eine Bank morgen fünfzig Millionen Dollar gibt, rückzahlbar im Lauf von zehn oder fünfzehn Jahren, was hat die Bank dann bei mir dreinzureden? Nichts, solange ich nicht in Verzug bin. Sie verfügen über fünfzig Millionen Bank-Geld. Aber solange ich nicht im Verzug bin, hat mir die Bank nichts dreinzureden. Ihr Geld ist stumm, so stumm wie ein Fisch. Solche Beispiele kann ich Ihnen bis morgen früh aufzählen.«

Zelenko ließ sich nicht leicht abwimmeln. Als Zeuge war Onassis kaum zu verunsichern, aber als Zelenko ihn über die Ariona befragte, stellte sich heraus, daß die Verwaltung des Onassis-Reiches so kompliziert angelegt war, daß Onassis selbst sich nicht ganz durchfinden konnte.

Zelenko: »Geben Sie uns Ihre genaue Beteiligung an Ariona an, wie viele Aktien Sie besitzen, was für eine Gesellschaft das ist.«

Onassis: »Genau kann ich Ihnen das nicht sagen, Sir, aber doch ziemlich genau. Ariona ist in Panama registriert, und ich glaube, ich besitze im Augenblick fünfundachtzig Prozent der Aktien.«

Zelenko: »In Ihrem eigenen Namen?«

Onassis: »Nein. Im Namen einer meiner anderen Gesellschaften.«

Zelenko: »Im Namen welcher Gesellschaft besitzen Sie also Ihre Beteiligung?«

Onassis: »Sie fragen mich ganz unwesentliche Dinge. Es gibt einige siebzig Unternehmungen, ich kann mich daher nicht genau erinnern. Sie fragen mich, ob die Beteiligung in meinem eigenen Namen ist. Vorsorglich habe ich nein gesagt, es könnte im Namen einer anderen Gesellschaft sein, deren Aktien auf meinen Namen lauten. Ich erinnere mich nicht daran. Wenn Sie wünschen, werde ich es klären und Ihnen mitteilen.«

Zelenko: »Lassen Sie mich auf den Ausgangspunkt zurückkommen . . . Ich frage Sie, Sir, besitzen Sie eine Beteiligung in Ihrem eigenen Namen an der Ariona?«

Onassis: »Ich kann mich nicht erinnern.«

Zelenko: »Wissen Sie, wo sich die Bücher der Ariona befinden?«

Onassis: »Da muß ich in den Akten nachsehen.«

Zelenko: »Wo sind diese Akten?«

Onassis: In *Südamerika*, Sir.«

Zelenko: »In wessen Händen?«

Onassis: »In unserem dortigen Büro.«

Zelenko: »Können Sie uns diese Akten zur Verfügung stellen?«

Onassis: »Das kann ich. Die Akten sind hier. Nicht wahr? Sie befinden sich bei der *Marine-Kommission.* Sie sind im Justizministerium, nur ist dort nicht angegeben, wer der Aktienbesitzer ist.«

Zelenko: »Ich will wissen, Mr. Onassis, ob Sie Aktien oder Beteiligungen an der Ariona in Ihrem eigenen Namen besitzen . . .«

Onassis: »Ich besitze die Mehrheit der Aktien. Ich sagte, fünfundachtzig oder neunzig Prozent.«

Zelenko: »In Ihrem eigenen Namen?«

Onassis: »Ob es in meinem eigenen Namen ist oder durch eine andere Gesellschaft, deren Aktien auf meinen Namen lauten, ist ein Detail, das ich nicht beantworten kann, weil ich es nicht weiß.«

Zelenko: »Sie sagen also, Sie wissen nicht, ob Sie eine Beteiligung in Ihrem eigenen Namen an der Ariona besitzen oder nicht. Ist das Ihre Antwort?«

Onassis: »Das stimmt; in meinem eigenen Namen.«

Zelenko: »In Ihrem eigenen Namen.«

Onassis: »Ich weiß nicht. Vielleicht steht es auf dem Anteilschein; der lautet vielleicht auf den Überbringer. Ich weiß es nicht.«

Der Vorsitzende versuchte die Dinge zu klären, doch das Gegenteil war der Fall. Schließlich erklärte ein aufgebrachter Onassis dem Ausschuß, es sei möglich, daß die Aktien auf den Namen eines anderen lauteten, aber »ich erkläre Ihnen, wenn es jemand anders ist, so gehört dieser andere mir.« Als die Dokumente der Ariona ausfindig gemacht waren, wurde Onassis' Behauptung bestätigt, daß ihm fünfundachtzig Prozent der Aktien gehörten.

Sein sichtliches Bemühen, seine Redlichkeit zu betonen, beeindruckte das Komitee. Onassis' Geschäfte mochten mitunter verwickelt sein, aber in seinen Augen konnte und wollte er nichts Unrechtes tun. Am Ende des vierstündigen strengen Kreuzverhörs gab Zelenko zu, daß Onassis ein ungewöhnlich »hilfsbereiter« Zeuge gewesen sei. Die meisten Komiteemitglieder neigten dazu, Onassis Glauben zu schenken, daß der Konzern im wesentlichen unabhängig operierte und die Stornierung des Schiffsbauprogramms durch die Suezkrise, das Überangebot an Tankerschiffsraum und die Politik der US-Regierung, die Ölimporte einzuschränken, bedingt war. Am Abend nach der Verhandlung erhielt Ross in seinem Hotel einen Anruf vom Anwalt des Komitees. »Ich kann Ihnen sagen«, meinte er, »daß Onassis der verdammt beste Zeuge war, der jemals vor uns stand.«

Die Marinebehörden bestanden darauf, daß Onassis sein Schiffsbauprogramm fortsetzte, versüßten die Auflage jedoch, indem sie eine Anleihe von vierzehn Millionen Dollar zu den Baukosten beisteuerten. Onassis wunderte sich über das absurde Abkommen, stimmte aber zu. »Ich baue das größte Schiff der Welt«, sagte er, »obwohl ich im Augenblick nicht die geringste Chance für seinen Einsatz sehe. Ich versuche festzustellen, welchen Sinn es haben kann, daß die amerikanische Regierung eine Entschädigung von acht Millionen Dollar ablehnt und darauf besteht, von dem Geld der Steuerzahler ein Darlehen von vierzehn Millionen zu gewähren. Ich halte das für eine komplizierte Methode, um zu demonstrieren, daß Logik und Politik sich nicht miteinander vertragen.«

Nun war Onassis nicht nur selber eine Berühmtheit, sondern scharte auch die Berühmtheiten um sich. Die Gästeliste der Partys an Bord der »Christina« ähnelte allmählich einem Führer durch das internationale Jet Set. Es gab stets ein Aufgebot an berühmten Namen aus der Welt des Films, darunter Marlene Dietrich, Douglas Fairbanks jr., Greta Garbo, Ava Gardner, Cary Grant, Jack Warner und Darryl Zanuck. Und jene, die ihre Bekanntheit ihrer Geburt verdankten, wie König Peter von Jugoslawien, Ex-König Faruk von Ägypten, die Begum, sowie die Maharani von Baroda. Gewöhnlich fügte Onassis einige Bekannte aus dem Öl- und Reedereigeschäft hinzu, die entsprechend beeindruckt waren. Es belustigte ihn, sehr unterschiedliche Menschen zusammenzubringen. Er hielt sich am Rand, unaufhörlich um seine Gäste bemüht, und zeigte sich zu einem Revuegirl, der Geliebten eines griechischen Industriellen, ebenso charmant wie zu der Gattin eines amerikanischen Bankiers.

Alles auf der »Christina« mußte vom Besten sein. Die edelsten Weine wurden eingelagert und von einem Kellermeister serviert, der auf der Jacht mitfuhr. Gewöhnlich waren zwei Küchenchefs an Bord, einer für die französische, der andere für die griechische Küche. Onassis hatte die Angewohnheit, in die Mannschaftsmesse zu kommen und zu kosten, was die Leute aßen, bevor seinen Gästen serviert wurde. Oft bestand das Diner aus griechischen und französischen Speisen, die gleichzeitig serviert wurden, wobei die meisten Gäste als Kompliment für den Gastgeber die griechischen bevorzugten.

Onassis' persönlicher Geschmack und seine Gewohnheiten waren zutiefst verwurzelt. Er war ein starker Trinker, hielt aber besser Maß als während und kurz nach dem Zweiten Weltkrieg. Er trank gern Champagner zum Mittag- und Abendessen, immer Dom Pérignon, und nach der Mahlzeit Cognac, gewöhnlich Courvoisier. Zur Cocktailstunde an Bord bevorzugte er Ouso und Arak. Manchmal frühstückte er gar nicht, und wenn, dann immer möglichst leicht – Kaffee, Rührei oder verlorene Eier und frische Feigen. Seine Lieblingsgerichte waren gefüllte Tomaten und *Papatsakia* – in Scheiben geschnittene Eierfrüchte, gebacken in einer Hülle aus Zwiebeln, Käse, Sellerie, Tomaten und Paprika. Er liebte keine schweren, fetten Speisen und zog Fisch und Wild den schweren Fleischgerichten vor. Wenn er Fleisch aß, durfte es kein Gramm Fett enthalten.

Onassis besuchte regelmäßig die Zentrale der Olympic Maritime in Monte Carlo, die über ein Personal von über hundert Leuten zur Überwachung seiner

Schiffe überall in der Welt verfügte. Zumeist gab er sich jedoch damit zufrieden, die Führung seiner Geschäfte seinen beiden Stellvertretern, Kosta Konialidis und Nikos Kokkinis zu überlassen. Der Interessenvertreter seiner panamaischen Gesellschaften war Roberto Arias, Ehemann der britischen Ballerina Margot Fonteyn. In ihrer Autobiographie schrieb sie:

»Onassis war äußerst charmant und ein idealer Gastgeber, immer entspannt und nie in Eile. Er lebte auf sehr zivilisierte Weise. Seine Lieblingsstunde für Geschäfte war um etwa zwei Uhr morgens in einem Nachtklub. Deshalb schlief Tito (Arias) manchmal zwei Stunden nach dem Abendessen, um nachts einen frischen Kopf zu haben. Da Onassis nie ins Theater oder zum Ballett ging, überraschte es mich, als ich entdeckte, daß er gar nicht wenig von Entrechats verstand. Er erzählte, er habe als ganz junger Mann in Buenos Aires die Pawlowa sehr bewundert, und eine Tänzerin ihrer Truppe habe ihm besonders gefallen.«

Unter anderen genoß auch Randolph Churchill, Sir Winstons Sohn, seine Gastfreundschaft. Der junge Churchill war von Onassis' Aussehen – »wie ein schwarzer Springer auf einem Schachbrett« – und auch von seinem Verstand sehr beeindruckt. Eines Tages kam das Gespräch auf die Rolle der Juden im Reedereigeschäft. »Welcher Jude hat jemals eine Schiffahrtslinie erfolgreich geführt?« fragte Onassis. Die Antwort lautete: »Ellerman – der britische Schiffahrtsmagnat.« Onassis war noch immer nicht überzeugt und sagte: »Der war nur Halbjude, eigentlich ein Deutscher.« »Und Noah?« Onassis gab sich vergnügt geschlagen. »Da ist wirklich was daran. Aber der Kerl hatte ja ein Monopol!«

Randolph Churchill schrieb über Onassis im *Evening Standard*:

»In seiner charakteristischen Haltung steht er mit leicht vorgebeugten Schultern da und wiegt sich ein wenig auf den Ballen wie ein Bantamgewichtler, der den Gegner genau beobachtet.

Er spricht außer Griechisch auch fließend Spanisch, Französisch und Englisch. Obwohl seine Wortwahl im Englischen mitunter nicht ganz richtig ist, hat er ein unwahrscheinliches Gefühl für die Ausgewogenheit eines Satzes. Er ist ein geborener Redner, mit Sinn für Poesie, und vermag eine Reihe von Eigenschaftswörtern so reizvoll aufzubauen wie eine musikalische Komposition.

Wenn dann seine Zuhörer von dem Zauber gefangen sind, bringt er das Sprachgebäude durch einen absichtlich komischen Gemeinplatz zum Einsturz. Er lacht sich dann tot, wenn fast jeder andere in Tränen ausbrechen würde. Manchmal steigert er sich von sanftem Flüstern zum ohrenbetäubenden Gelächter.«

Im Sommer 1968 arrangierte Randolph ein Zusammentreffen zwischen seinem berühmten Vater und Onassis. Sir Winston und seine Frau Clementine machten Urlaub an der Riviera und nahmen eine Einladung Onassis' zum Lunch in Monte Carlo an. Es herrschte sofort Sympathie zwischen den beiden Männern. »Wir unterhielten uns während der ganzen Mahlzeit, diskutierten über Politik, Geschichte, Verhältnisse und Natur der Menschen«, sagte Onassis später. Wenige Tage darauf kam Sir Winston zum Lunch an Bord der »Christina«. Es war der Beginn einer bemerkenswerten Freundschaft, an der Churchill in den letzten sieben Jahren seines Lebens beträchtliches Vergnügen fand.

Auf Onassis' Seite gab es da ein gewisses Element der Jagd nach Berühmtheiten. Er sonnte sich in der gehobenen Gesellschaft, welche die Churchills gewöhnlich umgab. Sie waren Leute von *wirklicher* Klasse, wie Onassis einem Freund sagte, ganz anders als die internationalen Salonlöwen, die damals Monte Carlo bevölkerten. Mit Churchill an Bord wurde die »Christina« beim Anlaufen ausländischer Häfen von Botschaftern, Gouverneuren, Premierministern, sogar von Königen begrüßt. Ein ständiger Strom bedeutender Besucher kam an Bord, um ihre Aufwartung zu machen. Auf einer Kreuzfahrt nach New York lernte Onassis den späteren amerikanischen Präsidenten John F. Kennedy kennen, damals Senator von Massachusetts. In Barbados gesellte sich der ehemalige britische Premierminister Sir Anthony Eden dazu. Der gesellschaftliche Höhepunkt war eine Einladung der Churchills, ein Wochenende in Chartwell, ihrem berühmten Landhaus in Kent, zu verbringen. Er und Tina spielten auf dem Rasen Croquet.

Es bestand kein Zweifel, daß Onassis aufrichtige Zuneigung für Churchill empfand, keine bloße Freude, von dem großen Mann anerkannt zu werden. Kosta Gratsos meinte, daß Onassis' eingefleischter Glaube an die Hegemonie der Angelsachsen der Schlüssel für die Beziehung war. »Er glaubte daran, daß das von den Briten und Amerikanern am Ende des Krieges geschaffene System für alle Ewigkeit Bestand haben würde – und er verehrte Winston als eine Verkörperung dieses Systems.«

Diese Ergebenheit bewahrte Onassis nicht immer vor Churchills bekannten gereizten Ausbrüchen. Einmal bemühte er sich, Churchill für seine Theorie von der historischen »Notwendigkeit« zu interessieren, eines seiner Lieblingsthemen, begründet auf seiner Beobachtung, daß bei den Menschen dort, wo ein gemäßigtes Klima herrscht und Lebensmittel ausreichend vorhanden sind, kein großer Tatendrang vorherrscht. Als Onassis feststellte, daß Churchill wenig Interesse dafür zeigte, versuchte er, dieses Interesse mit einer Bemerkung wachzurufen. »Sie haben mir erzählt, daß Ihr Vater sehr jung starb; wenn er so alt geworden wäre wie Sie, hätten Sie es vielleicht nicht so schwer gehabt.«

»Wir waren sehr verschiedene Menschen«, erwiderte Churchill.

Onassis bohrte weiter: »Ja natürlich, Sie waren verschieden, aber Sie wären nicht gezwungen worden, so intensiv zu arbeiten. Meine Mutter starb, als ich sechs Jahre alt war. Wenn sie gelebt hätte, hätte ich vielleicht nicht so hart gearbeitet.«

Der noch immer ungerührte Churchill reagierte mit einer Frage: »Würden Sie nicht lieber mit mir Karten spielen, anstatt über Philosophie zu sprechen?«

»Nicht Philosophie, sondern Geschichte«, widersprach Onassis.

»Die sind nicht sehr verschieden«, erwiderte Churchill. »Mir macht das Leben auf Ihrer Jacht Spaß.«

Als sie über Geschichte sprachen, waren sich beide einig, daß Präsident Eisenhower bei dem Skandal, der zum Rücktritt seines Beraters Sherman Adams führte, kein Rückgrat gezeigt hatte.

»Man muß einen Mann entweder prügeln oder in Schutz nehmen«, sagte Sir Winston.

»Ja«, erwiderte Onassis. »Eisenhower erlaubte ihm, einfach zurückzutreten. Man muß seine nächsten und liebsten Freunde zum Teufel schicken, wenn sie einem zu nichts mehr nütze sind.«

Onassis' Achtung anderen gegenüber war im wesentlichen eine Erweiterung seiner Selbstachtung. Seine Freundlichkeit war jenen vorbehalten, die ihm nützlich waren oder deren Freundschaft seinen eigenen Ruhm widerspiegelte.

Die Callas tritt auf

Lange Zeit wurde die Ehe Tinas mit Aristoteles als »die glücklichste zwischen Cannes und West Palm Beach« bezeichnet. Ihre Verbindung schien Vertrautheit mit Abenteuer zu verbinden – Tina und Ari jagen Wale vor der Küste von Peru; Tina und Ari fliegen in einer plötzlichen Anwandlung nach Kuba; Tina und Ari in Saudi-Arabien; Tina und Ari fahren nach Kiel, um die »Christina« zu holen. Sie waren ein gutaussehendes Paar, und wohin sie auch kamen, wurden sie von Fotografen umringt. Alles war »phantastisch«. Später erzählte Tina: »Er liebte dieses Leben und ich auch. Damals war Ari ein wundervoller Gefährte.«

Doch ihre Wege gingen allmählich auseinander. Ari hatte nie die Leidenschaft, den Winter in den Alpen zu verbringen, und Tina verlor sie nie. Tina liebte Partys und geselliges Beisammensein mit der Riviera-Clique, aber ihr Appetit war begrenzt, während jener Aris unersättlich war. Am liebsten beendete Ari einen Abend damit, daß er mit Männern über Schiffe redete. Geschäfte langweilten Tina grenzenlos. Seine Ruhelosigkeit, seine obligatorischen Spaziergänge bedeuteten, daß sie einander immer weniger sahen, sogar wenn sie die Nacht unter demselben Dach verbrachten. Aris Vorstellung von einem Heim waren Cafés, Restaurants, Klubs oder irgendein Ort, wo es ein Telefon gab und wo er seine Reisetasche hinstellte. Ein Heim war etwas, das er mit sich nehmen konnte. Tinas Vorstellung war konventioneller: Abende am Kamin, Familienporträts an der Wand, ihre spielenden Kinder (die jedoch von einem Kindermädchen eilig hinausbefördert wurden, wenn sie allzu störend wurden), und ein Ehemann. Ihr Zuhause war nicht unbedingt ein Ort, an dem sie immer bleiben wollte – bei weitem nicht –, sondern wohin sie zurückkehren konnte. Bis Mitte der fünfziger Jahre war Ari oft wochenlang abwesend, später dann monatelang, endlos, wenn er es sich auch stets zur Gewohnheit machte, Tina um sechs Uhr nachmittags anzurufen, wo immer er auch sein mochte.

Vom Château de la Croë hatte man sich nach einem unangenehmen Zwischenfall getrennt. Als Tina eines Tages am Schwimmbecken des Hotels »Eden Roc« in der Sonne lag, hörte sie jemand »Hallo, Tina!« rufen. Es war eine alte Schulfreundin, Jeanne Rhinelander, die damals in der Nähe von

Antibes, in Grasse, wohnte. Tina lud sie ein, sie im Schloß zu besuchen, und sie erneuerten ihre Freundschaft, obwohl Tina mitunter wünschte, daß Ari ihrem bezaubernden Gast etwas weniger Aufmerksamkeit geschenkt hätte. Eines Nachmittags, als Aris zunehmend zurückhaltendes Benehmen Tina stutzig machte, fuhr sie, einer Eingebung folgend, zu Jeanne. Sie fand dort Ari in einer Situation, die ihr kompromittierend vorkam.

Als einige Monate später, im Frühjahr 1954, das Château de la Croë verkauft werden sollte, erklärte Tina, wenn Ari es kaufe, würde sie sich weigern, dort zu leben. Es gab dort zu viele unerfreuliche Erinnerungen. Onassis war bereit, nach Monte Carlo zu übersiedeln, wo ohnehin seine Geschäftszentrale lag, und er kaufte eine luxuriöse Wohnung. Das Schloß erwarb Stavros Niarchos. Außerdem lag auch die »Christina« oft in Monaco vor Anker. Als Willi Frischauer Tina 1956 interviewte, gab sie zu: »Wahrscheinlich ist die ›Christina‹ mein eigentliches Heim.« Dessenungeachtet war sie, als die Kinder dann in Paris zur Schule gingen, am häufigsten in der Wohnung in der Avenue Foch zu finden. Ari, der in Paris wenig geschäftliche Interessen hatte, war seltener dort anzutreffen.

Die Fassade einer glücklichen Ehe wurde gewahrt, doch gegen Ende der fünfziger Jahre bestand sie nur noch auf dem Papier. Gelegentlich, in Gegenwart von Freunden, wurde sogar die Fassade fallengelassen. Einer der leitenden Angestellten von Onassis erinnert sich an eine peinliche Affäre bei einer Abendgesellschaft, bei der Tina ungewöhnlich starkes Interesse für einen der Gäste zeigte. Nach dem Essen lichtete die »Christina« die Anker zu einer Kreuzfahrt, während Onassis und der besagte Angestellte mit einem Schnellboot nach Monte Carlo fuhren.

Onassis' erste Frage auf dem Boot: »Was halten Sie von ihm?«

»Was ich von wem halte?«

»Tun Sie doch nicht so, als wüßten Sie nicht, was vorgeht!«

Der Angestellte, der ursprünglich dachte, sie hätten die Party verlassen, um Geschäfte zu erörtern, wurde nun in ein sechsstündiges Trinkgelage verwikkelt, bei dem sein Boß alle Symptome eines Mannes in der Midlife Crisis zeigte. Onassis war damals gerade fünfzig, redete ausführlich über seine Potenz und die Untreue seiner Frau, wobei er zwischen der Rolle eines Chauvinisten und eines nachgiebigen Ehemanns schwankte. Sein Interesse an der Ehe hatte so weit nachgelassen, daß er ruhig zusah, wie seine Frau mit einem Mann auf eine Kreuzfahrt ging, den er für ihren Liebhaber hielt.

Jimmy Stewart, der Onassis' Versicherungen betreute, erinnert sich an einen typischen Abend in Monte Carlo. Onassis gab eine Party für achtzig Gäste im Kasino. Stewart saß beim Bankett neben Tina, und sie gestand ihm, er sei einer der vier Menschen, die sie dort kannte. Nach dem Bankett tanzten sie zusammen. Später fragte Tina, ob er sie nach Hause bringen wolle. Er entgegnete, die Wohnung sei ja nur fünfzig Meter entfernt. Nein, erwiderte sie, sie wohne auf der »Christina«, und sie wolle dort mit ihrem wertvollen Schmuck nicht allein bleiben. Sie unternahmen einen letzten Versuch, Ari von der Bar fortzulocken, wo er mit drei Freunden saß und auf griechisch über Geschäfte redete. »Ich möchte nach Hause fahren«, bat Tina. »Na, dann fahr doch!« fertigte sie Ari ab. »Er ist ein wunderbarer Mensch«, sagte Tina, »aber ich bin ganz anders geartet. Ich sitze nicht gern jeden Abend mit zwanzig bis achtzig Leuten beim Abendessen. Dieses Leben macht mich fertig.« Später erzählte sie, daß der Erfolg und Monte Carlo Ari verdorben hätten. Seit 1957 habe ihr das Leben mit ihm weniger Spaß gemacht, er habe immer mehr Interesse für ordinäre Protzerei gezeigt. »Diese ganze Monte-Carlo-Geschichte! Das alles aufzukaufen! Ich kann Ihnen gar nicht sagen, wie sehr ich Monte Carlo hasse... Er hatte seine Freunde, und ich fing an, mir die meinen zu suchen.« Unter ihnen war der venezolanische Ölmillionär Renaldito Herera, der häufig mit ihr gesehen wurde. 1958 verbrachten Ari und Tina Weihnachten zum erstenmal getrennt – Tina war nach New York gefahren, wo ihre Schwester ein Baby erwartete.

Im Frühsommer 1959 waren Ari und Tina an Bord der »Christina« vor Venedig. Die Jacht wiegte sich majestätisch vor Anker an der Mündung des Canale Grande. Viele Mitglieder des »Jet Set« trafen ein, die Saison kam in Gang. Am Tag nach Onassis' Ankunft erhielt das Ehepaar eine Einladung der Gräfin Castelbarco, deren alljährlicher Ball in ihrem prächtigen Palazzo den Höhepunkt der Saison bildete.

Sie sah phantastisch aus mit ihrem kostbaren Geschmeide und wurde nur von dem Ehrengast des Balles übertroffen, dem Opernstar Maria Callas.

Tina sah, wie ihr Mann der Diva mit den Augen rund um den überfüllten Ballsaal folgte. Schließlich schlich er sich von Tinas Seite fort, ging auf die Callas zu und setzte sich mit ihr zu einem Plausch in eine Ecke. Wie einem gemeinsamen Instinkt folgend, kamen Tina und der Ehemann der Callas, der ältliche italienische Industrielle Giovanni Meneghini, ebenfalls dazu. Wie immer, wenn Ari interessante Menschen kennenlernte, lud er das Ehepaar Meneghini-Callas zu einer Kreuzfahrt auf der »Christina« ein. Die Callas sagte, sie habe einen übervollen Terminkalender und müsse im Juni die Saison im Covent Garden als Medea eröffnen. Tina traute ihren Ohren kaum, als Ari, dessen Ansichten über Opern ihr bekannt waren, erklärte: »Wir werden dort sein!«

Tina war nicht eifersüchtig. Frauen neben ihr waren ihr nichts Neues, nicht weil Ari übertrieben am Sex interessiert war, sondern weil er es einfach liebte, sich mit schönen, verführerischen Frauen zu umgeben. In einem denkwürdigen Fall war ein reizvoller weiblicher Gast an Bord der »Christina« hoffnungsvoll in Aris Bett entdeckt und bei Morgengrauen mit Hubschrauber an Land befördert worden. Wenn man mit Aristoteles verheiratet war, gewöhnte man sich einen gewissen Gleichmut gegenüber solchen Vorfällen an. Dennoch war Tina beim ersten Zusammentreffen von Ari mit der Callas instinktiv beunruhigt.

Maria Callas und Aristoteles Onassis hatten vieles gemeinsam. Beide waren Griechen, aber nicht in Griechenland geboren. Beide hatten Pässe, die weder griechisch waren, noch ihr richtiges Geburtsdatum angaben, und ihre Kindheit war durch Krieg, Entbehrungen und Familienstreitigkeiten gekennzeichnet. Die Callas hatte ebenso wie Onassis in ihrer zielstrebigen Suche nach Erfolg aus einem starken Familienverband ausbrechen müssen. Beide konnten darauf Anspruch erheben, sich unter äußerst schwierigen Umständen hochgearbeitet zu haben, und beide waren als Außenseiter dennoch Superstars in ihrem Milieu geworden und verdankten ihren Erfolg ebensosehr ihrer Kämpfernatur wie ihrer Begabung. Er war ganz einfach der berühmteste Grieche und sie die berühmteste Griechin der Welt.

Maria Callas wurde im Dezember 1923 als Tochter griechischer Auswanderer in New York geboren. Sie war ein unerwünschtes Kind. Ihre Eltern hatten während einer Typhusepidemie ihren Sohn Basil verloren, und sie hatten sich inbrünstig einen weiteren Sohn gewünscht. Als eine Tochter zur Welt kam, wollten sie zuerst das Baby nicht sehen.

Georg und Evangelia Kalogeropoulos wurde kein Sohn geschenkt und Maria wuchs in Gesellschaft ihrer älteren Schwester Jackie auf. Georg Kalogeropoulos war ein hart arbeitender Apotheker, der bald einen eigenen Laden in Manhattan hatte, und er malte den für amerikanische Ohren besser klingenden Namen Callas auf sein Schild.

Mit sechs Jahren wurde Maria Callas bei einem Autozusammenstoß schwer verletzt, und nach ihrer Wiederherstellung begann sie zuzunehmen. Bald war sie regelrecht fett. Sogar ihre Mutter nannte sie ein häßliches Entlein. Die Mutter bemerkte, daß ihre Tochter eine ausgezeichnete Stimme besaß, und sie befriedigte ihre eigenen gesellschaftlichen Ambitionen, indem sie ihre Tochter zwang, bei jeder Gelegenheit in der Öffentlichkeit zu singen. Diese Wendung des Schicksals vergrößerte Marias Elend nur noch, denn oft brüllten die Zuhörer vor Lachen, sobald sie die Bühne betrat. 1934 beteiligte sie sich zum erstenmal bei einem von Jack Benny veranstalteten nationalen Radiowettbewerb und wurde auf Anhieb Zweite. 1937 fuhr Evangelia mit ihren Kindern nach Athen. Ehemann Georg wurde zurückgelassen. Ihre Ehe war in die Brüche gegangen.

Maria war mit dreizehn Jahren zu jung, um in eine Musikakademie aufgenommen zu werden, und ihr Griechisch war auch zu schlecht. Das erste Problem wurde gelöst, indem sie ihr Alter fälschte, und das zweite durch einen Blitzkursus in Griechisch. Maria erhielt ein Stipendium, zuerst für das Odeon Athenon und dann, im Dezember 1939, für die beste Schule von Athen, das Ethnikon Athenon. Ihre Lehrerin war Elvira de Hidalgo, die berühmte Koloratursopranistin. Unter ihrer Anleitung arbeitete Maria wie eine Verrückte, lernte in einer Woche Librettos, zu denen die meisten Sänger zwei Monate brauchten. 1940 trat sie zum erstenmal als Beatrice in Suppés Operette »Boccacio« auf.

Ihre Stimme war phänomenal, doch sie wog immer noch 180 Pfund und blieb durch ihr Äußeres beinträchtigt. 1942 bekam sie ihre erste Hauptrolle, als die Sopranistin in einer Aufführung der Athener Nationaloper plötzlich erkrankte. Die Callas mußte innerhalb von vierundzwanzig Stunden einspringen. Sie wollte gerade auf die Bühne, da hörte sie, wie jemand hinter den Kulissen rief: »Dieser Elefant kann doch nie eine Tosca sein!« Sie warf sich mit einem Zornesschrei auf den Beleidiger, zerriß ihm das Hemd, schlug ihm die Nase blutig und stürmte mit blitzenden Augen auf die Bühne. In ihrer Wut sang sie großartig und bekam begeisterte Kritiken.

Nach dem Zweiten Weltkrieg geriet Griechenland in einen Bürgerkrieg zwischen Kommunisten und Monarchisten. Die Wohnung der Familie Callas wurde durch Maschinengewehrkugeln beschädigt. Georg Callas, der jetzt als Apotheker in einem amerikanischen Gefängnis arbeitete, schrieb 1946 an Maria: »Du bist Amerikanerin, komm zurück, die Fahrkarte liegt bei.« Sie nahm das erste Schiff.

Sie verbrachte zwei Jahre in Amerika, erhielt jedoch kein einziges Engagement. Schließlich gab es nur noch eine Chance, und Maria nahm sie wahr: Sie fuhr nach Italien, der Heimat der Oper. Bei einem Vorsingen an der Mailänder Scala fiel sie durch, sie mußte ihre Ansprüche niedriger schrauben. In Verona erhielt sie die Rolle der »Gioconda« für dreiundsechzig Dollar pro Vorstellung. »Ich wußte, ich war gescheitert«, sagte sie später. »All die Arbeit und all diese Jahre umsonst. Ich konnte verstehen, warum Menschen Selbstmord begehen. Eines hatte ich gelernt – man darf niemanden um einen Gefallen bitten. Man bekommt nichts geschenkt.« 1947 lernte sie Giovanni Meneghini kennen, einen millionenschweren Baumaterialienfabrikanten, mehr als doppelt so alt als sie. Der untersetzte Mann mit beginnender Glatze, der redete wie ein Schnellfeuergewehr und den Ruf hatte, in Geschäften rücksichtslos zu sein, machte der Sängerin den Hof. Sie heirateten im April 1949. Maria hatte zum erstenmal im Leben nicht nur Liebe und Zuneigung gefunden, sondern auch einen Protektor, Manager und Vater. Ihre Beziehung zur Mutter hatte sich abgekühlt, ihr despotisches Benehmen hatte sie geärgert. Bald darauf brach sie völlig mit der Mutter. Viele Jahre später schrieb sie ihr einmal: »Wenn Du nicht imstande bist, Dich selbst zu ernähren, solltest Du aus dem Fenster springen.« Die Verbindung brach ab, Evangelia ließ sich keine Gelegenheit entgehen, um Journalisten das »wahre« Bild der Maria Callas zu entwerfen.: »Sie hat mich sehr schlecht behandelt. Ein egoistisches Ungeheuer!« Maria entgegnete: »Ich werde es ihr nie verzeihen, daß sie mir meine Kindheit gestohlen hat. In all den Jahren, in denen ich hätte spielen und heranwachsen sollen, mußte ich singen und Geld verdienen.«

Meneghini verkaufte sein Unternehmen, um sich Marias Karriere zu widmen. Er schenkte ihr Liebe, Sicherheit und Unabhängigkeit von finanziellem Druck.

Ihr gemeinsames Leben war eine Folge von Triumphen und Wutanfällen, die sich in der Öffentlichkeit nur allzuoft zutrugen. Die Callas wurde auf den Schultern jubelnder Anhänger durch die Straßen von Genua getragen, sie eroberte Lateinamerika, die Vereinigten Staaten und schließlich die Mailänder Scala. Immer wieder wurde sie allein vor den Vorhang gerufen, und sie führte einen erbitterten Kampf mit ihrer Rivalin, der Sopranistin Renata Tebaldi. Nach dem ersten Akt einer Vorstellung für den italienischen Präsidenten weigerte sich die Callas weiterzusingen und verließ das Theater. Die Polizei von Rom verbot ihr nächstes Auftreten mit der Behauptung, sie sei eine Bedrohung für die öffentliche Ordnung.

Sie sonnte sich in diesen Streitigkeiten. »So lange ich höre, wie sie sich rühren und auf mich loszischen wie Schlangen, weiß ich, daß ich oben bin«, sagte sie.

Sie nahm sogar phantastisch ab. Bei ihrer Hochzeit wog Maria über 200 Pfund, als Königin der Scala 1954 nur noch 125; kurze Zeit war sie sogar auf 105 gekommen. Man sagte, es gebe zwei große Nachkriegswunder in Europa: die deutsche Wirtschaft und die Taille der Callas.

Sie selbst behauptete, das sei nur dem Wunder von Liebe und Glück zuzuschreiben, und gestand einen Großteil ihres Erfolges Meneghini zu. Sie wurde als Maria Meneghini-Callas angekündigt und gab in der Öffentlichkeit exhibitionistische Beweise ihrer Zuneigung. Sie reagierte wütend auf alle versteckten Anspielungen. »Ich weiß, was man erzählt. Ich weiß aber auch, daß Frauen, die mit jüngeren Männern verheiratet sind, nicht so glücklich sind wie ich... Es gäbe meine Karriere nicht, wenn nicht mein Mann wäre.« Einmal stürzte sie sich in die Menge vor der Scala und ohrfeigte einen Mann, der Meneghini beleidigte.

Nichtsdestoweniger ließ die Göttin ihren Schöpfer auf dem Weg des Erfolgs hinter sich. Berühmt, selbstsicher, reich und als überragende Künstlerin, geriet Maria in eine elegante Gesellschaft, in der er sich nicht wohl fühlte. Einstmals schüchtern, wollte sie nun alle exklusiven Lokale kennenlernen und dort gesehen werden. Meneghini, im Herzen ein Kleinbürger, fühlte sich glücklicher zu Hause in seinem palastartigen Heim am Gardasee. Zuerst war er nicht allzu beunruhigt – das Leben schien schließlich für ihre Karriere notwendig zu sein. War er es aber? Maria wurde mit seinem Management immer unzufriedener. Sie neigte zu der Ansicht, daß eine große Diva einfach ihren Preis diktierte, und die Opernhäuser mußten entweder zahlen, oder ohne sie auskommen. Später machte sie für die meisten Streitigkeiten mit den Operndirektoren Meneghini verantwortlich. Sie warf ihm vor, daß er, wie ihre Mutter, versuche, ihre Geschäfte zu beherrschen. Als Onassis das Ehepaar Meneghini-Callas kennenlernte, fand er in ihm einen sehr eifersüchtigen und beunruhigten Ehemann.

Onassis hielt sein Versprechen und kam im Juni 1959 nach London zur Premiere der »Medea«. Hundertsechzig Leute erhielten Einladungen mit dem Wortlaut »Mr. und Mrs. Aristoteles Onassis würden sich freuen, Sie am Mittwoch, dem 17. Juni, um 23 Uhr 15 bei einer Abendgesellschaft im Hotel Dorchester begrüßen zu dürfen«, unmittelbar nach der Premiere. Die Callas sollte der Ehrengast bei Londons glänzendstem gesellschaftlichen Ereignis des Jahres sein. Vierzig Freunden von Onassis wurden Karten für die Vorstellung reserviert. Die meisten waren auf dem Schwarzen Markt gekauft worden. Fünfundvierzig Minuten bevor sich der Vorhang hob, nahm Onassis seinen Platz an der Bar ein und verteilte Eintrittskarten und Champagner an die eintreffenden Gäste. Die Churchills, allerdings ohne Sir Winston, waren anwesend, ebenso einige Mitglieder der königlichen Familie, verschiedene Industriekapitäne und Filmstars.

Im Dorchester war Onassis vor Begeisterung außer sich. Als die Callas einen Tango hören wollte, ließ Onassis den Kapellmeister kommen, drückte ihm fünfzig Pfund in die Hand – damals das Doppelte eines durchschnittlichen Wochenlohns – und bestellte Tangos. Tina schien sich durch Aris Behauptungen, er tue das alles nur als Ausdruck der anglo-griechischen Freundschaft, nicht beeindrucken zu lassen. Freunde bemerkten, daß sie bedrückt wirkte. Der Abend endete mit einem denkwürdigen Foto der Callas, die auf der einen Seite von Onassis, auf der anderen von Meneghini geküßt wurde.

Es sollte schlimmer kommen. Das Ehepaar Meneghini-Callas nahm die Einladung an, das Ehepaar Onassis auf einer Kreuzfahrt zu begleiten. In der letzten Juliwoche legte die »Christina« in Monte Carlo ab. Außerdem waren an Bord: Sir Winston und Lady Churchill, deren Tochter Diana, ihr Arzt, Lord Moran, ihr Kanarienvogel Toby, Winstons Sekretär, Anthony Montague-

Brown und der Fiatboß Umberto Agnelli mit ihren Frauen.

Das Schiff mit seinen berühmten Gästen unternahm eine scheinbar höchst ehrsame dreiwöchige Kreuzfahrt durch den Golf von Korinth, dann nach Izmir, wie Onassis' Geburtsort auf türkisch hieß, von dort durch die Dardanellen, nach Istanbul und wieder nach Hause. Die einzige Nachricht, die unmittelbar nach Rückkehr der »Christina« in Monte Carlo eintraf, war, daß Onassis sich bei einem Sprung in das Schwimmbecken eine Rückenverletzung zugezogen hatte. Die meisten Mitreisenden breiteten lieber einen diskreten Schleier über die Vorkommnisse während der Reise.

Tatsächlich war die Jacht kurz nach dem Ablegen in Monte Carlo in stürmische See geraten, und Meneghini litt an chronischer Seekrankheit. Nur die Callas und Onassis schienen davon unberührt, und wenn alle anderen im Bett lagen, plauderten sie bis in die frühen Morgenstunden im Salon. »Ich hatte Madame Callas schon immer sehr bewundert«, erklärte Onassis später. »Was mich noch mehr beeindruckte als ihre künstlerische Begabung, sogar noch mehr als ihr Erfolg, ist ihre harte Jugendzeit, als sie durch ungewöhnlich rauhe und unbarmherzige Gewässer segelte.«

Während der Reise zankte sich das Ehepaar Meneghini-Callas möglichst unauffällig, man spürte aber die Spannung. Der diesmal nicht von Churchill faszinierte Onassis widmete sich mit emsiger Beflissenheit der von Sorgen gepeinigten Diva und verbrachte viele Stunden mit ihr allein, um ihre geschäftlichen Angelegenheiten zu erörtern. In Istanbul verschwanden Onassis und die Callas für einige Stunden. Maria erklärte ihrem Mann: »Es ist alles aus mit uns. Ich liebe Ari.«

Als die Kreuzfahrt in Monaco zu Ende ging, war niemand ganz sicher, was nun geschehen würde. Die »Christina«, mit nur Tina und den Kindern an Bord, lichtete den Anker und begab sich auf eine gemächliche Fahrt nach Venedig. Onassis blieb zurück, anscheinend, um sich wieder seinen Geschäften zu widmen. Zweimal flog er nach Mailand und dinierte diskret mit der Callas. Dann brachte er sie am 31. August mit seinem Privatflugzeug an die Riviera. Am 2. September flogen sie nach Mailand, Onassis dann allein weiter nach Venedig.

Tina war sich anscheinend nicht bewußt, wie oft ihr Mann mit der Callas zusammengetroffen war. Am nächsten Tag waren sie wieder beisammen, denn Onassis flog zurück nach Mailand. An diesem Abend aß er mit der Callas auswärts. Von da an genügte die geringste Nachricht eines Auftauchens des Paares Onassis-Callas, um die Presse über den halben Erdball zu jagen. Freitag, den 5. September, wurde berichtet, daß die Callas mit Onassis in seiner Hotelsuite *tête à tête* zu Abend speiste. Dann kehrte sie mit ihrem Anwalt nach Hause zurück, und Onassis flog wieder nach Venedig zu Tina.

Am nächsten Morgen holte er die Callas in Turin ab (die Presse hatte in Mailand gewartet) und erschien am selben Abend in Nizza. »Das Flugzeug war noch nie so oft in der Luft, seit Mr. Onassis es kaufte«, erklärte der Pilot. Am Montag flog das Paar zurück nach Mailand, wo die Callas zu Plattenaufnahmen erwartet wurde. Dienstag erklärten die Callas und Meneghini öffentlich, daß zwischen ihnen alles aus sei und daß Meneghini auch nicht länger die geschäftlichen Angelegenheiten des Stars vertrete. Als Onassis in seinem Hotel in Mailand von den Reportern gestellt wurde, erklärte er geheimnisvoll: »Ich bin ein Seemann, und solche Dinge können einem Seemann eben passieren.« Er gab keine weiteren Kommentare und flog nach Venedig zu seiner Familie. Als er ankam, war die »Christina« verlassen – Tina war mit den Kindern abgereist. Später sagte Tina, sie und Ari hätten keine Zeit gehabt, über die »unglückselige Situation« zu sprechen, aber sie glaube, es werde sich alles wieder einrenken, wenn man sich in Ruhe damit befasse. Das scheint jedoch Weisheit im Nachhinein gewesen zu sein, denn damals war Tina keineswegs in versöhnlicher Stimmung.

Onassis fand Tina und die Kinder schließlich im Familienheim der Livanos in Paris, gleichfalls in der Avenue Foch. Der alte Stavros Livanos konnte bloß murmeln: »Ich hab's ja gewußt, ich hab's ja gewußt«, und Tina war nicht in Stimmung für eine Versöhnung. Auch sie hatte ihren *philotimo,* und Onassis' öffentliches Paradieren mit der Callas hatte ihr den Rest gegeben. Sie glaubte seinen Beteuerungen nicht, daß die Callas bloß eine sehr gute Freundin sei, mit der er ihre geschäftlichen Angelegenheiten erörtere.

Am 11. September war Onassis wieder in Venedig und gab Order, die Besatzung solle sich für eine neue Kreuzfahrt in die Ägäis bereitmachen. Diesmal sollte nur *ein* Gast an Bord sein – Maria Callas. Als sie nach zwei Wochen zurückkamen, stellten sie fest, daß ihre beiderseitigen Ehehälften nicht untätig gewesen waren. Meneghini hatte sich mehreren italienischen Zeitungen gegenüber offen geäußert. Einem Bericht zufolge erfuhr Meneghini zum erstenmal am 7. August, daß seine Frau ihn verlassen wolle: »Zuerst drückte sich Maria unklar aus. Sie deutete an, sie sei an einem Wendepunkt ihres Lebens angelangt. Sie gab zu, daß sie einen anderen Mann liebe, wollte jedoch nicht sagen, wer er sei, obgleich ich sie ersuchte, aufrichtig zu sein. Dann nach einer Stunde – mir schien es eine Ewigkeit – gab sie zu, es handele sich um Onassis, den sie liebe.« Meneghini glaubte, daß Onassis die Callas heiraten wolle: »Er will seine dreckigen Tanker mit dem Namen einer großen Diva schmücken.« Tina Onassis hatte sich der Presse gegenüber nicht geäußert, doch ihre Taten waren beredt genug: Sie war mit den Kindern nach New York aufgebrochen.

Onassis war empört: »Sie hat die Kinder entführt und verlangt zwanzig

Millionen Dollar Abfindung.« Freunde mußten sich lange Tiraden voller Vorwürfe und Selbstrechtfertigung anhören. Onassis reagierte heftig auf jede Andeutung, es sei unklug, die Tochter von Stavros Livanos auf diese Weise zu behandeln. Streitlustig behauptete er, sein Schwiegervater habe »nicht einmal genug Geld, um Niarchos' Kunstsammlung oder meine Hobby-Unternehmungen zu kaufen«.

Basil Mavroleon, ein enger Freund von Tina und Ari, erschrak über Onassis' Verfassung. Onassis, der selten jemandem sein Herz ausschüttete, bestand darauf, mit Mavroleon stundenlang im Auto umherzufahren und über Tina zu sprechen. »Es war widerlich, wie er sich zu rechtfertigen suchte, indem er sie beschuldigte, es mit anderen Männern zu treiben. Ich habe den Verdacht, daß sein wahres Motiv Publicity war. Er hatte mit Tina in der Öffentlichkeit geglänzt. Sie war eine gutaussehende Frau und wurde überall fotografiert. Aber ihre Nützlichkeit war zu Ende. Sobald die Nützlichkeit der Callas verbraucht war, tat er ihr das gleiche an und heiratete Jackie. Onassis hat nie zugegeben, daß er publicitysüchtig ist, aber so war es.« Onassis leugnete entschieden, er wolle sich von seiner Frau scheiden lassen.

Doch er konnte die Ereignisse nicht länger kontrollieren. Meneghini ging vor Gericht und brachte eine Klage auf gesetzmäßige Trennung von seiner Frau ein. Die Klage erwähnte Onassis nicht namentlich, sprach jedoch davon, daß die Callas ein »Verhalten, das mit den Grundsätzen der Anständigkeit unvereinbar war«, an den Tag gelegt habe, und mit einem Mann, »den sie als ihren Geliebten bezeichnete«, Nachtklubs und andere Lokale besucht habe. Das Gericht in Brescia setzte einen Versöhnungstermin an, der ohne Erfolg blieb. Am 14. November wurde die Trennung rechtsgültig verkündet und eine finanzielle Regelung zwischen den Partnern vorgesehen.

Elf Tage später brachte Tina Onassis beim Obersten Gericht des Staates New York eine Klage auf Scheidung von ihrem Mann und ihre Bestellung zum Vormund der Kinder ein. Reporter wurden in ihr Heim am Sutton Square gerufen, wo Tina eine vorbereitete Erklärung verlas:

»Es sind fast dreizehn Jahre vergangen, seit Mr. Onassis und ich in New York City heirateten. In der Zwischenzeit ist er zu einem der reichsten Männer der Erde geworden, aber sein großer Reichtum hat mir, wie alle Welt weiß, ebensowenig Glück mit ihm gebracht, wie für ihn mit mir. Nachdem wir in diesem Sommer in Venedig auseinandergingen, hatte ich gehofft, daß Mr. Onassis unsere Kinder genug liebte und unser Privatleben genügend respektierte, um mit mir – oder durch Rechtsanwälte – unser Problem zu lösen. Aber das sollte nicht sein. Mr. Onassis weiß genau, daß ich nichts von seinem Reichtum haben will, daß mir nur das Wohlergehen unserer Kinder am Herzen liegt.

Ich bedaure zutiefst, daß mir Mr. Onassis keine andere Wahl läßt, als in New York eine Scheidungsklage einzubringen.

Ich für meinen Teil werde Mr. Onassis immer alles Gute wünschen, und ich denke, daß er sich nach diesem Prozeß weiter jenes Lebens erfreuen wird, das er offenbar zu führen wünscht, an dem ich jedoch keinen Anteil genommen habe. Mehr habe ich nicht zu sagen, und ich hoffe, man wird mich mit meinen Kindern in Frieden lassen.«

Es war eine würdevolle Erklärung, doch in dem Prozeß gab es eine unerwartete Pointe. Die Gründe, aus denen Tina die Scheidung verlangte, waren die einzigen in New York gültigen: Ehebruch. Doch die angebliche Ehebrecherin war nicht, wie allgemein erwartet, die Callas, sondern eine »Mrs. J. R.«, mit der ihr Mann angeblich »zu Lande und zur See« eine Liebesaffäre gehabt hatte. Allgemein wurde angenommen, Tina habe der Callas nicht die Genugtuung geben wollen, als Scheidungsgrund genannt zu werden. Die Identität von Mrs. J. R. wurde von den Klatschkolumnisten bald als Jeanne Rhinelander enthüllt.

Ihr Haus in Grasse wurde prompt von Reportern belagert, die Klarstellung verlangten. Sie wurden durch eine weitere vorbereitete Erklärung belohnt.

»Ich bin eine alte Freundin von Mr. und Mrs. Onassis«, sagte sie. »Es wundert mich, daß nach so vielen Jahren der Freundschaft, von der jedermann hier und in den Vereinigten Staaten wußte, Mrs. Onassis versucht, sie als Vorwand zu benutzen, um ihre Freiheit wiederzuerlangen.

Ich muß mich wundern, daß mein Name im Zusammenhang mit einem Skandal an die Öffentlichkeit kommt, in dem ich keine Rolle gespielt habe. Ich wiederhole, daß ich Mr. Onassis kenne und weiterhin seine treu ergebene Freundin bin.«

Jeanne Rhinelander bestritt den Ehebruch und drohte, Tina Onassis wegen Verleumdung zu verklagen.

Die Scheidung schien alle Eigenschaften eines häßlichen Gesellschaftsskandals anzunehmen. Gemeinsame Freunde boten sich als Vermittler an. Fürstin Gracia von Monaco rief Ari an; Elsa Maxwell, die Klatschkolumnistin, rief Tina an. Sogar Winston Churchill wurde, zu Onassis' Zorn, um Mithilfe gebeten. Onassis selbst begann sich bei seiner Frau einzusetzen, indem er der Presse einen Großteil Schuld an den Schwierigkeiten gab. Spyros Skouras erinnerte sich, wie Onassis ihn bat, von seinem Hotelzimmer in London aus Tina in New York anrufen zu dürfen, und sie dann stundenlang anflehte, sie solle die Scheidungsklage zurückziehen.

Im April 1960 sagte Onassis einem britischen Journalisten: »Eine Versöhnung mit meiner Frau Tina würde Sir Winston überaus freuen. Schließlich ist er mit uns beiden befreundet.« Bald darauf trafen Onassis und Tina in Paris zusammen, und der Weiterbestand der Ehe schien möglich, obwohl Tina sich ausdrücklich »Tina Livanos« und ihren Mann »Mr. Onassis« nannte. Das Zusammentreffen war durchaus freundschaftlich, doch es ergab sich nur ein Gesprächspunkt, sich über die Vormundschaft der Kinder zu einigen. Alexander war damals zwölf, Christina neun Jahre alt. Es wurde vereinbart, daß sie bei ihrer Mutter leben sollten, doch würde Onassis großzügige Besuchsrechte genießen. Finanziell waren sie durch den amerikanischen Treuhandfonds gesichert, der damals fünfundzwanzig Prozent von Onassis' Flotte kontrollierte. Für sich selbst verlangte Tina keine Alimente.

Sie machte noch ein Zugeständnis, indem sie ihre in New York eingereichte Scheidungsklage und den Vorwurf des Ehebruchs zurückzog. Tina ging nach Alabama und erlangte rasch eine Scheidung wegen »seelischer Grausamkeit«.

Liebte Onassis die Callas? Manche Beobachter neigten dazu, es nicht zu glauben, und vielleicht auch die Callas selbst. Es mag bezeichnend sein, daß in den nächsten neun Jahren, in denen Onassis und die Callas zusammen waren, keiner von beiden auch nur ein einziges Mal behauptete, sie liebten einander oder hätten die Absicht zu heiraten.

Onassis blieb stets dabei, daß sie »bloß gute Freunde« seien, und es ist möglich, daß in diesem Fall die abgedroschene Phrase das Wesen einer Beziehung zutreffend ausdrückte. Das heißt aber nicht, daß sie niemals ein Liebespaar waren oder daß ihre Freundschaft weniger leidenschaftlich war als die meisten Ehen oder Liebesaffären. Sie erkannten sich gegenseitig als gleichwerte Partner an und schöpften Kraft aus ihrer Neigung zueinander.

Tina heiratete als erste wieder, etwa ein Jahr nach ihrer Scheidung. Ihr zweiter Ehemann war ein englischer Aristokrat, der fünfunddreißigjährige Marquess of Blandford. Als Hochzeitsreise unternahmen sie eine Kreuzfahrt in die Ägäis.

Onassis hatte andere Sorgen, deren wichtigste, nach der Callas, Monte Carlo war. Seine lange Liebesaffäre mit dem Fürstentum neigte sich dem Ende zu, ein Ende, das sich als ebenso schmerzlich wie kostspielig erweisen sollte.

Eine fürstliche Revanche

Geborene Monegassen dürfen laut Gesetz nicht an Glücksspielen teilnehmen. Dessenungeachtet hegen sie großes Vertrauen zu dem leitenden Prinzip des Glücks. Es ist in gewissem Sinn die einzige glaubhafte Erklärung für Monacos seltsame Geschichte. Es gibt nichts von Natur aus Wertvolles in seinem felsigen Grund und Boden – seine Lage ist weniger günstig als die der anderen Städte an der Riviera. Doch es hat, ungeachtet der historischen Gesetze und der geringfügigen Größe (anderthalb Quadratkilometer), nicht nur überlebt, sondern sogar floriert. Seine Grundstückspreise sind ebenso hoch wie die in Paris, London oder New York. Es gibt keine Einkommenssteuer, und bisher sind keine beunruhigenden Verbrechen bekanntgeworden.

Seit Monaco im Jahr 1297 von den als Franziskanermönche verkleideten Gefolgsleuten der Familie Grimaldi erobert wurde, hat das Fürstentum mit Geschick und Umsicht seinen Weg in der Welt gemacht. Dank seiner geringen Steuerbelastung lebt Monaco in Wohlstand und weil die Welt noch immer an seine Mystik glaubt. In den Cafés unter den Palmen und in den eleganten Hotelbars aus der *belle époque* ist das Phänomen Monaco weiter ein Gegenstand lebhafter Diskussionen. Vielleicht hat die Illusion über die Wirklichkeit triumphiert, aber die Monegassen sagen lieber, daß die Illusion im Grunde Wirklichkeit *ist*. Als überaus praktisches, wenn auch nicht gerade besonnenes Volk sind sie bereit, mit solchen Widersprüchen zu leben. Es gab auch schlechte Zeiten, aber das Glück blieb ihnen treu. Die Suche nach dem Glück, die Aristoteles Onassis nach Monaco brachte, war ein typischer Fall. Zehn Jahre lang, von 1953 bis 1963, war Monaco nicht nur die Zentrale seiner Unternehmungen, sondern auch so etwas wie ein Zuhause. Im Geschäftlichen wie im Privatleben war es für ihn aber nur eine Übergangsperiode.

Als Onassis kam, lag das Fürstentum gerade in den Wehen einer Art Identitätskrise, Ergebnis der Tatsache, daß es ihm nicht gelungen war, mit einigen der härteren Fakten des zwanzigsten Jahrhunderts einen Kompromiß zu schließen. Es hing noch immer von einer Sorte Menschen ab, deren eigene Überlebenschancen zweifelhaft schienen. Die meisten Vermögen weißrussischer Emigranten waren schon lange an den Croupiertischen verspielt. England befand sich auf dem Weg zum Sozialismus, und die Devisenkontrolle machte es allen außer den erfinderischen Leuten schwierig, ihr Geld zu riskieren. Ein Fehlschlag führte zum anderen. Geldmangel und Vernachlässigung machten sich in den Hotels und den leeren Spielsälen bemerkbar, und es war schwierig, eine neue Klientel anzuziehen, zudem fehlte, was die meisten Feriengäste im zwanzigsten Jahrhundert als Vorbedingung für jedes erfolgreiche Seebad betrachten – ein annehmbarer Strand.

Noch kritischer war das unfürstliche Verhalten des jungen Rainier III., der im Jahr 1949 seinem Großvater auf dem Thron folgte, nachdem sein Vater, Prinz Pierre, von der Nachfolge ausgeschlossen und aus dem Fürstentum verbannt worden war. Als Kind hatte Rainier die Härten der Erziehung in einem Internat in England erlebt und eine Anzahl unglücklicher Jahre verbracht, in denen er zwischen der uneinigen fürstlichen Familie hin und her geschoben wurde. Nach seiner Thronbesteigung schien vieles im Wesen des jungen Fürsten selbstzerstörerisch zu sein. Er nahm unter falschem Namen an einem Autorennen teil und kam beinahe ums Leben. Er schien es auch mit dem Heiraten und dem Zeugen eines Thronerben nicht eilig zu haben, eine Bedingung für das Überleben des Fürstentums, gemäß eines zwischen Frankreich und Monaco bestehenden Vertrags.

Es ist keine Übertreibung, wenn man sagt, daß Onassis' Anwesenheit den Niedergang des Fürstentums stoppte. Er wurde von Anfang an als legendäre Gestalt angesehen, die über Zauberkräfte verfügte. Sogar bevor genau bekannt wurde, was er vorhatte, hielt man ihn für den Mann, »der ein neues Monte Carlo« schaffen wollte.

In Monte Carlo zeigte Onassis eine besser organisierte Version seines Vagantenlebens. Sein Büro lag auf halber Höhe zwischen dem Casino und dem Hafen, wo die »Christina« den besten Ankerplatz innehatte. Er richtete sich über dem Büro eine Wohnung ein und ließ im Hôtel de Paris ein kompliziertes Fernmeldesystem einbauen, um dort Anrufe entgegennehmen zu können, wenn er Gäste bewirtete. Der große Speisesaal mit seinem riesigen Wandgemälde, den Schönheiten der *belle époque,* hatte ihm immer gefallen. Die schamlose Üppigkeit des Saales war wie seine eigene, kunstvolle Schaustellung des Hedonismus, die über konventionelle Begriffe von gutem oder schlechtem Geschmack hinausging.

Reichere und berühmtere Leute als Onassis hatten Monte Carlo zu ihrem vorübergehenden Wohnort gemacht oder sich aus Liebhaberei mit den Geschäften des Fürstentums befaßt, aber sie begnügten sich damit, es als Kulisse für ihre gesellschaftlichen Ambitionen zu benutzen. Onassis war ein Eindringling besonderer Art, einer, mit dem sich die Monegassen identifizieren konnten. Er war wie sie am Mittelmeer gebürtig und teilte daher ihren Hang zur Intrige als legitime Zugabe zum Geschäftsleben. Und die Monegassen fühlten sich, anders als die Angelsachsen, nie durch die autokratische Art beleidigt, mit der er seine Angestellten und Partner mitunter behandelte. Die Überzeugung, daß sich ein Schiffsmagnat gelegentlich herrisch benehmen sollte, ist ein entschieden südlicher Zug.

Onassis' erster direkter Versuch, Monte Carlo wiederzuerwecken, enthielt ein gewisses Maß an diskreter gesellschaftlicher Werbung. Er war sich der Notwendigkeit bewußt, Touristen mußten angelockt werden, die viel Geld ausgaben, und das konnten in den fünfziger Jahren nur Amerikaner sein. Da die Amerikaner ein ausgesprochenes Faible für Fürstenhäuser haben, sollte man mit einer geschickten Werbung durch Monacos Fürstenfamilie den Anfang machen. Schließlich wäre zu überlegen, warum Rainier sich nicht mit einer »amerikanischen Berühmtheit« verheiraten sollte.

Bevor der Plan in die Tat umgesetzt werden konnte, zeigte Fürst Rainier ein spontanes Interesse für eine recht königliche Filmdiva. Im Januar 1956 gab er seine Verlobung mit Grace Kelly bekannt. Sie heirateten drei Monate später.

Die dem monegassischen Fürsten gezollte Ehrerbietung fiel Onassis nicht leicht, um so mehr als seine Beteiligung an der SBM ihm das Gefühl gab, daß eher er und nicht der Fürst der mächtigste Mann in Monte Carlo war. Als Onassis nach seiner Meinung zu Rainiers Heirat mit Grace Kelly gefragt wurde, wies er auf das Ende des Alleinseins des Fürsten hin. »Es muß sehr einsam für ihn sein, dort oben in dem Palast, umgeben von all den alten Höflingen.« Rainier wiederum sagte über Onassis: »Ich will nichts mit ihm zu tun haben. Am liebsten möchte er aus Monte Carlo ein Monte Greco machen. Als er neulich in den Palast kam, sagte ich ihm: ›Mr. Onassis, Ihr Geld hat Ihnen alles gebracht, außer einer Erziehung. Sie wurden schlecht erzogen.‹«

Als Onassis dies Interview las, war er empört: »Hat der Junge die Unverschämtheit, schlecht über mich zu reden? Ich dachte, wenn wir ihm das Boot besorgten, würde er den Mund halten.« Das Boot war die »Deo Juvante«, eine 40-Meter-Jacht im Wert von 200 000 Dollar. Daß Rainier die Jacht selbst voll bezahlt hatte, wurde durch Onassis' zweideutige Ausdrucksweise verschleiert. Beider Empfindlichkeit war ein schlechtes Vorzeichen für eine ersprießliche Zusammenarbeit.

Später wurde behauptet, Onassis sei bei Rainier nach seiner Scheidung in Ungnade gefallen, da der Fürst als frommer Katholik eine mögliche Heirat mit der Callas mißbilligte. Doch diese Erklärung ist zu einfach. Wenn Rainier, Familienvater und bürgerlicher Monarch, die Vorgänge jenseits der Bucht von seinem Palast aus betrachtete, behielt er es für sich. Grace und Rainier trafen bis 1964 mit Onassis auch weiterhin zusammen, sie nahmen sogar an einigen Empfängen in Anwesenheit der Callas auf der »Christina« teil.

Onassis bot dem Fürsten immer wieder seine Jacht an. Er ermunterte ihn, eine Gästeliste aufzustellen, und bewirtete Rainiers Freunde persönlich. Rainiers Kinder zogen Onassis immer wieder aus dem Liegestuhl, in dem er seine Siesta hielt. »Sie neckten ihn, kniffen ihn in die Ohren und schleppten ihn in den Swimming-Pool«, erinnert sich Rainier.

Die Gründe für die Freundschaft zwischen Onassis und Rainier waren komplizierter, als es sich den meisten Beobachtern darstellte. Rainiers Auffassung von der Monarchie hatte sich geändert. Er schien seine Person sehr wichtig zu nehmen und demonstrierte, daß er die Herrschaft über sein Fürstentum voll ausüben wolle. Vor allem stellte sich die Frage, wo sich Onassis am besten in das neue System einfügen lasse. Später wurde daraus die Frage, ob Onassis' Anwesenheit mit Rainiers Autorität in Einklang gebracht werden konnte.

Es gab keinen dramatischen Bruch zwischen ihnen. Rainier war trotz seiner Reserviertheit immer für Onassis' Charme zugänglich. »An einem Tag gingen sie aufeinander los«, erinnert sich einer von Rainiers Ministern, »und am nächsten küßten sie sich auf die Wangen.« Die Häufung von Streitigkeiten über manchmal scheinbar geringfügige Fragen bedeutete jedoch einen unvermeidlichen Verschleiß des Verlangens, sich zu versöhnen.

Die Wurzel des Problems lag in dem besonderen Charakter der SBM. Die 1862 gegründete Gesellschaft reflektierte den Charakter und Geschäftssinn ihres ersten Chefs. Als Blanc von der schlimmen Lage des Familienbesitzes der Grimaldi hörte, sicherte er sich das Glücksspielmonopol im Fürstentum zu bemerkenswert günstigen Bedingungen. Für zehn Prozent der Einnahmen des Casinos, die alljährlich der Staatskasse zu entrichten waren, erwarb Blanc den Großteil der besten Grundstücke in Monte Carlo. Er verpflichtete sich auch, Wasser und Elektrizität zu installieren. Das war keine altruistische Geste – Blanc war klar, daß unter den herrschenden sanitären Verhältnissen keine Besucher kommen würden.

Viele Jahre lang funktionierte das Abkommen völlig zufriedenstellend. Die Familie Grimaldi hatte das Privileg eines großen Jahreseinkommens, ohne sich wirklich um die Geschäfte ihres Fürstentums kümmern zu müssen. Ihr Reichtum wuchs mit jedem Roulettespiel. Die wirtschaftliche Lage Monacos nach dem Krieg machte jedoch die Betriebsführung der SBM zu einer ernsten Sorge für den Staat.

Die Gesellschaft war nicht fähig, sich den geänderten Verhältnissen anzupassen. Monte Carlos Hotels, die sie zum Großteil kontrollierte, waren in einem Geist der Gleichgültigkeit gegenüber der Rentabilität geführt worden. Dies hatte seinen Grund: Gäste, die all ihr Geld an den Spieltischen verloren, würden eher wiederkommen, wenn die Begleichung ihrer Hotelrechnung diskret behandelt würde. Nicht zu rechtfertigen war der Brauch, den Leuten, die sich in Monte Carlo ruiniert hatten, zu erlauben, bis ans Ende ihrer Tage in den weniger hübschen Zimmern des Hôtel de Paris auf Kosten der Gesellschaft zu verbleiben. Unter denen, die dieses Vorrecht genossen, war ein früherer Kapitän der Jacht des Zaren, dem sein Roulettesystem keinen Erfolg an den Spieltischen beschieden hatte.

Dazu kam noch das Problem, daß die SBM als einzige Institution Monacos auf die öffentliche Meinung reagierte. Ihre alljährlichen Aktionärsversammlungen, die in dem prächtigen Opernhaus abgehalten wurden, waren von einem starken Konservatismus geprägt. Die Aktien waren, trotz ihrer geringen Rendite, eine patriotische Investition. Viele von den dreitausend Angestellten besaßen Aktien. Sie verfolgten alle Modernisierungsversuche mit Argwohn, insbesondere wenn beabsichtigt war, die notorisch hohe Zahl von überflüssigen Arbeitskräften zu vermindern.

Das Casino hatte so sehr an Bedeutung verloren, daß es nur noch fünf Prozent der Einkünfte des Fürstentums abwarf, dennoch war es noch immer der Mittelpunkt des gesellschaftlichen Lebens von Monte Carlo. Die Diskussion über die Zukunft begann und endete mit den Spieltischen.

Onassis hatte für Glücksspiel nicht viel übrig. Er besuchte das Casino nur, wenn seine Gäste darauf bestanden. Er geleitete Winston Churchill zum Roulettetisch, setzte die Spielmarken für ihn und verdoppelte jeden Gewinn des alten Herrn mit seinem eigenen Geld. Davon abgesehen bewahrte er eine puritanische Einstellung gegenüber Glücksspielen. Es machte ihm nichts aus, wenn reiche Leute ihr Geld an den Tischen riskierten, doch seine Haltung gegenüber weniger begüterten Spielern war eine andere. »Er spielte sich nicht als Moralapostel auf«, erinnert sich Rainier, »aber er war der Ansicht, daß weniger reiche Leute durch Glücksspiel verdorben würden. Er wußte, wie gering die Gewinnchancen waren, und meinte, sie dürften solche Risiken nicht eingehen. Wahrscheinlich hatte es mit seiner ursprünglichen Armut zu tun. Trotz all seines Reichtums und seiner Großzügigkeit ist er mit seinem Geld immer sehr vorsichtig umgegangen.«

Die einzigen Entwicklungsprojekte, die Onassis in Betracht zog, zielten darauf ab, Monte Carlo seinen früheren Glanz wiederzugeben, ohne eine substantielle Veränderung seines Äußeren vorzunehmen. Er zeigte ernstes Interesse, aus Monte Carlo ein Diätzentrum zu machen. Es würde eine »Oase der Ruhe« für müde Geschäftsleute und ihre abgeschlafften Ehefrauen abgeben. Rainier war irritiert. »Das alles ist gut und schön, Mr. Onassis, aber gibt es genug müde Geschäftsleute, die bereit sind, hierherzukommen, viel Geld auszugeben und dem Glücksspiel zu widerstehen?«

Die Situation war reich an Paradoxen. Rainier, Erbe einer jahrhundertealten Tradition, war entschlossen, Monte Carlo zu »modernisieren«. Seine alljährlichen Besuche in den Vereinigten Staaten mit Fürstin Gracia machten ihn mit amerikanischen Geschäftsmethoden vertraut. Er wollte Monte Carlo »demokratisieren«, indem er Massentouristen anzog, Mittelklassehotels baute und ein Konferenzzentrum errichtete. Onassis hingegen wollte die anachronistische Natur des Fürstentums erhalten. Seiner Ansicht nach bestand seine Funktion darin, *der* Ort zu sein, wo die Reichen und Berühmten unter sich bleiben. Pläne zur »Popularisierung« Monte Carlos würden wahrscheinlich keine neue Kundschaft anziehen, dafür sicher die alte vertreiben.

Denn die Reichen waren wiedergekommen. Ende der fünfziger Jahre erlebte das Fürstentum einen neuen Boom des Wohlstands. An den Spieltischen saßen griechische Reeder, amerikanische Filmproduzenten und Emigranten aus Königshäusern. Das Casino hatte hübsche Einnahmen. Die Anwesenheit von Fürstin Gracia fügte der gesellschaftlichen Szene noch einen gewissen Glanz hinzu, doch der größte Teil der Publizität ist Onassis' Bemühungen zuzuschreiben.

Onassis' legere Haltung machte ihn gerade beim Personal der SBM beliebt. Monaco war sein Hobby. Er griff kaum ein, und auch nur dann, wenn ihm ein Detail mißfiel. Sein Stolz auf seine Domäne war so groß, daß es leicht war, ihn zu manipulieren, sogar dann, wenn eine großzügige Entscheidung seinen eigenen Interessen zuwiderlief. Eine Tradition der SBM war der Weihnachtsbonus, der im Dezember aus den Casinoeinkünften gezahlt wurde. Wenn das Casino einen schlechten Monat gehabt hatte und infolgedessen den Bonus nicht zahlen konnte, bestand Onassis darauf, daß die Mittel auf andere Weise gefunden wurden.

Onassis' Selbstverständnis von seiner Rolle als Feudalherr stand in wachsendem Gegensatz zu Rainiers Vorstellung eines »neuen Monaco«. Beide hatten die Macht, die Absichten des anderen zu durchkreuzen. Onassis konnte als größter Aktionär seine Leute im Vorstand der SBM ernennen. Rainier hatte nicht nur das Recht, zwei Direktoren seiner Wahl einzusetzen, sondern auch ein Vetorecht gegen Onassis' Ernennungen, und er zögerte nicht, davon Gebrauch zu machen. Es gab häufige Personalwechsel, da kein Vorstand Rainiers steigenden Erwartungen entsprach. Auf Onassis' Vorschlag legte sich die Gesellschaft einen speziellen Vermittler zu, der zwischen dem Palast und Onassis' Zentrale hin und her pendelte, in der Hoffnung, zu einem Ausgleich zwischen beiden Parteien zu gelangen. Dieser Plan mißlang. Onassis und Rainier, beide von Natur aus zu Intrigen neigend, versuchten, sich die ausschließlichen Dienste des unglückseligen Mittelsmanns zu sichern, mit dem Ergebnis, daß einer von ihnen unvermeidlich enttäuscht war.

Schließlich erklärte sich Onassis mit einem der Lieblingspläne des Fürsten einverstanden. Er war bereit, einen künstlichen Strand, einen Hubschrauber-Landeplatz und ein neues Luxushotel zu bauen, machte diese Unternehmungen jedoch von der Bereitwilligkeit des Fürsten abhängig, auf sein Vetorecht zu verzichten, und der Einwilligung, auf die SBM keinen Einfluß zu nehmen. Rainier lehnte ab. »Der Fürst glaubte immer an göttliches Recht«, erinnerte sich einer seiner Berater, »und wollte es auch auf gesellschaftliche Usancen anwenden. Wenn Monaco ein modernes Geschäft werden sollte, durfte es keinen Zweifel geben, wer die Leitung innehatte.«

Onassis versuchte es mit einem Kunstgriff. 1959 kletterten die Aktien von SBM, die auf ungefähr 1700 Francs gestanden hatten, an der Pariser Börse in einem Monat auf 4200 Francs. Die Identität des Käufers wurde bekannt, als Onassis verkündete, daß eine Gesellschaft, an der er »beteiligt war«, nun im Besitz von mehr als 500 000 Aktien sei. Er war nun Besitzer der Aktienmehrheit, unabhängig von Rainiers Anteil. »Jetzt bin *ich* hier der Boß«, bemerkte er zu Louis Vuidet, dem *maître d'hôtel* des Hôtel de Paris.

Der nächste Schritt lag bei Rainier. Mangels irgendeiner Verpflichtung von Onassis' Seite gründete Rainier die Monaco Development Company, um fremdes Kapital und Geschäft anzuziehen. Das Klima und die Steuerfreiheit des Fürstentums waren berühmt. Hunderte Geschäftsleute verlegten die Zentralen ihrer Gesellschaften nach Monaco. Es folgten mehrere gute Jahre.

Rainiers Spielart eines aufgeklärten Absolutismus wäre vielleicht von Dauer gewesen, hätte es da nicht die Feindseligkeit eines anderen Herrschers mit ähnlichen Begriffen von starker Regierung gegeben. Charles de Gaulle blieb nicht verborgen, daß französische Staatsbürger sich ihrer Steuerpflicht entzogen, indem sie ihren Wohnsitz nach Monaco verlegten. 1962 teilte er Rainier mit, er beabsichtige, innerhalb von sechs Monaten den Freundschaftsvertrag zwischen beiden Ländern zu kündigen. Die Krise spitzte sich im Herbst durch die Errichtung vorübergehender Zollschranken zu, obendrein drohte de Gaulle, die Versorgung des Landes mit Gas und Strom einzustellen, wenn keine Einigung erzielt würde.

Rainier hatte keine Wahl. Es wurde ein Vertrag unterzeichnet, der es französischen Staatsbürgern schwer machte, in Monaco zu wohnen und die französischen Steuern zu umgehen. Die Auswirkungen entsprachen allerdings nicht de Gaulles Erwartungen. Zwei Drittel der schätzungsweise sechzehn Milliarden Francs, die Franzosen in Monte Carlo gehörten, fanden ihren Weg in die Schweiz. Monacos Wohlstand schwand über Nacht.

Onassis spielte eine kleine, aber boshafte Rolle in dieser Krise. Im September 1962 bot er Rainier an, ihm seine gesamte Aktienbeteiligung an der SBM zu verkaufen, scheinbar um ihm in seinen Schwierigkeiten zu helfen. Die

Geste war, wie so viele von Onassis' Handlungen in Monte Carlo, hauptsächlich für die Öffentlichkeit bestimmt. Das Fürstentum verfügte gar nicht über die Mittel, Onassis' Angebot anzunehmen. Als sein Vorschlag abgelehnt wurde, gestand Onassis, habe er »einen großen Seufzer der Erleichterung« ausgestoßen.

Doch seine Erleichterung war verfrüht. Das Scharmützel mit de Gaulle hatte eine Nebenwirkung: Rainier wollte die öffentliche Meinung Monacos für sich und sein Regime einnehmen. Anstelle der absolutistischen Herrschaft trat eine konstitutionelle Monarchie mit allgemeinen Wahlen und einem Obersten Gericht. Monacos neues politisches Bewußtsein wurde in Richtung einer stärkeren Kontrolle über Onassis und die SBM gelenkt.

Rainiers Offensive begann mit einem versteckten Hinweis in seiner Neujahrsansprache 1964 auf die Mängel der SBM. »Es ist notwendig«, sagte der Fürst, »daß sie ihre Aufgaben einer Überprüfung unterzieht und sich, in richtigem Verständnis ihrer Funktion, rückhaltlos der Zukunft des Fürstentums widmet.« Onassis nahm Anstoß. »Der Fürst will für Monaco einen Zehnjahresplan aufstellen. Sehr gut! Aber die SBM hat noch keine Einzelheiten erfahren – wie also kann sie ihn billigen oder mißbilligen?«

Charles Audibert sollte im Palast herausfinden, was der Fürst eigentlich wollte. Rainier bestand darauf, daß Onassis zuerst seine eigenen Pläne ausbreiten solle. Onassis hütete sich vor einer eindeutigen Verpflichtung.

Erst nachdem seine mündlichen Vorstellungen als »zu unpräzise« verworfen wurden, war Onassis bereit, Rainier in aller Form ein schriftliches Angebot zur Mitarbeit zu unterbreiten. »Wir können aus dem Ort wirklich kein zweites Brighton machen, weil der Strand einfach nicht breit genug ist – es gibt zu wenig Platz«, bemerkte er zu einem britischen Journalisten. Er war bereit, *ein* Hotel zu bauen – nicht mehr. Dafür verlangte er von Rainier, daß er auf sein Vetorecht bei der SBM verzichte und einen Großteil der unrentablen »kulturellen Ausgaben« der Organisation übernehme, so zum Beispiel die Erhaltung des Nationalorchesters von Monte Carlo.

Die Konfrontation kam an die Öffentlichkeit, als Rainier es durchsetzte, daß Audibert vom Aufsichtsrat der SBM zurücktrat. Rainier sah ihn als Onassis' Gefolgsmann an. Audibert rief ihn mitten in der Nacht an. »Begreifen Sie nicht, daß er sich auch Ihrer entledigen wird?«

Nach einem Besuch bei de Gaulle, bei dem ihm der General bedingungslose Unterstützung gegen Onassis zusicherte, stieg Rainiers Mut. Seit seine – und Monacos – Ambitionen in die Schranken gewiesen worden waren, konnte de Gaulle es sich leisten, großzügig zu sein. Von nun an bezeichneten französische Behörden Onassis als »unerwünschte Person« in Monaco. Rainier nutzte diese Wendung der Dinge, indem er seine nächste Offensive in Form einer

»Erklärung« an den Herausgeber von *Le Monde* startete. Der geschraubte Stil des Fürsten stand in seltsamem Gegensatz zu dem banalen Charakter seiner Klagen. Er sprach ausführlich über Onassis' Weigerung, auf den Tennisplätzen des Fürstentums Flutlichtanlagen zu installieren.

Onassis' Verhalten, behauptete der Fürst, könne nur dadurch erklärt werden, daß er »vor allem ein Spekulant« sei, dem es an jeglicher wirklichen Sorge um seine Wahlheimat mangle. »Monsieur Onassis sagte uns wiederholt, daß Glücksspiel unmoralisch sei«, fuhr Rainier fort. »Das ist Ansichtssache. Wir wissen aber nicht, ob finanzielle Spekulationen weniger unmoralisch sind als Glücksspiele, die strengen gesetzlichen Bestimmungen unterliegen.« Wie immer sich Onassis anderswo benahm, in Monaco hatte er keinerlei spekulatives finanzielles Interesse gezeigt – im Gegenteil. Es war Onassis' deutlich erkennbares Desinteresse, seine Investitionen zu erhöhen, das Rainiers Mißbilligung erregt hatte. Die Wahrheit ging jedoch in der Hitze des Gefechts unter. »Die einzige Lösung«, schloß der Fürst, »scheint eine Kraftprobe zu sein. Meine Regierung und ich sind zu dieser Kraftprobe entschlossen.«

Eine Möglichkeit war die Nationalisierung; in Frankreich, wo der Staat ein gut verwaltetes und überaus gewinnbringendes Glücksspielmonopol besaß, war man damit gut gefahren. In Monaco war die Lage anders, hier bildete das Spiel die Haupteinnahmequelle des Fürstentums. Monegassen, Aktienbesitzer der SBM, gründeten Komitees, um gegen jeden Schritt Rainiers zu protestieren, der zu ihrer Enteignung führen konnte. Das Projekt wurde zugunsten eines Planes aufgegeben, den Rainiers Schwager, Jean-Charles Rey, ein Pariser Anwalt, entwickelte. Der Staat würde 600 000 neue Aktien der Gesellschaft auflegen und damit die klare Mehrheit erwerben. Außerdem würde er das Angebot machen, alle anderen Aktien, welche die derzeitigen Aktionäre abzustoßen wünschten, zu einem mittleren Kurs zwischen der höchsten und niedrigsten Notierung der SBM-Aktien im Jahr 1966 zu übernehmen.

Diese Lösung hatte den Vorteil, daß sie den privaten Status der SBM scheinbar beibehielt und dabei Rainier die effektive Macht gab, mit ihr zu verfahren, wie er wollte. Die Aktionärsvereinigungen bezeichneten den Vorschlag einmütig als »Gangstergesetz«. Als Onassis von dem Plan erfuhr, glaubte er, Rainier mache Witze.

Aber es war dem Fürsten ernst. Das Dekret wurde ausgearbeitet und beschlossen. Onassis' Einspruch wegen Verfassungswidrigkeit wurde vom Obersten Gerichtshof abgewiesen. Wenige Tage später erhielt Onassis einen Scheck in Höhe von 39 912 000 Francs (zehn Millionen Dollar) für seine 500 489 SBM-Aktien.

Später pflegte er zu behaupten, daß die Aktien weit mehr wert gewesen seien, als er erhalten hatte. »Wir wurden betrogen.« Aber sein eigentlicher Kummer war persönlicher Natur. Er war der mächtigste Mann in Monte Carlo, und er war entthront worden. Er blieb Monte Carlo bis in die letzten Monate seines Lebens fern, dann machte er einen Abschiedsbesuch. Er war krank und einsam und hatte den Wunsch, die unangenehme Erinnerung zu tilgen.

Onassis lud Rainier zum Diner auf die »Christina«. »Er war nie mißgünstig«, erklärte der Fürst später. »Das war ein sehr schöner Zug.«

Geschenke für Griechenland

Onassis hatte wenig Interesse für Literatur, war aber fasziniert von der klassischen Mythologie. Vor allem faszinierte ihn die Geschichte von Odysseus, der nach Jahren der Katastrophen, Irrfahrten, Prüfungen und des schließlichen Triumphs auf seine Heimatinsel zurückkehrte, um sein Königreich zurückzufordern. Für Onassis waren die Parallelen zu dem Helden der Sage klar. Nach dem Zweiten Weltkrieg schien es aber keinen Grund zu einer so idealisierten Heimkehr zu geben.

Griechenland lag noch in den Wehen des Bürgerkriegs und hatte wenig Interesse für das private Schicksal von Onassis. Die Abfuhr, die er mit seinen Vorschlägen für die Liberty-Schiffe und die T-2-Tanker erlitten hatte, waren ein klarer Beweis für sein geringes Ansehen bei seinen Landsleuten.

In den fünfziger Jahren hatte sich die Lage völlig geändert. Das politische Klima Griechenlands war besser geworden und einige weitsichtige Politiker begannen, sich mit den Entwicklungsproblemen zu befassen. Ihnen fiel auf, daß die reichsten und wagemutigsten Griechen im Exil lebten. Ihr Erfolg lieferte der griechischen Presse reiches Material für Stories über arme Griechenjungen, die im Ausland reich geworden waren, aber die Emigranten nahmen kaum Einfluß auf die griechische Wirtschaft.

Konstantin Karamanlis, seit 1955 Ministerpräsident, glaubte, die Lösung gefunden zu haben. Massive Investitionen waren das Ei des Kolumbus. Männer wie Onassis, Niarchos und die anderen Reedereimagnaten waren sichtlich mit Geldmitteln gesegnet und konnten sich vielleicht als nutzbringend erweisen, wenn man sie bei ihrem Patriotismus packte. Karamanlis lud Onassis zum Mittagessen ein.

Die Einladung kam nicht unerwartet. Karamanlis hatte bereits verbreitet, falls er die Wahl gewinne, werde er bemüht sein, mit den Griechen im Ausland ins Geschäft zu kommen. Onassis zeigte sich am stärksten an dem Vorschlag für eine neue nationale Fluglinie interessiert.

Es war kein Geheimnis, daß die in Staatsbesitz befindliche TAE eine völlige Pleite war. Zusammen mit ihren assoziierten Linien besaß sie nur dreizehn DC-3 (Dakotas) und eine DC-4, und ihr einziger internationaler Flugdienst war einmal wöchentlich die Route Paris–London. Karamanlis wollte eine gewinnbringende Fluglinie von internationalem Format schaffen. Es war kein absurder Ehrgeiz: Griechenland lag günstig auf der internationalen Route, und ein nationales Unternehmen konnte auf die Unterstützung griechischer Auswanderer bauen, die vor allem aus Nordamerika in den Ferien nach Hause flogen. Wenn die griechische Reederei eine internationale Erfolgslegende war, warum nicht auch die griechische Luftfahrt? Was man brauchte, sagte Karamanlis, war der richtige Mann, sie zu leiten. Wer konnte besser dafür geeignet sein als Onassis? Warum sollte man die TAE nicht zum alten Eisen werfen und eine neue Linie in seinem Besitz schaffen?

Das gefiel Onassis. Der Aussicht, als einziger in der Welt eine nationale Fluglinie zu besitzen, konnte er praktisch nicht widerstehen. Er sicherte Karamanlis zu, sein Bestes zu tun.

Als Karamanlis seine zwanglose Fühlungnahme fortsetzte, wurde klar, daß es zwei Projekte gab, welche den Auslandsgriechen am verlockendsten erschienen – die Fluglinie und eine Werft für Instandhaltungsarbeiten –, und daß es zwei Hauptbewerber gab: Onassis und Niarchos. Später behauptete Onassis gern, er habe für beide Geschäfte die besten Vorschläge gemacht, doch Karamanlis sei bei dem Gedanken, alles einem einzigen Mann in die Hand zu geben, in Verlegenheit geraten. Der Ministerpräsident habe ihn gebeten, entweder mit seinem Erzrivalen zusammenzuarbeiten oder so freundlich zu sein, eins der beiden Geschäfte Niarchos zu überlassen. Das letztere habe er getan, sagte Onassis: Niarchos bekam die Skaramanga-Werft vor Athen.

Andere Beteiligte geben eine andere Version. Es gab sehr wenig Unterschiede zwischen den Angeboten für beide Projekte. Niarchos machte das bessere Angebot für die Fluglinie, während Onassis mit seinen Vorschlägen für die Werft etwas besser lag. Der Kontrakt für die Fluglinie wurde aber als erstes vergeben. Minister und Staatsbeamte prüften die Vorschläge Klausel um Klausel und vergaben Punkte. Entscheidend war die Haltung von Andreas Apostolidis, Minister für Koordination, der zweite Mann in der Regierung. Apostolidis, ein harter, derber Politiker, hatte eine persönliche Zuneigung für Onassis gefaßt, für ihn der Inbegriff des grobschlächtigen, kraftvollen Selfmademan. Er hatte eine ebenso starke Abneigung gegen Niarchos, den er für einen aufgeblasenen Wichtigtuer und Liebling der sich ungefragt einmischenden königlichen Familie hielt. Unter Apostolidis' Einfluß fiel das Projekt mit einem halben Punkt Mehrheit an Onassis.

Wenige Wochen später wurden die Vorschläge für den Bau der Werft geprüft. Wieder ging Onassis als Sieger hervor, diesmal mit etwas mehr Berechtigung, und er ahnte ganz richtig, daß dies dem Ministerpräsidenten gar nicht in den Kram paßte. Für Karamanlis war ein unmittelbarer finanzieller

Gewinn für den Staat von nebensächlicher Bedeutung. Er betrachtete das Objekt auf längere Sicht: es galt, einige große Namen zur Rückkehr zu bewegen, so daß die übrigen folgen würden, was für den Staat auf lange Sicht gesehen zur Belebung der griechischen Wirtschaft führen sollte. In der ersten Phase hatte es keinen Sinn, alles ein- und demselben Mann zu geben. Er überredete Niarchos, einen oder zwei Punkte seines Angebots zu ändern, damit es günstiger aussah, und sprach ihm dann den Vertrag zu.

Onassis übernahm die TAE mit vierzehn Flugzeugen und 856 Angestellten am 30. Juli 1956. Er nannte die neue Gesellschaft Olympic Airways. Sie hatte ein Monopol für zwanzig Jahre auf die gesamte griechische Zivilluftfahrt, einschließlich Umschlag und Auftanken ausländischer Fluglinien. Der Betrieb wurde am 6. April 1957 aufgenommen.

Kaum hatte Onassis unterschrieben, als er schon jede Gelegenheit wahrnahm, um noch günstigere Bedingungen herauszuschlagen. Einmal erzählte er, als er anfangs zögerte, ob er die Konzession übernehmen solle, habe ihn ein anderer griechischer Millionär anatolischer Herkunft mit den Worten gedrängt: »Mach' dir keine Sorgen, Ari, unterschreib'! Unterschreib' alles! Mach dir gar nicht die Mühe, den Kontrakt zu lesen! Du kannst immer noch am nächsten Tag eine Verbesserung erreichen.« Onassis tat genau das. Das Feilschen dauerte an, solange er Besitzer der Olympic war, und meistens setzte er sich durch.

Olympic unter Onassis war von Anbeginn umstritten. Onassis' übliche Reaktion auf Kritik bestand darin, die fraglichen Punkte nie offen zu diskutieren, sondern seinen Rechts- und Werbeabteilungen Instruktionen zu erteilen, Statistiken auszuarbeiten, die das phänomenale Wachstum der Fluglinie aufzeigten, das in deutlichem Gegensatz zu den Lasten stand, welche die griechischen Eisenbahnen dem Staat aufbürdeten. Im Vergleich zu anderen größeren internationalen Fluglinien war die Leistung der Olympic jedoch nicht gerade eindrucksvoll. Sie war auch bei den Fluggästen nicht sehr beliebt, die durch die oft nicht ersichtlichen und anscheinend willkürlichen Annullierungen, Umleitungen und Verspätungen der Flugzeuge verärgert wurden.

Onassis schuf nie ein modernes Geschäftsunternehmen mit einer effektiv arbeitenden Führung oder funktionierender Kommunikation unter den Angestellten. Sein »Büro« war ein zerfleddertes altes Notizbuch voller Telefonnummern, das mit Gummibändern zusammengehalten wurde. Er führte sein Geschäft von jedem Ort, an dem er gerade war. Ohne ihn durften keine größeren Entscheidungen getroffen werden. Das war einer der Gründe für die schlechten Arbeitgeber-Arbeitnehmer-Beziehungen bei Olympic, insbesondere mit der militanten Pilotengewerkschaft. Agitiert von den Piloten anderer ausländischer staatlicher Fluglinien fanden die Kapitäne der Olympic die

Idee, daß eine Fluglinie einem einzigen Mann gehören sollte, moralisch anfechtbar. Ihre Streitigkeiten mit Onassis wurden zu symbolischen Kraftproben, die mit den unmittelbaren Beschwerden nicht zusammenhingen.

Onassis' Handhabung gewerkschaftlicher Streitfälle trug nicht dazu bei, die Wogen zu glätten. Einmal bezeichnete er die Fluglinie als »Hobby-Unternehmen«, aber es war ein Hobby, das er allzu anspruchsvoll fand. Immer wieder saß Onassis in Hemdsärmeln, heftig schwitzend, und führte Rededuelle mit den Vertretern der Piloten, bis es seinen gepeinigten Mitarbeitern gelang, ihn aus dem Raum zu manövrieren. Draußen redeten sie ihm zu, er solle sich irgendwohin zurückziehen und ihnen die schmutzige Arbeit überlassen. Das funktionierte eine Zeitlang, dann wurde, gerade als die Verhandlungen Fortschritte zu machen begannen, die Tür aufgerissen, Onassis stürmte hinein und schrie: »Ich will ein Hahnrei sein, wenn ich nicht morgen diese Fluglinie loswerde!«

Onassis verstand es, der Regierung eine erstaunliche Reihe von Konzessionen abzuringen. Dazu gehörten zwei Verlängerungen seines Monopols, das eine bis zum Jahr 2006; Befreiung von Körperschaftssteuern; Befreiung von Landegebühren in Griechenland; Entschädigung für Charterflüge aus Europa nach Griechenland und ein Verbot für transatlantische Charterflüge; Entschädigung durch die Regierung für Verluste durch offizielle oder inoffizielle Streiks; Entschädigung für Verluste bei Transatlantikflügen; das Recht, Flugzeuge bei ausländischen Gesellschaften, die Onassis gehörten, zu leihen, anstatt sie zu kaufen; das Recht, die Gewinne ins Ausland zu transferieren; Regierungsanleihen für 100 Millionen Drachmen (damals 3,3 Millionen Dollar) zum lächerlichen Zinssatz von 2,5 Prozent, und das Recht, Investitionsgüter zu importieren, ohne dafür Zoll zu zahlen.

Dann gab es auch, was Onassis »meine Rettung, meinen Schlüssel zur Flucht« nannte. Das war die Klausel 25 a seiner häufig revidierten Konzession zum Betrieb der Olympic, die beiden Seiten erlaubte, die Vereinbarung ohne Angabe von Gründen mit sechsmonatiger Kündigung zu beenden, eine nützliche Drohung mit Hintergrund. Als er im März 1965 mit der Regierung Georg Papandreou im Kampf lag, drohte er ausdrücklich, die Rücktrittsklausel anzuwenden. Sobald er aber hörte, daß andere bereit und entschlossen waren, Olympic zu übernehmen, trug er wieder eifrig die Verantwortung.

Diese Haltung mußte ihm Feinde schaffen. Einer seiner mächtigsten Gegner wurde Luftmarschall Georg Doukas, früher Leiter der griechischen Zivilflugbehörde. Doukas legte der Regierung im August 1967 einen Bericht über Olympic vor. Es schien ein äußerst belastendes Dokument zu sein, das zahlreiche Fälle anführte, in denen die Linie ihren Verpflichtungen nicht nachgekommen war oder nicht im nationalen Interesse gehandelt hatte.

Onassis wurde als »Krebsgeschwür der griechischen Gesellschaft« bezeichnet. »Sein Credo bestand darin, sich durch seine Unterschrift nicht gebunden zu fühlen und Menschen und Vorteile durch die klassische Methode der Bestechung zu gewinnen.«

Onassis brachte eine Klage wegen Ehrverletzung ein, das einzige Mal, daß er vor Gericht ging, und es kam zutage, daß Doukas' Anschuldigungen nur auf wenig konkreten Tatsachen beruhten und in ihren Schlußfolgerungen falsch waren. Doukas mußte seine Behauptungen zurückziehen, und damit war der Fall erledigt. Es kam jedoch zu einigen hochinteressanten Rededuellen im Gerichtssaal.

Richter: Erzielen Sie Gewinne aus der Olympic?

Onassis: Nach den zwei ersten Jahren haben wir etwas verdient, aber nur ein paar Drachmen.

Richter: Warum behalten Sie dann die Olympic?

Onassis: Was soll ich machen? Die Gesellschaft ins Meer werfen?

Richter: Ihre Argumente sind unlogisch. Wenn das Unternehmen sich nicht amortisiert, warum dehnt es sich dann ständig aus?

Onassis: Wir versuchen, weniger zu verlieren.

Richter: Ich verstehe Sie nicht. Das ist nicht logisch.

Onassis: Im Geschäft gibt es keine Logik. Mit Logik würde ich nicht dort stehen, wo ich heute bin.

Onassis machten die Täuschungsmanöver sichtlich Spaß, doch es war keineswegs Zufall, daß sein Luftfahrtunternehmen so kompliziert war. Denn Olympic Airways unter Onassis ähnelte der Schöpfung eines Einzelgängerastronomen, der sich weigert zuzugeben, daß die Erde sich um die Sonne dreht, und dadurch gezwungen ist, immer ausgefallenere und gefährlichere Mechanismen zu schaffen. Onassis war an Olympic mit zwei unerschütterlichen Überzeugungen herangegangen: Sollte die Revolution kommen, gäbe es nichts zu nationalisieren; und um jeden Preis sollte der Anschein der Gewinnträchtigkeit vermieden werden, der die Regierung veranlassen könnte, sich bei der Vergabe weiterer Konzessionen wenig geneigt zu zeigen.

Eines der Grundprobleme war die Frage, wie sollte man unter diesen Voraussetzungen Flugzeuge kaufen? Normalerweise wäre das nicht besonders schwierig – griechische Regierungen zeigten sich traditionsgemäß großzügig bei der Finanzierung von Projekten im nationalen Interesse. Ein Regierungsdarlehen hätte jedoch genau jene Art von Buchführung erfordert, die Onassis so widerwärtig fand, und hätte so gut wie sicher dazu geführt, daß alle durch die Anleihe erworbenen Aktiva in Reichweite der Regierung gerückt wären. Die Alternative bestand darin, auf dem internationalen Geldmarkt Kredite aufzunehmen, aber auch davor schreckte Onassis zurück.

Es ist für ein Unternehmen praktisch unmöglich, Anleihen aufzunehmen, die mehr als das Dreifache seines Grundkapitals betragen, und das betrug bei Olympic magere eineinhalb Millionen Dollar. Die naheliegende Lösung war die Ausgabe von Aktien, doch Onassis lehnte sie ab, weil er entschlossen war, seine Aktiva auf griechischem Boden auf ein Minimum zu beschränken. Sein konsequenter Widerstand dagegen, die veraltete Flotte von Propellerflugzeugen durch neue Maschinen aufzustocken, war der Hauptgrund für Olympics schwache Leistungsfähigkeit im ersten Jahrzehnt. Er kam mit »Subdarlehen« von anderen Onassis-Unternehmen, wie der Ionian Ltd. mehr schlecht als recht durch. Sie garantierten viel größere Kredite als Olympic sonst hätte aufnehmen können. So erwarb die Fluglinie zwei britische Comet-Düsenflugzeuge und 1965 drei Boeing 707.

Als 1967 die prestigebewußten Militärdiktatoren die Macht ergriffen, geriet Onassis unter schweren Druck, Olympic in ein bedeutendes internationales Transportunternehmen mit einer ansehnlichen Flotte von Düsenflugzeugen umzuwandeln. Man erklärte ihm, es wäre dringend notwendig, fünf Boeing 727 und zwei 707 zu einem Preis von 54,1 Millionen Dollar zu erwerben. Für Onassis stellte sich das Problem, wie er so viel Geld aufbringen sollte, ohne Aktien auszugeben.

Solche Probleme liebte Onassis. Wenn es sie nicht gab, erfand er sie mitunter. »Es ist Zeit für unsere Gymnastik«, rief er den leitenden Managern von Olympic zu, wenn ihm die Lage zu ruhig erschien. »Stellen wir uns einmal vor, die Regierung hätte sich auf Klausel 25 a berufen ... Was wäre unser nächster Schritt?« Und so wurde der Tag angenehm mit Kriegsspielen vertan. Geldverdienen an sich genügte ihm nicht länger, es sei denn, es bedeutete auch eine Bestätigung seines eigenen Genies. Eine Möglichkeit zu finden, Flugzeuge im Wert von 54 Millionen Dollar auf Pump zu bekommen, für eine Fluglinie, die das Geld nicht einmal *geborgt* bekommen konnte, das war die Art von Herausforderung, die Onassis liebte.

Die Lösung, auf die er schließlich kam und die von der Regierung angenommen wurde, war seine eigene Idee. »Ich sage immer, ich habe drei Universitäten besucht – die Londoner, die Athener und die Onassis-Universität«, erklärt Tryfon Koutalidis, der jetzige Leiter der Rechtsabteilung der Olympic. Die Lösung sah so aus: Olympic Airways war, über eine griechische Gesellschaft, eine Filiale im Alleinbesitz von Victoria Financiera Panama, deren alleiniger Aktienbesitzer Onassis war. Onassis gründete ordnungsgemäß eine andere Gesellschaft in Panama, die Aircraft Leasing Company. Diese funktionierte als ein zu siebzig Prozent von der First National City Bank, fünfzehn Prozent von Boeing und fünfzehn Prozent von einer weiteren Onassis-Gesellschaft in Panama finanziertes Konsortium. (Er besaß deren mehrere, die er für dieses und für spätere Geschäfte mit Olympic aufzog.) Aircraft Leasing kaufte dann die Flugzeuge von Boeing, und vermietete sie für zehn Jahre an Olympic Airways. Die Organisation Onassis hatte nichts aufzubringen als acht Millionen (fünfzehn Prozent), und kein Dollar kam auch nur in die Nähe von Griechenland. Olympic Airways bezahlte die Miete in 120 Monatsraten an Victoria Financiera, die dann die entsprechende Summe an Aircraft Leasing weitergab. Sie wurde darauf ohne Abzüge zuerst an die First National City weitergegeben, bis deren siebzig Prozent samt Zinsen abbezahlt waren, dann an Boeing, bis ihre fünfzehn Prozent bezahlt waren und schließlich an die Finanzgesellschaft von Onassis.

Als Andeutungen über das Geschäft durchsickerten (genaue Einzelheiten wurden nie enthüllt), zogen Onassis' Kritiker übereilte, weil selbstverständlich scheinende Schlüsse: er miete die Flugzeuge für einen Riesenprofit von sich selbst und sorge so dafür, daß Olympic Airways Geld verliere, während er es steuerfrei in Panama scheffele. Er melke die schwer bedrängte griechische Wirtschaft zu seinem eigenen Vorteil.

Onassis konnte diese Beschuldigungen gegenüber den Regierungsbeamten entkräften, zog es jedoch vor, in der Öffentlichkeit stets zu lügen, indem er behauptete, die Flugzeuge seien *Eigentum* von Olympic. Die Miete, die Olympic derzeit für die sieben Flugzeuge bezahlt, beträgt 60 000 Dollar monatlich, eine im Vergleich zum Preis auf dem Chartermarkt vorteilhafte Summe. Sogar wenn die Miete nicht angemessen war, konnte Onassis argumentieren, und tat es auch, daß die Vorstellung, er könne Olympic in Griechenland bestehlen, um in Panama Profit zu machen, lächerlich war, solange sowohl Olympic wie auch die panamaischen Unternehmen sein Alleinbesitz waren und solange Olympic weder Steuern zahlte noch Subventionen erhielt. Beides waren seine eigenen Taschen, wie also konnte man das Verschieben von einer in die andere ungehörig finden? Es war die Wahrheit, aber nicht die ganze Wahrheit.

Was aber geschah mit den Flugzeugen nach Ablauf der zehn Jahre? Wieder konnte Onassis wahrheitsgemäß antworten, daß sie schließlich nicht ihm zufielen, sondern der First National City Bank. Wenn sie von Olympic durch einen Leih-Kauf-Vertrag erworben wurden, mußten sie natürlich in den Besitz der Fluglinie gelangen. Onassis erklärte nicht, warum er das hatte vermeiden wollen. Seine Erklärung für die Prüfer lautete, Griechenlands politische und wirtschaftliche Kreditfähigkeit sei in den Augen der internationalen Finanzinstitute so gering, daß er Schwierigkeiten gehabt hätte, *irgendwelches* Geld für die Miete der Flugzeuge aufzutreiben, wenn der Vertrag bestimmt hätte, daß die Flugzeuge nach Ablauf der zehn Jahre an Olympic übergehen sollten. Was Onassis verschwieg, war die Tatsache, daß die Maschinen gleich darauf wieder an seine eigene Gesellschaft, Victoria Financiera, fallen würden, die auf diese Weise die Flugzeuge und ihre acht Millionen Dollar samt Zinsen zurückbekommen würde.

Onassis wiederholte oft die Behauptung, er habe nie eine Drachme Subvention von der griechischen Regierung erhalten, und das war absolut zutreffend. Olympic erhielt keine Subventionen, weil Onassis sie nicht wollte. Er wollte sie nicht, weil das Einsicht in seine Bücher erfordert hätte. Konzessionen waren viel zweckdienlicher, und die konnte man am besten durch den Hinweis auf eine schlechte Jahresbilanz erreichen. In achtzehn Jahren wies die Bilanz von Olympic Airways nur in drei Jahren einen Gewinn aus, den Onassis als Ergebnis von Kapitaltransfers innerhalb seines Imperiums erklärte.

Georg Theofanos, der nach Onassis' Tod von der Regierung zum Präsidenten der Olympic Airways ernannt wurde, erklärte, daß »die meisten Flugzeuge und Gebäude anderen Onassis-Unternehmen gehörten und von ihnen gemietet wurden. Ich zweifle nicht daran, daß Olympic für Mr. Onassis sehr gewinnbringend war. Das komplizierte System von ineinander verschachtelten Gesellschaften bedeutete, daß er selbst kein Geld verlieren konnte.«

Onassis beging nur einen ernsten Fehler, und zwar im Konzessionsspiel. Ironischerweise war es die Konzession, die am meisten Kritik hervorrief – Olympics Steuerfreiheit. Sie war eine Folge der ursprünglichen Verhandlungen mit Karamanlis. Onassis hatte seine Abneigung gegen Steuerbehörden und seine Abscheu vor Prüfern zum Ausdruck gebracht, die in seiner Buchhaltung herumschnüffelten. »Das macht nichts«, sagte Karamanlis, »wollen Sie sich statt dessen mit uns auf einen Prozentsatz des Umsatzes einigen – nicht viel, etwas ganz Nominelles?« »Natürlich«, erwiderte Onassis, »wieviel stellen Sie sich vor?« Karamanlis schlug 2,5 Prozent vor, und Onassis war sofort einverstanden.

Die ersten Betriebsjahre wiesen tatsächlich Verluste auf. Onassis merkte nun, wie übereilt er gehandelt hatte. Wenn man Verluste erlitt, zahlte man keine Steuern. Zum ersten und einzigen Mal in seinem Leben war er von dem Wunsch erfüllt, steuerpflichtig zu sein. Er gestand dies Karamanlis und trat dafür ein, ebenso behandelt zu werden wie jeder andere Bürger. Diesmal aber wurde er ausmanövriert. Karamanlis war sich klar, daß Onassis' Buchführungsmethoden die Olympic mehr oder minder nach Wunsch zu einem gewinn- oder verlustbringenden Unternehmen machen konnten, und lehnte das Ersuchen um »gleiche Behandlung« ab. Er machte aber den Vorschlag, die Beteiligung auf ein halbes Prozent zu senken und Onassis als Kompensation für seine früheren »Überbezahlungen« eine Anleihe auf 100 Millionen Drachmen zu geringer Verzinsung aus öffentlichen Mitteln zu gewähren.

Obwohl Stavros Niarchos die Schlacht um Olympic verloren hatte, gab er den Kampf nie auf. Die »Rückkehr« von Niarchos und Onassis in die griechische Wirtschaft war eine neue Absurdität in ihrem Wettstreit. Die Griechen machten dauernd Witze darüber. Eine der vielen Anekdoten lautete, Onassis habe Dr. Christiaan Barnard, den Pionier der Herztransplantation, in Kapstadt besucht und sei einige Zeit darauf mit einem neuen Herz nach Griechenland zurückgekommen. Die Operation habe ihn eine Million Dollar gekostet. Kaum war er zurück, flog Niarchos nach Südafrika. Ein paar Wochen später kam er wieder nach Griechenland, und es dauerte nicht lange, bis Onassis mit ihm telefonierte.

»Wie ist es gegangen, Stavros?« fragte Onassis.

»Prima. Und noch dazu hat er mir nur 500 000 Dollar berechnet.«

»Das mußte er wohl«, lautete die Antwort, »da er dir ja *mein* Herz eingesetzt hat.«

Onassis hatte, als er die Olympic kaufte, mehr als eine geschäftliche Entscheidung getroffen. Er hatte sich auf nicht klar definierbare Weise dem Land seiner Vorfahren verpflichtet. Für Onassis, den zwangsläufigen Zugvogel, bedeutete das anfangs wenig mehr, als daß er sich häufiger als früher auf griechischem Boden befand. Allmählich betrachtete er Ithaka, das legendäre Inselkönigreich des Odysseus, als seine Adoptivheimat. Kosta Gratsos stammte aus Ithaka und Perikles Drakoulis ebenfalls.

Wenn die »Christina« von Monaco aus in See stach, endete die Kreuzfahrt oftmals in griechischen Gewässern. Ithaka war Onassis' bevorzugter Hafen, wenn er berühmte Freunde an Bord hatte. Churchill wurde hierher geführt, die Garbo wurde dort mit dem Geläut von Kirchenglocken und Salutschüssen begrüßt. Die Callas brachte er ebenfalls nach Ithaka. Onassis spürte den emotionalen Ruf Griechenlands immer stärker. Wie die traditionellen Reeder wollte er irgendwohin gehören, irgendwohin zurückkehren können, wenn alles vorüber war – um irgendwo, obwohl er das nie zugegeben hätte, zu sterben.

Onassis war immer, was die Griechen »mankas« nennen, ein Bengel oder Straßenjunge, der auf die Spontaneität des griechischen Bauern und der einfachen Menschen, die ihn in Ithaka begrüßten, mit wesentlich mehr spontaner Freude reagierte als auf die High Society an der Riviera. Der Umgang mit dem Riviera-Klüngel war eine Bestätigung seines Reichtums, aber in Griechenland gab es etwas, das er schließlich als heimisch erkannte. Alexis Minotis, Griechenlands führender Schauspieler und Onassis' langjähriger Freund, sagte: »Was mir an ihm gefiel, war, daß er im Herzen und in seinem Benehmen immer ein armer Junge blieb. Er hatte nie den Dünkel der Reichen und der Snobs.« Dennoch räumte Minotis auch eine andere, paradoxe Seite der Natur seines Freundes ein: er zweifelte nicht für eine Sekunde, daß ihre Freundschaft nie von Bestand gewesen wäre, wenn nicht auch Onassis Erfolg gehabt hätte. »Obwohl er ein einfacher Mensch war, hatte er diesen ›Größenwahn‹. Er besaß eine Leidenschaft dafür, etwas Besonderes, Außerordentliches zu sein. Das war auch der Grund, weshalb alle seine Freunde bedeutend sein mußten. Er war sehr stolz auf seine Freundschaft mit Churchill, brachte ihn immer wieder ins Gespräch. ›Wie mir der große Mann sagte.‹ ... Ich glaube, daß er nicht einmal merkte, wie er sich damit in Wirklichkeit selbst schmeichelte.«

Wie weit war Onassis Grieche? Diese Frage beschäftigte Professor Janni Georgakis, den Onassis schließlich zum leitenden Direktor der Olympic Airways bestellte. Von allen Athener Freunden Onassis' war Georgakis – ein witziger, intellektueller Patrizier – der interessanteste. Ihre enge Verbindung dauerte bis zu Onassis' Tod. Georgakis war stets von der Persönlichkeit seines Arbeitgebers fasziniert. Seiner Meinung nach besaß Onassis die Eigenschaft eines Chamäleons. »In Griechenland benahm er sich wie ein Grieche, in England wie ein Engländer. Er hatte diese Fähigkeit der Anpassung. Wenn er sich auf internationalem Parkett befand, war er großartig, würdevoll und beherrscht. In Griechenland unter Griechen benahm er sich wie auf dem Markt.«

Als seine Bindungen an Griechenland enger wurden, wuchs auch sein Interesse für griechische Kultur, Geschichte und Theologie. Er sprach nicht mehr bloß über Geschäfte und Schiffe. Dieses Interesse für die erhabenere Seite des Lebens, das mit Onassis' triumphalem Erscheinen auf dem Schauplatz Griechenland zu sprießen begann, führte beinahe dazu, daß er eine philanthropische Tat getan hätte. Eines Abends, als Minotis fand, daß Onassis in besonders zugänglicher Stimmung war, bemerkte er nachdenklich, wie wunderbar es wäre, wenn das alte Dionysostheater restauriert werden könnte.

»Wie viele Schiffe besitzen Sie?« fragte Minotis.

»Lassen Sie mich in Frieden«, brummte Onassis, der sich durch die unschuldig klingende Frage keineswegs täuschen ließ. »Sie reden immerfort von Theatern.«

»Und Sie reden immerfort von Schiffen. Wie viele haben Sie?«

»Derzeit einhundertsiebzehn.«

»Und wieviel ist ein Schiff wert?«

»Ach, lassen Sie mich doch in Ruhe.«

Doch Minotis blieb hartnäckig und entlockte Onassis, daß ein Schiff etwa sieben Millionen Dollar wert sei. Er fragte, warum Onassis nicht einfach annähme, eines wäre gesunken, und das Geld für die Wiederherstellung des Theaters verwende. Was sind läppische sieben Millionen Dollar, wenn es gilt, jenen Ort zu restaurieren, an dem die Geburtsstunde Europas geschlagen hatte, fragte Minotis rhetorisch. »Man kann eine Tafel anbringen, auf der steht: ›Wiederhergestellt dank der Spende von Aristoteles Onassis.‹ Das Theater bleibt für alle Zeiten, aber ein Tanker kann sinken und verrosten. Was sind schon sieben Millionen Dollar, wenn man dafür Unsterblichkeit erringen kann?«

Minotis hatte, wie immer, seinen Zuhörer geschickt eingeschätzt. Onassis, der dem Gedanken an Unsterblichkeit keineswegs abhold war, schluckte den Köder und warf sich mit der ihm eigenen Begeisterung für neue Projekte auf den Plan. Aber da gab es einen Haken. Das Gesetz verbot die Restaurierung von Altertümern, die zu weniger als fünfundzwanzig Prozent als altgriechisch zu bezeichnen sind. Es war nur noch ein kleiner Teil des ursprünglichen Theaters vorhanden und viele An- oder Umbauten waren römischer, byzantinischer und fränkischer Natur. Onassis, der sich nie bei einem Projekt durch nebensächliche Einzelheiten behindern ließ, machte sich mit Minotis daran, mit den Bürokraten zu verhandeln. Er wollte eine Gesetzesänderung und eine bescheidenere Restaurierung erreichen. Karamanlis, damals noch Ministerpräsident, war dem Projekt günstig gesinnt, aber er wurde 1963 gestürzt, und sein Nachfolger Papandreou zeigte wenig Begeisterung. Der Plan wurde fallengelassen.

Onassis' Suche nach einem emotionalen Zuhause ging weiter. Er besaß bereits zwei Häuser in Griechenland. Sie standen nebeneinander in dem Athener Küstenvorort Glyfada, der unter der Einflugschneise der Athen anfliegenden Maschinen lag.

Auf der Suche nach einer geeigneteren Bleibe in Griechenland mußte Onassis unvermeidlich durch Niarchos' Beispiel angespornt werden. Niarchos hatte sich eine eigene Insel gekauft – das zwanzig Quadratkilometer große Spetsopoula, unweit der beliebten Touristeninsel Spetsai im Saronischen Golf, ungefähr achtzig Kilometer von Athen entfernt. Er baute dort einen Hafen, Hubschrauberlandeplatz und eine Go-cart-Bahn. Im Wald wurde ein Jagdhaus errichtet, außerdem wurden Spazierwege und eine acht Kilometer lange Straße rund um die Insel angelegt. Das ursprüngliche »Herrschaftshaus« wurde vergrößert und modernisiert und drei neue Gästehäuser errichtet. Im Dorf nahe des Hafens, wo die Inselbewohner lebten, waren Fasanenbrutplätze und Jagdhundezwinger geplant; denn Niarchos hatte die Absicht, die Insel in ein Jagdparadies zu verwandeln.

Im Sommer 1963 erfuhr Onassis, daß die Insel Skorpios zum Verkauf stand. Sie war etwas über 1,5 Quadratkilometer groß, kostete bescheidene 110 000 Dollar, und man hatte von dort einen einzigartigen Blick auf das bergige Nordende von Ithaka. Skorpios war felsig und unfruchtbar, doch es wuchsen dort herrliche Olivenbäume. Onassis sah vor seinem geistigen Auge die Insel bereits mit einer üppigen Vegetation, mit Zypressen, Walnüssen, Mandeln und Bougainvilleas bewachsen und mit einer Straße und einem Hafen, genauso wie Spetsopoula, ausgestattet. Es gab nichts, das man nicht mit Geld kaufen konnte. Onassis hatte sein Inselkönigreich gefunden.

Im Herbst 1964 zeigte Onassis seine Insel voller Stolz der Callas. In dieser romantischen Umgebung beschloß er, seiner Geliebten ein Schiff zu besorgen. Es war ein Entschluß, der beträchtlichen Ärger verursachen sollte.

Ein Unglücksschiff

Panaghis Vergottis war einer von Onassis' ältesten Freunden. Sie hatten sich Mitte der dreißiger Jahre in London kennengelernt, als Onassis anfing, seinen Weg im Tankergeschäft zu machen.

Vergottis war sechzehn Jahre älter als Onassis. Im Lauf der Jahre wurde ihre Freundschaft enger. Als Onassis im Juli 1959 seine berühmte Party im Dorchester Hotel für Maria Callas gab, um ihr Auftreten in der Covent Garden Oper gebührend zu feiern, war auch Vergottis zu Gast. Einige Monate später stellte ihn Onassis der Callas als »einen meiner liebsten, wenn nicht der beste Freund, den ich habe«, vor. Mit der Zeit entwickelte sich eine enge Freundschaft zwischen Vergottis und der Callas.

Es gab, zumindest rein äußerlich, keine Rivalität zwischen Onassis und Vergottis, was die Callas betraf. Vergottis war Anfang Siebzig, und die Aufmerksamkeit, die er dem Opernstar schenkte, war rein väterlich. Die Callas war gern mit beiden Männern zusammen und wandte sich an sie um Rat. Die Beziehung zwischen Vergottis und Onassis wurde womöglich durch die gemeinsame Sorge für die empfindliche Diva noch enger. Sie wurde erst problematisch, als sie versuchten, dieser Sorge eine wirtschaftliche Grundlage zu geben.

Die Geschichte, wie sie Onassis berichtet, begann im Sommer 1964. Seit einiger Zeit machten er und Vergottis sich Gedanken darüber, wie man Marias Zukunft am besten sichern könnte. Ihr größtes Guthaben – ihre Stimme – mußte im Lauf der Jahre den Gesetzen der Natur entsprechend an Wert verlieren. Im September 1964 entdeckte Vergottis bei einem Besuch in Spanien ein Schiff, das ihm geeignet schien: den 27 000-Tonner »Artemision II«, der im Dock von El Ferrol kurz vor der Fertigstellung stand. Der geforderte Preis betrug 3,9 Millionen Dollar. Wenig später trafen Vergottis und Onassis mit der Callas auf der »Christina« zusammen und beschlossen, ein Angebot zu machen. Sie gründeten für diesen Zweck eine liberianische Gesellschaft, Overseas Bulk Carriers.

Nach einigem Feilschen einigte man sich auf 3,4 Millionen Dollar – zwanzig Prozent Barzahlung, den Rest innerhalb von acht Jahren. Es wurde vereinbart, daß Vergottis den Anfangskauf durch seine Gesellschaft, Vergottis Ltd., tätigen solle. Die Callas überwies 168 000 Dollar an Vergottis, als Kaufpreis für eine 25prozentige Beteiligung an Overseas Bulk Carriers. Vergottis sollte gleichfalls eine 25prozentige Beteiligung übernehmen, während Onassis fünfzig Prozent übernahm. Es war vereinbart, daß er der Callas ein Geschenk von 26 Prozent machen würde. Dadurch würde sie schließlich eine Mehrheit von 51 Prozent haben.

Die Kaufverhandlungen für die »Artemision« wurden am 31. Oktober 1964 abgeschlossen. Obwohl die Aufschlüsselung der Anteile noch nicht schriftlich niedergelegt war, beglückwünschte Vergottis die Callas bereits als Schiffseigentümerin. Es war ein frohes Ereignis.

Dann gingen die Dinge gründlich schief.

Vergottis legte ein seltsames Benehmen an den Tag. Bei der »Artemision« zeigten sich auf der Jungfernfahrt einige geringfügige technische Mängel. Onassis wertete sie als Kinderkrankheiten, mit denen man bei jedem neuen Schiff rechnen mußte. Vergottis erschienen sie aber besorgniserregend. »Sie ist ein Unglücksschiff«, sagte er.

Er erklärte der Callas, sie würde größere finanzielle Sicherheit gewinnen, wenn sie ihre Investition von 168 000 Dollar in ein Darlehen an die Gesellschaft umwandelte, das ihr 6,5 Prozent Zinsen bringen würde. Onassis gefiel der Vorschlag nicht sehr. Da er jedoch voraussetzte, die Callas würde die Option haben, das Darlehen nach Wunsch wieder in eine einfache Beteiligung umzuwandeln, war er damit einverstanden. Inzwischen erteilte Onassis Auftrag, sechsundzwanzig Prozent von seiner Beteiligung an die Callas zu übertragen und die restlichen vierundzwanzig als Geschenk an seinen Neffen zu deklarieren. Seine Beteiligung an der »Artemision« und an Overseas Bulk Carriers war damit praktisch zu Ende.

Sechs Monate später, im August 1965, kam die Callas nach London. Vergottis zahlte ihr die ersten Zinsen für ihre 168 000 Dollar. Kurz darauf entzweiten sie sich über ein ganz anderes Problem.

Vergottis hatte sie wegen eines Filmvorhabens einer deutschen Gesellschaft konsultiert, die sie als Star für die Verfilmung von Puccinis *Tosca* verpflichten wollte. Vergottis war sehr für das Projekt, Onassis war nicht so scharf darauf. Im September sagte die Callas ab. Die deutschen Produzenten baten Vergottis um Vermittlung. Er rief die Callas an, und es kam zu einer Auseinandersetzung. Beide waren beleidigt. Die Callas schrieb ihm bald darauf einen beschwichtigenden Brief, um die Beziehung wieder einzurenken. Vergottis ließ sie ohne Antwort.

Im November 1965 bat die Callas Vergottis, ihr ungesichertes Darlehen in fünfundzwanzig Anteile an Overseas Bulk Carriers umzuwandeln, entsprechend der mündlichen Option. Vergottis antwortete, daß es keine Option dieser Art gäbe und ihr Verlangen daher gegenstandslos sei.

Onassis setzte sich für die Callas ein und verlangte, Vergottis solle die Anteile aushändigen. Eine Zusammenkunft im Speisesaal des »Claridge« endete damit, daß Vergottis, eine Whiskyflasche schwingend, schrie: »Raus, oder ich werfe sie Ihnen ins Gesicht!« Unnachgiebig lehnte er das Angebot ab, den Streit durch einen Anwalt oder einen Reedereifachmann als Schlichter entscheiden zu lassen. Wenn Onassis meine, das Recht auf seiner Seite zu haben, solle er vor Gericht gehen. Das tat Onassis auch.

Der Prozeß lieferte reichlich Stoff für die Gazetten, war aber eine trübselige Angelegenheit. Onassis und die Callas verlangten die Einhaltung des mündlichen Abkommens. Sie forderten eine Entscheidung des Gerichts, daß Vergottis 25 Prozent der Anteile an Overseas Bulk Carriers zu Händen Maria Callas zu überweisen habe.

Die Callas trug ein scharlachrotes Kleid und einen weißen Turban und saß neben Onassis im Gerichtssaal. Am ersten Tag der Verhandlung bereits war klar, daß ihr Privatleben der schwersten Prüfung unterworfen sein würde. »Leider muß ich sagen«, erklärte ihr Anwalt, »daß Mr. Vergottis drohte, falls Mr. Onassis oder Madame Callas es wagen sollten, im Zeugenstand zu erscheinen, sie im Gerichtssaal und in der Presse mit einem saftigen Skandal zu rechnen hätten. Es ist verständlich, daß Mr. Onassis das als Erpressung brandmarkte, aber nicht natürlich, daß Mr. Vergottis darüber lachte. Der Bruch zwischen diesen drei Menschen konnte nicht mehr gekittet werden.«

Es war unvermeidlich, daß die Beziehung Callas-Onassis ins Licht der Öffentlichkeit gezerrt wurde. Peter Bristow, der Anwalt von Vergottis, versuchte bei der Befragung Onassis' die Beziehung zwischen den Klägern zu beleuchten.

Anwalt: Haben Sie, nachdem Sie Madame Callas kennengelernt hatten, Ihre Frau verlassen, und verließ Madame Callas ihren Ehemann?

Onassis: Ja, Sir. Das hat nichts mit unserem Zusammentreffen zu tun, es war bloß Zufall.

Anwalt: Wenn sie frei wäre, würden Sie ihre Verbindung legalisieren?

Onassis: Nein.

Anwalt: Haben Sie, Ihrer Ansicht nach, ihr gegenüber andere Verpflichtungen als die bloße Freundschaft?

Onassis: Keineswegs.

Später wurde die Callas nach ihrem Familienstand gefragt: »Wenn ich in Amerika geschieden würde, könnte ich heiraten, wen ich will. Nur in Italien wäre diese Ehe nicht gültig, aber überall sonst in der Welt.« »Betrachten Sie sich als unverheiratete Frau?« »In Italien nicht. Anderswo – ja.«

Nach ihrer Beziehung zu Vergottis gefragt, sagte die Callas: »Bis zu jenem September 1964 hatte ich die große Freude, ihn fast als meinen Vater zu betrachten, weil ich praktisch ohne Vater und Mutter aufgewachsen bin. Ich war sehr glücklich, und er wußte das und betrachtete mich als seine größte Freude. Er war sehr stolz darauf, an meinem Ruhm teilzuhaben.« Sie habe die Verbindung mit beiden Männern sehr geschätzt.

Auf die Frage, was seiner Ansicht nach Vergottis' Motive gewesen sein könnten, sagte Onassis: »Ich glaubte, er bedauerte zuerst, daß er sich die Gelegenheit entgehen ließ, das Schiff ganz zu besitzen, und dann ließ er sich die Gelegenheit entgehen, 50 Prozent zu besitzen. Er ärgerte sich über die vergossene Milch und versuchte zu retten, was noch zu retten war.« Die Callas war nachsichtiger. »Ich kann das nicht erklären«, sagte sie dem Gericht. »Gewöhnlich brauche ich eine Erklärung für die Dinge. Das liegt in meiner Natur, und auch in meiner Arbeitsauffassung, aber hierfür habe ich keine Erklärung.«

Onassis und die Callas machten ihre Aussagen ohne Zögern und selbstsicher, und Unterschiede in ihren Darstellungen gab es nur in Einzelheiten. Sie waren gute Zeugen und überzeugend. Vergottis' Verteidigung war geradlinig, aber massiv. Er behauptete, er sei in das »Artemision«-Geschäft auf einer Halb-und-Halb-Basis mit Onassis eingestiegen. Es gab keine schriftlichen Unterlagen, die besagten, daß die finanzielle Beteiligung von Madame Callas sie zu einem 25prozentigen Anteil an dem Schiff berechtigte. Das Hauptdokument vor Gericht war sein Brief vom 21. Dezember 1964 an die Callas – weniger als zwei Monate nach dem Kauf –, in dem er den Empfang ihrer 168 000 Dollar bestätigte, »die ein ungesichertes Darlehen darstellen, das in 12 oder 24 Monaten, je nach Ihrem Wunsch, samt Zinsen zurückbezahlt wird«. Die Zinsen für dieses Darlehen waren bezahlt worden. So weit es ihn anging, war bis zu dem Streit wegen der *Tosca*-Verfilmung im August 1965 nichts davon erwähnt worden, daß die 168 000 Dollar als Bezahlung der Anteile dienen sollten.

Doch Vergottis verdarb alles durch seinen Auftritt im Zeugenstand. Er hatte, anders als seine Gegner, keine Gewandtheit im Auftreten in der Öffentlichkeit. Er war alt – beinahe achtundsiebzig – und krank. Seine grenzenlose Verbitterung gegen seine ehemaligen Freunde trat zu Tage. Nach der geschäftlichen Abmachung zwischen den Parteien gefragt, sagte Vergottis: »Ich hatte keine Ahnung, daß Mr. Onassis seine Anteile seiner Partnerin, Madame Callas, schenken wollte. Als wir in Paris zusammen zu Mittag speisten und Onassis sagte: ›Warum schenken Sie ihr nicht die anderen 25 Prozent?‹ dachte ich, das sei ein Scherz. Wenn ich einer Primadonna für gar nichts 25 Prozent Anteile schenken sollte, müßte ich – sollte ich – mich von einem Psychiater untersuchen lassen.« Er gab zu, daß rechtlich nichts daran auszusetzen sei, wenn Onassis seine Anteile weitergebe, »wohl aber moralisch. Dann hätte ich ja auch Onassis' Gegner, Mr. Niarchos, Anteile geben können. Wäre das recht gewesen?«

Vergottis betrachtete sich als das Opfer eines Komplotts. Auf die Frage: »Ist es reiner Zufall, daß die 168 000 Dollar, die Sie als Darlehen bezeichnen, genau der Summe einer 25prozentigen Beteiligung entsprechen?« Vergottis: »Kein Zufall. Ich bin jetzt überzeugt, daß er es so eingefädelt hatte, um mich reinzulegen. Ich habe danach Dinge gehört, daß Ihnen die Haare zu Berge stehen würden. Ich war in Griechenland und habe Nachforschungen angestellt. Er hat eine schwarze Seele.« Auf die Vermutung, das Darlehensdokument sei in betrügerischer Absicht formuliert worden, um der Callas eine rechtmäßige Aktienbeteiligung vorzuenthalten, antwortete Vergottis mit einiger Würde: »Ich bin nicht siebenundsiebzig Jahre alt geworden, um einen Meineid zu leisten oder Dokumente zu fälschen.«

Doch es mußte ein Meineid geleistet worden sein, die einzige Frage war, von welcher Seite. Richter Roskill legte das Problem offen dar: »Es gibt kein Ausweichen – man könnte wünschen, es gäbe das – vor der Tatsache, daß von der einen oder der anderen Seite ein Meineid geleistet wurde. Wenn die Verteidigung im Recht ist, kann es keinen Zweifel darüber geben, daß Mr. Onassis und Madame Callas, wenn Sie mir den Ausdruck vergeben wollen, die Köpfe zusammengesteckt haben, um Mr. Vergottis hereinzulegen. Wenn die Kläger im Recht sind, kann es keinen Zweifel darüber geben, daß Mr. Vergottis absichtlich ein Abkommen mit den Klägern gebrochen und dann gelogen hat, und mehr als einmal gelogen, um der Konsequenz dieses Bruchs zu entgehen. Einen Kompromiß gibt es da nicht.«

Er erklärte, daß der Fall »viele Elemente einer sophokleischen Tragödie« habe, und schloß: »Ich habe mir eine durchaus günstige Ansicht über Mr. Onassis und Madame Callas gebildet, aber eine durchaus ungünstige Meinung über Mr. Vergottis, so ungern ich das von einem Mann seines Alters und Ranges sage. Seine ganze Haltung im Zeugenstand vermittelte den Eindruck, daß er in Wahrheit auf ein Recht pochte, nicht nur um Madame Callas und Mr. Onassis in ein längeres Kreuzverhör über ihre gegenseitige Beziehung zu verwickeln, sondern um auch die Gelegenheit zu nutzen, möglichst viele gehässige Bemerkungen über sie zu machen. Das hat einen ungünstigen Eindruck auf mich gemacht, und ich habe keine Bedenken zu erklären, daß mir die Aussage der Kläger als wahr und die des Beklagten unwahr erscheint.«

Onassis war als Sieger keineswegs großzügig. Auf die Frage eines Reporters, warum es zu dem Prozeß gekommen sei, erwiderte er: »Ich würde sagen, zum Teil sind das hohe Alter, Eigensinn, Habgier und Gefühlsduselei daran schuld. Oder vielleicht sollte es heißen, Habgier, Eigensinn und hohes Alter.« Später, und nachdenklicher, bezeichnete er das Urteil als »Demütigung eines alten Freundes, die ich tief bedauere«.

Vergottis legte Berufung ein. Das Berufungsgericht war weniger beeindruckt von der Beweisführung der Kläger. Lordrichter Salmon erklärte: »Es ist kaum wahrscheinlich, daß Mr. Vergottis 1964 alles daran gesetzt habe, um Dokumente zu dem Zweck zu fälschen, zwei sehr berühmte Menschen zu betrügen, von denen der eine sein ältester Freund und der andere eine Frau war, die er als seine Tochter betrachtete... Das soll gewiß nicht den Eindruck erwecken, daß ich mir die Meinung gebildet hätte, Mr. Vergottis sei unbedingt im Recht, sondern bloß, daß seine Argumente in dem Urteil nicht hinreichend berücksichtigt wurden.« Die Richter setzten einen neuen Prozeßtermin an.

Onassis erhob gegen die Entscheidung prompt Berufung beim House of Lords. Am 31. Oktober 1968 entschieden die Mitglieder des Oberhauses für Onassis, indem sie das ursprüngliche Urteil Richter Roskills mit einer Mehrheit von drei gegen zwei Stimmen bestätigten, Vergottis hatte verloren.

Seine Verbitterung hielt bis zu seinem Ende an, obwohl Onassis, als der Prozeß seinen Abschluß fand, bereits von der Callas getrennt war und Jacky Kennedy geheiratet hatte. Die beiden Männer trafen sich häufig im »Claridge«, doch keiner überwand sich, das verbitterte Schweigen zu brechen. Nach Beendigung des Prozesses verkündete Onassis laut und deutlich, er werde einem englischen Wohlfahrtsinstitut 84 000 Dollar zum Geschenk machen. Eine der letzten privaten Verfügungen Vergottis' war eine Schenkung über 420 000 Dollar an eine Schule in Kephalonia. Einige Tage nach seiner Rückkehr aus Griechenland erkrankte er in seiner Suite im Ritz und starb.

Die Supertanker

Onassis rühmte sich immer, daß auf seinen Schiffen keine Seeleute ums Leben kamen. Es war Glück dabei im Spiel – seine Schiffe wurden während des Zweiten Weltkriegs nie auf der unbarmherzigen Atlantikroute eingesetzt –, aber auch Können. Onassis behauptete immer, daß eine überdurchschnittlich gute Flotte es einem Reeder ermögliche, wirtschaftliche wie klimatische Stürme zu überstehen.

Am 9. Juni 1966 erschütterte eine Explosion im Maschinenraum die »Al Malik« in Caracas und setzte den Tanker in Brand. Als das Feuer unter Kontrolle gebracht war, konnten zwei Mann von der Besatzung nur noch tot geborgen werden. Die Ursache der Explosion wurde nie bekannt. Die Abergläubischen erklärten, daß die »Al Malik« ursprünglich mit dem unglücklichen saudiarabischen Unternehmen in Verbindung gestanden hatte, und daß die Sektflasche bei ihrer Taufe erst beim dritten Versuch zerschellt war.

Der Fleck auf Onassis' Sicherheitsregister beeinträchtigte den Aufbau seiner Flotte nicht. Er war bereits im Begriff, ins nächste Stadium der Entwicklung im Öltransport einzutreten. Onassis war nicht der erste, der auf die neuen Supertanker setzte, aber er, und natürlich Niarchos, gehörten zu den ersten Unabhängigen, die die neuen Möglichkeiten erkannten.

Der große Sprung vorwärts im Tankerbau erfolgte Mitte der sechziger Jahre als Folge des kräftig gestiegenen Bedarfs an Transportraum. 1968 wurden 475 Millionen Tonnen jährlich nach Westeuropa befördert – seit 1950 eine Steigerung auf das Achtfache. Das Verdienst, wenn man es so nennen kann, für die Einführung der neuen Technologie war vor allem Shell International zuzuschreiben. In den vier Jahren von 1964 bis 1968 wurde der Tankerschiffsraum beinahe verdoppelt, und die neuen Schiffe waren oft viermal so groß wie die alten.

Onassis beobachtete die Entwicklung bei Shell und Gulf Oil mit Interesse. Zuerst neigte er, laut Gratsos, zu Skepsis. Der Großteil von Onassis' Schiffsbestellungen zu Anfang und Mitte der sechziger Jahre lag noch immer in der Klasse der 50 000- bis 60 000-Tonner. Ein Jahr später wagte Onassis den Sprung mit einer Bestellung, die er in seiner üblichen bravourösen Art der

New Yorker Presse bekanntgab. Er hatte soeben in Japan einen Auftrag für Riesentanker der 175 000- bis 200 000-Tonnen-Klasse vergeben. Sie würden zu den größten der Welt gehören. Mit den 700 000 Tonnen kleinerer Schiffe, die er bereits in Auftrag hatte, würde seine Flotte bald um die Hälfte auf schätzungsweise vier Millionen Tonnen anwachsen. »Es ist mein Grundsatz im Geschäft«, sagte er, »der Käufer, niemals der Verkäufer zu sein.« Auch Niarchos bestellte 200 000-Tonner in Japan.

Sie kamen gerade zurecht. Kaum war nach dem Sechs-Tage-Krieg zwischen Israel und den arabischen Staaten der Suezkanal wieder gesperrt, stieg die Nachfrage für Tanker, die Rohöl um das Kap der Guten Hoffnung nach Europa befördern konnten, noch drastischer als 1956.

Onassis hatte Schiffe von langfristigen Charterverträgen frei und verdiente wieder prächtig an der Nachkriegskonjunktur, wenn auch seine Gewinne weniger spektakulär waren als damals. Der Hauptnutznießer des Sechstagekriegs war ein unternehmungslustiger norwegischer Tankermann, Hilmar Reksten. Es gehört zur Reederlegende, daß Reksten – ein gewaltiger Kassamarktspekulant – am 5. Juni, als die Kämpfe begannen, gerade einen Antrag auf Konkurseröffnung stellen wollte. »Die Leute sagten, ich wäre pleite, aber ich befand mich von allen Reedern in der besten Position. Ich hatte 1,7 Millionen Tonnen auslaufbereit.« Nach Kriegsende gab ihm ein New Yorker Schiffsmakler den Rat, er solle in seinem Garten eine Nasser-Statue errichten.

Es gab notgedrungen ein Limit für die Anzahl alter Schiffe, die man einsetzen konnte. Eine massive Erhöhung der Supertanker-Schiffsraums war nicht mehr zu umgehen. Diese Schiffe ermöglichten erstaunliche Einsparungen. Kurz vor dem Krieg kostete es einen Reeder 3,29 Dollar pro Tonne, Rohöl in einem 80 000-Tonnentanker vom Persischen Golf nach Europa durch den Suezkanal zu befördern. Ein 200 000-Tonner, der den langen Weg um das Kap nehmen mußte, als der Kanal geschlossen war, beförderte Öl zu 2,40 Dollar pro Tonne. Die Frachttarife waren dagegen von 2,95 je Tonne vor dem Krieg – wobei die meisten Reeder Geld verloren – auf nicht weniger als 26 Dollar je Tonne nach Schließung des Kanals geklettert. Sie hielten sich mehr als ein Jahr später auf dem einträglichen Niveau von 9,50 Dollar.

Die nächste Tankergeneration würde unter dem Zeichen der Kap-Route gebaut werden, ob der Kanal geöffnet wurde oder nicht. In den nächsten zwei Jahren wurden über dreihundert Schiffe von 200 000 Tonnen und mehr in Auftrag gegeben oder in Dienst gestellt. Onassis erteilte in Japan Aufträge für weitere sechs Supertanker, und brachte damit seine Flotte auf zehn – ungefähr 2,5 Millionen Tonnen insgesamt. Niarchos startete ein gleichlaufendes Bauprogramm, das seiner aus vierundsiebzig Schiffen bestehenden Flotte einen Zuwachs von einer Million Tonnen bringen sollte.

Vor dem Krieg hatte Niarchos erwogen, einen beträchtlichen Teil seiner Tankerflotte zu verkaufen. Reedereiexperten glaubten dafür zwei Gründe zu erkennen: den nachlassenden Markt, der das Geschäft weniger lukrativ machte, und Niarchos' Probleme mit den amerikanischen Steuerbehörden. 1966 erreichte das Amt für Staatseinkünfte ein Urteil gegen sechs Niarchos-Gesellschaften, die in Amerika ihren Sitz hatten. Sie mußten fünfundzwanzig Millionen Dollar an rückständigen Steuern und Zinsen zahlen. Die Behörde konnte einwandfrei nachweisen, daß Niarchos' Gesellschaften in den letzten sechzehn Jahren Schiffe an zwei Unternehmen in Panama vermietet hatten, die gleichfalls Niarchos gehörten.

Dieser Trick ermöglichte es dem Niarchos-Imperium nach Ansicht der amerikanischen Behörden, seine Verpflichtung zur Zahlung von Körperschaftssteuern auf ein Minimum zu senken, da die Chartertarife der amerikanischen Gesellschaften wesentlich niedriger lagen als die üblichen Tarife der Branche. Tatsächlich hatten die panamaischen Gesellschaften nach Abschluß der Charterverträge die Schiffe zu manchmal doppelt so hohen Tarifen wie die ursprünglichen weiter verfrachtet. Daher vertrat die Regierungsbehörde die Ansicht, daß die panamaischen Gesellschaften nur zum Schein gegründet worden waren, um einen Großteil der Chartereinnahmen außerhalb ihrer Reichweite zu tätigen.

In einem gewissen Stadium war Niarchos deshalb angeblich bereit, zwei Drittel seiner Flotte für ungefähr 200 Millionen an die New Yorker Marine Transport Lines zu verkaufen. Das wäre der größte Abschluß aller Zeiten im Reedereigeschäft gewesen. Nach dem Sechs-Tage-Krieg hatte Niarchos keine Steuerprobleme mehr, und seine Flotte stand nicht mehr zum Verkauf. Seine Rivalität mit Onassis ging unvermindert weiter. »Im Geschäft schneiden wir uns die Kehle durch«, sagte Onassis einmal zu seinem ehemaligen Schwager, »aber wir setzen uns immer wieder – um der Damen willen – an denselben Tisch und benehmen uns anständig.«

Ein Gebiet, auf dem Onassis seinen Rivalen bei weitem übertrumpfte, waren seine Beziehung zur Presse. Helena Vlachos, die Athener Zeitungsverlegerin, bezeichnete ihn einmal als »das führende Public-Relations-Genie der Welt. Er konzentriert sich auf einen einzigen Kunden – sich selbst«. Niarchos zog es zumeist vor, sich die Reporter vom Leibe zu halten, obgleich er zuweilen weitschweifige Pressemeldungen veröffentlichen ließ, um seinen Standpunkt darzulegen oder seine Handlungen zu rechtfertigen.

Onassis hatte für diese Methode nur Verachtung. Einmal prahlte er vor einer Gruppe von Journalisten: »Ich melde mich immer am Telefon, sogar wenn ich deshalb aus dem Badezimmer gehen muß«, sagte er. »Für die Presse bin ich immer zu sprechen. Nicht so wie manche anderen Leute, die auf dem

Himalaya sitzen« eine Anspielung auf Niarchos, der einen großen Teil seiner Zeit in Sankt Moritz verbrachte, wo er seine Geschäfte von seiner Villa aus führte. Die Reporter wußten aber, daß sie kaum eine Chance hatten, Onassis' Telefonnummer oder eine Information über seinen Aufenthaltsort zu ergattern. Anrufe gingen gewöhnlich über seinen Cerberus, Amalia Hatziargyri, seine Privatsekretärin in der Zentrale der Olympic Airways in Athen. Um die Wahrheit über Onassis zu erfahren, mußte die lokale Presse andere Quellen anzapfen, vom Hausmädchen in seinem Haus in Glyfada bis zur Besatzung der »Christina«. Eine Agentur hatte ein Dauerabkommen mit der Telefonzentrale auf der Insel Lefkas, über die alle Anrufe von und nach Skorpios vermittelt wurden.

Es war nicht Onassis' Zugänglichkeit, die ihm die Gewogenheit der Presse einbrachte, sondern seine Aufgeschlossenheit, wenn sie ihn einmal gestellt hatte, und seine erfrischende Offenheit. Niarchos konnte niemals so freundschaftliche Beziehungen zur Presse herstellen, obgleich er seinen Rivalen für kurze Zeit, Mitte der sechziger Jahre, durch hinreichend Stoff für Klatschspalten übertrumpfte. Die Ursache hatte mehr mit seinem Liebesleben als mit Schiffen zu tun. Charlotte Ford, die ältere Tochter von Henry Ford II., war vierundzwanzig Jahre alt, als sie Niarchos im Januar 1965 in Sankt Moritz kennenlernte. Im Dezember heirateten sie in Mexiko. Niarchos war acht Jahre älter als sein neuer Schwiegervater, der beinahe einen Herzanfall erlitt, als er von der Hochzeit erfuhr. Der fünfzigkarätige Brillantring im Wert von 500 000 Dollar, den Niarchos seiner Braut schenkte, wurde von der Familie Ford die »Eisbahn« genannt.

Es war eine merkwürdige Ehe. Nach der Hochzeit wohnten sie im Palace Hotel in Sankt Moritz. Niarchos' Ex-Frau Eugenie blieb in der Nähe, in der benachbarten Niarchos-Villa. Charlotte war schwanger und konnte nicht Ski laufen. Niarchos und Eugenie wurden häufig zusammen auf der schnellsten Abfahrt des Ortes gesehen, die den Spitznamen »Niarchospiste« trug. Oft speisten alle drei zusammen im Corviglia-Club. Nach drei Monaten, die Charlotte später als »das einzige Eheleben, das ich kennenlernte«, bezeichnete, flog die neue Mrs. Niarchos zurück nach New York in die dreistöckige Wohnung am Sutton Place, wo sie ihr Baby erwartete. Im Mai 1966 kam Elena zur Welt.

Im März 1967 reiste Charlotte nach Mexiko. Wenig später gaben sie und Niarchos vor der New Yorker Presse folgende Erklärung ab: »Charlotte Ford-Niarchos und Stavros Niarchos, 1965 in Mexiko getraut, wurden heute durch Beschluß eines mexikanischen Gerichtes geschieden. Das von Mrs. Niarchos wegen Unverträglichkeit der Charaktere eingeleitete Verfahren wurde von Mr. Niarchos nicht bestritten.

Vorher ist eine Trennungsvereinbarung auf freundschaftlicher Basis erfolgt. Der einzige Zweck dieser Vereinbarung besteht darin, für die Betreuung, Erziehung und Vormundschaft ihrer einzigen Tochter, Elena Anna Niarchos, Vorsorge zu treffen.«

Auf die Frage, warum die Ehe gelöst wurde, antwortete Charlotte: »Er machte mich verrückt. Mein Ex-Gatte ist kein glücklicher Mensch. Er kann sich nicht entspannen. Er hat kein Büro, sein Büro ist in ihm, wohin er auch geht. Ich kam darauf, daß er mit seinem Fernschreiber verheiratet ist. So einfach ist das.«

Die Eskapade mit Charlotte Ford hatte keine nachteiligen Folgen für Niarchos' Ansehen in der Reederwelt. Er vereinigte sich wieder mit Eugenie, worüber niemand besonders überrascht war. Sie heirateten nicht noch einmal, weil seine vierte Ehe mit Charlotte in den Augen der griechisch-orthodoxen Kirche immer null und nichtig gewesen war. Die Kirche verbot die Scheidung nicht, gestattete einem Mann jedoch nur dreimal zu heiraten. Niarchos traf Charlotte weiterhin, um die Zukunft ihrer Tochter zu besprechen. Eugenies Nachsicht brachte ihr den Ruf einer Heiligen ein. Sie benahm sich, so ein Freund, »wie eine Heldin aus einem viktorianischen Roman«.

Neben den Schlagzeilen der Verbindung Niarchos-Ford verlor die Liaison Onassis-Callas viel von ihrem Glanz. Die Hindernisse für eine Eheschließung waren längst beseitigt, aber eine Hochzeit war nicht in Sicht.

Wer Onassis wie auch Niarchos gut kannte, war fasziniert, daß beide Männer so viel gemeinsam hatten und doch so verschieden waren. Die unfreundlichste Bemerkung, die je über Niarchos gemacht wurde, war, »er sei wie Onassis, nur ohne dessen Persönlichkeit«. Helena Vlachos, die Niarchos mehr schätzte als Onassis, sagte gleichwohl: »Stavros ist einer der wenigen intelligenten Männer, die einen wirklich langweilen.« Niarchos' scharfer Verstand trat nur selten in seinen Gesprächen zutage. Er sprach immer zu den Leuten, anstatt *mit* ihnen. Helena Vlachos meint, er sei irgendwie durch den Wunsch verdorben worden, noch fabelhafter zu sein als Onassis. Niarchos glaubte wirklich, er sei solider, seriöser und reicher als sein Rivale, und wollte, daß die Welt das akzeptiert. Als Journalistin traf Helena Vlachos sehr oft mit Onassis zusammen. In ihrem Buch »Hausarrest« schildert sie eine Begegnung in der Redaktion. »›Da ist ein Mr. Onassis draußen‹, teilte mir eine ziemlich schüchterne Sekretärin mit, ›und er sagt, er will Sie sprechen . . .‹

›Sagen Sie ihm, er soll eintreten.‹

Ich zweifelte nicht, daß es nur Ari Onassis sein konnte. Es war seine überaus zurückhaltende Art, die auf den Portier, den Liftboy, jeden, der anwesend war, sofort einen tiefen Eindruck machte.

›Warum rufen Sie nicht an, bevor Sie kommen, wie jeder vernünftige

Mensch?‹ fragte ich ihn. ›Woher wußten Sie, daß ich in der Redaktion bin?‹ ›Nun, wenn nicht, dann hätte ich es eben noch mal versucht‹, sagte er mit seinem freundlichen Teppichhändlergrinsen.
Er nahm Platz und plauderte angenehm, freundlich, unterhaltsam. Meist war er auch hungrig und durstig. ›Hätten Sie ein Stück Brot und etwas Käse für mich? Ich habe Hunger.‹ Die Kantine entwickelte eine überschwengliche Gastlichkeit. Es wurden ganze Käseblöcke serviert, begleitet von verschiedenen Gerichten; während das Personal und Besucher kamen und gingen, kaute Onassis zufrieden und bot das Bild eines einfachen, sorglosen Mannes, anders als hektische Magnaten, die immerfort in Hetze waren. Er liebte es zu plaudern und blieb gewöhnlich viel zu lange, als ob der Besuch einer Zeitungsredaktion die aufregendste Sache der Welt sei.

Manchmal wurde der Grund seines Besuches angegeben, manchmal nicht einmal angedeutet. Es konnte sich um eine simple Plauderei oder eine Information über einen Zwischenfall bei Olympic Airways handeln, oder eine Einladung zu einem Ausflug, oder einfach gar nichts. Er hatte Lust zu kommen und kam eben und hinterließ immer einen ausgezeichneten Eindruck.«

Onassis suchte Publicity, brauchte Publicity, benutzte Publicity. Er war immer ein Nehmender, nie ein Gebender, er bediente sich des Kredits mehr als andere, und seine in der Öffentlichkeit bekannten Beziehungen zu den Großen der Welt waren die Schlüssel, die ihm alle Türen öffneten zu den führenden Bankiers, einflußreichen Geschäftsleuten, Industriemagnaten. War er erst einmal mit ihnen bekannt, verließ er sich ganz auf sich selbst – auf seine Intelligenz, seinen Charme, seine Überredungskunst –, und die schwierigsten und kompliziertesten Geschäfte erledigten sich von selbst.

Öfter schon war die Möglichkeit einer »autorisierten« Biographie erörtert worden, aber Onassis hatte immer abgelehnt. 1967 trat neuerlich ein britischer Journalist, der in Österreich geborene Willi Frischauer, an ihn heran. Onassis war von der Idee so wenig eingenommen, daß er Frischauer 50 000 Dollar bot, wenn er das Buch *nicht* schriebe. Frischauer spielte den Beleidigten: er könne eine solche Bestechung nicht annehmen, denn »ich bin zu alt, um Geld dafür anzunehmen, nicht zu schreiben«. Onassis lachte und erklärte sich zur Mitarbeit bereit. »Wenn ich schon vergewaltigt werden soll«, sagte er, »kann ich mich ebenso gut auf den Rücken legen und es genießen.«

Für Frischauer war es der Beginn eines hektischen Jahres, er begleitete Onassis rund um die Welt. Sie saßen nächtelang im »Claridge«, Frischauer prüfte Onassis' Erinnerungsvermögen. Er entdeckte bald, daß Onassis ein lebhafter, aber unberechenbarer Erzähler war. In einem Fall zog er das Kongreß-Archiv zu Rate, um die genauen Daten von Onassis Verhaftung im

Jahr 1954 festzustellen, und wann er das Telegramm, er werde sich den amerikanischen Behörden stellen, abgeschickt habe. Onassis' Angaben trafen nicht zu, und er sagte es ihm. Onassis schrie wütend: »Ich irre mich nicht! Das Kongreß-Archiv muß unrecht haben!« Als Frischauer wieder einmal ein Faktum oder eine Interpretation in Frage stellte, beschuldigte ihn Onassis: »Ich weiß ja, daß Sie im Sold von Niarchos stehen.« Bei seinen Recherchen war Frischauer auf die Tatsache gestoßen, daß Onassis und Jackie Kennedy mehr waren als bloß gute Freunde. Im Rückblick neigte er zu der Ansicht, daß Onassis' Wunsch, Mrs. Kennedy eine heroische Schilderung seines Lebens und seiner Zeit zu liefern, ein heimlicher, doch wesentlicher Grund für seine Mitarbeit gewesen war.

Der Rivale.
Stavros Niarchos.

Niarchos und seine Frau Eugenie an Bord ihrer Jacht »Creole«. Eugenie starb plötzlich 1970 auf Spetsopoula, Niarchos' Privatinsel. Einer gerichtlichen Obduktion zufolge trug sie Verletzungen am ganzen Körper und hatte eine Überdosis Schlafmittel genommen.

Niarchos und Charlotte Ford in den Flitterwochen. Charlotte war vierundzwanzig, als sie 1965 heirateten, Niarchos sechsundfünfzig. Das Paar trennte sich bald wieder. »Er war mit seinem Fernschreiber verheiratet«, sagte Charlotte. Niarchos kehrte zu Eugenie zurück.

Onassis mit Elizabeth Taylor und ihrem damaligen Ehemann Richard Burton bei den Filmfestspielen in Venedig.

Das Insel-Königreich. 1963 kaufte Onassis für 110 000 Dollar die Insel Skorpios. Er ließ zehn Kilometer Straßen anlegen und Gebäude errichten. Bäume aus aller Welt wurden auf der Insel angepflanzt.

Die ehemalige First Lady Jacqueline Kennedy, Onassis und Franklin D. Roosevelt Jr., ihr »Begleitschutz«, auf der »Christina«, Sommer 1963. Die öffentliche Meinung stand gegen diese Kreuzfahrt mit dem berühmt-berüchtigten Griechen.

Am Tag vor der Hochzeit. Jackie, John-John und Caroline auf Skorpios, Oktober 1968.

»Die Hochzeit des Jahrhunderts«. Jackie und Onassis beim Verlassen der Kapelle »Panajitsa« (»Kleine Jungfrau«) auf Skorpios.

Journalisten-Invasion. Vierhundert Photographen und Journalisten drängten sich in gemieteten Booten vor Skorpios. Ihre Rufe übertönten die Trauungszeremonie. Einige schwammen sogar auf die Insel, sie durften in ihren nassen Kleidern an den Festlichkeiten teilnehmen.

Jackie im Meer vor Skorpios, 1970.

In Belfast. 1970 trug sich O
sis mit der Absicht, die nor
sche Werft Harland & Wol
erwerben.

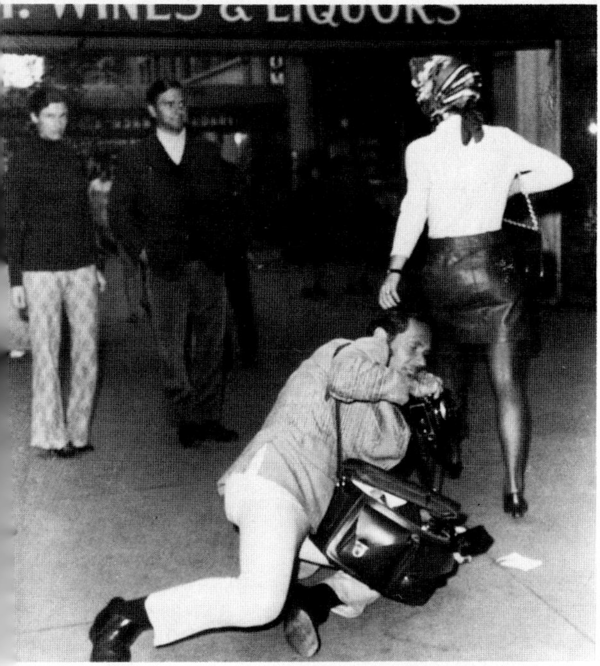

Sex-Film. Mel Finkelstein, Photograph der »New York Daily News«, wollte Jackie photographieren, als sie vorzeitig den Film »Ich bin neugierig (Gelb)« verließ. Finkelstein behauptete später, sie habe ihn zu Fall gebracht, der Portier meinte, er sei über seine Ausrüstung gestolpert. Ari, der bis zum Schluß der Vorstellung blieb, bekam den Vorfall nicht mit.

e Weihnachten. Diese nachtskarte schickte Ron lla dem Ehepaar Onassis. Sie zeigt Ari und den Paparazzo in einem Szenarium mit dem Titel »Der Lohn«. Die Karte lag dem Gericht vor als Beweisstück für die ständige Belästigung und Verfolgung, der Jackie durch Galella ausgesetzt war.

»Daddy O« und »Jackie O«
auf dem Weg
zu einem Empfang
in Rom.

Die Witwe des Präsidenten

Die Künstler, die Musiker und die französische Küche, die Jacqueline Bouvier-Kennedy ins Weiße Haus brachte, verliehen den Kennedy-Jahren Glanz und Glorie.

Charles de Gaulle war von ihr fasziniert. »Was halten Sie von ihr?« fragte er vertraulich Kultusminister André Malraux.

»Für die Frau eines amerikanischen Präsidenten ist sie außergewöhnlich«, antwortete Malraux.

»Ja, sie ist außergewöhnlich«, sagte de Gaulle. »Ich kann sie mir in zehn Jahren auf der Jacht eines griechischen Ölmillionärs vorstellen.«

Keine zwei Jahre später war Jackie als Gast von Onassis auf der »Christina«. Und kaum acht Jahre später gingen sie mit der Jacht auf Hochzeitsreise.

Im Laufe der Jahre war viel von dem Glanz der Kennedy-Ehe abgebröckelt, und es trat ein Ehemann zum Vorschein, der seine junge Frau regelmäßig und ausdauernd »betrog«, und eine Frau, die sich für das zweifelhafte Vergnügen revanchierte, indem sie die Treulosigkeit ihres Mannes einfach »ignorierte«. Für ihre gemeinsamen Ambitionen – seine politischen, ihre gesellschaftlichen und künstlerischen – paßten sie wundervoll zusammen. Aber als Bild inniger Verbundenheit war das Ehepaar nicht gerade eindrucksvoll. Die Schlußfolgerung liegt nahe, daß Jackies hohe Ausgaben und ihre Sammlerleidenschaft – für teure Kleidung, Antiquitäten, Schmuck und Reisen – eine Art Ersatzbefriedigung waren.

Ihre Schwester Lee führte Jackies erstes Treffen mit Onassis herbei. Im Sommer 1963, als sie und ihr Mann Fürst Radziwill mit Onassis in Athen dinierten, kam die Rede auf die tiefe Depression, in die Jackie nach dem Tod ihres dritten Kindes gefallen war. Onassis regte zur Erholung eine Kreuzfahrt in der Ägäis an. Jackie sagte sofort zu.

Der Präsident war weniger begeistert. Onassis' frühere Probleme mit der amerikanischen Regierung, die in der Öffentlichkeit breitgetreten worden waren, machten ihn zu einem problematischen Gastgeber. Eine Kreuzfahrt mochte Jackies Gesundheit wohl guttun, war aber ein Handicap für die Präsidentschaftswahlen im nächsten Jahr. Als Onassis einräumte, es wäre vielleicht besser, wenn er an der Kreuzfahrt nicht teilnähme, bestand Jackie auf seiner Begleitung. Ihr Sinn für gesellschaftliche Gepflogenheiten gab den Ausschlag. Franklin D. Roosevelt junior wurde überredet, sie »zur Wahrung des Anstands« zu begleiten.

Die Fahrt wurde ein Erfolg. Den einzigen Mißton in die Harmonie brachte das häufige Versagen des Bord-Telephons, so daß der Präsident Jackie nur schwer oder gar nicht erreichen konnte – eine Unannehmlichkeit, die sie mit einer Reihe von zehnseitigen Briefen überwand, die sie ihm nachts in der Kabine schrieb. Onassis war anfangs so diskret, daß er unsichtbar blieb und seine Gäste auch nicht an Land begleitete, als das Schiff in Lesbos vor Anker ging. Jackie beauftragte Roosevelt, ihn zu fragen, weshalb er sich »verstecke«, und ließ ihm ausrichten, sie würde seine Gegenwart als Gastgeber und Begleiter sehr zu schätzen wissen. Als die Jacht Ithaka erreichte, übernahm Onassis seine gewohnte Rolle als Gastgeber und unterhielt die Damen mit seinen exzentrischen Interpretationen griechischer Mythen und der Geschichte seiner turbulenten Jugend.

Daß Onassis an Jackie Gefallen fand, zeigte sich an den Geschenken, mit denen er sie überhäufte. Als die Frau des Präsidenten am 17. Oktober ins Weiße Haus zurückkehrte, sagte ein Mitglied des Personals: »Jackie hat Sterne in den Augen – griechische Sterne.«

Die amerikanische Öffentlichkeit reagierte ablehnend. Die Zeitungen hatten wochenlang ausführlich über die fröhliche Kreuzfahrt berichtet. Ein republikanischer Abgeordneter hielt eine Rede im Kongreß und kritisierte Roosevelts Anwesenheit auf der »Christina«, da sie sich auf die Beziehungen von Onassis zu den Marinebehörden auswirken könne.

Jackie bereute, Roosevelt in die Affäre verwickelt zu haben, fand aber freundliche Worte für Onassis, den »lebendigen und lebenssprühenden Mann, der es aus dem Nichts zu etwas gebracht habe«. Kennedy zeigte sich verständnisvoll, wollte jedoch weitere Unannehmlichkeiten vermeiden. Er ließ Onassis durch einen seiner Mitarbeiter wissen, er möge sich bis nach den Wahlen von den Vereinigten Staaten fernhalten. Er machte sich auch »Jackies Schuldgefühle«, wie er sie nannte, zunutze, indem er sie aufforderte, ihn im nächsten Monat auf seiner Wahlreise nach Texas zu begleiten. Jackie war sichtlich darauf bedacht, Fehler wiedergutzumachen: »Ich komme natürlich mit.«

Onassis war gerade in Hamburg, als er von Kennedys Ermordung in Dallas erfuhr. Er flog unverzüglich nach Washington, als einer der wenigen nicht zur Familie gehörenden Gäste im Weißen Haus.

1968 schien Jackie den Klatschjournalisten nun lange genug Witwe gewesen zu sein, und sie begannen, über ihre männlichen Begleiter als mögliche

Ehemänner zu spekulieren. Es gab einen vermutlichen Hauptbewerber, der über alle richtigen Eigenschaften verfügte. Die einflußreiche Zeitung *Women's Wear Daily* erwartete die Ankündigung von Jackies Verlobung mit dem englischen Diplomaten und Aristokraten Lord Harlech, der in den Kennedy-Jahren britischer Botschafter in Washington gewesen war.

Während die Zeitungen über Harlech als »Jackies gerüchtweise genannten künftigen Ehemann« schrieben, mußte der Kennedy-Clan die Neuigkeit verdauen, daß Jackies alte Freundschaft mit Onassis zu Liebe gereift schien und daß eine Heirat möglich war. Obwohl die Kennedys Verständnis für den Druck hatten, der durch die ständigen Pressevermutungen über ihr Privatleben auf ihr lastete, war keiner von der Familie von der Aussicht auf eine solche Heirat entzückt. Bobby Kennedy, mit dem sich Jackie seit dem Tod ihres Mannes am besten verstanden hatte, war besonders aufgebracht. Als Kandidat für die Präsidentschaftswahl hielt er eine solche Verbindung für absurd.

Jackie begleitete Onassis im Frühjahr 1968 auf einer kurzen Kreuzfahrt durch die Karibik. Obwohl Klatschkolumnisten die Sache nicht wichtig nahmen, waren die Kennedys überzeugt, daß Jackie ihre Wahl getroffen hatte. Solange Bobby auf Wahlreisen war, blieb es ein strenggehütetes Geheimnis. Als er im Juni 1968 in Los Angeles ermordet wurde, war die Beziehung zwischen Jackie und Onassis noch schwankend. Anfangs befürchtete Onassis, daß Jackies Schmerz über den Tod ihres Schwagers den Gedanken an eine Wiederheirat beeinträchtigen könnte. Nach einem Besuch bei den Kennedys in Hyannis Port, Massachusetts, stellte er zu seiner Erleichterung fest, daß dies nicht der Fall war. Der Clan war noch immer gereizt. Vor allem Rose als Katholikin zeigte sich besorgt, weil der Freier ihrer Schwiegertochter griechisch-orthodox und geschieden war.

Als Teddy Kennedy, nun praktisch Familienoberhaupt, von Jackies Entschluß zu heiraten erfuhr, besuchte er Onassis auf der »Christina« und schlug vor, sie sollten »sich zusammensetzen« und die Dinge besprechen. Onassis bot Skorpios als Treffpunkt an. »Da ich keine Mitgift erwartete«, erklärte er später, »gab es nichts, worüber ich mir hätte Sorgen machen sollen.«

Die Augustausgabe von *Newsweek* brachte ein Bild mit der Unterschrift »Jackie und Teddy auf dem Flug nach Griechenland«, in dem kurzen Begleitartikel gab es jedoch keinen Hinweis über den Zweck der Reise. Für das amerikanische Publikum und die Presse galt Onassis noch immer als kein ernster Anwärter auf Jackies Hand.

Einer der Höhepunkte der griechischen Expedition war eine »Bouzouki-Party« an Bord der »Christina«. Unter den Gästen befand sich Nikos Mastorakis, ein unternehmungslustiger griechischer Reporter, der sich als eine Art gesellschaftlicher Ratgeber in die Gruppe einschmuggelte. Er berichtete:

»Jackie steht an der Tür. Sie sieht blendend aus in einer flammendroten Bluse mit einem karierten Schal um den Hals und einem langen karierten Rock im Zigeunerlook. Die griechische Sonne hat ihre Haut gebräunt. Sie ist eine bezaubernde Frau, die die Welt mit offenen Augen betrachtet und jedem mit der gleichen Freundlichkeit und ohne Anmaßung begegnet. Onassis stellt sie vor. Sie gibt jedem von uns freundlich die Hand und sagt jedem etwas Nettes. Ich bin ein Glückspilz. Sie sagt: ›Wir werden Sie also singen hören?‹ Ich sagte: ›Aber gern‹, und weiß, daß ich lüge. Teddy kommt herein, mit einer blonden Göttin an seiner Seite.

Alles deutet darauf hin, daß es hoch hergehen wird. Der Abend beginnt mit Peperoni, saftigen Tomaten, griechischem Spinat, schwarzem Kaviar und Schnaps. Teddy trinkt ständig Ouzo, Jackie anfangs lieber Wodka ... die zwei französischen Barmänner der ›Christina‹ haben alle Hände voll zu tun.

Ein Schlagersänger singt, und Jackie ist hingerissen. Dann und wann flüstert ihr Onassis die Übersetzung des Liedes ins Ohr, und sie starrt ihn mit ihren großen Augen an. Die Vouzouki-Musik erreicht ihren Höhepunkt, und Teddy steht auf, um zu tanzen... Dann kehrt er zu seinem Ouzo zurück. Onassis gefällt ein bestimmtes Lied:

›Das sind bittere Sommer,
und du hast mich gelehrt, sie mit dir zu verbringen,
und der Himmel war bei Morgengrauen voll toter Tauben ...‹

Das lachende Gesicht des griechischen Krösus, umrahmt von seinem aschgrauen Haar, umwölkt sich, als er diese Worte hört. Seine Augen hinter den dicken Gläsern verraten ihn nicht so leicht, aber die heruntergezogenen Mundwinkel zeigen, daß ihn die ›bitteren Sommer‹ an allzu viel erinnern. Kurz zuvor hatten wir noch seine Einfachheit bewundert, und er fragte: ›Bin ich nicht auch ein Sohn des Volkes?‹ Der Bandleader antwortete: ›Ja, aber ein Sohn mit viel Geld.‹«

Später am Abend erhielt Mastorakis eine harte Lektion in Sachen Journalismus, als Jackie bemerkte, wie er klammheimlich ein Foto ihres beschwipsten Schwagers schoß. Seine Taschen wurden durchwühlt und der Film aus der Kamera genommen. »Sollten Sie es wagen, mir zu schaden«, drohte Kennedy, »werde ich dafür sorgen, daß Sie in Griechenland nie mehr einen Job bekommen.« Onassis konnte die gute Laune wiederherstellen. Schließlich ließen sich alle heiter und gelöst durch noch mehr Ouzo und die ausgezeichnete Band und ihr Repertoire an lateinamerikanischen Liedern doch von Mastorakis fotografieren. Doch diese tolerante Stimmung war nur von kurzer Dauer. Als Mastorakis nach Athen zurückkam, wurde er verhaftet, sein Film wurde konfisziert und sein Artikel streng zensiert.

Teddy Kennedy erörterte mit Onassis unter vier Augen die Absichten des

Paares. Später erzählte Onassis Willi Frischauer, daß Kennedy mit einem Versuch begann, ihm von der Heirat abzuraten. Kennedy warnte ihn, daß man politisch Anstoß an der Ehe nehmen würde und Onassis Schwierigkeiten haben könnte, als Stiefvater der Kinder des verstorbenen Präsidenten. Als Teddy merkte, daß Onassis sich durch diese Schwierigkeiten nicht beeinflussen ließ, riskierte er die Bemerkung: »Wir lieben Jackie.« »Ich auch«, entgegnete Onassis scharf, »und ich wünsche ihr eine gesicherte und glückliche Zukunft.« Kennedy konterte, daß Jackie, falls die Hochzeit stattfände, ihre jährliche Apanage von 150 000 Dollar aus der Kennedy-Stiftung verlieren würde. Dann wandte sich das Gespräch Einzelheiten von Geldfragen zu; es war, wie Onassis merkte, das wortlose Eingeständnis, daß Onassis von seinem Vorhaben nicht abzubringen war.

Die auf Skorpios getroffenen Abmachungen gaben später Anlaß zu zahlreichen Spekulationen. Ein Steward der »Christina« behauptete, daß beide Partner vor der Eheschließung ein Dokument unterzeichnet hätten, das 170 einzelne Klauseln enthielt. Es wurde tatsächlich ein Vertrag aufgesetzt und unterzeichnet, doch er legte nur die beiderseitigen finanziellen Bedingungen für die Ehe fest. Für Onassis war ein solcher Vertrag erforderlich durch die besonderen Bestimmungen, die der *nominos mira* vorsieht, das griechische Gesetz, das von einem Ehemann verlangt, zumindest 12,5 Prozent seines Vermögens seiner Frau und 37,5 Prozent seinen Kindern zu hinterlassen. Die Befolgung des Gesetzes wird streng kontrolliert, so daß es einem Griechen unmöglich ist, seine Familie zu enterben. Wenn er ohne letztwillige Verfügung stirbt, werden die Zahlen verdoppelt, die Frau erhält 25, die Kinder 75 Prozent. Onassis verlangte von Jackie, sie solle auf ihre Rechte aus dem *nominos mira* verzichten. Um diese Vereinbarung unanfechtbar zu machen, überredete er später die griechische Regierung, ein Gesetz zu erlassen, das die Rechtmäßigkeit dieser Aktion anerkennt, vorausgesetzt, sie ist auch im Herkunftsland der Ehegattin gültig. Das war gewiß eine Gefälligkeit für Onassis, aber andernteils auch eine laut allgemeiner Meinung überfällige Reform. Viele griechische Vermögen waren durch Ehen mit Staatsbürgern anderer Länder verlorengegangen.

Für dieses Zugeständnis wurden Jackie drei Millionen Dollar für sich selbst und je eine Million für ihre beiden Kinder zugestanden. Die Vereinbarung enthielt auch die später in Onassis' Testament registrierte Verfügung, nach seinem Tod solle Jackie auf Lebenszeit 150 000 Dollar jährlich erhalten. Es war also eine geschäftliche Übereinkunft und ließ gewisse Rückschlüsse auf Onassis' Einstellung zu Jackie zu. Er war bereit, sie finanziell zu sichern und dafür zu sorgen, daß sie im Fall seines Todes in wesentlich besseren Verhältnissen leben könnte als bei ihrer Hochzeit. Er war jedoch nicht bereit, sie auf

Kosten derer, die er als seine rechtmäßigen Erben betrachtete, zu bevorzugen.

Vorerst wurde das Abkommen geheimgehalten. Dafür gab es mehrere Gründe. Onassis mußte sich erst behutsam von der Callas trennen. Auf Jackies Seite mußten die Folgen der Heirat beim Vatikan erkundet werden. Das geschah durch Kardinal Cushing in Boston, einen alten Freund der Familie, der Jackies Trauung mit Kennedy vollzogen hatte. Doch nun war das »Geheimnis« schon zu vielen Leuten bekannt, um tatsächlich ungefährdet zu sein.

Reporter des *Boston Herald-Traveler* erhielten einen Wink, daß Jackie »einen Mann aus Argentinien« zu heiraten beabsichtige – die Information stammte von einem hellhörigen Kellner eines eleganten Restaurants in Washington. Sie verbrachten mehrere enttäuschende Wochen auf der Suche nach dem besagten Argentinier, ehe sie auf Onassis stießen. Der berühmte Grieche besaß noch immer die argentinische Staatsbürgerschaft. Weitere Nachforschungen bei engen Freunden der Familie Kennedy lieferten der Zeitung den Schlager des Jahres. Am 15. Oktober 1968 war für den *Herald-Traveler* die Heirat Jackie–Onassis eine beschlossene Sache, und sie kündigten auf der Titelseite eine Eheschließung in allernächster Zukunft an.

Es war noch immer nichts Offizielles von der Familie Kennedy zu hören, aber die Zeitung hatte bei Kardinal Cushing angefragt, und dieser wollte nicht leugnen. Onassis war fast den ganzen Oktober in Athen zu heiklen geschäftlichen Besprechungen mit dem griechischen Militärdiktator Papadopoulos. Jackie informierte Onassis telefonisch, man könne das Geheimnis nicht länger bewahren. Sie sollten rasch heiraten.

Professor Georgakis, der einzige in Athen, der mit Onassis' Plänen vertraut war, wurde am frühen Morgen in die Villa nach Glyfada gerufen. Onassis saß im Pyjama neben dem Telefon. Sie erörterten, wo die Zeremonie stattfinden könne. Onassis dachte zuerst an die amerikanische Botschaft, und obwohl Georgakis ihn warnte, daß griechische Hochzeiten, um rechtsgültig zu sein, in Kirchen stattfinden mußten, ließ er sich doch überreden, bei der Botschaft »die Dinge in Gang zu bringen«. Er stellte die Frage: »Angenommen, ein Grieche von Rang wünscht eine amerikanische Witwe von Rang zu heiraten. Könnten sie es aus Gründen der Eile und ihrer Stellung hier tun?« Der Beamte antwortete, was Georgakis bereits wußte. Als er jedoch im Vertrauen informiert wurde, wer das glückliche Paar war, geriet er völlig außer sich.

Schließlich wurde die Kirche auf Skorpios als geeignetster Ort gewählt, da Jackie auf Ungestörtheit bestand, die nur die Insel zu bieten vermochte. Onassis fand sich mit einer griechisch-orthodoxen Zeremonie ab, verlangte jedoch, sie auf ein Mindestmaß zu beschränken. Georgakis sollte einen Priester finden, »der ein wenig Englisch spricht, verstehen Sie, und keinen allzu langen Bart hat«. Auch das brachte Schwierigkeiten mit sich, denn der

Bischof von Lefkas, der nur Griechisch konnte und zu dessen Diözese Skorpios gehörte, hatte sich bereits in dieser Rolle gesehen. Nach mehreren Gesprächen mit kirchlichen Stellen sicherte sich Georgakis die Dienste eines Universitätskaplans von Athen.

Die Nachricht von der Hochzeit war für Onassis' engste Angehörige ein Schock. Nur Artemis, seine Schwester, reagierte mit eindeutiger Begeisterung. Sie war von Natur aus eine Ehestifterin und betrachtete Jackie als die »Nummer eins«, eine ihres geliebten Bruders würdige Braut. Sie sorgte persönlich dafür, daß der Himmel die Verbindung begünstigte, indem sie Amulette unter dem Hochzeitsbett versteckte. Onassis' Kinder – Christina war damals achtzehn, Alexander zwanzig – waren entsetzt. Beide hatten gehofft, daß ihr Vater eines Tages wieder ihre Mutter heiraten würde, deren Ehe mit dem Marquess von Blandford nicht von Dauer war. Onassis hatte seinem Sohn gegenüber gelegentlich diese Möglichkeit erwähnt, jedoch wohl eher, um den Jungen zu beruhigen. Als er seinen Entschluß bekanntgab, Jackie Kennedy zu heiraten, stürmte Alexander mit Christina aus dem Haus und verbrachte den Rest des Tages damit, ziellos mit seinem Alfa Romeo durch Athen zu rasen. Er ließ sich nur mit größter Mühe überreden, der Hochzeit beizuwohnen.

In New York wurde die Heirat am Donnerstag, dem 17. Oktober, um 3 Uhr 30 offiziell bekanntgegeben, und zwar auf dem merkwürdigen Umweg einer Botschaft von Mrs. Auchincloss, der Mutter Jackies, durch Nancy Tuckerman, Jackies Sekretärin. Miß Tuckerman sagte: »Mrs. Hugh Auchincloss hat mich gebeten, Ihnen zu sagen, daß ihre Tochter, Mrs. John F. Kennedy, beabsichtigt, irgendwann in der nächsten Woche Mr. Aristoteles Onassis zu heiraten. Noch sind Datum und Ort der Trauung unbestimmt.« Die Familie Kennedy äußerte sich wohlwollend. Um sechs Uhr abends bahnte sich Jackie mit ihren Kindern – der zehnjährigen Caroline und dem siebenjährigen John John – den Weg durch die Menge vor dem Haus Fifth Avenue 1040 zu einer wartenden Limousine. Auf dem John-F.-Kennedy-Flughafen schlossen sich ihr mehrere Verwandte an. Neunzig Passagiere mußten in der fahrplanmäßigen Maschine der Olympic Airways nach Athen zugunsten der Braut und ihrer Begleitung Platz machen.

Die amerikanische Öffentlichkeit reagierte auf die Nachricht von der Hochzeit sehr reserviert. Die Einwände gegen Onassis ließen sich kurz zusammenfassen: er war zu alt, zu fremdländisch, zu klein, zu dunkel und zu reich. Ein anonymer Witzbold aus der Bronx bemerkte, daß Jackies Wahl ihrer Ehemänner die Spannweite »von einem griechischen Gott zu einem gottverdammten Griechen« wiederspiegle. Man zitierte einen Berater Kennedys: »Sie ist vom Märchenprinzen auf Caliban gekommen.« »Jackie, wie konntest du nur?« fragte eine Schlagzeile in Schwedens *Stockholm Expressen. Le Monde* in Paris schrieb streng: »Jackie, deren gefaßte Haltung beim Begräbnis John F. Kennedys so großen Eindruck machte, entschließt sich, uns zu schockieren, indem sie einen Mann heiratet, der ihr Vater sein könnte und dessen Karriere in – gelinde gesagt – ziemlich starkem Widerspruch zu dem liberalen Geist steht, der Präsident Kennedy erfüllte.« In Italien kommentierte das Magazin *L'Espresso* die Sache ziemlich düster mit den Worten: »Dieser grauhaarige Satrap mit seiner lederfarbigen Haut, der gedrungenen Gestalt, der fleischigen Nase, dem breiten Pferdegrinsen, der eine Insel kauft und sie dann aus allen Landkarten tilgen läßt, um die Landung von Schiffbrüchigen zu verhindern; und auf der anderen Seite eine ätherische Schönheit von neununddreißig Jahren, bekannt für ihren Intellekt und ihr Interesse an den schönen Künsten, und noch dazu eine ehemalige First Lady.« *Il Messagero* brachte die Nachricht mit der Schlagzeile: »Heute stirbt John F. Kennedy zum zweitenmal.« *La Stampa* fragte mitleidig: »Jackie, warum?« In Deutschland lautete die Schlagzeile der *Bild-Zeitung:* »Amerika hat eine Heilige verloren«. Natürlich fragte man auch die Callas, was sie darüber dachte: »Jackie tat recht daran, ihren Kindern einen Großvater zu geben. Ari ist so schön wie Krösus.« Später bemerkte sie: »Zuerst hab' ich mein Gewicht verloren, dann meine Stimme, und nun Onassis.«

Auch die katholische Kirche neigte nicht zur Verzeihung, obwohl Kardinal Cushing mutig für Jackies Recht auf Glück mit dem Mann ihrer Wahl eintrat. Die offizielle Ansicht fand man später in den Spalten der Vatikanzeitung *L'Osservatore della Domenica.* »Mrs. Kennedy kannte die Gesetze der Kirche; die Form ihrer Heirat mit Onassis machte sie zu einer öffentlichen Sünderin und sie ist daher vom Empfang der Sakramente ausgeschlossen.«

Jackie war, ohne eigenes Zutun, in die politische Mythologie der Kennedys einbezogen, die, zumindest nach amerikanischen Begriffen, links von der Mitte lag. Sie war jedoch niemals, auch nicht während ihrer Jahre im Weißen Haus, an Politik sonderlich interessiert gewesen. Sie war, wie Onassis, im Grunde apolitisch. Sie schätzte ihre Stellung als First Lady wegen der Privilegien, die sie ihr brachte. Sie liebte es prominent und dennoch sicher vor unerwünschten Eindringlingen zu sein. Onassis' seltsames und archaisches Königreich – mit seiner Inselfestung, seinen Lehngütern auf See und in der Luft und seinen luxuriös ausgestatteten Residenzen in Paris, New York und Athen – schien imstande zu sein, vergleichbare Vorrechte zu bieten. Wenn der Übergang von Camelot zu Skorpios auch einen gewissen Phantasiesprung erforderte, so war dessenungeachtet der Weg, der die zwei Königreiche verband, für jeden klar erkennbar.

Die Hochzeit sollte zeigen, daß der Schutz, den Onassis zu bieten vermochte, keineswegs narrensicher war. Onassis saß in einer Bar in der Innenstadt, als die Nachricht von seiner Hochzeit nach Athen gelangte. Er schlief sich in Glyfada gründlich aus und stand ausgeruht und guter Laune der Presse zur Verfügung, als er mit seiner Schwester und einem Sekretär im Athener Flughafen eintraf. »Ich werde sie morgen oder spätestens in drei Tagen heiraten«, verriet er mitteilsam. »Genau kann ich es nicht sagen, denn ich muß sie vorher sehen und mit ihr sprechen.« Er werde die Flitterwochen auf Skorpios verbringen, »es sei denn, Jackie will auf der ›Christina‹ eine Rundreise durch das Mittelmeer machen«. Er schloß die Konferenz mit den Worten: »Ich habe so viele Familienprobleme im Kopf, die ich lösen muß. Bitte lassen Sie mich allein und geben Sie mir Ihren Segen.«

Er hatte bereits Schritte unternommen, um zu gewährleisten, daß die Ungestörtheit erhalten blieb. Sogar der Pilot von Jackies Flugzeug wurde bis zum letzten Augenblick über den Zielort in Unklarheit gelassen. Die Journalisten, die den abgelegenen Flughafen Andravida, 310 Kilometer westlich von Athen, aufgespürt hatten, wo Onassis' eigene CD-6B die Boeing 707 mit seiner Braut erwartete, wurden in einem Wartesaal eingeschlossen. Den Unerschrockenen, die mit dem Teleobjektiv Aufnahmen von der Szene auf der Makadam-Rollbahn geschossen hatten, wurden die Filme von der Polizei konfisziert. Viel war ihnen nicht entgangen. »Willkommen, Liebste«, sagte Onassis mit einem scheuen Kuß. »Hattest du einen angenehmen Flug?« Sie lächelte: »Die Reise war wunderbar, und es ist ein herrlicher Tag.« Sie stiegen in ein kleineres Flugzeug, das nach Norden zum Flugplatz auf Aktion flog, von wo sie per Hubschrauber nach Skorpios gebracht wurden.

Inzwischen nisteten sich etwa zweihundertfünfzig Journalisten, alle eifrig darauf bedacht, über »die Hochzeit des Jahrhunderts« zu berichten, in dem winzigen Fischerdorf Nidri auf der Insel Lefkas, kaum drei Kilometer von Skorpios entfernt, ein. Sie mieteten alle verfügbaren Segelboote und belagerten Onassis' Insel. Am Nachmittag des 19. Oktober, dem Tag vor der Hochzeit, erklärte sich Jackie zu einer kurzen Pressekonferenz bereit. Sie unternahm einen mutigen Versuch, das Herz der Presseleute zu rühren, und sagte: »Wir wünschen, daß unsere Hochzeit eine nicht für die Öffentlichkeit bestimmte Zeremonie unter den Zypressen von Skorpios wird, an der nur Mitglieder der Familie und ihre Kinder teilnehmen. Verstehen Sie doch bitte, daß auch bekannte Leute für Augenblicke, die zu den wichtigsten ihres Lebens gehören, wie Geburt, Hochzeit und Tod, einmal allein sein wollen.«

Doch keiner ihrer Zuhörer war zur Rücksichtnahme bereit. Am Abend näherten sich sechsunddreißig Fotografen der Insel, unter Mißachtung aller Signale und Warnungen. Sie landeten am Strand, die Filmkameras surrten und klickten wie rasend. Die Besatzung der »Christina« unternahm einen Gegenangriff, der bestimmt in eine blutige Schlägerei ausgeartet wäre, wenn nicht Jackie einen allgemeinen Rückzug befohlen hätte. Dieser Zwischenfall veranlaßte die griechische Regierung, die Bewachung der Insel zu verstärken und sämtliche nicht zu Onassis gehörenden Schiffe auf 1000 Meter Entfernung vom Ufer zu verbannen. Praktisch ließ sich das jedoch nicht erzwingen.

Es wurde ein Abkommen mit der Presse getroffen, das vier Journalisten zur Trauung zuließ. Sie fand am 20. Oktober um 17 Uhr 15 statt. Einer der zugelassenen Journalisten war Mario Modiano, Korrespondent der Londoner *Times* in Athen. Er gab uns seinen Bericht über die Hochzeit, die vom Archimandriten Polykarpos Athanassiou in strahlender Goldbrokatrobe zelebriert wurde:

»In der kleinen Kapelle der Panajitsa (›Kleine Jungfrau‹), inmitten von Jasmin und Bougainvillea, waren zahlreiche Verwandte versammelt. Jackie sah abgespannt und bekümmert aus. Sie trug ein zweiteiliges, elfenbeinfarbenes Chiffonkleid mit Spitzen und Faltenrock. Ihr Haar wurde von einem elfenbeinfarbenen Band zusammengehalten. Der Bräutigam sah in seinem blauen Anzug, weißem Hemd mit weißem Schlips ein wenig deplaciert aus. Caroline ging, eingeschüchtert und ernst, feierlich mit Kerzen neben dem Paar, Jackies Blick wandte sich immer wieder besorgt ihren Kindern zu. Die Onassis-Kinder blickten finster.

Onassis' Schwester Artemis war Trauzeugin. Sie legte dem Paar zarte Lederkränze in Form von Zweigen mit Zitronenknospen, mit einem weißen Band zusammengehalten, aufs Haar. Während der Priester sang, tauschte sie die Kränze dreimal aus. Dann wurden dem Brautpaar die Ringe angesteckt und beide tranken aus einem Becher Wein. Jackie betrachtete den Priester unverwandt, der den Gottesdienst für sie ins Englische übersetzte: ›Der Diener Gottes, Jacqueline und ich, im Namen des Vaters, des Sohnes und des Heiligen Geistes‹, sang er. Als der Priester Esiahs Tanz begann, ergriff Jackie seine Hand, dann Aris Hand, und sie gingen langsamen Schritts rund um den Altar, zum Zeichen, daß die Zeremonie beendet war. Es gab kein Händehalten, keinen Kuß. Jackie schien ihren zweiten Mann nicht zu bemerken, sich aber Carolines und John Johns Gegenwart schrecklich bewußt zu sein. Später, auf der ›Christina‹, war das Maximum dessen, was sie an Zuneigung fähig war, daß sie seinen Arm nahm. Ihre Hände berührten sich nie. Ein Beobachter sagte: ›Es war wie eine geschäftliche Transaktion.‹

Ein mürrischer Geheimdienstmann blickte recht düster, als die Lady von Camelot nicht mit ihrem reichen griechischen Ehemann, sondern eng an John Kennedys Tochter geschmiegt in den ununterbrochen fallenden Herbstregen hinaustrat.

Sie wurden mit Blütenblättern überschüttet, gingen in die falsche Richtung und mußten zu dem Mini-Jeep zurückgebracht werden. Jackie setzte sich auf den Vordersitz, nahm Caroline auf ihren Schoß und hielt sie fest. Ihre Schwester Lee und deren Tochter saßen auf dem Rücksitz mit dem trübseligen John, der weder lächelte noch jemals seinen Kopf hob. Onassis setzte sich ans Lenkrad und fuhr die anderthalb Kilometer zur ›Christina‹.

Die stille Hochzeit wurde oft durch Rufe und Schreie von unzähligen Journalisten an Bord gemieteter Fischerboote gestört, die man nicht an Land ließ. Einige von ihnen sprangen über Bord und durften sich schließlich – in triefnassen Kleidern – der Gruppe geduldeter Journalisten und Kameraleute anschließen. Im übrigen wurde die Presse von der Kirche ferngehalten. Jackie, die über die aufdringliche Presse entsetzt zu sein schien, bestand darauf, daß in der Kirche keine Fotos gemacht werden durften. Später, an Bord der ›Christina‹, erklärten sie sich bereit, für Fotografen zu posieren, während die Fischerboote mit den Journalisten längsseits kamen und man so lange ›O-nas-sis, O-nas-sis‹ schrie, bis der Reeder und seine Braut bereit waren, sich auch von ihnen fotografieren zu lassen ...

Dann verloren sie die Geduld mit den Presseleuten und kehrten in den Salon zurück, wo sich Verwandte und Freunde versammelt hatten. Als die Reporter Kameras und Nasen an die Fensterscheiben preßten, wurden die Vorhänge zugezogen.«

Die Flitterwochen des Diktators

Der nächste Morgen brachte Sturmwind und heftige Regengüsse. Die Journalisten suchten das unruhige Meer von ihren Booten aus mit Ferngläsern ab, in der Hoffnung, Symptome einer konventionellen Hochzeitsreise zu entdekken. Es gab keine. Das gefeierte Paar schien auch nicht die Absicht zu haben, die Presseleute von ihrem Jammer zu erlösen, indem es seinen nächsten Schritt offenbarte.

Es gab die unvermeidlichen Alarme und wilden Gerüchte. Aufregung entstand durch die Nachricht, daß ein außerplanmäßiges Comet-Düsenflugzeug der Olympic Airways auf Aktion zu landen versuche. Als das Flugzeug durch den Sturm an der Landung gehindert wurde, trat wieder Ruhe ein, insbesondere als sich herumsprach, daß die Maschine nur Jackies Gäste nach Paris bringen sollte. Es waren verschiedene Pläne zu hören, darunter, sie würden auf Safari nach Mozambique gehen oder eine Kreuzfahrt auf der »Christina« machen. In Wirklichkeit ließ Onassis Jackie in Skorpios sonnenbaden und schwimmen, sobald sich das Wetter besserte, und er flog allein nach Athen, um mit dem griechischen Militärdiktator Papadopoulos Geschäfte zu machen.

Am Nachmittag des 24. Oktober 1968 fuhren die beiden Männer im Fond der Limousine des Diktators durch Athen, flankiert von einer massiven Polizeieskorte, und paraphierten ein aus zehn Punkten bestehendes Abkommen, demzufolge Onassis ein zehnjähriges Investitionsprojekt in Höhe von 400 Millionen Dollar – das größte in der Geschichte Griechenlands – übernehmen würde. Es sollte unter dem Namen Projekt Omega bekannt werden. »An dem Tag«, sagt einer der am engsten mit Omega verbundenen Männer, »war Onassis der Sonnenkönig. Er hatte alles.«

Am 1. November unterbrach Onassis seine Flitterwochen noch einmal, kehrte nach Athen zurück und gab das Projekt Omega auf einer Pressekonferenz bekannt. Es handele sich um den Bau einer Ölraffinerie mit einer Jahreskapazität von sieben Millionen Tonnen Rohöl ab 1972, einer Aluminiumraffinerie und einer Aluminiumgießerei mit einem Kraftwerk zum Betrieb beider Werke, sowie »parallele Investitionen«, über die noch verhandelt werde, zu denen jedoch wahrscheinlich eine Schiffswerft, ein Großflughafen und verschiedene Touristikprojekte gehörten. Die Feierlichkeit des Augenblicks wurde durch Reporter gestört, die nach intimen Enthüllungen gierten. Die meisten Journalisten zeigten sich an Boudoirgeheimnissen mehr interessiert als an Ölraffinerien. Die Konferenz endete jäh, als ein Journalist die Frage stellte: »Wann werden Sie und Jackie nach New York fliegen?« »Was hat das mit dem zu tun, worüber wir sprechen?« schnauzte ihn Onassis an und stürmte hinaus, gefolgt von einem Kometenschweif nachdrängender Fotografen.

Papadopoulos hatte bis dahin, anders als Franco in Spanien, noch keine ausländischen Investoren ins Land locken können. Somit besaß Onassis doppelte Attraktivität: er war ein potentieller Kapitalanleger und, nach seiner Heirat mit Jackie, ein Juwel für Public Relations. Die ihrer Rechte beraubten griechischen Demokraten waren wenig erfreut. Helena Vlachos schrieb später in ihrem Buch »Hausarrest«:

»Mit den Obristen traten die schlimmsten Züge der Star-Reeder zutage. Ihre Besitzinstinkte wurden durch den Großen Ausverkauf der Junta geradezu ermuntert. Griechenland wurde zu herabgesetzten Preisen angeboten, für ein freundliches Klopfen auf uniformierte Rücken konnte man echte Gelegenheitskäufe tätigen. Der Wert der griechischen Flagge fiel tiefer als die niedrigst quotierten von Panama und Liberia; auf Steuern wurde verzichtet, Gesetze wurden vergessen... In einer Welt schwankender Werte und heftiger Umwälzungen wurden alte Freundschaften, auf welcher Stufe sie gewesen sein mochten, vergessen oder ›für unbestimmte Zeit‹ auf Eis gelegt. Treue zu Idealen, Demokratie, Freiheit und Recht wurden als naiv und unrealistisch abgetan. Griechenland war ein ›Weingarten ohne Zaun‹, und alle kamen sie herbeigeströmt, um die Früchte zu ernten.«

Onassis hat letzten Endes dazu beigetragen, eines der häßlichsten Regime in Europa zu verherrlichen. Und doch hatte alles mit guten, sogar ehrenwerten Absichten begonnen.

Die Anfänge von Omega gingen auf die Zeit vor der Junta zurück. Mit dem Kauf von Skorpios 1963 begann Onassis sich auf die Rolle des heimkehrenden Sohnes vorzubereiten. Bald zeigte er Symptome eines Dranges, der vielen Griechen gemeinsam ist, die fern der Heimat ihr Vermögen gemacht haben – für Mutter Griechenland »etwas zu tun«.

Es gab lohnende Investitionsprojekte. Die Nachfrage nach Ölprodukten übertraf bei weitem die Raffineriekapazitäten des Landes. Infolgedessen importierte Griechenland nicht nur Rohöl, sondern auch immer mehr Raffinerieprodukte aus der Sowjetunion. Als Bezahlung transportierte Griechenland per Schiff eine halbe Million Tonnen Bauxit jährlich in die UdSSR. Aus

Bauxit wird Aluminium erzeugt, es ist einer der wenigen Rohstoffe, die Griechenland in reichen Mengen besitzt. Wenn aber dieses Bauxit vor dem Export in Aluminium verwandelt würde, wäre es zwanzigmal soviel wert. Was der Aluminiumproduktion im Weg stand, waren die Kosten gewaltiger Mengen elektrischer Energie. Es mußten nicht bloß eine Aluminiumraffinerie und eine Aluminiumgießerei gebaut werden, sondern auch ein Kraftwerk und eine Ölraffinerie. Wenn nun Griechenland Aluminium anstelle von Bauxit exportieren würde und die Bezahlung in Rohöl erhielte, würde die Raffinerie in Aktion treten. Ihre Nebenprodukte könnten als Treibstoff für das Kraftwerk verwendet werden, dadurch billige elektrische Energie produzieren und so den magischen und potentiell sehr gewinnbringenden Kreis schließen.

Onassis war durch »die innere Logik« der Idee so gefesselt, daß er binnen fünfzehn Minuten seinem Büro telefonisch die Instruktion gab: »Verabreden Sie für mich eine Besprechung in der russischen Botschaft.« Am selben Abend um acht Uhr legte Onassis dem russischen Handelsattaché, Aram Pironzian, ganz aufgeregt den Plan dar und drängte auf eine möglichst baldige Antwort aus Moskau. Kurz nach seiner Rückkehr erhielt Onassis, über die Ereignisse des Tages sehr befriedigt, einen Telefonanruf. Er kam von einem leitenden Beamten der KYP, der griechischen Geheimpolizei. Ob Onassis einen Bericht erklären könne, der von griechischen und amerikanischen Agenten stamme? Onassis konnte seine Belustigung kaum unterdrücken, versicherte jedoch ernsthaft, daß er nicht vorhabe, zu den Sowjets überzulaufen.

Innerhalb von zehn Tagen wurde ein Team russischer Funktionäre nach Athen geschickt, um mit Onassis zu verhandeln. Sie waren offensichtlich nicht darauf aus, ihre Interessen rücksichtslos durchzudrücken und erklärten sich mit dem Plan einverstanden, mit einer einzigen kleinen Einschränkung: daß sie nicht die ganze Lieferung in Aluminium, sondern zur Hälfte Tonerde und zur Hälfte Aluminium nehmen würden. Onassis wurde nach Leningrad eingeladen und war geneigt, anzunehmen. Darauf wurde die ganze Angelegenheit der griechischen Regierung vorgelegt, die gleichfalls begeistert war.

Dann kam der Regierungssturz und das erste einer Reihe von Übergangskabinetten, die schließlich von den Obristen gestürzt wurden. Das Übergangskabinett hatte andere Sorgen als das Projekt Omega.

Onassis hielt sich vor allem für einen Realisten. Am bestechendsten fand er das geflügelte Wort, daß jene Regierung die beste sei, die am wenigsten regierte, insbesondere wenn es sich um lästige Beschränkungen und Steuern handelte. Für Onassis war die Demokratie eine Annehmlichkeit, nie ein Ideal. In den unsicheren Monaten nach dem militärischen Staatsstreich war es für jeden realistischen Geschäftsmann notwendig, in Ruhe abzuwarten, in welcher Richtung der politische Wind wehen würde. Und genau das tat Onassis.

Er hatte keine Eile, das neue Regime mit seinem Lieblingsprojekt bekanntzumachen, war aber als Besitzer der Olympic Airways gezwungen, mit der augenblicklichen Regierung Geschäftsverbindungen zu unterhalten.

Papadopoulos war so intelligent zu erkennen, daß seine einzige Hoffnung, die Macht auf lange Sicht zu behalten, eine gesunde Wirtschaft war. Er brauchte dringend Investitionen und akzeptierte Omega begeistert. Wahrscheinlich hätte er damals die Akropolis verkauft, wenn es nötig gewesen wäre. Um den Schein zu wahren, wurde beschlossen, den Bau der Raffinerie öffentlich auszuschreiben. Jeder andere Bewerber in seiner Ahnungslosigkeit würde den Bau und Betrieb einer weiteren Raffinerie anbieten. Wenn die Ausschreibung dann über die Bühne gegangen war, konnte die Regierung verkünden, Mr. Onassis – der bekannte Wohltäter Griechenlands – hätte angeboten, ein umfassendes Investitionsprogramm durchzuführen, bei dem die Raffinerie nur einen Teil darstellte und das für Griechenland weit vorteilhafter sei als die Gegenangebote.

In den folgenden Monaten vertiefte sich die Beziehung zwischen Onassis und Papadopoulos erstaunlich. Einer der engsten Mitarbeiter bei Omega glaubt, daß der nüchterne Obrist, ohne es zu wollen, von dem bloßen Glanz Onassis' und seiner selbstgeschaffenen Rolle als moderner Odysseus fasziniert gewesen sei. Der Diktator reagierte auf ihn wie ein fanatischer Anhänger auf einen Popsänger oder einen Fußballstar. »Vergessen Sie nicht, er war der schlecht bezahlte, unscheinbare Soldat – gescheiter und ehrgeiziger als die meisten, der aber doch in der Kaserne lebte und nur aus der Ferne das Treiben des Jet Sets verfolgte.« Die unzähligen Geschichten über die Großen der Welt, die Onassis zu erzählen wußte, übten auf den kleinbürgerlichen Diktator eine unglaubliche Faszination aus.

Schwieriger zu verstehen ist die Anziehungskraft, die Papadopoulos auf Onassis ausübte. Leute, die sie häufig zusammen sahen, neigen zu der Erklärung, daß Onassis durch die Vision der Macht beeindruckt worden sei. »Für Onassis«, sagte einer von Papadopoulos' Ministern aus der Omega-Zeit, »war Papadopoulos die Verkörperung der Macht. Anatolische Griechen, die unter türkischer Tyrannei gelebt haben, sind für nackte Macht empfänglicher als Festlandgriechen und haben größeren Respekt vor den Inhabern der Macht. Macht in der Hand eines einzelnen Mannes – darin liegt etwas Metaphysisches. Es ist so, als böte man einem eine abendliche Unterhaltung mit Gott an. Die würde sogar ein Atheist annehmen. Für jemand wie Onassis war Papadopoulos ein Gral der Macht auf Erden.« Es gab Andeutungen, daß er vielleicht an der Macht teilhaben könnte. Onassis erzählte Freunden, daß Papadopoulos ihn ersucht habe, in die Regierung einzutreten, er habe jedoch abgelehnt. Auf jeden Fall fühlte er sich durch das Angebot geschmeichelt.

An der wirtschaftlichen Front schien Onassis' Verbindung mit Papadopoulos perfekt zu sein. Als Omega im November 1968 in der Öffentlichkeit bekanntgemacht wurde, ging bei Onassis' Personal in Athen das Scherzwort um, ihr Chef sei der einzige Mann, der zugleich zwei Flitterwochen feiern könne – eine mit Jackie, die andere mit Papadopoulos. In keinem Fall führten die Flitterwochen zu einer befriedigenden Ehe. Die Beziehung mit Papadopoulus war die erste, die Zeichen von Streß erkennen ließ.

Das Omega-Team, das zur Zeit des Bekanntwerdens des Projektes aus nur einem halben Dutzend Männern bestand, nahm im Büro der Olympic Airways auf dem Syntagma-Platz im Herzen der Innenstadt von Athen ein halbes Stockwerk ein. Onassis benutzte diese Büroräume als geschäftliches Hauptquartier in Athen, um sein neuestes Projekt zu betreuen. An dem Tag, an dem er seine Flitterwochen mit Jackie unterbrach, um nach Athen zu fliegen und das Abkommen mit Papadopoulos zu unterzeichnen, war er mit seinem üblichen strahlenden Lächeln und guter Laune wie ein Wirbelwind durch die Omegabüros gefegt. Einige Tage später war das Omega-Team nach Aktion geflogen, zu einer kurzen Konferenz mit Onassis, der aus Skorpios mit einem Schnellboot herübergekommen war. Ein völlig anderer Mensch trat ihnen gegenüber. Er war autoritär, sein Gesicht war gerötet, weniger vor Glück als über den Triumph, Präsident Kennedys Witwe geheiratet zu haben.

Auf dem Rückflug nach Athen wurden anzügliche Bemerkungen über die Anstrengungen gemacht, die ein zweiundsechzigjähriger Mann auf sich nehmen mußte, der eine schöne, junge Frau geheiratet hatte. Vielleicht, mutmaßten sie, nahm er Drogen, um seine Leistung zu steigern, und die Nebenwirkungen der Mittel hätten sein Benehmen so verändert.

Noch etwas anderes machte ihnen Sorgen. Sie hatten erfahren, daß Onassis Papadopoulos ein Zugeständnis abgerungen hatte, das wenig oder gar nichts mit Omega zu schaffen hatte und das Projekt nur verzögern konnte. Onassis bestand nämlich unbeirrbar darauf, für das Team Dringlichkeitsstufe Nummer eins zu erlauben. Niarchos' Konzession für den Betrieb der Aspropyrgos-Raffinerie war abgelaufen, doch er betrieb sie weiter auf einer Interimsbasis für neun Prozent der Gewinne. Onassis hatte Papadopoulos bewogen, ihm den Betrieb der Raffinerie zu überlassen, bis seine eigene gebaut war. Damit könnte er auf dem griechischen Erdölmarkt unverzüglich Fuß fassen, und, wie er dem Omega-Team offen gestand, Niarchos außer Fassung bringen. Beides waren Projekte von höchster Dringlichkeit, und Onassis hatte angeboten, auf alle Gewinne an der Raffinerie zu verzichten, um diese Operation durchzuführen. Onassis sollte Aspropyrgos am 1. Januar 1969 übernehmen. In den nächsten zwei Monaten war Omega vergessen, während das Team die Einzelheiten der Übernahme ausarbeitete. Aus dem Niarchos-Lager gab es einen anscheinend unnatürlichen Mangel an Reaktion. Es zeigte sich aber, daß Niarchos seine Antwort überaus sorgfältig überlegte.

Das Omega-Abkommen zwischen Onassis und Papadopoulos war absichtlich unbestimmt gehalten, im wesentlichen eine Absichtserklärung ohne genaue Angaben über das Wo, Wann und Wie des Projekts. Die Aufgabe, das Gerippe der Vereinbarung mit Fleisch aufzufüllen, wurde dem Ministerium für Wirtschaftskoordinierung übertragen. In den ersten Monaten des Jahres 1969 trafen Beamte des Ministeriums regelmäßig mit dem Omega-Team zusammen, das häufig von Onassis selbst geführt wurde. Die Nerven beider Partner waren schnell abgenutzt. Einer der Unterhändler von der Regierungsseite erinnert sich an Onassis' Verhandlungsstil.

»Es war völlig unmöglich, ihn auf bestimmte Einzelheiten festzunageln. Er vereinigte in sich eine Mischung von griechischem Kaufmann und Händler in einem orientalischen Basar. Wenn er ins Büro trat, brachte er sämtliche Gerüche des Orients mit. Für ihn bedeutete Verhandeln Feilschen. An einem Tag war er mit drei oder vier Punkten der Regierung einverstanden, dann blieb er bei den übrigen sechs oder sieben hart, aber wir lenkten schließlich ein und kamen uns auf halbem Weg entgegen. Am nächsten Tag wollte er nochmals über die vier ersten Punkte feilschen, weigerte sich aber, bei den anderen ein Zoll nachzugeben.

Er konnte nicht delegieren. Es gab Männer auf seiner Seite, zum Beispiel Georgakis und Kokkinis, die mit der Regierung in vernünftiger Form die Dinge hätten erörtern, für unseren Standpunkt Verständnis zeigen und gewisse wesentliche Bedingungen annehmen können. Hätte er die Verhandlungen ihnen überlassen, wir hätten den Vertrag innerhalb von zwei Monaten unterzeichnet.«

Die Haarspalterei, mit der Onassis die Verhandlungen tagelang aufhielt, erwuchs aus der Frage des Detailverkaufs von Benzin durch Omega in Griechenland. Benzinpumpen mit dem Omega-Zeichen waren vorgesehen. Onassis bestand darauf, daß die Regierung, falls er irgendwo eine Omega-Benzinstation errichten wollte, den Kauf des Standortes für ihn garantieren solle. Vergeblich erklärten die Regierungsbeamten, das sei völlig absurd – was würde geschehen, wenn er auf der Akropolis oder mitten auf dem Syntagma-Platz eine Benzinstation bauen wollte! Onassis weigerte sich, dafür Verständnis zu zeigen, und stürmte wütend aus dem Raum.

Der Hauptstreitpunkt war unvermeidlich das Geld. Die Beamten standen vor folgendem Problem: Wenn sie mit Onassis ein Abkommen trafen, für das er leicht Geld aufbringen konnte, würde es, fast definitionsgemäß, ein Geschäft sein, das für Griechenland schlecht war. Wenn sie anderseits zu hart blieben, konnte Onassis sich zurückziehen, und die Folgen mußten, nach soviel Vorschußlorbeeren, für das Regime nachteilig sein. Onassis machte die Dinge keineswegs leichter, als er auf Regierungsgarantien für den Kredit bestand. Die Regierungsleute jammerten vergeblich, das sei keineswegs der Plan gewesen, es war Onassis, der die Investition machen sollte, und wenn die Regierung bereit war, die Finanzierung des Projektes zu garantieren, hätte es wenig Sinn gehabt, Onassis von Anfang an damit zu befassen. Onassis entgegnete, daß in den ersten Jahren auch die Befreiung von der Einkommensteuer und Einfuhrkontrollen von entscheidender Bedeutung sein werde. Nach einer Sitzung sagte ein Mitglied des Omega-Teams zu Onassis: »Sie verlangen keinen Vertrag. Sie verlangen eine Lizenz.«

In einigen Mitgliedern des Omega-Teams wuchs allmählich der Verdacht, daß Onassis seine Begeisterung für das Aluminiumwerk, den Eckpfeiler der ursprünglichen Idee, verlor. Die Raffinerie – und der gewinnbringende Öltransportvertrag, der damit verbunden war – schien ihn dagegen wirklich zu interessieren, trotz der Tatsache, daß den allgemeinen Berechnungen zufolge das Aluminiumprojekt höchst einträglich sein würde. Man brauchte einen Partner, der einen Großteil, wenn nicht das gesamte Know-how, wie auch einen Teil des Kapitals für das Aluminiumwerk lieferte. Onassis feilschte zuerst mit Reynolds und dann mit Alcoa, den amerikanischen Aluminium-Riesen, ließ die Sache aber in beiden Fällen »platzen«. Es war beinahe so, als ob Onassis' *folie de grandeur* ihm das Gefühl gab, er brauche möglichen Partnern nur die Ehre anzubieten, mit ihm Geschäfte zu machen. Er bot Alcoa nur eine Minoritätsbeteiligung von neunundvierzig Prozent an, »und solche Angebote kann man Alcoa nicht machen. Alcoa ist der Aluminiumkönig«. So ein Omega-Mann. Was, fragte Alcoa, verstand denn Onassis von Aluminium? Dennoch machten sie einen offenkundig vermittelnden Gegenvorschlag: Jede Seite würde neunundvierzig Prozent übernehmen, und die restlichen zwei Prozent sollte eine für beide vertrauenswürdige dritte Partei, etwa die First National City Bank, erhalten. Onassis weigerte sich, sogar diese Teilabtretung der Kontrolle in Betracht zu ziehen. »Nach seiner Heirat«, sagt der Mann aus dem Omega-Team, »verlor er allmählich das Gefühl für das Machbare. Vielleicht gab es genügend ausländische Geschäftsleute, die gern nach Griechenland kamen, um mit Ari und Jackie zu speisen, aber es gab keinen, der mit Onassis Geschäfte machen wollte, solange er in dieser Gemütsverfassung war.«

Die Schwierigkeiten innerhalb des Omega-Teams hatten ihre Parallele in den Meinungsverschiedenheiten innerhalb des Ministeriums für Wirtschaftskoordinierung. Den Leuten von der Regierung mangelte es an Erfahrung im Verhandeln, denn die Obristen hatten die Zivilverwaltung ihrer fähigsten Beamten beraubt. Infolgedessen standen sie Onassis weniger beharrlich gegenüber, als sie hätten sein können, und gaben, nach der privaten Ansicht der Omega-Unterhändler, in zu vielen Punkten nach. Die offensichtliche Unentschlossenheit der Beamten hatte nur zur Folge, daß Onassis' Appetit auf weitere Konzessionen wuchs. Der Ärger über Onassis wurde rasch in Erbitterung gegen Papadopoulos umgemünzt, der dem Ministerium das Problem aufgehalst hatte.

Papadopoulos konnte seinerseits nicht begreifen, warum die Unterhändler so viel Zeit mit Gesprächen vergeudeten. Als sich die Angelegenheit in die Länge zog, wurde für ihn klar, daß der Publizitätswert des Projektes weit wichtiger war als alles andere. »Er verstand überhaupt nicht, daß das Projekt so gewaltige Ausmaße annahm, daß die Details gar keine Details mehr waren«, erklärt einer der Unterhändler, »daß es, wenn man belanglose zwei Cent pro Kilowatt vom Elektrizitätspreis abzieht, am Ende Millionen ausmacht.«

Am 8. März 1969 startete Niarchos seine Gegenoffensive. Er bot an, die dritte Raffinerie zu bauen und andere größere Investitionsprojekte zu übernehmen. Niarchos behauptete, daß sein Vorschlag an Investitionspotential um 100 Millionen Dollar höher war als das von Omega. Als Beweis seiner Seriosität legte Niarchos seinem Angebot einen Sichtwechsel über zwanzig Millionen Dollar, gezogen auf den Crédit Suisse, bei. Er schlug vor, die Obristen sollten ihre Vereinbarung mit Onassis zerreißen und das ganze Projekt ausschreiben, wobei sein eigenes Angebot als Ausgangspunkt für andere Bewerber gelten solle. Es war, wenn sonst nichts, eine schlaue Störaktion

Niarchos' Intervention hatte vorerst eher politische als wirtschaftliche Folgen. Sie bot der stark zensurierten Presse eine hervorragende Möglichkeit, die Junta unter der Maske solider wirtschaftlicher Kommentare anzugreifen. Offene Kritik an den Obristen war gefährlich, wenn nicht unmöglich, aber Artikel über das Für und Wider von Omega sowie, sobald sie veröffentlicht waren, über Niarchos' Gegenvorschläge waren absolut möglich. Die Kritik an Omega enthielt natürlich Kritik an Papadopoulos, der seine Flagge öffentlich an Onassis' Mast gehißt hatte.

Doch zwei Tage später, am 10. März, erklärte die Regierung, der Gegenvorschlag käme zu spät – mit Onassis sei bereits eine Einigung erzielt worden und die Verträge seien bereits ausgefertigt. Onassis hielt eine triumphale Pressekonferenz ab, in der er den »Versuch der Störmanöver, der in den letzten Tagen von denen unternommen wurde, die im internationalen Wettbewerb geschlagen worden waren«, heftig geißelte. Er bezeichnete die Annahme, er könnte mit Niarchos zusammenarbeiten, als »geschmacklosen Scherz«. Niarchos wußte, daß die Ausflucht der Regierung eine Lüge war. Und Onassis ebenfalls. Der Unterschied war, daß Onassis glaubte, er sei nur faktisch eine Lüge, nicht aber im Geiste, und daß Papadopoulos fest entschlossen war, zu seiner Verpflichtung zu stehen. Niarchos gab eine Erklärung ab, daß der Beschluß der Regierung, an Onassis' Projekt festzuhalten, das Land in den nächsten zehn Jahren 150 Millionen Dollar kosten würde, da er, Niarchos, in seinem Angebot die Lieferung von Rohöl zu einem um 2,50 Dollar pro Tonne billigeren Preis als Onassis offeriert habe.

Zwei Tage später kam das Antwortgeschoß von Onassis, als er mit Jackie von Paris in den Urlaub auf die Kanarischen Inseln flog. Er sagte, Niarchos solle doch besser den Balken im eigenen Auge suchen, denn er habe bei seiner zehnjährigen Konzession der Aspropyrgos-Raffinerie, die Onassis nun zum Vorteil von Griechenland auf einer nicht auf Gewinn ausgerichteten Basis führte, Übergewinne von 100 Millionen Dollar gemacht. Niarchos versuche bloß, Onassis' Investitionsprogramm zu torpedieren, weil er seine einträgliche Konzession zurückhaben wolle. Wieder brachte die griechische Presse das Wortgefecht als Aufmacher auf der Titelseite und verlangte genaue Einzelheiten der beiden Angebote, um sie zu veröffentlichen, damit das griechische Volk sein eigenes Urteil bilden könne. Prompt verbot die Junta alle Pressekommentare, einschließlich der Erklärungen von Onassis und Niarchos.

Die nächste Phase des Kampfes wurde hinter verschlossenen Türen ausgetragen. Die Regierung interessierte sich viel stärker für Niarchos' Gegenvorschlag, als sie öffentlich zugegeben hatte, und die Versuchung, die beiden Reeder gegeneinander auszuspielen, erwies sich als unwiderstehlich. Im Ministerium für Wirtschaftskoordination wurde ein Team gebildet, das feststellen sollte, ob Niarchos' Angebot eine wesentliche Verbesserung gegenüber Omega darstellte.

Onassis setzte seine Zusammenkünfte mit Papadopoulos fort. Er dinierte oft im Haus des Diktators, bevor er sich in den frühen Morgenstunden in zwanglosere Gesellschaft in die Athener Nachtklubs begab, wo er abwechselnd mit den Staatsgeschäften prahlte, die er erörtert habe, und stöhnte, daß man im Haus von Papadopoulos nie etwas anderes zu essen bekam als Bohnen mit Zwiebeln. Vielleicht fand Onassis den Lebensstil des Diktators frugal, aber seine Obristenkollegen waren diesbezüglich gar nicht so sicher. Papadopoulos begann unter Onassis' Einfluß Tendenzen zu entwickeln, die manche als Showbusineß werteten, und ein übertriebenes Gefühl seiner eigenen Bedeutung. Sein Sicherheitschef Roufougalis tat es ihm gleich. Man konnte ihn fast jeden Abend in den elegantesten Athener Nachtlokalen in Gesellschaft der auffallendsten Mitglieder der Geschäftswelt, darunter oft genug Onassis selbst, antreffen. Er behauptete, wie er als Entschuldigung zu erklären pflegte, sich umhören, sprich aushorchen, zu müssen.

Im April 1969 stellte Onassis Papadopoulos und seiner Familie eine luxuriöse Villa im Seebad Lagonissi, vierzig Kilometer von Athen entfernt, zur Verfügung. Ursprünglich hatte sie Onassis zum Preis von 195 000 Dollar für seine Halbschwester Kallirhoe gekauft, deren Ehe in die Brüche gegangen war. Papadopoulos nahm sie als Residenz, nachdem einige Sicherheitsmaßnahmen, darunter der Bau eines Fluchttunnels mit einem Geheimgang hinter einem verschiebbaren Bücherregal, getroffen worden waren. Die Miete, bescheidene 20 000 Drachmen (660 Dollar) monatlich, wurde in aller Form von dem offiziellen Mieter, Evangelos Vamvakopoulos, einem Major der Geheimpolizei, bezahlt. Die Regimegegner hegten natürlich den Verdacht, daß Onassis dem Diktator die Villa »geschenkt« habe. Onassis beantwortete Erwägungen solcher Art mit den Worten: »Diese Leute werden nicht über Nacht verschwinden. Sie sind für lange Zeit hier. Verfallen Sie doch nicht in Wunschdenken.«

Inzwischen verschlechterten sich die Beziehungen Onassis' zu den Leuten im Ministerium katastrophal. Einer der Bauunternehmer, vom Ministerium zu Onassis geschickt, machte ihm einen offensichtlich unverschämten Vorschlag. In seinem Gespräch, das als Angebot ausgelegt werden konnte, regte er an, die zum Stillstand gekommenen Omega-Verhandlungen zu »bereinigen«. Es sollte nur eine Summe in eine bestimmte Schweizer Bank eingezahlt werden. So klang es zumindest, erzählte Onassis seinen Mitarbeitern. Er bestand darauf, Papadopoulos unverzüglich darüber zu informieren, der aber die Angelegenheit amüsant fand. »Merken Sie denn nicht?« fragte er. »Das sind alles die Türken.« Das gute Einvernehmen und die Ehre wurden gerettet, indem der unselige Unternehmer von der KYP zum Verhör fortgeschleppt wurde, ohne daß es zu ernsten Folgen kam. Die Episode diente nur dazu, die Beziehungen zwischen Onassis und dem Ministerium noch mehr zu verschlechtern.

Nachdem der Staatssekretär im Ministerium für Wirtschaftskoordinierung, Rodinos Orlandos, den Gegenvorschlag Niarchos' studiert hatte, legte er Papadopoulos ein dreizehn Seiten langes Memorandum mit dem Kennzeichen »streng geheim« vor. Rodinos Orlandos begann mit einem Hinweis auf Omega und beschrieb die »langwierigen und komplizierten Verhandlungen, im Laufe derer man es mit der wohlbekannten Halsstarrigkeit eines der führenden griechischen Unternehmer zu tun hatte«. Er wies darauf hin, daß infolge der Intervention von Niarchos »eine neue Situation entstanden sei«. Niarchos' Angebot sei »unbestreitbar« das bessere.

Das Memorandum legte dar, wieso Niarchos Onassis so deutlich zu unterbieten vermochte, während keine der großen Ölgesellschaften dazu imstande oder bereit gewesen war, als das Projekt Omega ursprünglich zur Ausschreibung gelangte (sie hatten alle genau denselben Preis verlangt). »Es ist undenkbar«, fuhr Rodinos Orlandos fort, »daß ein einzelner Geschäftsmann, sogar einer vom Status Niarchos'... einen direkten Konflikt mit den lebenswichtigen Interessen seiner ›Arbeitgeber‹ riskieren würde, indem er Rohöl zu einem weit niedrigeren Preis als der von den großen Ölgesellschaften diktierte anbieten würde.«

Die Antwort lautete, davon war er überzeugt, daß Niarchos »nicht auf eigene Faust, sondern auf Befehl eines mächtigen Auftraggebers arbeitete«. Sie waren nicht einfach mit einem Konflikt zwischen Niarchos und Onassis konfrontiert, sondern mit einem Kampf britischer und amerikanischer Ölinteressen um Griechenland, wobei die beiden Männer »die klassische Rolle von ›Strohmännern‹ spielten, die Schiffe und einen beträchtlichen Groll beisteuerten«. Onassis arbeitete offensichtlich mit British Petroleum. Nach Orlandos' Meinung stand Esso, deren Kontrakt in der Raffinerie von Saloniki im Jahr 1967 zu Ende ging, hinter Niarchos. »Für uns«, schloß Rodinos Orlandos, »ist es besonders wichtig, uns der möglichen Ausdehnung des Konfliktes bewußt zu sein und der eventuellen Möglichkeiten, durch die er aus der Welt geschaffen werden kann. Ich glaube, Herr Präsident, daß der Schlüssel zur ›Bereinigung‹ der ganzen Sache durch Niarchos offeriert wird: ein Wettbewerb, dessen Ausgangspunkt sein Angebot ist.«

Papadopoulos brauchte sechs Wochen, um zu dem Entschluß zu gelangen, sich Orlandos' Meinung anzuschließen. Am 19. Mai wurde zuerst Onassis, dann Niarchos aufgefordert, mit ihren jeweiligen Teams bei Papadopoulos zu erscheinen, um offiziell zu erfahren, was sie bereits wußten: Niarchos' Angebot war angenommen worden.

Der Unterschied zwischen den Geschäftspraktiken der beiden war auffallend. Der reizbare und polternde Onassis ließ nur selten zu, daß seine Leute ein Wort anbrachten, sogar wenn es ein Thema betraf, von dem sie mehr verstanden als er. »*Ich* habe das nicht gesagt, sondern Onassis«, war eine Ausflucht, die Onassis' Experten oft gebrauchten, wenn sie in Abwesenheit ihres Chefs mit etwas konfrontiert wurden, das die Regierungsleute für ihre eigene Meinung hielten. Niarchos, der in allem ruhiger und gesetzter war, beschmutzte seine Hände nicht mit Details, sondern übergab sie den Technokraten seines Teams. Die Regierungsleute waren übereinstimmend der Meinung, daß sie sich lieber mit Onassis unterhielten, aber eher mit Niarchos Geschäfte machen wollten.

Im internationalen Wettbewerb für den Bau der dritten Raffinerie waren vier Angebote eingereicht worden. Es war sofort klar, daß die von Onassis und Niarchos die besten waren. Ein Drei-Mann-Komitee wurde eingesetzt, um den Sieger zu bestimmen. Es kam jedoch nur zu dem salomonischen Schluß:

»Wenn in dieser Richtung vorgegangen wird, ist das Angebot von Niarchos das beste, wenn in jener Richtung, das von Onassis.« Wieder sparten die Rivalen nicht mit Beschimpfungen. Niarchos machte der Regierung das Angebot, einen Barkredit für den Bau des Aluminiumkomplexes selbst zur Verfügung zu stellen, sollte das gewünscht werden. Nun, wenn es das sei, was die Regierung wolle, schrieb Onassis, werde er den Kredit in Goldbarren geben. Niarchos erwiderte, daß nur Benachteiligte Gold offerierten und daß sich die Finanzkreise bereits fragten, warum in aller Welt Onassis Goldbarren sammle. Im September 1969 kam das Komitee zu dem Ergebnis, es könne sich nicht entschließen.

Am 20. September erklärte die Junta den Wettbewerb für null und nichtig, indem sie wieder eine Lüge gebrauchte, um ihre Verwirrung zu verschleiern: Es habe bei beiden Angeboten Unregelmäßigkeiten gegeben. Innerhalb der Regierung war es zwischen den Anhängern von Papadopoulos und Niarchos zu regelrechten Kämpfen gekommen. Papadopoulos fürchtete für die Basis seiner Macht, während die Obristen wegen Niarchos' royalistischer Verbindungen beunruhigt waren. Die Linke war durch Folterknechte brutal unterdrückt worden, der Widerstand gegen das Regime praktisch ausgelöscht. Aber sie alle wußten: wenn ein Gegenputsch erfolgte, kam er von seiten der Royalisten. Demgemäß tat die Junta kund, sie werde eine »salomonische« Lösung suchen, bei der jeder der beiden Millionäre eine kleine Raffinerie bekommen würde, vorausgesetzt, sie behielten ihre anderen Investitionen bei. Und darauf einigte man sich schließlich.

Am 13. März 1970 unterzeichnete Onassis ein Abkommen für ein Projekt von nunmehr 600 Millionen Dollar, einschließlich der dritten Raffinerie und des Aluminiumkomplexes. Die Bedingungen des Abkommens waren für Onassis weniger vorteilhaft als der ursprüngliche Vertrag mit Papadopoulos. Niarchos brauchte länger, um den Bedingungen zuzustimmen, nach denen er Aspropyrgos wieder übernehmen würde, das, entsprechend vergrößert, sein Lohn sein sollte. Schließlich erklärte er sich bereit, 200 Millionen Dollar für die Vergrößerung von Aspropyrgos bereitzustellen und weitere 100 Millionen für andere Projekte, vor allem für die Erweiterung seiner eigenen Schiffswerft in Skaramanga.

Für einige Wochen gelang Onassis das Kunststück, das Wohlwollen der Obristen und der Liberalen in aller Welt zu genießen. Nach der Unterzeichnung unterstützte er die Bemühungen zur Befreiung des linksgerichteten Komponisten Mikis Theodorakis. Im April 1970 wurde Theodorakis, nun ein kranker Mann, freigelassen und erhielt die Erlaubnis, nach Paris ins Exil zu gehen. An dieser Freilassung war vor allem Jean-Jacques Servan-Schreiber, Millionär und Führer der französischen radikalsozialistischen Partei, beteiligt, der eine Ein-Mann-Mission zu den Obristen gestartet hatte. Servan-Schreiber war Gast auf Skorpios, und Onassis half, ihm den Weg zu den maßgebenden Männern zu ebnen. Er war ihm auch behilflich, einen Paß für Frau Theodorakis zu erlangen. Es genügte kaum, um Onassis zu einem Helden der Liberalen zu machen, half ihm jedoch, für sich den Gedanken zu bewahren, er könne im Herzen noch immer ein Liberaler sein.

Onassis geriet jedoch in Verlegenheit, als Servan-Schreiber ihn öffentlich mit Lob überhäufte und um seine Unterstützung für die Befreiung anderer politischer Gefangener in Griechenland bat. Am 29. April gab er bei einem Interview mit der Athener Zeitung *Eleftheros Kosmos* formell zu, bei drei verschiedenen Gelegenheiten mit Servan-Schreiber zusammengetroffen zu sein, sagte dann aber:

»Bei meiner dritten Zusammenkunft mit Servan-Schreiber nahm ich zu seiner Bitte Stellung, für die Freilassung von Theodorakis und anderer politischer Gefangener zu intervenieren. Ich sagte ihm, er solle die Großzügigkeit und Güte des griechischen Premierministers nicht ausnutzen. ›Sie müssen verrückt sein, wenn Sie die Freilassung jener verlangen, die durch griechische Gerichtsbeschlüsse verurteilt wurden. Die zu entlassen, die Bomben gelegt haben! ... Monsieur Schreiber, über der Freiheit von Einzelpersonen steht die Freiheit und Unabhängigkeit des Volkes. Wir, die Griechen, können keine Einmischung dulden, welche unsere Gefühle für die Freiheit der Nation beleidigt. Ich kann nicht verstehen, warum Sie es so eilig haben. Sie benehmen sich wie ein Elefant im Porzellanladen!‹«

Am selben Tag kam Theodorakis in Paris aus dem Krankenhaus und gab im Hôtel du Palais d'Orsay eine Pressekonferenz. Es war ein großer Tag für die internationale Linke. Der Konferenzsaal war dicht gefüllt mit Reportern. Unter den Leuten auf der Rednertribüne befanden sich Berühmtheiten wie Yves Montand, Melina Mercouri und Georges Moustaki sowie Vertreter der drei wichtigsten griechischen Widerstandsorganisationen. Theodorakis unterstrich die Bedeutung seiner Rettung, indem er seine Treue zur Linken betonte und vor der Sinnlosigkeit warnte, Hoffnungen auf Leute wie Onassis, »einen Feind des Volkes«, zu setzen.

Innerhalb weniger Wochen wurde die humanistische Dimension von Onassis' Geschäftstätigkeit auch auf einem anderen Kontinent in Frage gestellt.

Öl und Wasser

Rohöl ist eine der kompliziertesten chemischen Verbindungen, die wir kennen. Und obwohl seine Zusammensetzung von einem Gebiet zum anderen verschieden ist, gilt im allgemeinen, daß Rohöl Meerespflanzen und -tiere vergiften, ersticken, verbrennen, mit einer Schicht bedecken, färben, verändern und krebskrank machen kann. Es kann auch gewaltige Mengen von Sauerstoff zum Schaden alles dessen verbrauchen, was auf oder unter dem Meer lebt.

Öl ist der größte Verschmutzer des Meeres. Es gelangt auf verschiedene Weise in die See – durch »zufälliges« Überlaufen oder Lecken, das bei *jedem* Tanker vorkommt, durch absichtliches Ausgießen von Tank-Spülwasser (normalerweise haftet nicht weniger als ein Prozent des Öls nach dem Entleeren der Tanks an den Seitenwänden), und durch Ausfließen bei Katastrophen. Im Mai 1973 schätzte die Kommission für ozeanische Belange der Nationalen Akademie der Wissenschaften der USA, daß zumindest 1 370 000 Tonnen Öl jährlich aus Routineoperationen den Weg in die See finden, weitere 350 000 Tonnen durch Unfälle.

Onassis war auf der Suche nach jenen Flaggen, die seinen Operationen den geringsten Zwang auferlegten, nicht schlimmer als andere Reeder, aber auch um nichts besser. Auf der Suche nach jenen Vorschriften, die sich am leichtesten – und billigsten – befolgen ließen, handelte er nach den unerbittlichen wirtschaftlichen Gesetzen. Und wohin Onassis ging, folgten ihm bald andere, weniger einzelgängerische Unternehmer. Obwohl Konvenienzflaggen den Zorn der stärkeren Schiffahrtsvereinigungen in Amerika und Europa erregten, waren sie 1970 bereits zum Mittelpunkt der Operationen einiger der größten Ölgesellschaften geworden.

Von weniger als einer Million Tonnen im Jahr 1950 war die in Liberia registrierte Flotte in zwanzig Jahren auf fast fünfunddreißig Millionen Bruttoregistertonnen angewachsen – ungefähr sechzehn Prozent der gesamten Weltmenge. Von dieser Zahl machten die Öltanker neunzehn Millionen aus. Grob gesagt die Hälfte der liberianischen Tankerflotte befand sich in griechischer Hand, der Rest gehörte Amerikanern. Die Registrierung in Liberia gestattete die Befreiung von amerikanischen Registrierungsbedingungen, zum Beispiel jener, daß der Tanker in den Vereinigten Staaten gebaut und die Besatzung nach amerikanischen Lohnsätzen bezahlt werden mußte, die im Durchschnitt doppelt so hoch waren wie die der meisten anderen Länder.

Außerdem waren laut Gesetz »Einkommen, die durch eine liberianische Gesellschaft, welche ein in Liberia registriertes Schiff besitzt, erzielt werden... von der liberianischen Einkommensteuer befreit«. Ein amerikanischer Reeder schätzte, daß sich die Ersparnis an Operationskosten für einen Tanker von 80 000 Tonnen dadurch auf eine Million Dollar jährlich belief.

Bis 1970 war der Kaufvorgang für die begehrteste Konvenienzflagge – Liberias rot-weiß-blaue Fahne mit dem einen Stern – lächerlich einfach geworden. Die meisten der 1800 Schiffe, die sie benutzten, hatten sogar nie in einem liberianischen Hafen Anker geworfen. Alles, was man brauchte, war ein Antragsformular, achtundvierzig Stunden zur Durchführung der Transaktion und ein Entgelt von 1,20 Dollar pro Nettotonne plus eine jährliche Steuer von zehn Cents pro Tonne.

Onassis wurde immer ärgerlich, wenn er zu hören bekam, daß er die liberianische oder panamaische Flagge wegen der lockeren Einstellung dieser Länder zu Sicherheitsvorschriften, Arbeitszeit, Lohn und Besatzungsqualitäten benutzte. Der größte Anziehungspunkt von Konvenienzflaggen, behauptete er, liege nicht in dem angeblichen Mangel solcher Vorschriften, sondern im Nichtvorhandensein bürokratischer Pedanterie. Der Teufel solle ihn holen, wenn er sich genau vorschreiben ließe, wie viele Mann Besatzung er auf jedem Schiff zu halten habe oder welcher Job Angehörigen eines bestimmten Landes vorzubehalten sei. Seine Schiffe würden ebenso sicher und tüchtig geführt wie jene unter irgendeiner der »traditionellen« Flaggen. Er versicherte, daß seine Mannschaften so fähig seien wie alle anderen und besser bezahlt als die meisten. Er bevorzugte die Formulierung, daß seine Flotte unter »Erfordernisflaggen« operiere.

Doch obwohl viele der modernsten Schiffe unter liberianischer und panamaischer Flagge fuhren, war es um das globale Sicherheitsregister der Tanker dieser Länder erschreckend schlecht bestellt.

Wie schlecht im einzelnen wurde in einem Gutachten des Tanker-Beratungs-Dienstes (TAS), einer unabhängigen Organisation mit Sitz in New York, enthüllt. 1974 legte TAS eine Analyse der Tankerverluste in den vergangenen zehn Jahren vor: das rasche Anwachsen der Tankertonnage wurde von dem noch rascheren Anwachsen der Totalverluste übertroffen. In diesem Jahrzehnt wurden von den fünfzehn Nationen mit Tankerflotten, die im Durchschnitt mehr als eine Million Tonnen betragen, 124 Tanker verloren. Von diesen fuhren genau die Hälfte unter Panama- oder Liberiaflaggen. Der

Schluß lag nahe, daß die Flucht zu Konvenienzflaggen, die Onassis predigte, die Meere gefährlicher und schmutziger machte.

Onassis konnte behaupten, und er tat es mitunter, daß es nur eine Minderheit von Unternehmen mit Konvenienzflagge war, die dem Geschäft einen schlechten Ruf brachten, aber das hieß, dem wahren Sachverhalt auszuweichen. Denn Onassis und die anderen großen Reeder selbst waren es, die das ganze Unternehmen wirtschaftlich lebensfähig machten, indem sie den »Cowboys« und anderen noch verantwortungsloseren Reedern eine Aura von Ehrbarkeit verliehen.

Es war Onassis' Praxis, den wahren Inhaber der Flotte in einem Dickicht verschiedener Gesellschaften zu verstecken. Das ermöglichte ihm, je nach Bedarf zu handeln. Denn wenn er Geld aufnahm, war die Gesamtzahl der von seinen verschiedenen Gesellschaften kontrollierten Schiffe als Deckung akzeptabel. Zugleich sorgte die Beschränkung der Aktivmasse jeder Gesellschaft auf ein oder zwei Schiffe dafür, daß sein Reich nie durch einen gelegentlichen Unglücksfall, das Berufsrisiko des Reedereibetriebs, ernsthaft gefährdet wurde.

Onassis hatte Grund, für diese Geschäftsmethoden dankbar zu sein, als die ältesten Schiffe seiner Flotte auf die Verluststatistiken kamen. Am Morgen des 4. Februar 1970 lief der liberianische 11 000 Tonnen-Tanker »Arrow« auf dem Cerebus-Felsen mitten in der Chedabucto-Bucht von Nova Scotia auf Grund. Die »Arrow« war voll beladen mit Rohöl aus Venezuela, das bald aus den vorderen Tanks zu sickern begann. Wind und Strömung trugen das Öl an die feinen Strände der Bucht. Vier Tage später brach die »Arrow« in der Mitte auseinander, immer mehr Öl floß ins Meer. Dann sank der Heckteil in tiefes Wasser und nahm etwa ein Drittel der Gesamtladung der »Arrow« mit. Stürmische Winde trieben das schwimmende Öl in die anderen Buchten der Umgebung, bis sich schließlich ein riesiger Ölfleck auf der See ausbreitete. Bis dahin waren ungefähr 42 000 Liter Rohöl aus der »Arrow« geflossen, Kanadas schlimmster Rohölunfall hatte katastrophale Ausmaße angenommen. Ein Großteil der großartigen Küstenlandschaft der Chedabucto-Bucht war schwer verunreinigt worden. Tausende Seevögel mußten jämmerlich zugrunde gehen, ihre Federn waren vom Öl verklebt, und auch andere Meerestiere hatten schwer zu leiden. Die Muschelindustrie des Gebiets war in diesem Jahr praktisch vernichtet, und Hunderte Fischerboote und -ausrüstungen wurden beschädigt.

Die kanadische Regierung stellte eine spezielle Einsatztruppe – Operation Öl – auf, um den Kampf gegen die Verunreinigung zu koordinieren, die fast vier Millionen Dollar verschlang. Sie leitete auch eine formelle Untersuchung über die Hintergründe des Strandens der »Arrow« ein. Es war die erste vollständige Untersuchung einer Ölkatastrophe seit dem Bericht der britischen Regierung über den Schiffbruch eines anderen in Liberia registrierten Tankers, der 12000 Tonnen fassenden »Torrey Canyon«, die Anfang 1967 vor den Scilly-Inseln auf Grund lief, mit verheerenden Folgen für die angrenzenden Küstenlinien.

Anfangs erwies es sich als äußerst schwierig, *irgend* jemand zu finden, der sich zur Verantwortung für das Schiff bekannt hätte. Die Führung von *Operation Öl* wurde Patrick McTaggart-Cowan, dem Leiter des Wissenschaftlichen Rats von Kanada, übertragen. Als das Öl aus dem Heck der »Arrow« gepumpt wurde, benötigte er dringend die Pläne des Schiffskörpers, um die Sicherheit der Operation zu gewährleisten. Schließlich gelang es ihm, eine New Yorker Telefonnummer der Schiffsagenten zu finden. Der erste Mann, mit dem er sprach, erklärte, er werde zurückrufen. Zwei Tage später war McTaggart-Cowan noch immer nicht im Besitz der Pläne und rief wieder in New York an. Sein erster Gesprächspartner, wurde ihm gesagt, sei »ins Ausland gefahren«. Der Mann, mit dem er diesmal sprach, leugnete jegliche Kenntnis von der »Arrow«. Als McTaggart-Cowan verzweifelt diesen Mann noch mal zu sprechen versuchte, war auch er »im Ausland«. Schließlich bekam er die Originalpläne vom Erbauer der »Arrow«, der Bethlehem Steel.

Warum war die »Arrow« fast mit Volldampf und bei ausreichender Sicht mitten in die einzigen Felsen in einem großen Gebiet offenen Wassers gefahren. Die Untersuchung erbrachte, daß das Echolot der »Arrow«, lange bevor ihr Kommandant, Kapitän Anastassopoulos, den Befehl übernommen hatte, defekt gewesen war und daß es während seines Kommandos nie funktioniert hatte; daß ihr Kreiselkompaß immer wieder versagte – er hatte einmal während der Fahrt drei Tage lang nicht funktioniert und wich im allgemeinen, sogar wenn er arbeitete, um mehrere Grad von der richtigen Anzeige ab; und das Schiffsradar, das schon auf Reisen vor der letzten Fahrt der »Arrow« Ärger verursacht hatte, war wieder in untauglichem Zustand gewesen, als sie in die Chedabucto-Bucht einfuhr.

Anastassopoulos machte als Zeuge keine gute Figur. Er gab an, daß kurz nach dem Stranden ein Anwalt an Bord gekommen sei, der die Besitzer der »Arrow« vertrat und das Logbuch sowie alle übrigen offiziellen Papiere mitgenommen habe. Es gelang den Kanadiern, eine Kopie des Logbuchs sicherzustellen, die sie für eine getreue Kopie hielten, bis sie entdeckten, daß es überhaupt keine Eintragungen über den Kurs der »Arrow« in den letzten Stunden vor dem Unfall gab. Anastassopoulos sagte, er sei zu sehr beschäftigt gewesen, um das Logbuch zu führen. Ein Anwalt der Regierung äußerte die Ansicht, eine Eintragung kurz vor dem Stranden sei ausradiert worden. Was hatte dort gestanden? Anastassopoulos konnte sich nicht erinnern.

Die Untersuchung befand, daß der Untergang der »Arrow« die Schuld des Kapitäns gewesen sei. Seine Aussage über schlechte Sichtverhältnisse zur Zeit des Unfalls wurde verworfen. Die Kommission ließ auch seine Behauptung nicht gelten, eine Veränderung der Markierungsbojen, von der er nicht informiert gewesen sei, habe ihn veranlaßt, einen falschen Kurs zu steuern. Trotz der ihm bekannten Defekte seiner Navigationsausrüstung habe Kapitän Anastassopoulos im entscheidenden Augenblick versäumt, für einen Ausguck zu sorgen. Die Schuld lag eindeutig bei ihm, »fehlerhafte Navigation ... während er praktisch mit Volldampf durch Gewässer steuerte, mit denen er nicht vertraut war«.

Konnten die Kanadier die Kosten der Operation zurückverlangen? Die registrierten Besitzer der »Arrow« Sunstone Marine aus Panama, waren von der Ölgesellschaft, deren Fracht sie im Augenblick der Strandung beförderte, als ein von Onassis kontrolliertes Unternehmen bezeichnet worden. Prompt schloß die kanadische Presse, daß Onassis als der eigentliche Besitzer der »Arrow« für den Schaden aufzukommen habe.

Das war leichter gesagt als getan. Die Regierungsanwälte tasteten sich durch Onassis' Gesellschaften-Dschungel, doch ihre Hoffnung, einen Besitzer aus Fleisch und Blut zu finden, schien immer mehr zu schwinden. Die »Arrow« war von Olympic Maritime in Monte Carlo für Sunstone betrieben worden. Sie wurde an die Standard Tankers auf den Bahamas verfrachtet, die sie ihrerseits an Imperial Oil in Kanada verfrachtete. Um einen Besitztumsnachweis zu erhalten, der vor Gericht stichhaltig war, mußten die Anwälte zuerst herausfinden, wem Sunstone Marine gehörte. Marinos Kosteletos, der Olympic Maritime bei der Untersuchung vertrat, erklärte, die Zahl der von Olympic vertretenen Schiffe ändere sich buchstäblich täglich, sie betrage jedoch im allgemeinen fünfundsechzig bis siebenundsechzig. Jedes Schiff war bei einer anderen Gesellschaft registriert. Sunstone Marine war, wie die anderen, durch Aktien im Besitz eines anderen.

Anwalt: Wer ist Besitzer der Aktien von Sunstone?

Kostoletos: Das weiß ich nicht.

Anwalt: Wollen Sie die Schiffe beschreiben, die von Olympic Maritime als Onassis-Flotte verwaltet werden?

Kostoletos: Sie wurden in der Presse als Onassis-Flotte bezeichnet... Ich kann nicht sagen, ob die Flotte Onassis gehört oder nicht.

Es gelang den Anwälten nicht, näher an die Aufdeckung der Wahrheit hinter den »Briefkasten-Gesellschaften« in Panama zu gelangen. Die Überbringer-Aktien von Sunstone waren in anonymen Händen. Um den Beweis der Eigentümerschaft – und damit der Haftpflicht – zu führen, hätte die Regierung vor Gericht beweisen müssen, daß die Aktienzertifikate im Augenblick des Unfalls tatsächlich in Onassis' Besitz waren, und zwar bereits seit einiger Zeit. Aber sogar das wäre wahrscheinlich nicht mehr als ein Pyrrhussieg gewesen. Denn die »Arrow« war das einzige Aktivum von Sunstone: wenn sie gesunken war, blieb nichts übrig, das man beschlagnahmen konnte, um sich schadlos zu halten.

Die Unruhe der Regierungsanwälte wuchs noch, als sie erkannten, daß der Prozeß gegen Kapitän Anastassopoulos sich gegen sie selbst auswirkte. Die Unfähigkeit des Kapitäns war so weitgehend demonstriert worden, daß es schwierig sein würde, zu behaupten, daß Sunstone als Eigentümer die grundsätzliche Verantwortung für die Katastrophe trage. Das war ein Punkt, den Sunstone natürlich auszunutzen wußte. Das Schiffahrtsrecht unterscheidet, als allgemeines Prinzip, zwischen Fahrlässigkeit – normalerweise ein Fehler des Kapitäns – und grober Fahrlässigkeit. Unter normalen Bedingungen können die Besitzer eines Schiffes für die Folgen eines Unfalls nur dann verantwortlich gemacht werden, wenn grobe Fahrlässigkeit bewiesen wird. Im Fall der »Arrow« mußten die Kanadier also beweisen, daß das Schiff wegen der Defekte der Navigationsausrüstung gestrandet war, von denen die Besitzer Kenntnis hatten.

Um dem zu entgehen, mußte Sunstone dem unglückseligen Kapitän Anastassopoulos gegenüber so weit gehen, bei der Untersuchung daran festzuhalten, daß seine beeidete Aussage über schlechte Sichtverhältnisse völlig falsch war. »Die Besitzer«, sagte der Regierungsanwalt, »sind bereit, ihren eigenen Kapitän zum Sündenbock zu machen und seine Existenz zu zerstören, um sich vor der Verantwortung zu schützen, ein Schiff mit defekter Ausrüstung fahrengelassen zu haben.«

Die beiden an der »Arrow« beteiligten ausländischen Regierungen verhielten sich geflissentlich neutral. Das griechische Handelsmarineministerium, das Kapitän Anastassopoulos' Patent ausgestellt hatte, wollte mit der Untersuchung nichts zu tun haben. Das sei eine Angelegenheit zwischen Kanada und Liberia. Liberia, wo das Schiff registriert war, sandte einen Vertreter zur Untersuchung, doch er sagte nicht aus, und es gab keine gesetzliche Untersuchung durch die liberianischen Behörden. Die kanadische Regierung gab schließlich ihre Bemühungen auf, die Verantwortlichkeit Onassis' zu beweisen.

»Die Sache mit den Konvenienzflaggen ist eine der miesesten Dinger, die ich je erlebt habe«, sagte McTaggart-Cowan. »Würden die kommerziellen Fluglinien ihr Geschäft so betreiben, würde jede Woche eine DC-8 abstürzen und die Welt sagen, das muß aufhören.« Onassis' Geschicklichkeit, seinen Namen von der »Arrow«-Katastrophe zu distanzieren, stand in interessantem Gegensatz zu der dreisten Verteidigung seines Namens auf einem anderen

Gebiet. Am 27. Juni 1970, kaum vier Wochen nach dem Stranden der »Arrow«, brachte die *International Herald Tribune* eine Annonce für ein Unternehmen namens The Shipowners Fund, Inc., aus Panama und Luxemburg (SFI). Sie wollte das Publikum ermutigen, im Reedereigeschäft zu investieren, in dem ein »phantastisches Anhäufen von Reichtümern« durch die Operationen des Fonds angeboten wurde. Ein Startkapital von zehn Millionen Dollar war erforderlich; Aktien waren zum Preis von 5000 Dollar pro Stück erhältlich. Am Kopf und am Ende der Annonce stand deutlich: »N. Onassis, Vorsitzender/Präsident«.

»N. Onassis« war Nicholas Onassis, Aristoteles' Vetter. Auch er stammte aus Smyrna, und einer seiner ersten Jobs als junger Mann – er war acht Jahre jünger als Aristoteles – hatte darin bestanden, in der Athener Filiale von Onassis' Tabakgeschäft mitzuhelfen. Später hatte er als Kapitänseleve auf der »Onassis Maria« gedient, bevor er nach Argentinien auswanderte. Nach dem Krieg hatte er sich in Montreal niedergelassen, wo er ein florierendes Immobiliengeschäft aufbaute. Die Vettern sahen einander nicht regelmäßig, hatten jedoch, laut Nicholas, über die SFI gesprochen, bevor die Annonce erschien.

Innerhalb einer Woche war jedoch noch eine andere, ganzseitige Annonce in den Zeitungen zu finden: »Olympic Maritime S.A., als Generalvertreter für die Onassis-Gruppe von Schiffahrtsgesellschaften, gibt hiermit bekannt, daß diese Reedereigruppe in *keinerlei Zusammenhang mit* ›The Shipowners Fund‹, verwaltet durch die Shipowners Fund Inc., N. Onassis Vorsitzender/Präsident, Luxemburg, steht. Mr. N. Onassis ist bei der A. S. Onassis Shipping Group weder angestellt noch war er es jemals noch hat er mit der Gruppe in Verbindung gestanden.«

Nachdem Nicholas auf seine ursprüngliche Annonce 400 Antworten erhalten hatte, schwand plötzlich jegliches Interesse. Anstelle von zehn Millionen brachte SFI nur 25 000 Dollar auf, und Nicholas verlor Geld, als das Unternehmen liquidiert wurde. Er versuchte durch die New Yorker Gerichte Wiedergutmachung zu erhalten und behauptete in seiner Klage, daß Aristoteles Onassis, »der zweifellos der in der verunglimpfenden Annonce erwähnte A. S. Onassis ist«, eine der »mächtigsten und rätselhaftesten Figuren der gesamten Welt« sei. »Er hat jedoch in einer für seine unbestimmten und weltweiten Operationen in der Vergangenheit typischen Weise nicht in seinem eigenen Namen, sondern statt dessen im Namen anderer legaler Identitäten gehandelt, die weder ausfindig gemacht noch identifiziert werden können, da er offensichtlich befähigt ist, außerhalb der Konzessions- und Steuergesetze der Vereinigten Staaten und anderer Gerichtsbarkeiten zu operieren«.

Es war eine trübselige Episode. Aristoteles hatte tatsächlich die »Absonderungs«kampagne sanktioniert und gebilligt, ohne vorher mit seinem Vetter

Kontakt aufzunehmen und ohne augenscheinliche Gründe zu haben, an der Glaubwürdigkeit seines Unternehmens zu zweifeln. Andererseits fehlte es Nicholas Onassis an der erforderlichen Schiffahrtserfahrung, die seinen Kapitalanlegern wirkliches Vertrauen hätte einflößen können. Dennoch blieb vor allem der Eindruck, daß die Onassisgruppe einen Vorschlaghammer zum Knacken einer Nuß verwendet hatte.

Onassis' Probleme mit der »Arrow« und der SFI waren jedoch geringfügig im Vergleich zu denen, auf die sein großer Geschäftsrivale stieß. Als Niarchos am 30. Mai 1970 seinen Teil eines Investitionsabkommens mit der griechischen Regierung unterzeichnete, war er in eine Untersuchung über die Begleitumstände des plötzlichen Todes seiner Frau verwickelt.

Eine Tragödie in der Ägäis

Eugenie Niarchos, die Schwester von Onassis' erster Frau Tina, starb in den frühen Morgenstunden des 4. Mai 1970 auf Niarchos' privater Insel Spetsopoula. Sie hatte Körperverletzungen davongetragen und eine große Menge von Barbituraten eingenommen. Sie war vierundvierzig Jahre alt.

Niarchos erklärte in seiner Aussage vor den griechischen Untersuchungsbehörden, es habe am Abend des 3. Mai zwischen Eugenie und ihm gewisse Spannungen gegeben. Beim Abendessen hatten sie über einen bevorstehenden Besuch von Elena, seiner Tochter mit Charlotte Ford, gesprochen. Elena war vier Jahre alt, und er hielt es für wahrscheinlich, daß ihre Mutter darauf bestehen würde, sie bei diesem Besuch zu begleiten. Er war bereit, einzuwilligen. Gegen halb zehn Uhr abends erhielt er einen Anruf aus Amerika. Er sprach fast zwanzig Minuten mit Charlotte Ford und Elena. Sie kamen überein, daß Elena den Juli und August in Spetsopoula verbringen und Charlotte sie für zehn Tage begleiten sollte. Eugenie hatte während des Telefongesprächs das Zimmer betreten, es aber überstürzt verlassen.

Nach dem Anruf ging Niarchos zu Bett, beschloß jedoch um 22 Uhr 25, ins Zimmer seiner Frau zu gehen und ihr die Situation zu erklären. Eugenie lag im Bett. Ihre Augen waren geschlossen. Als er sie ansprach, regte sie sich nicht. Er nahm an, sie habe eine größere Dosis Schlafmittel genommen als nötig. Er schüttelte sie heftig und versetzte ihr einige leichte Schläge, um sie zu wecken. Sie glitt zu Boden. Er faßte sie am Hals und hob sie hoch. Dann packte er sie an den Schultern. Sie fiel zweimal zu Boden, als er versuchte, sie auf das Bett zu heben. Endlich gelang es ihm.

Er rief die Telefonistin der Villa an und verlangte, man solle starken Kaffee nach oben schicken. Er sagte ihr auch, sie solle ihm seinen Kammerdiener, Angelo Marchini, schicken. Als Marchini kam, versuchten sie gemeinsam, Eugenie, die die Zähne fest geschlossen hielt, den Kaffee mit Gewalt einzuflößen. Ihre Pulszahl betrug zu dieser Zeit fünfundsechzig und fiel auf 19. Gegen 23 Uhr sprach Niarchos mit seiner Schwester, Maria Drakopoulos, in Athen und bat sie, einen Arzt zu verständigen, da er den Verdacht einer Barbituratvergiftung hege. Sie wandte sich sofort an den Arzt der Skaramanga-Werft,

Dr. Panajotis Arnautis. Niarchos rief nicht den nächsten Arzt, den alten Spyridon Georgopoulos auf der Nachbarinsel Spetsai, der an Asthma litt und ungern auf Patrouillenbooten fuhr. Außerdem konnte ein Arzt mit einem Hubschrauber aus Athen ebenso rasch kommen.

Dr. Arnautis traf gegen 0 Uhr 25 auf Spetsopoula ein, massierte Eugenie und wollte ihr ein Serum injizieren. Dabei merkte er, daß der Tod eingetreten war.

Niarchos erzählte den Behörden, seine Frau habe sich über sein Benehmen früher am Abend »gekränkt«, fügte jedoch hinzu, sie sei nicht unfreundlich gewesen. Er gab auch bekannt, daß Eugenie ein Billett hinterlassen hatte. Der erste, deutlich mit rotem Bleistift geschriebene Teil, lautete: »Zum *ersten* Mal in unserem gesamten gemeinsamen Leben habe ich Dich gebeten, mir zu helfen. Ich habe Dich angefleht. Es ist mein Fehler. Aber manchmal muß man vergeben und vergessen.« Dann, nur halb leserlich mit Kugelschreiber, waren noch einige Worte in ungestümem Gekritzel hinzugefügt: »26 ist eine Unglückszahl. Sie ist das Doppelte von 12. 10 b Whisky.« In einer seiner Erklärungen erinnerte Niarchos an seine Zuwendungen an die griechische Wirtschaft, mit besonderer Betonung des Abkommens, das er soeben mit den Obristen geschlossen hatte, und fügte folgende seltsame Nachschrift hinzu: »Nun überschütten mich meine Gegner mit Beschuldigungen und Klatsch ... und versuchen zu zerstören, was ich für Griechenland getan habe, ich wiederhole ›für Griechenland‹.«

In seiner Doppelrolle als Rivale und Verwandter konnte Onassis der Affäre gegenüber kaum gleichgültig bleiben. Dennoch war Onassis' unmittelbare Reaktion auf Niarchos' mißliche Lage Desinteresse.

Die Leichenschau wurde von Dr. Georgios Agioutantis, dem Professor für Gerichtsmedizin an der Athener Universität, und Dr. Demetrios Kapsakis durchgeführt. Kapsakis war Leiter der Abteilung für Gerichtsmedizin am Justizministerium. Ihr Bericht, der am 12. Mai vorlag, zählte vierzehn Verletzungen an Eugenies Körper auf. Dazu gehörte ein blauer Fleck am linken Auge und eine Schwellung an der linken Schläfe; ein elliptischer Bluterguß an der rechten Seite ihres Halses; drei kleinere parallele blaue Flecke an der linken Halsseite über dem Schlüsselbein; Verletzungen unter der Haut und der Fasern in dem Muskel; ein Bluterguß links vom Kehlkopf; ein fünf Zentimeter langer blauer Fleck auf dem Bauch mit innerer Blutung und Blutung hinter dem Zwerchfell in der Gegend des vierten und fünften Wirbels; blaue Flecken am linken Arm; blaue Flecken am linken Fußgelenk und am linken Schienbein; ein blauer Fleck am Ringfinger und eine Schramme am kleinen Finger der linken Hand. Die Ärzte kamen zu dem Schluß, daß diese Verletzungen auf »altmodische Wiederbelebungsversuche« zurückzuführen waren. Der Tod sei durch eine Überdosis an Schlafmitteln herbeigeführt worden.

Konstantin Fafoutis, der Untersuchungsbeamte aus Piräus, der den Fall bearbeitete, ordnete prompt eine neue Untersuchung der Leiche an. Zwei weitere Ärzte waren der Ansicht, daß »Kollaps und Tod von Eugenie Niarchos« durch zahlreiche Körperverletzungen verursacht worden seien. Ihrer Meinung nach konnte die in der Leiche festgestellte Menge von Seconal – zwei Milligramm Barbiturat in hundert Kubikzentimeter Blut – den Tod nicht verursacht haben.

In dem Bemühen, die Widersprüche auszuräumen, stellte Fafoutis noch ein weiteres Sachverständigengremium zusammen. Es bestand aus den vier Ärzten, die die Tote bereits untersucht hatten, sowie zwei Professoren der Athener Universität und zwei von Niarchos benannten Sachverständigen. Die acht Weisen einigten sich schließlich auf die folgende Feststellung: »Die an der Leiche gefundenen Verletzungen waren leicht, und Eugenie Niarchos befand sich bereits in komatösem Zustand, als sie erfolgten. Sie trugen zum tödlichen Ausgang nicht bei, der zum Teil auf die Wirkung von Seconal, zum Teil auf die zur Wiederbelebung abzielenden Handlungen zurückzuführen war.«

Der Beschluß des Gerichts wurde von den Verantwortlichen für die griechische Wirtschaft begrüßt. Als ein neues Trockendock – das Eugenie-Niarchos-Deck – in Skaramanga eingeweiht wurde, nahm der Wirtschaftsminister als Ehrengast teil. Er sagte zu den versammelten Arbeitern: »Wir vertrauen darauf, daß der Initiator und Schöpfer dieser Werft den Schicksalsschlägen mit dem gleichen Mut trotzen wird, der die alten Griechen befähigte, über die Mächte des Todes zu triumphieren.«

Fafoutis setzte jedoch seine Untersuchungen fort. Er war noch immer der Ansicht, es gebe in dem Fall zu viele offene Fragen. Am 21. August 1970 legte er eine eingehende Analyse des Beweisverfahrens vor und legte die Gründe für die Ablehnung der Selbstmordhypothese dar. Dann empfahl er in aller Form die Eröffnung des Verfahrens laut Artikel 311 des griechischen Strafgesetzes »gegen Stavros Niarchos, Sohn des Spiros, geboren in Piräus, wohnhaft in Sankt Moritz, Schweiz, vorübergehend in Spetsopoula, sechzig Jahre alt, Reeder griechischer Nationalität und griechisch-orthodoxen Glaubens«. Fafoutis verlangte, daß Niarchos wegen »Zufügens von Verletzungen, die zum Tod seiner Frau am 4. Mai führten«, angeklagt werden solle. Im Falle seiner Verurteilung mußte Niarchos mit einer Gefängnisstrafe von fünf bis zehn Jahren rechnen.

Fafoutis' Empfehlungen wurden sofort an das oberste Gericht von Piräus weitergeleitet, das endgültig zu entscheiden hatte, ob Niarchos angeklagt werden sollte. Drei Richter prüften Fafoutis' Antrag und die übrigen Aussagen, bevor sie eine Anklageerhebung ablehnten. Das Beweisverfahren zeige, stellten sie fest, daß Eugenie Niarchos Selbstmord begangen habe. Fafoutis hatte bis zum 3. Oktober Zeit, gegen diese Entscheidung Einspruch zu erheben, aber er tat es nicht. Der Fall war abgeschlossen, und weitere Versuche, ihn wiederaufzunehmen, verliefen im Sand.

Onassis' Haltung in dieser Affäre erfuhr eine radikale Veränderung , als Fafoutis Niarchos' Verhaftung verlangte. Von diesem Moment an kann eine gewisse »Annäherung« zwischen ihnen konstatiert werden. Letzten Endes war es doch nicht die Aussicht der Demütigung seines Rivalen, die Onassis so schockierte, als vielmehr daß die beiden Männer den katalytischen Punkt erreicht hatten, an dem ihnen bewußt wurde, daß sie mehr miteinander gemein hatten als Gegensätzlichkeiten, und daß fortgesetzter Kampf nur dazu führen konnte, beide zu Verlierern zu machen. Zugleich wurde Druck innerhalb der Familie ausgeübt. Onassis' Sohn Alexander, mit seinem Vetter Philip Niarchos eng befreundet, bat seinen Vater, nichts zu tun, was seinen Onkel in Verlegenheit bringen könnte. Arietta Livanos, Onassis' ehemalige Schwiegermutter, stand unerschütterlich auf Seiten Niarchos', obwohl sie ihre Tochter verloren hatte. Ihre zweite Tochter Tina, die frühere Frau Onassis und derzeitige Lady Blandford, ließ die beiden jüngeren Kinder ihres Schwagers zu sich nach England kommen. Wie ihre Mutter, wollte Tina nichts gegen Niarchos sagen. So schien die Tragödie auf Spetsopoula die Familie einander näherzubringen. Onassis merkte allmählich, daß Niarchos' mißliche Lage die Menschen, die auch ihm teuer waren, unglücklich machte.

Zu diesem Zeitpunkt waren Onassis' Ansichten über das Leben und den Erfolg sehr gefragt. Ein Mann von obskurer Herkunft, der es geschafft hatte, von einigen der schönsten Frauen der Welt geliebt zu werden und mit dem die mächtigsten Männer Geschäfte machten, war natürlich eindrucksvoll. Er schien nicht nur das Geheimnis entdeckt zu haben, wie man Geld macht, sondern auch die noch heiklere Kunst, es zu genießen. Anders als Samuel Smiles und Dave Carnegie schien er nie dazu zu neigen, seine Selbsthilfe-Philosophie zugunsten der sich abmühenden Massen in ein System zu bringen. Er half jedoch einem Reporter dabei, »meine zehn Geheimnisse des Erfolgs« darzulegen. Sie erschienen in der Oktoberausgabe 1970 der amerikanischen Monatsschrift *Success Unlimited.*

»1. Sorgen Sie für Ihren Körper. Pflegen Sie sich so gut, wie Sie können. Keine Sorgen wegen irgendwelcher Mängel. Sehen Sie mich an. Ich bin kein griechischer Gott, aber ich habe mein Leben nicht damit vergeudet zu bedauern, daß ich nicht als Adonis auf die Welt kam. Denken Sie daran, niemand ist so häßlich wie er glaubt.

2. Essen Sie leichte Speisen und meiden Sie schwere Weine, wenn Sie zu

arbeiten haben. Wenn Sie mitten in einem Arbeitstag mehrere Stunden bei Tisch verbringen, ist das die beste Methode, Ihr Leben zu verkürzen.
3. Warten Sie stattdessen bis zum Abend, bis die Arbeit getan ist. Dann lassen Sie sich eine gute Mahlzeit mit Freunden schmecken, aber sprechen Sie beim Essen nie über Geschäfte.
4. Machen Sie sich Bewegung und halten Sie sich fit. Grundlegende Joga-Übungen helfen kolossal, körperlich wie geistig. Und wenn Sie es schaffen können, jede Woche ein oder zwei Stunden Judo zu betreiben, befreit es Sie von allen Ihren Komplexen.
5. Sorgen Sie für Sonnenbräune, auch wenn Sie eine Lampe benutzen müssen. Für die meisten Leute bedeutet Sonnenbräune im Winter, daß Sie dort waren, wo die Sonne scheint, und diesbezüglich bedeutet Sonne Geld haben und Erfolg.
6. Sobald Sie sich um körperliche Fitness gekümmert haben, sorgen Sie für eine eindrucksvolle Lebensweise. Wohnen Sie in einem eleganten Gebäude – auch wenn Sie sich nur ein Zimmer im Dachgeschoß leisten können –, aber auf den Fluren und im Lift kommen Sie mit reichen, erfolgreichen Leuten in Berührung. Besuchen Sie Luxuscafés, auch wenn Sie Ihre Getränke dort nur schluckweise zu sich nehmen können. Sie werden bald erfahren, daß viele Menschen mit Geld sehr einsam sind.
7. Wenn Sie knapp an Geld sind, borgen Sie welches. Und verlangen Sie nie kleine Darlehen. Borgen Sie viel, aber zahlen Sie es immer pünktlich zurück.
8. Behalten Sie Ihre Sorgen für sich und lassen Sie die Mitmenschen glauben, es gehe Ihnen großartig.
9. Schlafen Sie nicht zu viel, sonst wachen Sie als Versager auf. Wenn Sie ein Jahr lang die Nachtruhe um drei Stunden kürzen, stehen Ihnen eineinhalb zusätzliche Monate zur Verfügung, um Erfolg zu haben.
10. Wenn Sie nach Erfolg streben, vergeuden Sie Ihre Zeit nicht mit dem Lesen von Dingen, die andere getan haben. Es ist besser, Ihr eigenes Leben zu leben, als sich mit dem abzugeben, was andere getan haben.

Diese Regel gilt in höchstem Maß für alle Geschichten über mich, Jackie und meine Freunde. Wenn ein Viertel von dem, was Reporter über mich geschrieben haben, stimmen würde, wäre ich schon ruiniert, einsam und durch mein Mißgeschick so deprimiert, daß ich im Begriff stünde, mich zu erschießen.«

Merkwürdigerweise ließ Onassis in dieser Liste das weg, was zweifellos zu Anfang und in der Mitte seines Lebens der Schlüssel zu seinem Erfolg war – der Mut zum Risiko. Ein Grund dafür war vielleicht, daß er gerade diese Eigenschaft allmählich verlor.

Der erste Beweis dafür kam, als seine Beziehungen zu den griechischen Behörden sich verschlechterten. Im November 1970 brach zwischen Onassis und den Obristen ein neuer Streit über das Omega-Abkommen aus. Niemand zweifelte daran, daß Onassis am meisten an jener Klausel gelegen war, die ihm das Exklusivrecht einräumte, alles Öl, das die neue Raffinerie verarbeiten würde, in eigenen Schiffen zu transportieren. Das sah nun nicht mehr so verlockend aus. Der entsprechende Paragraph des Frachtvertrags fixierte für die Dauer des Omega-Abkommens den Satz auf 3,30 Dollar die Tonne vom Persischen Golf nach Griechenland. Zur Zeit der Unterzeichnung war das ein vorteilhafter Tarif, aber im Lauf des Jahres stiegen die Frachtsätze, und im November betrug der Tarif 8,50 Dollar die Tonne. Onassis, der natürlich nicht darauf hinwies, daß er die Verluste im Öltransport spielend mit Chartern wieder hereinholen konnte, jammerte, das wäre sein Ruin. Er verlangte eine Revision des Vertrags und bestand auf Garantien der Regierung oder griechischer Banken, als Sicherheit für die Auslandskredite, die er für die Durchführung von Omega benötigte.

Wieder wurde die Junta durch Onassis' groteske Handlungen gespalten. Makarezos erklärte, man solle ihn zum Teufel jagen. Papadopoulos, der ahnte, daß Onassis die Gelegenheit vielleicht gerne nutzen würde, trat dagegen für eine Verständigung ein. Doch trotz seiner Neigung für Onassis wurden die Argumente des Diktators zugunsten des Reeders zurückhaltender. Onassis sah nicht ein, daß die Schachermethoden, bei Verhandlungen über Schiffcharter oder im Herausschlagen von Zugeständnissen für Olympic so erfolgreich angewandt, für kapitalintensive Industrieprojekte völlig ungeeignet waren. Dieser Mangel an Einsicht, gepaart mit seiner Unfähigkeit, wichtige Entscheidungen zu delegieren, beunruhigte sogar seine größten Bewunderer. Omega wurde zu Onassis' fixer Idee. »Es war tragisch«, erinnert sich Professor Georgakis, »sehen zu müssen, wie dieser höchst amüsante und faszinierende Mann zum lästigen Menschen wurde. Gewisse Themen wurden für ihn zu Zwangsvorstellungen, er wiederholte sich ständig, kehrte immer wieder darauf zurück und entstellte sie. Schließlich fiel er sogar Papadopoulos auf die Nerven. Er ritt immer und immer wieder auf Omega herum, schrieb ihm Briefe, oft täglich, manchmal zwei Dutzend Seiten lang, alle über Omega, wobei er abwechselnd Bitten und Beschuldigungen vorbrachte.«

Onassis sah sich gezwungen, die Forderung nach Garantien fallenzulassen, und betreffend der Frachtraten einen Rückzieher zu machen. Er bestand letztlich nur auf dem Recht, Berufung einzulegen. Als er von Makarezos' Ministerium kurz und bündig aufgefordert wurde, seine Seite des Abkommens zu erfüllen, indem er bis zum 11. Dezember eine Bargarantie von sieben Millionen Dollar hinterlegte, sonst wäre der Vertrag null und nichtig, befolgte Onassis diese Aufforderung widerwillig, vierundzwanzig Stunden vor Terminablauf.

In seinem Wunsch nach Finanzierung mit Regierungsunterstützung enttäuscht, wandte sich Onassis an den Osten, in der Hoffnung, jemanden zu finden, der das Risiko auf sich nahm. Die Russen reagierten positiv, und Professor Georgakis wurde als außerordentlicher Emissär nach Moskau geschickt, um zu eruieren, was sich arrangieren ließ. Er wurde gut aufgenommen. Die Russen hatten keine Skrupel, mit den Obristen Geschäfte zu machen, und boten Onassis praktisch unbegrenzten Kredit sowie Ausrüstung und Produktionserfahrungen an. Leider mußte die Junta, im Bewußtsein ihrer Abhängigkeit von amerikanischer militärischer und wirtschaftlicher Hilfe, das sowjetische Anerbieten als politisch unerwünscht ablehnen. Aber das Problem war nicht bloß eines des Großkapitals.

Die Bauern, denen das Land in Megosa gehörte, wo Onassis seine Fabrik errichten wollte, wehrten sich dagegen. Das System des Landbesitzes in Griechenland ist kompliziert, wie jeder Ausländer, der dort je ein Ferienhaus gebaut hat, erfahren mußte. Väter verteilen ihren Besitz unter ihre Söhne und schenken oft Teile davon anstelle einer Mitgift ihren Töchtern. Auf den zehn Quadratkilometern, die Onassis brauchte, gab es nicht weniger als 1500 Familien und 150 Geflügelfarmen, ganz zu schweigen von 57 000 Obstbäumen. Die Entschädigung, die Onassis für das Land anbot, war nur dann angemessen, wenn man die Differenz zwischen dem eigentlichen Wert für Versorgungslandwirtschaft und seinem Wert für einen industriellen Nutzen nicht in Betracht zog. Die Bauern selbst waren nicht gewillt, den Ausbauwert ihres Landes zu übersehen, und behaupteten lautstark, bestohlen zu werden. Hunderte von ihnen strömten in das Gerichtsgebäude in Athen, wo ein Richter die Entschädigungsraten festsetzte. Die Polizei wurde gerufen und verhaftete vier Anführer der Bauern. Man ließ sie später frei, ohne daß Anklage erhoben wurde.

Im März erklärte Onassis, daß Omega zum Stillstand kommen werde (es hatte noch gar nicht richtig begonnen), es sei denn, die Obristen seien mit einer Berichtigung des Vertrags einverstanden. Die erhöhten Ölpreise bedeuteten seinen Ruin und er werde bei dem Geschäft eine Milliarde Dollar verlieren.

Trotz der Erhöhung der Öl- und Frachtpreise war Onassis' Lage bei weitem nicht so schlecht. Seine Abmachung über den Preis, den er für raffinierte Produkte erhalten sollte, war durch eine Formel geregelt. Er sollte sich aus dem Preis für Rohöl plus dem fixierten Frachttarif plus sechs Dollar pro Tonne zusammensetzen. Punkt eins, der Rohölpreis, war variabel, somit war der Anstieg der Ölpreise irrelevant; Punkt zwei, die fixierten Frachtsätze schienen ein zeitweiliges Mißgeschick zu sein, doch der Markt ist derart launenhaft, daß sie in zwei Jahren – wie Onassis selbst hätte wissen müssen – wieder einträglich sein würden. Tom Pappas, der griechisch-amerikanische Millionär, dem damals die einzige andere Raffinerie in Griechenland, von der in Aspropyrgos abgesehen, gehörte, arbeitete praktisch mit der gleichen Preisformel und hatte keine Schwierigkeiten. Punkt drei, die sechs Dollar pro Tonne, waren unterteilt in zwei Dollar für Amortisation, zwei Dollar für Raffinierungskosten und zwei Dollar Gewinn. Davon waren nur die Raffinierungskosten inflationsanfällig, und sogar eine hundertprozentige Lohnerhöhung hätte sich nur mit einem Dollar bei den sechs Dollar ausgewirkt.

Das wirkliche Problem bestand darin, daß Onassis' geplantes Kraftwerk eine beträchtliche Menge zusätzlicher elektrischer Energie an das nationale Kraftstromnetz zu einem Preis würde liefern müssen, der unrentabel zu werden drohte. Dennoch waren alle bei den Omega-Verhandlungen auf Onassis' und auf Regierungsseite Beteiligten überzeugt, daß der gesamte Komplex – die Raffinerie, das Aluminiumwerk und das Frachtabkommen – einen schönen Profit für Onassis ausmachen würde, wenn er die Nerven und den Willen hätte, die Sache durchzuführen. Das stand nun im Zweifel.

Es gab noch einen letzten ungewöhnlichen Versuch, die Situation zu retten – den Vorschlag, daß Onassis und Niarchos ihre Mittel als Gleichberechtigte in eine neue Gesellschaft einbringen sollten, um Omega zu Ende zu führen. Der dafür verantwortliche Unterhändler war Rodinos Orlandos, der zwar aus der Regierung ausgeschieden, jedoch mit Onassis und Niarchos in Beziehung geblieben war. Er besaß ein Sommerhaus auf der Insel Spetsai, wenige Hubschrauberminuten von Spetsopoulos entfernt. Onassis war eines Tages auf einen Drink vorbeigekommen, und Rodinos Orlandos erwähnte die Idee einer gemeinsamen Gesellschaft. Er appellierte an Onassis' Vaterlandsliebe und Familienehre. Beide Männer seien nicht mehr jung und hätten Kinder, die bald erwachsen sein würden, und sie sollten daran denken, für deren Zukunft etwas ins Leben zu rufen, anstatt ihre Energien durch Konkurrenz zu vergeuden. Onassis brummte: »Niarchos wird damit natürlich nie einverstanden sein«, hatte jedoch, vorausgesetzt, alle Vorsichtsmaßregeln würden getroffen, nichts dagegen einzuwenden, daß Rodinos Orlandos mit Niarchos »um der Kinder willen« das Thema aufs Tapet brachte. Niarchos war einverstanden.

Es handelte sich natürlich nur um ein prinzipielles Familienabkommen, und die zwei Männer gingen sich nach wie vor aus dem Weg. Papadopoulos weigerte sich schlankweg, den Plan zu unterstützen, da er noch immer das Gefühl hatte, er habe alles zu gewinnen, wenn sich die beiden Rivalen weiter an die Kehle gingen, und alles zu verlieren, sollten sie zusammenarbeiten. Vergeblich führte Rodinos Orlandos an, daß Griechenland, da das gemeinsame Unternehmen im großen und ganzen nach den Richtlinien der bereits bestehenden Verträge laufen sollte, von ihrer Rivalität bereits profitiert habe und auch fortan tun werde.

Christina Onassis in Paris
beim »Vampirball«, den Playboy
Gunther Sachs an seinem
Geburtstag veranstaltete.

Kurzfristige Verbindung. Ihren einundzwanzigsten Geburtstag feierte Christina mit ihrem Mann Joseph Bolker, achtundvierzig Jahre, in Los Angeles. Nach seinen Worten wurde das Paar »außergewöhnlichem Druck ausgesetzt«. Bald darauf kehrte Christina zu ihrem Vater zurück.

ter und Sohn.
i und Alexander.

Fiona von Thyssen, nach eigener Aussage Alexanders »Geliebte, Mutter und Beichtvater«.

Fiona und Alexander in der Schweiz.

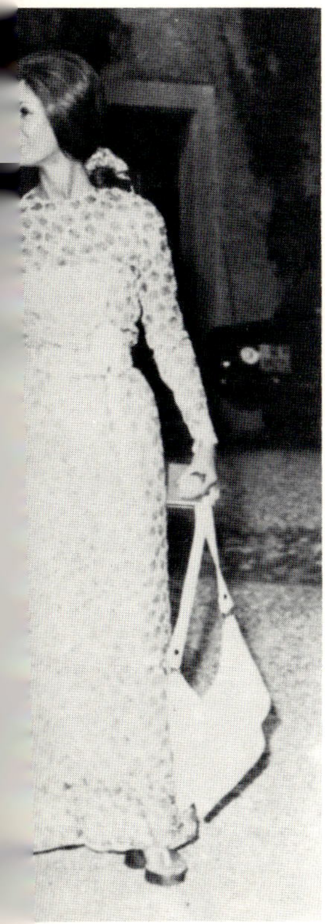

Alexander kurz vor seinem Tod
im Januar 1973.

Die letzte Ehre. Der griechische Ministerpräsident Papadopoulos kondoliert Onassis zum Tod Alexanders.

Das letzte Hurra. Onassis mit Peter Booras und Kosta Gratsos auf der Suche nach einem Standort für die geplante Ölraf-

finerie in New Hampshire, USA, Januar 1974. Das Unternehmen scheiterte am Widerstand der örtlichen Bürgerinitiative.

Auf dem Weg in das Americ
Hospital in Paris. Sechs Wo
später, am 15. März 1975, s
Onassis an Lungenentzündu

Die Alleinerbin. Christina Onassis im Januar 1976.

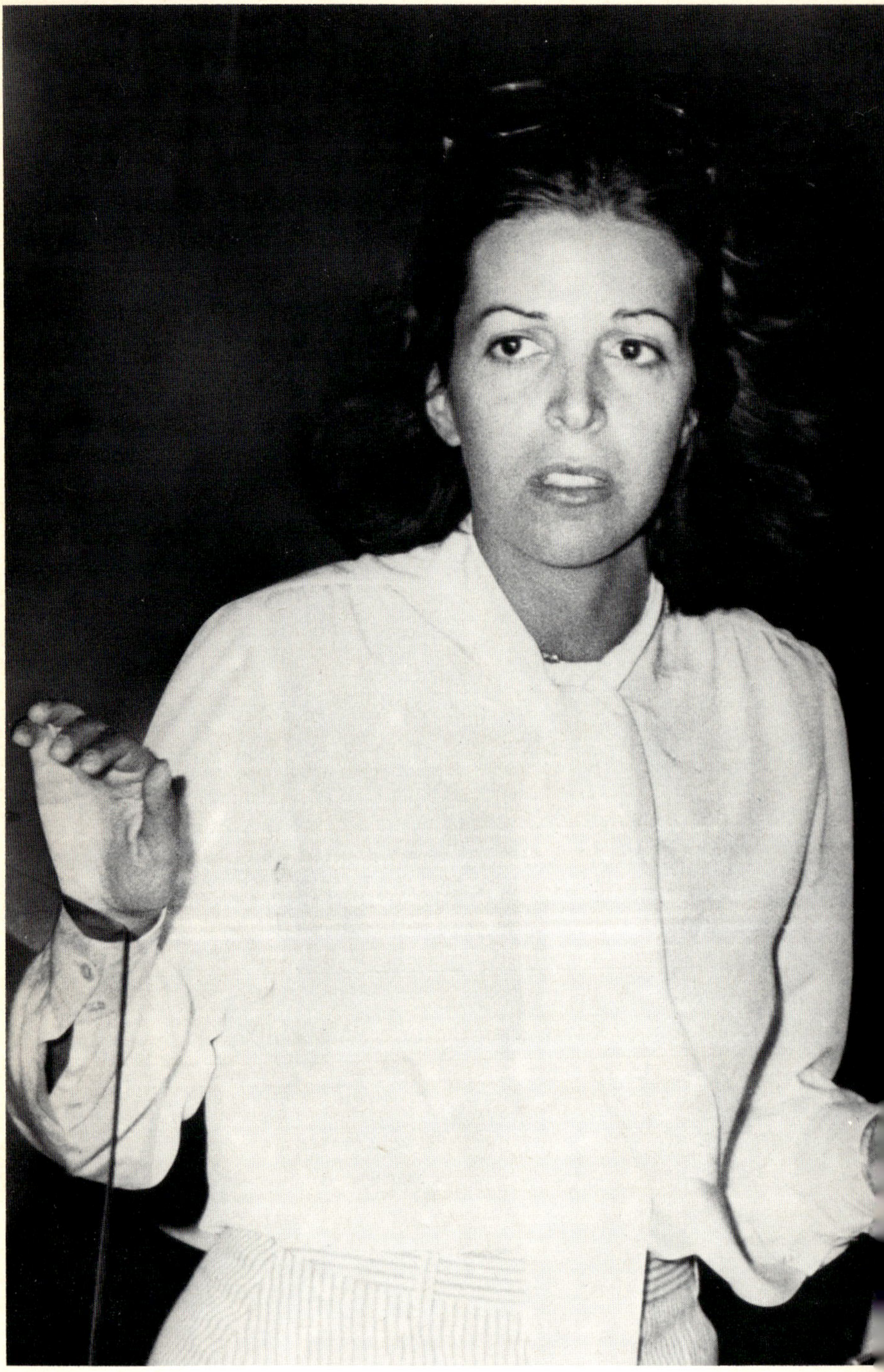

Im November 1971 wurde Omega aufgegeben. Die Regierung erklärte sich bereit, Onassis' Garantie von sieben Millionen Dollar zurückzuerstatten, für das Versprechen, daß er auf jegliche Entschädigungsforderung verzichtete.

Onassis konnte aber von dem Gedanken an die Raffinerie nicht lassen. Als sie im Januar wieder für Angebote ausgeschrieben wurde, unterbreiteten er und Niarchos gesonderte Offerten. Sie wurden abgelehnt. Dann schlug Onassis einem der Gewinner, dem Bankier Stratis Andreadis, eine Mitbeteiligung vor. Auch diese wurde abgelehnt. Onassis rief einen der Berater im Team von Andreadis an und fragte nach Aussichten, die Konzession zu kaufen. »Er ist Bankier. Was will er mit Öl?« »Als Sie die Sache hatten, wollten Sie sie nicht«, bemerkte der Berater. »Verstehen Sie denn nicht«, sagte Onassis, »ich verliere ungern.«

Onassis' Versagen bei der Realisierung des Omegaprojekts war vielleicht kein Zufall. Trotz seiner Begabung als Reeder und, in beschränkterem Maß, als Besitzer einer Fluglinie, gelang es ihm nie, eine seriöse, auf dem Festland basierende Geschäftsunternehmung zu betreiben. Daran waren weder der Mangel an Gelegenheit noch fehlende Versuche schuld.

Auch vor seiner Heirat mit Jackie wurde Onassis oft als Financier für größere Projekte angesprochen, und es machte ihm Vergnügen, ihre praktische Durchführung zu erörtern. Wenn der Zustrom von Ideen nachließ, forderte er Gratsos oder George Moore, seinen Bankier bei der First National City Bank in New York, auf, sich wieder etwas einfallen zu lassen. Die Projekte, die sie besprachen, schlossen den ganzen Erdball ein – Bergwerke in Alaska, Mineralgewinnung in Südafrika und Australien, Pipelines in Suez, Erschließung von Feriengeländen in der Karibik. Onassis flog mitunter zu »Eignungsstudien« los und kam erfrischt durch die Expedition zurück, aber er war sich der Probleme zu sehr bewußt, um die Sachen weiter zu verfolgen. »Vom Jahr 1959 an war er in der Lage«, sagte Moore, »Geld aus dem Fenster zu werfen, aber er besaß klugen Menschenverstand genug, das nicht zu tun.«

Die gleiche Zurückhaltung scheint sich bei Wohltätigkeitsgesten ausgewirkt zu haben. Alexander drängte seinen Vater oft, er solle doch einige Millionen für wohltätige Zwecke spenden. Möglichkeiten wurden erörtert, aber immer verschoben. George Moore glaubt, der Grund liege darin, daß Onassis' Reichtum zum Mittelpunkt seines Selbstgefühls geworden war, und daß der Gedanke, Geld zu verschenken, ihm als Eingeständnis der Niederlage erschien. »Es war kein Mangel an Freigebigkeit. Er war in Wirklichkeit sehr großzügig zu Freunden, die seine Hilfe brauchten. Er konnte jedoch nie dafür gewonnen werden, seinen Reichtum systematisch für philanthropische Zwecke zu verwenden.«

Mit einer Ausnahme. Sie hatte ihren Ursprung in einer Idee, die Onassis lange Zeit hindurch verfolgte und über die er immer wieder diskutierte – eine eigene Schiffswerft. Die Erörterungen gingen weit über das Eignungsstadium hinaus, scheiterten jedoch schließlich aus Gründen, die einen interessanten Einblick in seine Eigenschaft als Industrieller gewähren.

Die Suche nach einer eigenen Schiffswerft hatte Onassis – oder genauer gesagt, einige seiner leitenden Angestellten wie Kurt Reiter, die Kummer gewöhnt waren – rund um die Welt geführt. Reiter hatte sich im Lauf der Jahre angewöhnt, die Rolle eines begeisterten Verfechters einer Sache zu spielen, an die er selbst nicht glaubte. Nun war er ausgesprochen verwirrt über Onassis' Entschlossenheit, sich auf ein Schiffsbauunternehmen einzulassen. Es sehe vielleicht wie eine Betriebserweiterung nach Lehrbuch aus, behauptete Reiter, aber gerade Onassis sollte doch besser als jeder andere begreifen, daß Schiffseigner und Schiffsbauer grundsätzlich in einer gegnerischen Beziehung zueinander stehen. Wie sollte zum Beispiel der Vertragspreis für einen von Onassis' Supertankern festgesetzt werden, der in seiner eigenen Werft gebaut wird?

Onassis' energischste Anstrengung, den Traum von einer eigenen Werft zu verwirklichen, wurde in Belfast unternommen. 1970 hatte er zwei Supertanker von je 250 000 Tonnen in der Werft von Harland & Wolff im Bau, einem Unternehmen mit mehr als hundertjähriger Geschichte. Onassis besaß bereits eine 25prozentige Aktienbeteiligung an der Gesellschaft, die jedoch, trotz ihrer modernen Einrichtungen, in eine schwierige Lage geraten war. Die Aufträge waren rar, und das Arbeitgeber-Arbeitnehmer-Verhältnis mehr als schlecht. Als führendes Industrieunternehmen in der unruhigen Provinz stand sie im Brennpunkt außergewöhnlicher Spannungen.

Für die Loyalisten war die Werft nicht einfach eine Wirtschaftsmacht, sondern auch ein Talisman protestantischer Autorität in Nordirland. Für die Republikaner der IRA bedeutete sie eine ständige Mahnung an die benachteiligte Stellung der Katholiken unter britischer Herrschaft. Von den zehntausend in der Werft beschäftigten Männern waren nur fünf Prozent Katholiken, von denen die meisten die niedrigeren Arbeiten verrichteten. Siebenmal in der Geschichte der Werft hatte es schwere Unruhen gegeben, bei denen die katholische Minderheit von ihren Arbeitsplätzen vertrieben wurde, zuletzt am 29. Juni 1970.

Im September 1970 überredete Onassis Jackie, ihn auf einer Public-Relations-Tournee zu begleiten. Während nervöse britische Armeepatrouillen in der von Feindseligkeit erfüllten Stadt ihre Runden zogen, trafen Onassis, Jackie und Alexander in einer glänzenden schwarzen Limousine in Belfast ein, um in einem neuen Gesellschaftsklub für Angestellte, der die Schiffswerftgruppe von Harland & Wolff 100 000 Dollar gekostet hatte, die

Honneurs zu machen. Jackie trug einen dunkelblauen, knielangen Mantel mit dazu passendem Kleid und eine dunkle Brille. Ein Aufgebot von Sicherheitsbeamten hielt die Presse zurück. Im Klub, bei einem Lunch am Büfett, plauderte Jackie freundlich mit den Arbeitern und Onassis übergab dem Komitee einen Scheck über 12 000 Dollar. Onassis und Alexander erhielten irische Eichenknüttel, *shillelaghs,* als Geschenk, und Jackie bekam einen vergoldeten Schlüssel zum Eingang des Klubs. Nach Beendigung der Zeremonie fuhr das Trio eilig zurück zum Flughafen, wo Onassis' Düsenmaschine wartete. Eine Erklärung von Harland & Wolff, die bestritt, daß der »rein gesellschaftliche« Besuch irgend etwas mit den finanziellen Problemen der Gesellschaft zu tun habe, verstärkte natürlich den Eindruck in Belfast, daß Onassis begierig war, das Geschäft zu übernehmen. Einen Monat später stand es fest: Onassis sollte ein Angebot machen. »Dieser Grieche macht uns Sorgen!«, sagte ein Vertrauensmann einem Reporter. »Wenn er die Werft übernimmt, wird Jackie in kürzester Zeit die Werft mit papistischen Werkmeistern füllen.«

Onassis ließ daraufhin seinen Charme spielen. Kurz vor Weihnachten lud er sieben führende Gewerkschaftsleute aus Belfast nach London ein, um die Sache mit ihnen zu besprechen. Als der Flug wegen Nebels abgesagt wurde, ließ sie Onassis durch sein Düsenflugzeug holen. Inzwischen setzte er sich mit zwei britischen Gewerkschaftsführern zu einem Lunch mit Räucherlachs, Roastbeef und Orangensoufflé, dazu Champagner, zusammen. »Wir sprachen über alles mögliche«, erklärte Onassis einem Reporter, »über Politik, Kunst, Musik und Philosophie.« Als die müden Leute aus Belfast schließlich eintrafen, gerade zeitgerecht für ein ebenso hervorragendes Diner, schlug Onassis vor, sie sollten als seine Gäste über Nacht im »Claridge« bleiben. Die Gespräche begannen am nächsten Morgen beim Frühstück. Nach Belfast zurückgekehrt, gaben die Gewerkschafter nichts vom Inhalt dieser Gespräche preis, einer bemerkte nur, die Betten im »Claridge« seien für seinen Geschmack ein wenig zu weich. Dessenungeachtet waren sie alle von Onassis' Fähigkeit beeindruckt, es ihnen Drink für Drink gleichzutun. Was sie nicht wußten, war, daß der »Scotch« für Onassis aus einer Flasche kam, die kalten Tee enthielt.

Nach dem Plan mußte Onassis 5,9 Millionen Dollar aufbringen, um neunundvierzig Prozent der Aktien von Harland & Wolff zu erwerben, und weitere 7,8 Millionen, mit denen verschiedene Stahlwerksanlagen modernisiert werden sollten. Er versprach, daß seine Organisation mehr Supertanker in der Werft bauen lassen würde, wenn er die Kontrolle übernehme. Als Gegenleistung verlangte er nur, daß die Regierung die Verluste von zwölf Millionen Dollar, die Harland & Wolff aus bereits laufenden Bestellungen zu fixierten

Preisen erwuchsen, abschreiben ließ. Der Vorschlag war, wie die Betriebsräte in Belfast sagten, nicht ganz so großzügig, wie er sich anhörte. Zwei der drei Supertanker, die Onassis bestellt hatte, wurden damals in der Werft gebaut, und Harland & Wolff würde bei beiden Schiffen empfindliche Verluste erleiden, da die Löhne und Materialkosten seit Unterzeichnung des Vertrags beträchtlich gestiegen waren. Onassis hatte, was durchaus sein Recht war, entschieden abgelehnt, sich auf neue Verhandlungen einzulassen, um bessere Bedingungen zu erzielen. Also würde ein wesentlicher Teil der Schulden, deren Abschreibung er durch die Regierung verlangte, in Wirklichkeit zur Bezahlung seiner eigenen Schiffe dienen.

Das war noch nicht alles. Die beiden Schiffe hatten ihn zur Zeit ihrer ursprünglichen Bestellung je 20,3 Millionen Dollar gekostet. Auf dem expandierenden Tankermarkt Ende des Jahres 1970 waren sie nun zumindest je 33,4 Millionen wert. All das war keine üble Verzinsung für eine Anlage von vierzehn Millionen Dollar, besonders wenn der Preis der Welt größtes Schiffsbaudock beinhaltete, in dem ein großer Teil von öffentlichen Geldern investiert war.

Die Betriebsräte in Belfast, die sich auf die Verpflichtung der Regierung, die Werft in Betrieb zu halten, verließen, waren gegen das Angebot. Andererseits gab es einflußreiche Persönlichkeiten in der britischen Regierung und in der Führung der nationalen Gewerkschaft, die Onassis Erfolg wünschten. Trotz seiner Mängel wurde sein Angebot für besser erachtet als die Offerte zweier anderer Unternehmen, der Swan-Hunter-Gruppe und des norwegischen Schiffsbauers Fred Olsen. An Onassis' Entschlossenheit gab es keinen Zweifel. Er sagte Frank McFadzean von Shell, er warte begierig darauf, die Gesellschaft wieder hochzubringen und großzumachen. Wie, fragte McFadzean? Nun, sagte Onassis, vor allem werde er hundertfünfzig der besten japanischen Techniker kommen lassen. »Zum Teufel, das werden Sie nicht tun!« erwiderte McFadzean, entsetzt bei dem Gedanken, was ihr Aufkreuzen in einer bereits durch Rassenfanatismus belasteten Situation nach sich ziehen würde. Obwohl manche seiner Ideen in Nordirland undurchführbar erschienen, hatte Onassis zwei gewaltige Vorteile anzubieten – Geld und garantierte Aufträge.

Die britischen Zivilbeamten wußten diese Vorteile zu würdigen, sie mußten aber auch die fremdenfeindliche Stimmung in der Schiffswerft berücksichtigen. Sie versuchten, Zeit zu gewinnen. Onassis, darüber verärgert, ließ Journalisten gegenüber unbesonnen seiner Ungeduld freien Lauf. Der *London Daily Express* brachte einen Artikel mit der Schlagzeile »Volldampf voraus, oder ich steig' aus, warnt der verärgerte Ari«. Inzwischen verhärtete sich die Stimmung in der Werft: die Sicherheitsvorkehrungen in Ulster wurden immer schwieriger. So sehr einige Minister in der Regierung wünschten, Harland & Wolff nicht mehr aus öffentlichen Gelder finanzieren zu müssen – die Gefahr eines neuen bitteren Zusammenstoßes mit den protestantischen Arbeitern war zu groß. Im März 1971 beschloß die britische Regierung, Onassis' Angebot abzulehnen und die Geschäftsleitung von Harland & Wolff weiterhin zu unterstützen. Ein einsichtsvoller Journalist formulierte es so: »Es war eine auf den speziellen sozialen Umständen in Belfast fußende Entscheidung.«

Onassis befand sich auf einer Kreuzfahrt mit der »Christina«, als das in aller Form bekanntgegeben wurde. Er hatte sich damals bereits mit dem Mißerfolg abgefunden. Um so besser, daß ihm erspart blieb, die Grabrede anzuhören, die ein triumphierender protestantischer Laienprediger in einem Missionssaal der Newtonard Road in Belfast abgab: »Wir danken dir, o Herr, daß du die Hand dieses Ausländers von der Kehle Ulsters abgewendet hast und daß unsere Werft immer protestantisch bleiben wird. Amen.«

Die Grenzen des Erfolgs

Obwohl Jackie und Ari miteinander glücklich waren, gab es sogar schon zu Beginn ihrer Ehe Anzeichen von Spannung, die ihre gegenseitige Sympathie belasten sollte. Die abrupte Art, in der Onassis seine Hochzeitsfeier auf Skorpios abbrach, um mit der griechischen Junta Geschäfte zu machen, war ein Anzeichen für Kommendes. Als er während seiner Flitterwochen im Omega-Büro in Athen arbeitete, bemerkte Onassis, daß einer seiner Berater früh fortging. Er fragte, wohin er gehe. »Dann und wann braucht man etwas Ruhe«, war die Antwort. »Ah, Sie sind ein glücklicher Mann«, erklärte Onassis. »Sie können sich amüsieren, wann Sie wollen. Sie *müssen* sich nicht amüsieren.«

Onassis' Leben mit Jackie war bald nur noch in seiner Unregelmäßigkeit voraussagbar. Eine eilige Kreuzfahrt in der Ägäis, dann ging das Paar getrennte Wege – Jackie fuhr nach Turville Grange, ins Landhaus ihrer Schwester in England, und Onassis nach Paris. Prompt hatte ein Foto, das ihn beim Diner mit Maria Callas im »Maxim« zeigte, die ersten Scheidungsgerüchte zur Folge. Daß sie wirklich einen Grund hatten, zusammenzutreffen – geschäftliche Vereinbarungen, die sich durch den Prozeß mit Panaghis Vergottis ergaben –, ließen die Klatschkolumnisten unerwähnt.

Onassis fuhr zu Jackie nach Turville Grange, aber der Besuch war kein durchschlagender Erfolg. Onassis war nie ein Meister in englischen Umgangsformen oder Konversation gewesen. Prompt holte er sich eine Erkältung und zog sich in sein Zimmer zurück, um sie zu kurieren, während Jackie mit Rudolph Nurejew und Margot Fonteyn durch die winterlichen Wälder schlenderte. Die Party wurde durch die Anwesenheit eines ungebetenen Gastes belebt, der sich mit Lees Schmuck im Wert von 12 000 Dollar davonmachte. Später wurde er mit Hilfe eines Fotografen gefaßt, der sich auf dem Gelände versteckt und eine Aufnahme von dem Eindringling gemacht hatte, als dieser an einem Abflußrohr hochkletterte.

Jackie kehrte allein nach New York zurück, Onassis fuhr nach Paris. Während sie bei einer Fuchsjagd in Peapack, New Jersey, und an den Gräbern ihres verstorbenen Ehemanns und ihres Schwagers gesehen wurde, machte

Onassis wieder die Runde in seinen Pariser Stammlokalen. Er gab sogar eine Party in »Régines« Nachtklub. Weihnachten verbrachten sie gemeinsam an Bord der »Christina«.

Im Januar 1969 war das Paar zusammen in New York, trennte sich jedoch bald wieder; Jackie fuhr nach Hyannis Port, Onassis nach Paris und Skorpios. So ging es weiter im Februar und März. Jackie begnügte sich mit einer New Yorker Saison, unterbrochen durch periodische Ausflüge nach Palm Beach und in die Schweiz, wo Lee in einem Sanatorium weilte, um zuzunehmen. Ari verbrachte einen Großteil seiner Zeit in Paris, wo die Presse seine Nachtklubbesuche in Gesellschaft von Elsa Martinelli eifrig verfolgte, aber die Anwesenheit ihres Ehemanns übersah. Er war auch in Athen sehr gefragt, wo es Aufregungen um das Omega-Projekt gab. Seine Besuche in New York waren kurz, seine abendlichen Ausgänge in Gesellschaft seiner Frau wurden in der Öffentlichkeit aufmerksam registriert. In der Bar von P. J. Clarke in der Third Avenue folgte ein Schwarm neugieriger Frauen Jackie in die Damentoilette. Nur im April konnte sich das Paar anläßlich einer achttägigen Kreuzfahrt an Bord der »Christina« von den Kanarischen Inseln nach Trinidad wirklicher Ungestörtheit erfreuen.

Auf die Frage, ob die Ehe seine Lebensweise geändert habe, antwortete Ari: »Keineswegs... Was erwarten Sie denn von mir?« Dennoch war er offensichtlich stolz über die exklusiven gesellschaftlichen Veranstaltungen, an denen er mit seiner Frau teilnahm. Gardner Cowles, der Herausgeber von *Look*, war Gast eines Diners in Manhattan, das von David Rockefeller zu Ehren der Jungverheirateten gegeben wurde. Onassis gab sich ungewöhnlich zurückhaltend. »Er begnügte sich, im Hintergrund zu bleiben und sich in dem gesellschaftlichen Glanz seiner Frau zu sonnen. Man hatte das Gefühl, einem Mann gegenüberzustehen, der glaubte, etwas Wunderbares erreicht zu haben, und ungemein darauf stolz war.«

In den raren Augenblicken seines häuslichen Lebens zeigte sich ein anderer Onassis. Er faßte sofort Zuneigung zu John John und Caroline Kennedy, die erwidert wurde. Seine natürliche, ungezwungene Art, mit Kindern umzugehen, trat hervor. Es gab Spaziergänge im Central Park, Besuche im Shea Stadium bei den Profi-Baseballmeisterschaften, ja man spielte sogar Stuhlpolonaise an Bord der »Christina«.

Anfangs befriedigte Jackie die beschützende Art ihres Gatten. »Sie ist wie ein Diamant«, verriet er, »kühl und scharf an den Rändern, feurig und heiß unter der Oberfläche.« In den ersten Monaten verlief die Ehe dieses ungleichen Paares harmonisch und friedlich. »Jackie ist wie ein Vögelchen, das seine Freiheit und Geborgenheit braucht«, sagte er, »und von mir bekommt sie beides.«

Als Vögelchen mit Freiheitsdrang und Geschmack erwies sie sich als Meisterin. Die Upper East Side von Manhattan mit ihren Kaufhäusern und Boutiquen ist mehr als nur eines der prachtvollen Verbraucherzentren der Welt. Es beeinflußt den Geschmack der übrigen Staaten Amerikas, und daher sind die Einkäufe der Reichen und Berühmten von mehr als nur augenblicklichem Interesse. Man schätzt, daß Jackie im ersten Jahr ihrer Ehe 1,25 Millionen Dollar für Kleider, zumeist in der Madison Avenue, ausgab. Ihr Besuch in einem Geschäft erzeugte unter dem Personal oft eine geradezu hysterische Reaktion, die durch das Tempo und die Fülle ihrer Einkäufe noch angeheizt wurde. Das Frühjahr 1969 war der absolute Höhepunkt ihrer Kaufwütigkeit, und als *Women's Wear Daily* sie als »des Einzelhändlers beste Freundin« bezeichnete, traf das Blatt den Nagel auf den Kopf.

»Jackie O. füllt weiter ihre bodenlosen Schränke voll. Bei ihrem letzten Einkaufsbummel gelang es ihr, Daddy O.s Zahlungsverpflichtungen höher denn je zu treiben. Sie kauft ganze Wagenladungen.« Jackie hatte immer schon eine Leidenschaft fürs Kaufen. Die neue Phase ihrer Einkaufswut unterschied sich jedoch darin, daß sie hektischer wirkte und sogar die Verschwendungssucht der Reichen und Superreichen übertraf.

Onassis hatte diesen Wesenszug seiner Frau mehr als gefördert. Während er um sie warb, hatte er sie mit Armbändern und Ringen überhäuft. Als Hochzeitsgeschenk erhielt sie Rubinohrringe in Herzform und einen dazu passenden Ring in der Größe einer Himbeere, den sie ablegen mußte, wenn sie telefonierte; das Geschmeide war eine Million Dollar wert. Zu ihrem vierzigsten Geburtstag bekam sie einen vierzigkarätigen Brillantring und ein Paar von Onassis selbst entworfener Ohrringe, ein Mond und eine Erde aus zweiundzwanzigkarätigem Gold, jeweils besetzt mit Rubinen und Diamanten, durch eine Kette von goldenen Raumschiffen miteinander verbunden – eine Darstellung der Mondlandung von Apollo II, an der Jack Kennedy entscheidend Anteil genommen hatte. Jackie trug diesen Schmuck jedoch nur ein einziges Mal – sein Gewicht war ihr lästig.

Onassis war selten in Verlegenheit, wenn er gefragt wurde, wie er den Appetit seiner Frau für diese Dinge rechtfertigen könne. »Jackie hat, weiß Gott, ihre Jahre des Kummers erlebt. Wenn es ihr Freude macht, soll sie nach Herzenslust einkaufen. Es ist nichts merkwürdig daran, daß meine Frau große Summen ausgibt. Es wäre ungewöhnlich, wenn sie es nicht täte. Denken Sie nur, wie die Leute reagieren würden, wenn Mrs. Onassis zwei Jahre lang dieselben Kleider trüge, in zweitklassige Schönheitssalons ginge oder in einem Familienauto herumkutschierte. Gleich würden sie sagen, ich stünde am Rand des Bankrotts, und meine Frau werde bald gezwungen sein zu arbeiten, um ihren Lebensunterhalt zu verdienen.« Sein Gedanke, »wenn es keine Frauen gäbe, hätte das ganze Geld der Welt keinen Sinn«, enthielt eine abstraktere Idee.

Obwohl Onassis wirklich Vergnügen darin fand, zu schenken, waren seine Geschenke selten uneigennützig. Gewöhnlich erwartete er etwas dafür. Jackie war ein Besitz, den er gern zur Schau stellte. In gewisser Hinsicht genügte ihm ihre Fähigkeit, seinem Namen und seiner Person Glanz zu verleihen, als Quelle der Befriedigung, zumindest für einige Zeit. Das Geldausgeben hatte eine andere Funktion. Es schuf ein Bindeglied während der langen Perioden der Trennung. Ein eifriger Beobachter ihrer Hin- und Herreisen hat errechnet, daß sie im ersten Jahr ihrer Ehe 225 Tage gemeinsam, 140 Tage getrennt verbrachten.

Gore Vidal äußerte sich über die erste Zeit der »Ehe des Jahrhunderts« so: »Onassis ist dynamisch und patriarchalisch, und ich glaube, das braucht Jackie. Nicht so sehr physischen Schutz, sondern eine gewisse Art von warmer, väterlicher Zuneigung. Obwohl sie unabhängig ist, ist sie sehr verletzlich. Sie braucht jemanden, der sie mit einer Schutzzone umgibt. Ich glaube, das bietet ihr Onassis. Jackie ist sehr glücklich mit Onassis – vielleicht glücklicher als mit ihrem ersten Mann ... John Kennedy war verstrickt mit sich selbst und seiner Karriere. Seine Frau war wie ein Bestandteil des Weißen Hauses – fast eine Gefangene. Kann ein alles verschlingender, vierundsechzigjähriger Geschäftsmann bei einer reizvollen Frau von vierzig Jahren Glück finden? Die Antwort lautet: Ja!«

Doch trotz der sichtlichen gegenseitigen Zuneigung schien die Ehe nie jene Harmonie zu gewinnen, die die meisten glücklichen Verbindungen kennzeichnet. Sie befriedigten oberflächliche Bedürfnisse, aber nicht die fundamentalen. Dazu waren ihre Interessen und Neigungen zu verschieden. Jackie nahm ihre Verantwortung als Mutter sehr ernst, und das zwang sie, den Großteil ihrer Zeit an der Ostküste zu verbringen, da John John in New York und Caroline in Massachusetts zur Schule gingen. Onassis' Geschäftsinteressen, die die meiste Zeit erforderten, lagen in Griechenland, und seine Kinder, obgleich schon erwachsen, verbrachten ihre Zeit lieber in Europa.

Eine Reihe kleinerer Kontroversen machten ihm klar, daß seine Frau einen starken Willen hatte, der oft im Gegensatz zu dem seinen stand. Onassis beklagte die Unterhaltskosten des Hauses auf Skorpios, für das er sie so eifrig verantwortlich gemacht hatte. Es waren mehrere Fernsehapparate für Jackie aufgestellt worden, ohne daß man darauf geachtet hätte, daß die Insel außerhalb der Reichweite der Sender lag. Viele von Jackies Dekorationsideen gefielen ihm nicht, vor allem, daß die allegorischen Friese an Bord der »Christina« entfernt wurden – er hatte das Gefühl, daß seine Vergangenheit dadurch beseitigt wurde. Jackie mochte das Landhaus nicht, das er auf

Skorpios mit Araberhengsten und Shetlandponys eingerichtet hatte. Sie »lese immer«, beschwerte er sich.

Solche Zwistigkeiten wären vielleicht nicht so wichtig gewesen, hätte sich nicht die Presse so sehr dafür interessiert. Die beiden hatten nicht erwartet, durch ihre Heirat die letzten Reste von Ungestörtheit zu verlieren. Der Journalismus gleicht, wie ein australischer Reporter einmal bemerkte, oft einem »Blindekuhspiel mit blanken Rasiermessern«. Eine Zeitlang sah es aus, als wären die schärfsten Rasiermesser der Branche gezückt, um Onassis' Ehe zu sezieren. Es gab nicht nur ein Heer von auf Jackie angesetzten Klatschkolumnisten, sie waren auch rücksichtsloser als früher in ihren Methoden. Der Grund lag nicht nur darin, daß sie gezwungen waren, den Sicherheitskordon, den Onassis um das Privatleben seiner Frau zu ziehen versuchte, zu durchbrechen. Es war auch eine »neue Jackie« an die Stelle der alten getreten, ohne den Rest von Distanz, der durch den Respekt vor ihrer Witwenschaft als Präsidentengattin geboten war. Dementsprechend machten die Paparazzi alle Anstrengungen, Jackie zu provozieren, damit sie ihre lächelnde Maske der Timidität fallenließ.

Eine Zeitlang waren Onassis' Kontakte mit der Presse durch eine Art von gereizter guter Laune gekennzeichnet. Am 31. Juli 1969 gab er in seinem bevorzugten Athener Nachtklub eine Party mit rosa Champagner, um Jackies vierzigsten Geburtstag zu feiern. Die Journalisten verbannte er aus dem Lokal. Bei Morgengrauen, gegen fünf Uhr, begann die Wachsamkeit der Türsteher, Kellner und Rausschmeißer nachzulassen, und die Reporter stürmten herein. »Habt ihr keinen Gott?« fragte Ari lachend, während er und Jackie von den wohlbekannten Gesichtern hinter klickenden Kameras und Blitzlichtern umringt wurden. »Warum jagt ihr uns dauernd nach?« fragte er, während er ihnen Champagner und Essen anbot. »Warum laufen Sie dauernd vor uns davon?« fragte ein Fotograf. »Ach, das ist ja nur mein Trick«, erwiderte Ari. »Wenn es allzu leicht wäre, Bilder von uns zu machen, würde sich keiner von euch die Mühe nehmen.«

Ernster war das Problem in New York, einer Stadt, in der Ungestörtheit buchstäblich unbezahlbar ist. Als sich das Ehepaar einen erotischen schwedischen Film ansah, »Ich bin neugierig (Gelb)«, verließ Jackie das Kino vor Ende der Vorstellung. Später gab es einige Debatten darüber, wie sich der darauffolgende Tumult vor dem Kino abgespielt habe. Es war ein Haufen Fotografen anwesend, darunter Mel Finkelstein von den New Yorker *Daily News.* »Es sah aus, als wolle sie etwas sagen«, erinnerte sich Finkelstein. »Dann streckte sie ihre Hand aus, als wollte sie die meine schütteln, ergriff aber mit der rechten Hand mein rechtes Handgelenk und legte ganz langsam und bewußt ihre andere Hand unter meinen linken Ellbogen, streckte ihr linkes Bein aus und schleuderte mich über ihren Oberschenkel.« Der Kinoportier dagegen meinte, daß Finkelstein bei dem Versuch, für die Aufnahme die günstigste Position zu erwischen, sich in seiner Ausrüstung verfangen habe und zu Boden gestürzt sei.

Im Februar 1970 kam es zu einer ernsteren Unannehmlichkeit, als Privatbriefe von Jackie an ihren früheren Begleiter, Roswell Gilpatrick, entdeckt und zum Verkauf angeboten wurden. Trotz Gilpatricks Behauptung, die Briefe seien ihm gestohlen worden, wurde ihr Inhalt in amerikanischen Zeitungen und Magazinen veröffentlicht. Der letzte Brief steckte in einem Umschlag mit der Absenderadresse »Christina«, war während Jackies Flitterwochenkreuzfahrt geschrieben und am 13. November 1968 in Griechenland aufgegeben worden. Er lautete:

»Liebster Ros – Ich hätte es Dir gesagt, ehe ich abreiste – aber dann ging alles so viel schneller, als ich geplant hatte.

Ich verstand irgendwo, was Du gesagt hattest, und war sehr gerührt – lieber Ros – ich hoffe, Du weißt, was Du für mich warst und bist und immer sein wirst.

In Liebe
Jackie.«

Die Veröffentlichung der »Lieber Ros«-Briefe scheint die Kluft zwischen den Ehepartnern vergrößert zu haben. Onassis scheint bei der Fortsetzung seiner Beziehung zu Maria Callas weniger Hemmungen gehabt zu haben. Im Mai 1970 berichtete Henri Pessar, ein eifriger Ari-Beobachter, daß Onassis vier aufeinanderfolgende Abende in der Wohnung der Callas, Avenue Georges Mandel, verbracht und diese jeweils zwischen 0 Uhr 30 und 1 Uhr morgens verlassen habe. Sollte ein Mißverständnis über die Bedeutung dieser Rendezvous bestehen, möge die Presse doch am 21. Mai ins »Maxim« kommen, wo das berühmte Liebespaar Fotografen zulassen würde. Jackie kam am nächsten Tag nach Paris und verbrachte den folgenden Abend im tête-à-tête mit Onassis an demselben Tisch, im selben Restaurant. Wieder waren die Fotografen willkommen, um das Ereignis für die Nachwelt festzuhalten.

Die Callas war über ihre Rolle in dem Familien-Spektakel sicherlich weniger entzückt. Vier Tage später wurde sie ins American Hospital in Neuilly eingeliefert. Ihr dortiger Aufenthalt wurde einer »Nasennebenhöhlenentzündung« zugeschrieben. Eine Krankenschwester erzählte jedoch der Presse, sie wäre im Koma eingeliefert worden, verursacht durch eine Überdosis von Schlaftabletten.

Drei Monate später flog Onassis mit dem Hubschrauber nach Tragonisis, einer Insel, die der Familie Embirikos gehörte, bei der sich Maria Callas aufhielt. Das Geschenk für die Callas waren ein Paar antike Ohrringe, hundert Jahre alt. Unter einem großen Strand-Sonnenschirm küßte er Maria auf den

Mund. Er küßte auch Marias Pudel. Ein Fotograf in einem kleinen Boot vor der Küste hielt die Gefühlsdemonstration mit einem Teleobjektiv fest und verkaufte seine Bilder an Illustrierte auf beiden Seiten des Atlantiks. In der Presse wurden die Worte der Callas zitiert: »Ich hege große Verehrung für Aristoteles, und es besteht kein Grund für uns, hier nicht zusammenzukommen, da Mr. Embirikos unser gemeinsamer Freund ist.« Jackie, die noch in New York war, fühlte sich veranlaßt, unverzüglich in der Ägäis zu erscheinen. »Jackie reagierte wie ein Dalmatiner auf die Feuerglocke und flog nach Griechenland zu Onassis auf die Jacht ›Christina‹, um die Gerüchte zum Schweigen zu bringen«, schrieb *Time*.

Der findigste Jackie-Beobachter war Ron Galella, ein freiberuflicher Fotograf, der nach eigener Schätzung an den Bildern seines schönen Opfers mindestens 50 000 Dollar im Jahr verdiente. Seine Einstellung zum »berühmtesten Paar der Welt« wurde in einer Weihnachtskarte graphisch ausgedrückt, die er an Freunde (auch an das Ehepaar Onassis) im Jahr 1970 verschickte. Galella war darauf zu sehen, wie er von einem bärtigen Weihnachtsmann ein Geschenk erhält. Neben beiden hängt ein Theaterplakat mit der Überschrift: »*Der Lohn*, in den Hauptrollen Aristoteles Onassis als Nikolaus und Ron Galella als Paparazzo.«

Nach einem Zwischenfall im Central Park, der damit endete, daß Galella verhaftet wurde, als er versuchte, John John zu fotografieren, gingen die streitenden Parteien vor Gericht. Jackie verlangte ein Dauerverbot, demzufolge dem Fotografen untersagt wurde, ihrer Wohnung näher als 200 Meter und überall sonst ihr selbst näher als 100 Meter zu kommen. Galella verlangte seinerseits 1,3 Millionen Dollar Entschädigung für »fälschliche Verhaftung, bösartige Verfolgung und Beeinträchtigung der Ausübung seines Berufs als Fotograf«.

Als der Fall 1972 zur Verhandlung kam, geriet er zur beliebtesten »Off-Broadway-Show« der Stadt und warf eine Anzahl bemerkenswerter Rechtsfragen auf. Der erste Zusatzantrag, mit der Betonung des Rechts der Öffentlichkeit auf Information, schien Galellas Klage zu begünstigen. Jackie war eine »öffentliche Person«, und Galellas Bilder bewiesen, daß er von den Geheimagenten, die John John und seine Mutter bei ihren Spaziergängen im Central Park begleiteten, behindert worden war. Jackies Klage stützte sich auf die Behauptung, daß der Fotograf sie durch seine ständige Verfolgung in »Gefühlsnotstand« gebracht habe. Auch das konnte aus einigen von Galellas Bildern entnommen werden, insbesondere einem, das zeigte, wie sie über eine Wiese im Central Park sprintete, um Galella zu entkommen.

Galella erklärte in seiner Aussage, daß Jackie »versnobt und kalt« sei, aber sie sei nun mal »das Covergirl Nummer eins der Weltelite«. Er wünsche nur, sie würde keine Sonnenbrillen tragen, denn das setze den Verkaufswert seiner Fotos herab. Das Gericht hörte sich Klagen über »das stereotype Ron-Galella-Lächeln« an, das Jackie zur Schau trage. »Ich versuche ständig zu lächeln, um den Kopf oben zu behalten ... denn ich glaube, er will mich zu einer unbedachten Haltung provozieren.«

Während der Prozeß sich durch die New Yorker Gerichte schleppte – und ein Verhandlungsprotokoll von 4 700 Seiten füllte –, wurde in Griechenland die Justiz summarischer zugemessen. Im Februar 1972 wurde Nikos Kolouris, einer der aggressivsten Skorpios-Belauscher, in Lefkas vor Gericht gestellt und zu sechs Monaten Gefängnis verurteilt wegen ständiger Versuche, auf Skorpios Fotos zu machen. Er wurde für schuldig befunden, die Landung der Piaggio-Maschine mit Jackie Onassis an Bord, gefährdet zu haben, indem er sein Motorboot quer durch die Landeroute manövrierte. Ferner wurde er eines beleidigenden Verhaltens für schuldig befunden. Der Polizeibeamte des Ortes erzählte vor Gericht, daß Jackie nach dem Vorfall verängstigt und mitgenommen gewirkt hätte. »Sie sagte mir: ›Ich habe Angst vor diesem Mann. Er ist gefährlich.‹« Ein Zeuge zu Onassis' Gunsten sagte aus, Kolouris habe John John mit Steinen beworfen und dann Fotos von ihm gemacht, als er die Steine zurückwarf. »Herr Onassis denkt wegen Kolouris daran, Skorpios aufzugeben«, sagte er. »Der Mann ist zum Schatten von Herrn und Frau Onassis geworden und läßt sie nicht in Frieden. Frau Onassis ist sehr zornig über den Beklagten, der ihr das Leben unerträglich macht.«

Wenig später wurde Jackies Leben, dank einer gerichtlichen Entscheidung in New York, wieder erträglicher. Der dortige Richter entschied, daß Ron Galellas Tätigkeit tatsächlich ihr Privatleben verletzt habe, und stimmte dem Verbot, das sie wünschte, zu. Das Berufungsgericht setzte jedoch die Entfernung, auf die sich Galella Jackie nähern durfte, auf acht Meter herab.

Onassis wachte zwar über die Verteidigung des häuslichen Friedens von Skorpios, kümmerte sich jedoch nicht sehr um die Versuche seiner Frau, ihr ungestörtes Leben in New York zu verteidigen. Als ihm die Rechnung für Jackies Prozeßkosten in der Causa Galella routinemäßig zuging, weigerte er sich zunächst, sie zu bezahlen. Er sagte einem Reporter, er habe »mit dem verdammten Zeug nichts zu tun«. Jackies angesehene und kostspielige Anwaltsfirma sah sich gezwungen, ihre Mandantin auf Zahlung der Kosten zu klagen. Jackie beklagte sich bei ihren Freunden, ihr Mann sei »schäbig«. Schließlich wurde ein Scheck über 235 000 Dollar geschickt. »Jetzt sind alle zufrieden«, bemerkte Onassis gleichgültig.

Aber nicht lange. Im Sommer 1972 dinierte Onassis mit Elisabeth Taylor in Rom und goß einem lästigen Reporter ein Glas Champagner ins Gesicht. Jackie fand das nicht amüsant und beklagte sich, daß »die Kinder Berichte darüber in den Nachrichtensendungen« gesehen hätten. »Ich schäme mich für dich«, sagte sie zu Onassis, der diese Information einem Reporter weitergab.

Eine neue Phase wurde erreicht, als ein Nacktfoto von Jackie auftauchte, das sie beim Baden auf Skorpios zeigt. Die Großaufnahme von vorne wurde unter der Überschrift »Der Milliarden-Dollar-Busch« veröffentlicht. Bei einer Cocktailparty in New York sorgte John Kenneth Galbraith, Nationalökonom und früher gelegentlich Jackies Begleiter, mit einer eleganten Bemerkung für eine Schlagzeile: »Ich hab' dich in deinen Kleidern gar nicht erkannt.«

Onassis selbst zeigte sich der Situation durch eine Pantomime gewachsen. Als er mit der »Christina« vor der Küste von Sardinien kreuzte, erspähte er einen Fotografen, der verstohlen am Strand seinem Geschäft nachging. Er ließ sich an den Strand bringen, wo er seine Badehose auszog und dem Fotografen zurief: »Jetzt bin ich dran!« Der Schnappschuß erschien dann in Großaufnahme in *France-Dimanche* – wenn auch, aus Rücksicht auf das öffentliche Zartgefühl, die interessanteste Stelle des alternden Industriemagnaten überpinselt war, um den Eindruck zu erwecken, seine Männlichkeit sei durch den Schatten eines Baumes verdeckt.

Der Scherz war, wie die meisten Späße, Onassis' Methode, mit seinem Ärger fertigzuwerden. Er kapitulierte vor der Tatsache, daß seine Ehe mit Jackie auf eine gewisse Weise Gemeingut der Öffentlichkeit war. Aber er bewahrte sich eine gewisse Verfügungskontrolle, sie war jedoch nicht allzu groß. Worüber die beiden nicht hinwegkommen konnten, war die Belastung durch ihre Vergangenheit, die sie zuerst allmählich und später unerbittlich auseinandertrieb. Frischauer legte in seiner Biographie »Jackie« große Betonung auf den Schatten John F. Kennedys. Als ehemalige First Lady war Jackie immer noch gesuchter Gast bei verschiedenen Feierlichkeiten, in denen des Lebens und des Wirkens des verstorbenen Präsidenten gedacht wurde. Diese Feierlichkeiten waren auch für Jackie wichtig, nicht so sehr um ihrer selbst willen, sondern für ihre Kinder. Sie bedeuteten jedoch eine schwere Belastung für Onassis, dessen Männlichkeit auf dem Bedürfnis fußte, ein Held seiner eigenen Legende zu sein. Ständig wurde er daran erinnert, daß das Charisma seiner Frau mehr mit ihrem toten als mit ihrem lebenden Ehemann zu tun hatte. Das Problem war zwar selbst erzeugt, aber dessenungeachtet real. Die Ansprüche, die Onassis an seine Frauen stellte, waren komplex und widersprüchlich zugleich. Seine Ehegefährtin sollte ein Medium der Selbstdarstellung und liebende Frau sein; sie mußte gleichzeitig seine überwältigende Fürsorge akzeptieren und seinem massiven Egoismus standhalten. Jackie war besser als viele andere geeignet, mit diesem Mann fertigzuwerden, aber hoffnungslos unfähig gegenüber den Problemen, die seine Familie verursachte. Man konnte sicher ins Treffen führen, daß sie die ihr vertraglich auferlegten Pflichten erfüllte. Leider begann Onassis, die Spielregeln zu ändern. Er machte sich Sorgen um seine Kinder und brauchte, vielleicht zum erstenmal in seinem Leben, die Unterstützung und das Verständnis einer wirklichen Ehefrau. Da Alexander und Christina Jackie weiterhin als Eindringling betrachteten, der ihren Vater von der ersehnten Wiederverehelichung mit ihrer Mutter abgebracht hatte, konnte die neue Frau Onassis ihrem Mann in seiner Eigenschaft als Vater keine große Stütze sein. Tatsächlich komplizierte sie die Probleme zwischen Onassis und seinen Kindern noch. Für Christina war ihre Stiefmutter *i kyria* (Madame), für Alexander war sie »die Geisha«.

Christina schien das unmittelbare Problem zu sein. Ihr Gesicht zeigte echte Charakterstärke, aber sie konnte den Folgen einer falschen Erziehung nicht entgehen. Sie war keine eifrige Schülerin gewesen. Sie lernte bei Margot Fonteyn tanzen und wurde in einer Reihe kostspieliger Mädchenpensionate in New York, London und Lausanne erzogen. Sie entwickelte kein richtiges Gefühl für einen bestimmten Ort. Die letzten Jahre vor ihrem zwanzigsten Geburtstag verbrachte sie teils in London – wo ihre Mutter lebte –, teils in Lausanne – dem Wohnsitz ihrer Großmutter mütterlicherseits –, teils in Paris, Monaco, Athen und New York. Ihre Kontakte zu ihrem Vater vor und nach dessen Hochzeit waren unregelmäßig, aber intensiv.

Sie war sein »Liebling«, und nichts, was sie sich wünschte, wurde ihr jemals verweigert. Aber seine Freigebigkeit hatte Grenzen – was er ihr schenkte, mußte entweder verlangt werden oder seiner eigenen Großzügigkeit entspringen. Als sie einen Farbfernseher für ihre Wohnung in Monte Carlo kaufte, war Onassis wütend – angeblich über ihre Verschwendungssucht. Dabei hatte er ihr wenige Wochen zuvor ein Smaragdhalsband geschenkt, das so viel gekostet hatte wie ein Dutzend Farbfernseher. Die scheinbar nebensächliche Episode spiegelte sein Besitzdenken wider. Christina hatte nie Gelegenheit, sich unabhängig von ihrem Vater zu entwickeln. Wenn es ihr gelang auszubrechen, war Onassis verletzt und erzürnt.

Onassis' Besitzdenken ging sogar soweit, daß er Christinas Ehemann auswählte. Sein Fehler bestand darin, daß er unterschätzte, wieviel seine Tochter von seinem eigenen Temperament geerbt hatte. Paradoxerweise machte es ihre Bewunderung für ihn ihr schwer, sich *nicht* für ihn einzusetzen. »Wie sollte ich mich verlieben, wenn ich einen Vater habe wie den meinen«, bemerkte sie einmal. »Sobald ich einen Jungen kennenlerne, vergleiche ich ihn sofort mit meinem Vater, und mein Vater kommt besser weg. Wann immer wir zusammen in ein Nachtlokal gehen, sorgt er dafür, daß alles lebendig wird.«

Onassis wollte die beste Heirat für seine Tochter, aber für ihn hatte das Wort »beste« wirtschaftliche Bedeutung. Die Familie Goulandris kontrollierte vier verschiedene Schiffahrtsunternehmungen, darunter über 130 Schiffe, die auf einen Gesamtwert von zwei Milliarden Dollar geschätzt wurden. Sie besaßen Jachten, Inseln, Rennpferde und Fußballmannschaften. Peter Goulandris war dreiundzwanzig Jahre alt, stattlich, gutaussehend. Seine Mutter war ein Mitglied der noch reicheren Familie Lemos. Der männliche Sproß einer Verbindung Goulandris-Onassis würde der Krösus der griechischen Reeder werden, da er in seiner Person drei der größten griechischen Schiffahrtsreiche der Welt vereinte. Sobald in Onassis' Gedanken die Ehe Form angenommen hatte, wurde sie, wie jede andere geschäftliche Vereinbarung, zu einer Selbstverständlichkeit. Die Möglichkeit, daß Christina noch gar niemanden heiraten wollte, von dem Goulandris-Sproß ganz zu schweigen, scheint ihr Vater nie erwogen zu haben.

Bis zu einem gewissen Grad fügte sich Christina den Wünschen ihres Vaters. Sie mochte Peter gern und wurde oft mit ihm gesehen. Fünfmal willigte sie ein, ihn zu heiraten. Jedesmal sagte sie jedoch die Verlobungsparty ab. Diskreter Druck, im Namen ihres Vaters durch Artemis, die Ehestifterin, und später durch Jackie auf sie ausgeübt, nützte nichts. Christina ließ sich nicht erweichen.

Sie verbrachte immer mehr Zeit in Monaco. Weiter konnte sie sich von ihrem Vater nicht entfernen, ohne sich tatsächlich von ihm zurückzuziehen. Es war der einzige Ort, an den er ihr nicht folgte – seit seinen Schwierigkeiten mit Rainier hatte er keinen Fuß mehr in das Fürstentum gesetzt. Dort lernte sie am Swimmingpool des Hotel Metropole Joseph Bolker kennen, einen achtundvierzigjährigen Grundstücksmakler aus Los Angeles.

Bolker war klein, dunkel, silberhaarig und trug eine Brille mit Stahlrahmen – ein Onassis ohne Aggressivität, ohne Sinn für Humor, aber auch ohne Bauch. Er war Antialkoholiker und Nichtraucher, und obwohl er vor einigen Jahren geschieden worden war, schien er der Inbegriff des ernsten, puritanischen Nordamerikaners zu sein. Er hatte vier Töchter aufgezogen und ein bescheidenes Vermögen erworben durch den Bau von Einfamilienhäusern in Südkalifornien. Er war unter dem Schutz der Young Presidents Association nach Monte Carlo gekommen, einer Organisation, welche die Ziele ihrer nüchternen, aufwärtsstrebenden Mitglieder fördern wollte. Er schwamm gern, um in Form zu bleiben.

Bei ihrem ersten Zusammentreffen am Swimmingpool fand Bolker, Christina sei »eine sehr ausgewogene junge Dame«. Bei ihrem zweiten Treffen war er überrascht zu erfahren, daß sie so jung war. Er erfuhr, gleichfalls zu seiner Überraschung, ihren Zunamen. Weitere Rendezvous führten dazu, daß sie ihm ihr Herz ausschüttete. Sie habe Europa, ihre entwurzelte Existenz, ihre Familie und ihren Vater satt, was Bolker prompt zu dem Schluß veranlaßte, daß Onassis ein »elender Vater« sei. Christina wollte nach Kalifornien kommen, und er meinte, das ließe sich machen. Nichtsdestoweniger war er nicht gerade angenehm überrascht, als sie tatsächlich in seiner Wohnung in Los Angeles auftauchte, ohne ihrer Familie gesagt zu haben, wohin sie gefahren war.

Sein Instinkt gebot ihm, zu tun, was sich schickte. Als Christina sich weigerte, ihre Familie von ihrem Aufenthaltsort zu informieren, rief er ihre Mutter in Südfrankreich an. Laut Bolkers Angaben legte ihm Tina nahe, sie sollten entweder gleich heiraten oder getrennte Wege gehen. »Ari wird mit keinem Mann einverstanden sein«, sagte sie. Das Schlimmste, was sie tun könnten, wäre, die Situation in der Schwebe zu halten. Bolker war beunruhigt und erklärte Christina, es wäre vielleicht das Beste, wenn sie nach Europa zurückginge. Christina bekam einen hysterischen Anfall: »Was ist los mit mir? Bin ich dir nicht gut genug?« schrie sie und rannte aus dem Zimmer. Bolker fand sie in halbkomatösem Zustand im Schlafzimmer, wo sie ein Bild seiner eigenen Mutter anstarrte und sagte, sie wolle neben ihr begraben werden. Er brachte sie sofort in ein Krankenhaus.

Sie heirateten am 29. Juli 1971 in Las Vegas. Onassis, der Jackies zweiundvierzigsten Geburtstag auf Skorpios feierte, wurde von dem Ereignis telefonisch benachrichtigt. »Er war wütend«, bemerkte ein Gast. »Er bemühte sich nicht, seinen Zorn zu verbergen. Die Nachricht schlug auf der Insel wie eine Bombe ein.« Onassis' Unwille fand bald konkreten Ausdruck. In den nächsten sechs Monaten wurde das Paar, wie Bolker sagte, »außerordentlichem Druck ausgesetzt«.

Onassis hatte, ohne irgendwelche Beweise, sofort die schlimmste Meinung von Bolkers Motiven. Vorerst stellte er klar, daß Christina, solange sie verheiratet war, keinen Penny von dem Treuhandvermögen erhalten werde, das nach Onassis' Gläubigervergleich mit der amerikanischen Regierung 1955 für sie und Alexander geschaffen worden war. Das war leicht durchzuführen, da Onassis sich vor drei Jahren das Recht vorbehalten hatte, die Treuhandverwaltung des Vermögens, das damals 100 Millionen Dollar Aktiva hatte, zu Lebzeiten seiner Kinder zu verwalten und wen auch immer als dessen Nutznießer einzusetzen. Dieser Schritt war erfolgt, um weitere Forderungen Jackies gegen sein Vermögen zu unterbinden. Nun konnte er dazu benutzt werden, seinen Willen gegenüber Christina durchzusetzen.

Die Rolle Tinas, seiner ersten Frau, in der ganzen Affäre wurde für Onassis immer mehr zu einer fixen Idee. Sie hatte vor kurzem eine Scheidungsklage gegen den Marquess of Blandford eingebracht, und Onassis schloß ganz natürlich, daß ein »Rat«, den sie vielleicht ihrer Tochter gab, mit ihren eigenen Zukunftsplänen in Zusammenhang stehen mochte. Sie hatte immer mehr Zeit damit verbracht, sich um ihre Neffen und Nichten aus der Niarchosfamilie zu kümmern. Im September wurde klar, daß dies mehr war als nur bloße Sorge um die Sprößlinge ihrer verstorbenen Schwester. Tina verlebte zwei Wochen mit Stavros Niarchos in einem Seebad in der Bretagne, über die eifrig in der Presse kolportiert wurde. Niarchos unterzog sich einer Salzwasserkur. Obwohl der Oberkellner in ihrem Lieblingsrestaurant nie beobachtete, daß sie Zärtlichkeiten tauschten, schloß er aus ihrer allgemeinen Vertrautheit, daß sie »sehr verliebt« waren. Am 22. Oktober heirateten sie heimlich in Paris. Tinas Mutter, Arietta, war als einzige Verwandte zugegen. Alexander und Christina wurden von der Wiederverheiratung ihrer Mutter durch eingeschriebene Briefe informiert.

Solche Neuigkeiten hätten Onassis auch zu anderen Zeiten geschmerzt. Unter den obwaltenden Umständen versetzten sie ihn in Rage. Alexander, gleichfalls wütend, hatte den Verdacht, daß Tina Christinas Heirat begünstigt hatte, um die ihre weniger angreifbar zu gestalten. Onassis' entflammte Phantasie sah schon die Vorzeichen einer Verschwörung. Tina leugnete zuerst, dann gab sie zu, mit Bolker vor der Heirat zusammengekommen zu sein. Onassis gelangte, wieder ohne Beweise, zu dem Schluß, sie habe einen finanziellen Ansporn für die Eheschließung geliefert. Um die Tatsachen herauszufinden, gab er einem von seinen Leuten Order, Bolkers Telefon anzapfen zu lassen.

Die Ergebnisse bestätigten Onassis' Verdacht nicht. Nun war Bolker bereits besorgt über die Familienauseinandersetzungen, die er unabsichtlich entfesselt hatte. Er sagte, der Streß »zerreiße Christina«, und er fühle sich nicht imstande, sie zu schützen. Kosta Gratsos flog nach Kalifornien und stellte fest, daß Bolker »durchaus ein Gentleman« war. In beiderseitigem Einverständnis wurde eine kurze Trennung vereinbart, damit Christina nach London fliegen und ihren Arzt konsultieren konnte. Dann rief sie ihren Mann an und sagte, sie werde »ungeachtet der Forderungen ihres Vaters« heimkommen. Sie bat ihn, in einem französischen Restaurant in Beverly Hills am 11. Dezember anläßlich ihres einundzwanzigsten Geburtstag eine Party zu arrangieren. Die Party artete in eine düstere Feier aus: Bolker hatte bereits resigniert. Beherrscht verbarg er seine Enttäuschung. »Sie ist eine junge Frau und darf ihrem Vater nicht entfremdet werden.«

In dieser entnervenden Situation brachten Bolker und Christina ein großes Maß an Würde auf. Im Februar 1972 leitete Bolker die Scheidung ein – nach kalifornischem Gesetz genügt zur Lösung der Ehe eine Erklärung über unüberbrückbare Gegensätze. Christina sagte: »Er wird vielleicht bald mein

Ex-Ehemann sein, aber immer mein bester Freund bleiben. Ich bin zu sehr Griechin und er zu sehr Beverly Hills. Das ist das wirkliche Übel.« Die Scheidung wurde im Mai 1972 wirksam. Zu der Zeit hatte Christina sich mit ihrem Vater schon teilweise ausgesöhnt, wenn auch ihre Beziehungen zu Tina getrübt blieben.

Jackie war natürlich beunruhigt über die dunklen Leidenschaften, die sich in der Familie Onassis regten, über deren Heftigkeit und weil sie sich dabei als Außenseiterin fühlte. Sie war auch besorgt wegen der bevorstehenden Auflösung der Ehe ihrer Schwester Lee mit Prinz Radziwill. In mancher Hinsicht war Jackie ebenso ein Opfer der Umstände, wie es der unglückselige Joseph Bolker gewesen war. Die ganze Sache war zu weit über den Bereich ihrer streng kontrollierten Emotionen gedrungen. Ihr Instinkt sagte ihr, den Schmerz zu begraben; der Onassis-Instinkt ließ ihn reifen. Das war kaum Jackies Schuld, aber es hinderte Onassis nicht daran, seine Frustrationsgefühle seiner Frau gegenüber auszuleben. Sein Zorn war so heftig, wie seine frühere Freigebigkeit übertrieben gewesen war. »Mein Gott, was für einen Narren habe ich aus mir gemacht«, sagte er Freunden, als man ihn nach seiner Frau fragte. Er fand, er sei irregeführt worden, und die Erkenntnis war schmerzlich. Jackie sei »kaltherzig und seicht«.

Er fühlte sich in seiner Ehe hintergangen und von seiner Familie verraten, zu der er Tina noch immer rechnete. Er begann ernstlich zu glauben, daß ihn sein Glück verließ.

In dieser deprimierten Stimmung erlebte er die größte Katastrophe seines Lebens.

Verlust der Kontrolle

Für Onassis war Alexander, sein einziger Sohn, der wichtigste Mensch der Welt. Für einen Griechen, für jeden Griechen, ist ein Sohn ein bedeutsamer Teil seiner selbst. Das Fischerboot wird gebaut, das Haus wird gekauft, die Weinreben werden gepflanzt nicht bloß für die unmittelbaren Bedürfnisse der Familie, sondern für die Zukunft des Sohnes. Der Sohn ist Garant der Unsterblichkeit. Für Onassis, der so viel zu hinterlassen und ein so überwältigendes Ego hatte, stellte sein Sohn sein eigenes unvergängliches Schicksal dar.

Die Bedeutung Alexanders für seinen Vater bürgte jedoch nicht für eine sorgenfreie Beziehung. Es gelang Onassis nie, eine klare Vorstellung davon zu bekommen, wie der Erbe seines gewaltigen Vermögens erzogen werden sollte. Sogar schon vor der Scheidung seiner Eltern war Alexander ein scheues, introvertiertes Kind mit wenig gleichaltrigen Freunden. Onassis war kein besorgter Vater gewesen, im Gegenteil. Seine eigene Jugend schien ihm als Richtschnur für eine harte Erziehung des Sohnes zu dienen. »Härte war seine Vorstellung von Erziehung«, sagt Professor Georgakis. Alexander hatte nie einen Leibwächter und durfte von früher Jugend an von der »Christina« aus im Meer schwimmen. Wenn Onassis eine Theorie hatte, wie man Kinder behandeln solle, so spielte darin das »Ins-Tiefe-Wasser-Werfen-und-Schwimmen-Lassen« eine wesentliche Rolle.

Alexander fuhr im Alter von neun Jahren sein erstes Schnellboot zuschanden, als er bei fünfundvierzig Knoten Vollgas gab, »bloß um zu sehen, was geschehen würde« – es überschlug sich dreimal, aber zum Glück wurde er beim erstenmal hinausgeschleudert. Mit elf Jahren hatte er sein zweites Schnellboot zu Bruch gefahren, als er mit einem Rettungsboot der »Christina« zusammenstieß.

Onassis' innere Konflikte waren ersichtlich durch die Art, wie er seine Kinder behandelte. Mitunter konnte er grob und ungeduldig sein – »Ich hab' dir gesagt, du sollst es tun, also tu es!« –, aber diese Momente wechselten mit anderen ab, bei denen jede ihrer Eskapaden in Ausbrüchen der Bewunderung gebadet wurden. Sein Hauptbeitrag zu Alexanders Entwicklung bestand in dem Durchdrungensein von der Großartigkeit und Bedeutung, ein Onassis zu sein. Er indoktrinierte dem Kind mit Erfolg die Überzeugung, etwas Besonderes zu sein, daß die übrige Welt mit Menschen bevölkert sei, die man kaufen könne, von denen die meisten nur wegen seines Geldes seine Gesellschaft suchten und weil er ein Onassis war. Dementsprechend wuchsen Alexander und seine Schwester in einer Atmosphäre luxuriöser Entbehrung auf. Ihre einzigen zwanglosen Beziehungen hatten sie mit Besatzungsmitgliedern der »Christina«. Sie hatten keine wirklichen Freunde, nur Angestellte.

Jorgo Zakarias, das jüngste Besatzungsmitglied der »Christina«, stand Alexander am nächsten. Jorgo war sechzehn und putzte die Metallteile auf Deck, als der damals achtjährige Alexander eines Tages mit ihm zu plaudern begann, ihn fragte, wer er sei und woher er komme. Alexander interessierte sich immer für das Wohlergehen der Besatzungsmitglieder – er hatte Gewissensbisse bekommen, als sein Ungestüm einen Mann ins Krankenhaus gebracht hatte –, aber Jorgo glaubt, er wurde ausgewählt, weil er der Jüngste war. Bald wurde es sein inoffizieller Job, Alexander an Bord Gesellschaft zu leisten. Alexanders Leidenschaft waren damals und immer technische Dinge – zuerst Spielzeug, elektrische Autos und elektrische Boote im Swimmingpool, und dann wirkliche Boote auf See. Die beiden verbrachten Stunden damit, Maschinen und Radioutensilien zu zerlegen und wieder zusammenzusetzen. Onassis selbst zeigte wenig unmittelbares Interesse für den Jungen, lehrte ihn jedoch schwimmen. Später begann Alexander lebhaftes Interesse für Mädchen und Maschinen zu zeigen. Jorgo erinnert sich an einen Fall, als Alexander, damals fünfzehn, las, daß Brigitte Bardot sich an Bord einer Jacht in Cannes befand. »Fahren wir hin und sehen wir sie uns an.« Sie nahmen ein Schnellboot und rasten die Küste entlang von Monaco nach Cannes, fanden die Jacht der Bardot und begannen, sie zu umkreisen, bis sie in ihrem Kielwasser zu schwanken begann. Die Bardot erschien an der Reling und schimpfte wütend, bis Alexander, sehr zufrieden über die Expedition, Order gab, wieder heimzufahren.

Mit sechzehn Jahren fiel Alexander bei seinen Prüfungen im Pariser Lyzeum durch. Georgakis wurde nach Paris geschickt, um ihm etwas Vernunft beizubringen. »Ich war überrascht von der Reife und Scharfsinnigkeit dieses jungen Mannes, mit dem ich eigentlich zum erstenmal ein richtiges Gespräch führte. Er kannte seinen Vater, wie ein Münzsammler die beiden Seiten einer alten, abgenützten und sehr begehrten Münze kennt. Damals war er jedoch bitterböse auf ihn, weil er für den Jungen weder Zeit noch die richtige Umgangsform hatte.« Es gelang Georgakis nicht, Alexander zu überzeugen, daß die Prüfungen wert waren, daß man für sich selber lernt. Er verließ die Schule und sollte nun im Büro in Monaco arbeiten. Sein Vater erklärte: »Wenn du nicht lernen willst, werde ich nicht dafür zahlen, daß du weiter die

Schule besuchst.« Später bedauerte Alexander, sein Studium so früh abgebrochen zu haben – es hätte ihm die Möglichkeit geboten, von seinem Vater unabhängig zu werden.

Die Scheidung seiner Eltern verstärkte seine Selbstbeobachtung. Beide Elternteile neigten dazu, die Kinder wie in einer emotionalen Schachpartie als Bauern zu verwenden, indem sie vertrauliche Mitteilungen fallen ließen, die sie vielleicht ausplauderten, und die sich gegen den anderen verwenden ließen. Alexander fand Tina in dieser Hinsicht besonders hinterhältig. Er lernte es, seine Gedanken und Gefühle für sich zu behalten. Ursprünglich hatte er seinem Vater wegen der Callas-Affäre die Hauptschuld an der Scheidung gegeben. Später war er dessen nicht mehr so sicher. Er erfuhr, daß auch seine Mutter Onassis untreu gewesen war.

Sobald er alt genug war, solche Dinge richtig einzuschätzen, wurde es Alexander klar, daß Frauen für seinen Vater ein besonderes Problem darstellten. Onassis hatte auch im Alter über sechzig noch einen gesunden Appetit auf Sex. Er konnte ihn nicht mit Zufallsbekanntschaften oder Prostituierten stillen, ohne unerwünschte Publizität auf sich zu lenken. Alexander sah dieses Verlangen nach einer Frau ein, obgleich er wünschte, es könnte Tina sein. Die Heirat seines Vaters mit Jackie schockierte ihn, nicht nur weil er für Jackie nichts übrig hatte, sondern weil er es als ein Beispiel für die Empfindungslosigkeit seines Vaters gegenüber den Gefühlen seiner Kinder ansah. Besonders wütend war er darüber, daß er bei der Hochzeit »benutzt« wurde, durch seine Anwesenheit einen Anschein von Familienzusammengehörigkeit zu schaffen. »Ich brauchte keine Stiefmutter, aber mein Vater brauchte eine Frau.« Für die Callas – »die Sängerin«, wie er sie nannte – hatte er eine heimliche Hochachtung und anerkannte sie als würdige Gefährtin und Gegnerin seines Vaters. Sie führten sogar ein paar vernünftige Gespräche miteinander.

Als Onassis Jackie heiratete, hatte Alexander bereits durch eine Beziehung zu einer Frau, die seine Mutter hätte sein können, ein gewisses Maß emotionaler Unabhängigkeit von ihm erreicht. Die Baronin Thyssen-Bornemisza war eine reizende und schwierige Frau. Sie war die Tochter eines britischen Konteradmirals und hatte unter dem Namen Fiona Campbell als Mannequin internationale Berühmtheit erlangt. Im Jahr 1955 heiratete sie Heinrich Baron Thyssen und bekam zwei Kinder, Francesca und Lorne. Neun Jahre später wurde das Ehepaar geschieden. Als Fiona im Winter 1967 Alexander Onassis kennenlernte, war sie fünfunddreißig, er neunzehn. In den nächsten fünf Jahren war sie, wie sie selbst sagt, »seine Geliebte, seine Mutter und sein Beichtvater«.

Als Fiona Alexander zum erstenmal traf, begegnete sie einem Temperament, in dem sich Schüchternheit mit Anmaßung paarte. Äußerlich hatte er große Ähnlichkeit mit seinem Vater, war jedoch schlanker und etwas größer. Er war kurzsichtig und trug eine starke Hornbrille. Es war seinem Vater gelungen, Alexander einen übertriebenen Begriff seiner eigenen Wichtigkeit einzuprägen, zugleich hatte er jedoch seine persönliche Ausstrahlung so unterdrückt, bis er praktisch keine mehr besaß. Alexander hatte wenige Freunde und keine, mit denen er ein vernünftiges Gespräch über irgend etwas, außer über Maschinen, führen konnte. Es fiel ihm schwer, sich mit Leuten ungezwungen zu unterhalten, und er fühlte sich bei jemand, der so despotisch und hochtrabend war wie sein Vater, völlig verloren.

Es war jedoch klar, daß Ari auf seine Art seinen Sohn sehr liebte und daß Alexander seinerseits seinen Vater bewunderte. Aristoteles Onassis und Howard Hughes waren die zwei Helden in Alexanders Welt, aber er bewunderte sie wegen ihrer Leistungen, nicht als Persönlichkeiten. Nichts brachte Alexander mehr in Verlegenheit als sein Vater mit seinem extrovertierten Redeschwall. Er fühlte sich in dem Onassis-Geschäftsclan, der die ganze Nacht aufblieb, trank und Geschäfte abschloß, höchst unbehaglich.

Alexander fiel es sogar schwer, die gespannte Beziehung zu seinem Vater jemandem, der ihm so nahestand wie Fiona, verständlich zu machen. Sie konnte nicht begreifen, warum er sich so außerordentlich bemühte, nicht mit ihm zusammenzutreffen, wobei er sogar ganze Ärztetrupps aufbot, um sich bestätigen zu lassen, daß er nicht dorthin reisen könne, wo Ari ihm zu erscheinen befohlen hatte. Wenn das Telefon läutete, sah sie sofort an dem Gesichtsausdruck, daß es Onassis war. »Es ist unmöglich, mit ihm zu *reden*«, jammerte Alexander. Schließlich nahm er die Telefongespräche mit seinem Vater auf Band auf, um ihr zu zeigen, warum.

Zwei Dinge irritierten ihn über die Maßen, einmal Aris Monolog, wobei er seinem Sohn entweder eine leidenschaftliche Rede hielt, und seine Art, ihn aufzuziehen. Zum Beispiel begann Onassis ein Telefongespräch mit einer Wiedergabe von »*Singing in the Rain*«. Am Ende einer Zeile machte er eine Pause und stellte eine Frage, die mit dem Lied zusammenhing – »Wie ist das Wetter bei euch?« –, und begann dann, ohne auf die Antwort zu warten, mit der nächsten Zeile. Es dauerte mehrere Minuten, bis Ari seine Vorstellung beendete und Alexander die Möglichkeit gab, etwas zu sagen, einsilbige Antworten oder gebrummte Bejahungen oder Verneinungen. Häufig erging sich Ari in lautstarken Vorwürfen und Beschimpfungen, während Alexander den Hörer vom Ohr weghielt, bis der Redeschwall zu Ende war. Onassis machte sich nie die Mühe, sein Mißfallen über das Verhältnis seines Sohnes mit der Baronin zu verbergen.

Alexander fühlte sich in der Onassis-Geschäftsmaschinerie gefangen, für ewig verstrickt. Er bekam kein Gehalt, sondern ein Taschengeld. Wenn er einen neuen Wagen haben wollte, mußte er Ari darum bitten. Wenn er einen Tag frei haben oder auch nur zum Wochenende wegfahren wollte, mußte er Ari fragen. Wenn sein Vater sich über ihn ärgerte, wurde der Geldhahn prompt zugedreht. Er wagte nicht, das Büro für eine Stunde zu verlassen, weil sein Vater anrufen konnte, obwohl er, zumindest in Monte Carlo, das Problem mildern konnte, indem er die Telefone so anbringen ließ und die Telefonisten so trainierte, daß Onassis, wenn er anrief, nicht wußte, ob er mit Alexander im Büro oder in seiner ein Stockwerk höher liegenden Wohnung sprach. Nur einmal in fünf Jahren gelang es Alexander, mit Fiona für zwei Wochen auf Urlaub zu fahren, ohne daß »mit Folgen zu rechnen war«. Das gelang, indem er seinem Vater ein schriftliches Versprechen für zwei Wochen Urlaub abrang, und sogar da war er, gelinde gesagt, überrascht, als Onassis nicht versuchte, das Versprechen rückgängig zu machen.

Onassis tat alles in der Absicht, Alexander für die Nachfolge zu erziehen, meistens erreichte er genau das Gegenteil. Seine Egozentrik machte es unmöglich, ihm den Glauben zu vermitteln, daß der beste Erbe für Onassis' Reich Onassis war. Onassis wollte, daß Alexander so sein solle wie er. Das war für ihn die Lösung des Problems. Dennoch war er imstande, die Notwendigkeit zu erkennen, Alexanders Interesse für das Familiengeschäft zu intensivieren, und auf diesem Gebiet, wenn nötig, Konzessionen zu machen. Es wurde klar, daß Flugzeuge Alexanders Leidenschaft waren, während Schiffe es nie sein würden, zumindest nicht auf der Ebene, Markierungssteine auf einer Weltkarte in Monaco herumzuschieben. Onassis gab ihm Olympic Aviation zum Spielen, eine Flotte kleiner Flugzeuge, die planmäßige Flugdienste zu kleineren griechischen Inseln leisteten, ein Lufttaxi und einen lokalen Charterdienst betrieben. Alexander hatte ziemlich gute Erfolge mit der Gesellschaft, nachweisbar bessere als sein Vater mit Olympic Airways, doch Onassis schien geneigter, zu sticheln als stolz zu sein. »Vergiß nie«, brummte er, »Olympic sind nur die Blätter des Baumes. Die Wurzeln sind die Schiffe.«

Ihre Beziehung barg all die Widersprüche einer Liebesaffäre. Eine Tirade gegen seinen Sohn endete mit der Klage: »Und du hast mich nicht einmal angerufen, um mir ›Glückliches Neues Jahr‹ zu wünschen!« Alexander sprach von den stolzesten Besitztümern seines Vaters immer mit spöttischer Ironie: Die »Christina« war die »Badewanne«, das Piaggio »ein Schrotthaufen«. Doch sein Respekt für den Vater überwog stets seinen Ärger. Georgakis sagt, »Alexander konnte die Bonzenfassade durchdringen und alle Träume und die Paranoia des Mannes begreifen. Man kann einen Menschen, der keinen Kern besitzt, nicht lieben oder respektieren. Alexander konnte den Kern sehen.«

Das Hauptdilemma in ihrer Beziehung lag darin, daß Onassis in seinem Sohn etwas hervorbringen wollte, das kein Vater schenken, sondern dessen

Entwicklung er nur fördern kann – einen Sinn für Unabhängigkeit und Selbstsicherheit. Onassis hatte das bei sich durch den dramatischen Bruch mit seinem Vater und dem Großteil seiner Familie erreicht. Alexander konnte jedoch nicht rebellieren, denn er war selbst zu der Überzeugung gelangt oder hatte sich von Ari davon überzeugen lassen, daß sein Vater alle Karten in der Hand hielt. Er besaß keine der notwendigen Voraussetzungen, um einen anderen bedeutenderen Job zu bekommen. Wegen seiner Kurzsichtigkeit konnte er keine Lizenz als Pilot erlangen und damit sein Leben verdienen. Das Reedereigeschäft bestand aus Aris Freunden und Aris Feinden. Keiner würde ihm einen Job geben, wenn er seinen Posten aufgab.

Die innere Spannung Alexanders entlud sich beim Autofahren. Es war ein Wunder, daß er nie einen ernsten Unfall hatte. Kurven nahm er mit der selben Geschwindigkeit wie auf der geraden Strecke. Er liebte die gewundene Corniche zwischen Monte Carlo und Cannes, und unternahm die Fahrt selten, ohne ein Strafmandat davonzutragen. Fiona Thyssen war um seine Sicherheit besorgt und überredete ihn, seinen Ferrari gegen einen verhältnismäßig soliden Mercedes zu tauschen.

Fiona war überzeugt, daß Ari und Alexander nichts mehr wünschten, als miteinander zu *reden.* Statt dessen manövrierten sie sich in eine Situation, in der es nur für Ari möglich war, *zu* Alexander zu sprechen. Als Fiona sich die Tonbänder ihrer Gespräche anhörte, wuchs ihre Überzeugung, daß Ari verzweifelt versuchte, seinen introvertierten Sohn zu einer Reaktion zu provozieren. Sie nahm an, Ari hätte sich gefreut, wenn Alexander ihm scharf entgegnet, seinen Vater einen Hurensohn genannt hätte, wie Ari selbst auf eine solche Behandlung reagiert hätte. Ebenso hatte sie den Verdacht, daß Ari zwar totalen Widerstand gegen ihre Liebesaffäre bekundete und die sechzehnjährige Tochter einer anderen Reederdynastie als Schwiegertochter vorzog, sich privat aber gefreut hätte, wenn Alexander ihm sich widersetzt und sie geheiratet hätte. Onassis suchte, das spürte sie, verzweifelt nach einem Beweis für etwas »Mumm« bei Alexander, und dafür wäre sogar die falsche Ehe ein Preis, den zu bezahlen es sich für ihn lohnen würde.

Auf Fionas Drängen begann Alexander, seinem Vater gegenüber seine Ansichten über persönliche und geschäftliche Angelegenheiten zu artikulieren. Es war ein langsamer Prozeß, und Onassis folgte selten dem Rat seines Sohnes. Er fing aber doch an zuzuhören, und sei es nur, um zu widersprechen. Es gab Leute bei Olympic, wo Alexander sehr beliebt war, die sogar die Ansicht zu äußern wagten (wenn auch nicht zu Onassis), daß der Sohn mehr Verständnis für moderne Geschäftsmethoden hätte als der Vater. Alexander glaubte, daß der »Tarzanstil« seines Vaters bei bestimmten Geschäftsproblemen in einer dynamischen, bürokratischen Organisation schädlich war.

Die Entwicklungen in der Familie förderten das Aufkeimen einer Kommunikation zwischen Vater und Sohn. Alexander hatte die Antipathie seines Vaters gegen Stavros Niarchos immer geteilt. Als er Fiona Thyssen kennenlernte, war sie schon einige Jahre mit der Familie Niarchos befreundet und hatte mit ihrem früheren Mann regelmäßig Spetsopoula besucht. Alexander hatte ihr eine »sie-oder-ich«-Rede gehalten. Fiona entschied sich für Alexander. Sie teilte Eugenie Niarchos mit, es täte ihr leid, sie sei in einer schwierigen Situation und verliebt. Als Tina, Alexanders Mutter, Frau Niarchos wurde, war Alexander womöglich noch verstimmter als sein Vater. Ihr gemeinsamer Abscheu vor Tinas vermutetem Frontenwechsel brachte die beiden Männer einander näher. Was wichtiger war, Onassis begann auch, Alexanders kritische Haltung gegenüber Jackie zu teilen.

Im September 1972 unterhielten sie sich bei einem nächtlichen Ausgang in Athen mit einem ›Sport‹, den Jackie verabscheute. Sie maßen sich unter anderem mit Elsa Martinelli und Odile Rodin, der Witwe von Porfirio Rubirosa, in einem Geschirr-Zerschlage-Wettbewerb von phantastischem Ausmaß. Nach dieser Orgie lautete die Schlagzeile in den Athener Zeitungen: »Der olympische Rekord im Teller-Zerschlagen geht an Onassis.« Daß die griechische Regierung vorher das Zerschlagen von Geschirr als barbarische Praxis geächtet hatte, welche »die noblen Traditionen und Sitten der griechischen Gesellschaft« beleidigte, gab dem Vorfall noch zusätzliche Pikanterie. Es wurde nie Klage erhoben, obwohl es genügend fotografische Beweise dafür gab, wie Aristoteles und Alexander Onassis freudig vereint Teller zerschlugen.

Alexanders wachsendes Selbstvertrauen rührte vielleicht daher, daß er zu einem Entschluß gelangt war, was er im nächsten Stadium seines Lebens tun solle, ohne seinen Vater zu fragen. Er wollte die ihm fehlenden akademischen Voraussetzungen nachholen. Fiona, die ihn in diesem Vorhaben ermutigte, gelang es, ein finanzielles Sicherheitsnetz zu schaffen. In ihrem Schweizer Haus wurde ein ganzes Stockwerk eingerichtet, wo er seine Studien auf Universitätsniveau fortsetzen konnte und Unterricht erhielt.

Alexander erzählte seinem Vater nichts davon, aber sie trafen sich, um über wichtige Dinge zu diskutieren – und sich zu einigen. Nach einem Treffen mit seinem Vater in Paris am 4. Januar 1973, kehrte er höchst angeregt zu Fiona zurück. Onassis hatte eingestanden, daß seine Ehe mit Jackie inhaltslos geworden war. Sie hatten über die praktischen Möglichkeiten einer Scheidung gesprochen und wieviel von Onassis' Geld ihr zugestanden werden sollte.

Am Abend des 21. Januar 1973, einem Sonntag, führte Alexander in Athen ein anderthalbstündiges Telefongespräch mit Fiona in London. Sie verabredeten, sich am nächsten Abend in London zu treffen. Alexander wollte vorher noch etwas Wichtiges erledigen. Sein Vater hatte gesagt, er wolle die »Christina« nach Miami überführen und das Piaggio mit einem geschulten Piloten an Bord haben. Der reguläre Pilot des Piaggios, Donald McGregor, ein ehemaliger BOAC-Flugkapitän, konnte nicht fliegen, da er sich von den Folgen einer Augenoperation erholen mußte. Ein amerikanischer Pilot, Donald McCusker, war engagiert worden, der jedoch, obwohl er Flugerfahrung mit amphibischen Maschinen besaß, noch nie ein Piaggio geflogen hatte.

Alexander war als Chef von Olympic Aviation befugt, McCuskers Pilotenfähigkeiten zu testen. Deshalb beabsichtigte er, am nächsten Tag mit ihm im Piaggio aufzusteigen, ihn als legale Formalität anzumelden, ihm das Flugzeug zu verfrachten und ihm für eine Woche McGregor als Passagier beizugeben, damit er sich mit der Maschine vertraut machen konnte. Unter diesen Umständen, meinte Alexander, werde er beruhigt nach London fliegen können, um Fiona am frühen Abend zu treffen.

Im Laufe ihres Gesprächs erwähnte Alexander auch den Absturz eines Trident-Düsenflugzeugs der British European Airways im vergangenen Sommer bei Staines, unweit des Londoner Flughafens, bei dem alle Leute an Bord umgekommen waren. Die Gründe, die erst jetzt festgestellt worden waren, sagte Alexander, bewiesen eindeutig seine eigene These über Flugzeugunfälle: es gab nur sehr selten eine einzige, hauptsächliche Ursache für einen Absturz; gewöhnlich handelt es sich um eine Anzahl von Faktoren, die zusammenwirken.

Alexander war gewöhnlich mit Flugzeugen so vorsichtig, wie er mit Autos und Schnellbooten draufgängerisch war. Als Pilot flog er immer vorschriftsmäßig, obwohl er bekanntermaßen auch Rettungseinsätze geflogen hatte, um bei schlechtem Wetter dringende Krankenhausfälle von den kleineren Inseln zu holen, wo kein anderer Pilot von Olympic zu fliegen gewillt war. Die Ursache für seine Besonnenheit im Umgang mit Flugzeugen war, abgesehen von seinem ausgeprägten Verständnis für die Risiken, sein heftiges Verlangen, von den Männern als gleichberechtigt anerkannt zu werden, die er am meisten bewunderte: den Profis. Es war eine der großen Enttäuschungen seines Lebens, daß er wegen seiner schlechten Sehkraft nie imstande sein würde, sich als Verkehrspilot zu qualifizieren, und er war einer der wenigen Menschen, die keine Kontaktlinsen vertragen.

McCusker, der neue Pilot, war müde. Er war den vorhergehenden Nachmittag und die Nacht von Ohio nach Athen unterwegs gewesen, wo er Montag um acht Uhr morgens eingetroffen war. Er und McGregor hatten sich den ganzen Tag mit Kaffee gestärkt und darauf gewartet, zu erfahren, wie der Plan lauten würde. Es war seine erste Kostprobe, was es bedeutete, Privatpilot bei Onassis zu sein. Alexander hatte einen Piloten aus dem Ausland holen müssen, weil keiner der regulären Piloten von Olympic den Job übernehmen wollte. Es wollte keiner zu den unmöglichsten Stunden wach bleiben und auf die Launen des Bosses warten. Sie blieben lieber bei dem unauffälligen, aber sicheren Dienstplan der Verkehrsluftfahrt, bei dem ein Mann und seine Familie wußten, wann er sich wo aufhielt.

Da McGregor für den Trainingsplan eingeteilt war, ersuchte ihn Alexander, McCusker und ihn selbst auf dem ersten Flug zu begleiten. Das bedingte, daß McGregor ebenso wie McCusker für den Flug Karten brauchten, damit alles vorschriftsmäßig war. Diese wurden von Olympic ausgestellt, wobei ihr Abflug mit 15 Uhr 15 und ihr Bestimmungsort als »Athen lokal« angegeben waren. Sie wollten zwischen Aegina und Poros einige Landungen und Abflüge auf See durchführen und dann zurückkehren.

Als das Trio das Piaggio erreichte, entdeckten sie, daß niemand die vorschriftsmäßige Checkliste vor dem Abflug besorgt hatte – die Vorschriften der Sicherheitskontrollen, die vor dem Abflug durchzuführen waren. Alexander wollte eine weitere Verzögerung vermeiden. Er war der Ansicht, daß er das Flugzeug gut genug kannte, um das Durchchecken aus dem Gedächtnis durchzuführen, und überdies war ja auch McGregor anwesend, der das Flugzeug ebenso gut kannte und die Kontrollen überwachen konnte. Alexander führte also die einzelnen Kontrollen durch und erklärte McCusker die Bedienung des Flugzeuges. Alexander nahm den rechten Pilotensitz ein, McCusker den linken. Dann übergab er das Steuer (das Flugzeug hatte Doppelsteuerung) McCusker, der das Piaggio zum Rand der Startbahn manövrierte, wo sie auf die Starterlaubnis warteten. Unterdessen führte Alexander zwei weitere Kontrollen durch – die der Motorbeschleunigung und der Startbedingungen.

Als eine im Abflug befindliche Boeing 727 der Air France die Startbahn 33 entlangrollte, gab der Kontrollturm ihnen den Start frei, mit der Anweisung, sobald sie in der Luft waren, nach links abzudrehen, vermutlich, um dem Sog der 727 auszuweichen. McCusker bestätigte die Instruktion und rollte auf die Startbahn. Er beschleunigte auf 160 km und hob ab. Zwei Sekunden später kippte das Flugzeug, in weniger als dreißig Meter Höhe, scharf nach rechts ab und prallte auf die Erde auf. Die Maschine drehte sich weiter nach rechts und wirbelte von der Startbahn weg auf die rechte Tragflächenspitze, drehte sich noch hundertvierzig Meter weit und zerschmetterte Bug, Schwanz und die andere Tragfläche, bevor sie zum Stillstand kam. Als die Rettungsmannschaft herbeieilte, fand sie Alexander mit so schweren Kopfverletzungen vor, daß man ihn nur an dem Monogramm seines blutigen Taschentuchs im Jackett erkennen konnte.

Aristoteles und Jackie befanden sich in den Vereinigten Staaten. Christina war in Brasilien, Tina und Stavros Niarchos in der Schweiz. Fiona Thyssen wartete in London. Als die Nachricht sie erreichte (Christina hörte sie im Rundfunk), konnte sie nicht schlimmer sein: Alexanders rechte Schläfe war nur noch eine breiige Masse, sein Gehirn zerstört, nur ein Wunder hätte ihn retten können. McGregor und McCusker waren schwer verletzt, hatten jedoch Aussicht, mit dem Leben davonzukommen. Alexander wurde nach einer dreistündigen Operation, die zum Ziel hatte, Blutgerinnsel zu entfernen und den Druck auf das Gehirn zu lindern, in ein Sauerstoffzelt gelegt und an eine Herz-Lungen-Maschine angeschlossen. Despina Papadopoulos, die Frau des griechischen Diktators, war eine von denen, die die Nacht im Krankenhaus verbrachten.

Um Mitternacht traf ein Neurochirurg aus London ein. Am nächsten Morgen kamen Aristoteles und Jackie mit einem Bostoner Neurochirurgen. Aus Texas kam ein Herzspezialist. Fiona und das Ehepaar Niarchos eilten herbei. Am Nachmittag des 23. Januar, um 12 Uhr, fast vierundzwanzig Stunden nach dem Absturz, war klar, daß es nichts mehr zu tun gab. Onassis sagte den Ärzten, sie sollten warten, bis Christina aus Brasilien eintraf, um von ihrem Bruder Abschied zu nehmen, und dann sollten sie ihn »nicht länger quälen«. Christina kam am Spätnachmittag. Alexander starb um 18 Uhr 55.

Onassis' Schmerz war so ungeheuer, daß er sich zuerst weigerte, Alexander begraben zu lassen. Es war überhaupt nicht klar, was er statt dessen vorhatte. »In tragischen Augenblicken«, so Professor Georgakis, »gerät ein unbeständiger Charakter in unerwartete Dimensionen der Unlogik.« Georgakis hatte den Eindruck, als wünschte Onassis, die Leiche sollte »tiefgekühlt« bis zu dem Tag aufbewahrt werden, an dem die Gehirnchirurgie so weit vorgeschritten war, daß sie Alexander wieder zum Leben erwecken könnte. Schließlich sah sich Georgakis gezwungen, seinem Freund einen Brief zu schreiben, in dem er in aller Form darlegte, daß Onassis nicht das Recht habe, auf diese Art über die Seele seines Sohnes zu verfügen. Sogar da feilschte Onassis. Er würde sich mit dem Begräbnis einverstanden erklären, aber nur unter der Bedingung, daß es in der Kapelle von Skorpios erfolgte. Georgakis widersprach, das sei unmöglich, die Kirche würde es nicht gestatten, es war ein für Heilige vorbehaltenes Privileg. Man fand einen Kompromiß. Alexander wurde neben der Kapelle beigesetzt, und später wurde ein Anbau errichtet, der das Grab mit einschloß.

Onassis war sicher, daß der Absturz kein Zufall gewesen war. Er war so von einem Sabotageakt überzeugt, daß er eine Million aussetzte, für den Fall, daß jemand den Beweis erbringen konnte: eine halbe Million für den Informanten und eine halbe Million für einen wohltätigen Zweck nach seiner Wahl.

Die griechischen Gerichte setzten eine Untersuchungskommission ein, die die Ursache feststellen und herausfinden sollte, ob es Gründe für ein Strafverfahren gab. Verfechter der Verschwörungstheorie fanden viel an der Tatsache auszusetzen, daß in der Kommission Angehörige der Luftwaffe überwogen. Sie argwöhnten, die Militärdiktatur wolle »die Wahrheit« vertuschen. Sicher ist, daß die Untersuchung in eine Atmosphäre plumper Geheimhaltung gehüllt wurde, die solche Verdächtigungen nur begünstigen konnte. Aber die Berufung von Fachleuten der Luftwaffe, abgesehen von Olympic, dem einzigen Zentrum von Luftfahrtexperten in Griechenland, war durchaus angemessen in dieser Situation.

Als die Kommission am 20. April 1973 ihren Bericht abgab, waren ihre Mitglieder über die Unfallursache einhellig einer Meinung: sie beruhte auf einem Wartungsfehler. Durch das Vertauschen der Querrudersteuerung war das Flugzeug, als der Pilot den Steuerknüppel nach links zog – was McCusker auf Anweisung des Kontrollturms nach dem Abheben tat –, in Wirklichkeit nach rechts gedrückt worden, erreichte damit aber nur, daß die linke Tragfläche noch weiter nach unten gedrückt wurde. Das Unheil nahm seinen Lauf. McCusker, der infolge seiner Verletzungen unter absolutem Gedächtnisverlust litt, war außerstande, zu bestätigen oder zu verneinen, ob das Unglück sich so zugetragen habe. Alles war so schnell gegangen.

Der Bericht, noch immer streng geheim, half nicht, die Dinge, soweit es Onassis anging, zu klären. Er lieferte womöglich noch einen zusätzlichen Zündstoff für seinen Glauben an Sabotage. Wer hatte die Querrudersteuerung vertauscht? Dieselbe Frage beschäftigte die Direktion von Olympic, aber aus ganz anderen Gründen.

Die Auswechslung war irgendwann zwischen dem 15. November und dem Start am 22. Januar erfolgt. Am 15. November hatte ein Mechaniker den Steuerknüppel des Piaggio abmontiert. Am 25. November war er von einem anderen Mechaniker durch einen neuen ersetzt worden – ein Wartungsaustausch. Am 18. Januar hatten die griechischen Zivilflugbehörden gemeinsam mit Inspektoren der Olympic eine Bodenkontrolle durchgeführt. Nun sollte auch noch mittels eines Testflugs die Flugtüchtigkeit festgestellt werden. Der verhängnisvolle Flug hatte also eine doppelte Funktion: einmal als Testflug und zum anderen als ein Befähigungsnachweis für McCusker.

Sollten Onassis und die Direktion von Olympic dieses Untersuchungsergebnis akzeptieren, dann war das für die Direktion von Olympic in zweifacher Hinsicht peinlich. Entweder war die Steuerung falsch eingebaut worden, oder es hatte jemand nachher genügend Zeit gehabt, sich in der Flugzeughalle aufzuhalten, um den zeitraubenden und Fachkenntnisse erfordernden Sabotageakt auszuführen. Beide Möglichkeiten ließen auf ein gewisses Maß von Fahrlässigkeit bei Olympic schließen.

Es gab noch andere Gründe, mit dem offiziellen Untersuchungsergebnis unzufrieden zu sein. Unzuverlässigkeit war nachweisbar. Es ist üblich, bei der Untersuchung eines Wracks, alle wichtigen Teile mit Farbe zu kennzeichnen, bevor man sie abmontiert, damit es später keinen Zweifel darüber geben kann, was womit und wie zur Zeit des Unfalls verbunden war. Doch die vertauschte Schraubenverbindung, die laut Erklärung der Untersuchungskommission den Absturz verursacht hatte, war anscheinend *nach* der Lösung durch die Untersuchungsorgane gestrichen worden. Es war der Mechaniker, dem die Verwechslung zur Last gelegt wurde, der das bemerkte: die Markierung befand sich, wie er nachwies. *unter* der Mutter, die entfernt werden mußte, um die Verbindung zu lösen.

Dazu kam noch, daß die Leute, die jemals mit Alexander geflogen waren, es für unglaubhaft hielten, daß ihm etwas so Augenfälliges wie eine vertauschte Quersteuerung bei der Kontrolle entgangen sein sollte, und auch, daß es den Inspektoren fünf Tage vorher nicht auffiel. McGregor erinnert sich deutlich an ihren ersten gemeinsamen Flug. McGregor hatte jahrelang die schweren 707er geflogen. Bei großen Flugzeugen sind die Tragflächen vom Cockpit aus nicht sichtbar, so daß man sich normalerweise auf die Mechaniker verläßt und nur kontrolliert, ob die Steuerung intakt ist. Das hatte McGregor bei seiner Kontrolle damals getan, und Alexander hatte diesen Fehler heftig gerügt. In einem Piaggio sind die Tragflächen und somit auch die Klappen und Querruder vom Cockpit aus sichtbar, erklärte er, und McGregor müsse daher auch Sichtkontrollen durchführen.

Olympic sah sich einer ernsthaften Krise gegenüber. Nicht nur würde die Gesellschaft einen Teil der Verantwortung für Alexanders Tod auf sich nehmen müssen, Onassis war durch den Kummer so niedergeschmettert, daß er jedes Interesse an der Linie verlor. Er weigerte sich, auch nur in die Nähe des Flugplatzes oder der Büros der Fluglinie zu kommen. Ihre Zukunft war in Gefahr. Onassis' eigene Sabotage-Untersuchung blieb ohne Erfolg.

Es gab eine Möglichkeit, die Unfallursache zu erklären, welche Olympics eigene Flugsicherungsabteilung unter Kapitän Xydis herauszufinden suchte. Das Piaggio war gefährlich knapp hinter der abfliegenden Boeing 727 der Air France gestartet. Berechnungen, die in Betracht zogen, daß das Piaggio seinen Startanflug nur auf den letzten zwei Dritteln der Startbahn durchgeführt hatte, ließen vermuten, daß es das von der 727 verursachte Gebiet maximaler Turbulenz nur eine Minute und vierunddreißig Sekunden später erreicht hatte. Die große französische Düsenmaschine entfachte eine Turbulenz, die das kleine Piaggio voll erfaßte. Sie geriet ins Trudeln, so wie ein Ruderboot, das in das Kielwasser eines Ozeanriesen gerät, drehte sich um ihre Achse, kam von der Rollbahn ab und überschlug sich. Diese Möglichkeit steht im Einklang mit der Erklärung, die McGregor bis zum heutigen Tage unterstützt.

Allerdings läßt sich diese Theorie nicht beweisen. Sie muß Hypothese bleiben, Turbulenzen können nicht als konkretes Beweismittel für ein Untersuchungsorgan dienen und müssen unberücksichtigt bleiben, wenn handfeste Beweise vorliegen. Außerdem paßte die Theorie Onassis nicht. Sie belegte Alexander zumindest mit einem Teil der Schuld – er hätte McCusker nicht erlauben dürfen zu starten –, und Onassis war der Überzeugung, daß Alexander selbst keinerlei Fehler begangen hatte. Er hatte sich »ein ganzes Gebäude von Verdächtigungen und Wahnvorstellungen aufgebaut, die Zahl der Verdächtigungen und angenommenen Motive war fast unbegrenzt«, angeführt von der CIA und seinen geschäftlichen Konkurrenten.

Die Direktion von Olympic fragte Onassis, ob er eine unparteiische Untersuchung durch Außenstehende zulassen würde, in der Hoffnung, die Dinge in der einen oder anderen Richtung zu lösen. Es war nicht schwierig, Onassis zu überreden. Er war bereit, sein ganzes Vermögen und den Rest seines Lebens zu opfern, um herauszufinden, wie Alexander ums Leben gekommen war. Die Boeing Aircraft Company riet ihm, Alan Hunter, einen britischen Unfallexperten, zu verpflichten. Onassis ließ ihn unter höchster Geheimhaltung nach Athen holen. Niemand sollte wissen, wer er war oder was er tat, und nur eine Handvoll Leute bei Olympic erfuhren je von Hunters Untersuchung.

Hunters vertraulicher Untersuchungsbericht vom 6. Juli 1973 sagte weder Onassis noch Olympic, was sie hören wollten. Weder wurde der Bericht veröffentlicht, noch seine Existenz preisgegeben. Es ist uns jedoch gelungen, eine Kopie zu beschaffen. Hunter lieferte unbestreitbare Beweise dafür, daß die Querrudersteuerung tatsächlich vertauscht worden war. Die offizielle Untersuchung hatte recht gehabt, wenn auch ihre Begründung falsch und ihr Verfahren alles andere denn einwandfrei gewesen war. Das entscheidende Argument waren eine Reihe kleiner Dellen an der vorderen Kante des rechten Querruders, die beim Aufschlag entstanden waren. Diese Abdrücke deckten sich genau mit einer Reihe kleiner Schraubenköpfe, die aus der Unterseite der Tragfläche hervorragten, die der Vorderkante des Querruders gegenüberlag. Sie konnten diese Abdrücke nur verursacht haben, wenn das Querruder im Augenblick des Aufschlags nach *oben* gestanden hatte, das heißt, das Flugzeug in die rechte Kurve brachte.

Hunter wagte keine Vermutung, wann oder durch wen die Steuerung vertauscht worden sei. Er gab jedoch einen Hinweis darauf, wieso Irrtümer leicht passieren können, wenn in einem Piaggio eine neue Steuerung eingebaut wird. Sie betätigt die Querruder durch ein System von Ketten, Drahtseilen und Rollen. Es gibt daher zwei parallele Seile – eines ist an den beiden Enden der Steuerknüppelkette befestigt – dort wurde die falsche Verbindung hergestellt –, und übermittelt den »Einschlag nach links« an die Querruder, das andere den »Einschlag nach rechts«. Um in die Rechtskurve zu gehen, schlägt der Flugzeugführer »nach rechts ein«. Es ist aber das *linke* Seil, das den Querrudern das Kommando übermittelt. Daher erklärt der Bericht, daß »beim Verbinden des Drahtseils mit der Kette eine potentiell irreführende Situation besteht:

Rechts einschlagen = rechtes Querruder nach ›oben‹,
aber: rechtes Seil ziehen = rechtes Querruder nach ›unten‹.

Es braucht also nur ein Versehen vorzuliegen, zu glauben, es sei notwendig, ›das Seil das tun zu lassen, was das Rad tun soll‹, und schon ist eine falsche Verbindung hergestellt.«

Ist dieser Irrtum geschehen, als die Mechaniker von Olympic den Steuerknüppel austauschten? Die Mechaniker bestritten die Hypothese leidenschaftlich, und weder Onassis noch Olympic billigten diese Erklärung. Deshalb wurde Hunters Bericht nie der Öffentlichkeit zugänglich gemacht. Doch Onassis' eigene private Sabotageuntersuchung verlief im Sand.

Keiner sonst glaubte an Sabotage. Denn niemand, nicht einmal Alexander selbst, wußte länger als zwei Tage vorher, ob er mit dem Flugzeug starten würde. Daß Onassis selbst an Bord des Piaggio sein würde, war völlig ausgeschlossen. Ein Testflug war vorgesehen und McGregor sollte ihn ausführen. Nur weil McGregor im letzten Augenblick verhindert war, befand sich Alexander überhaupt in der Maschine. Es ließ sich gerade noch vorstellen, daß die Saboteure, wenn sie mit einem der wenigen Leute, die von Alexanders Entschluß in letzter Minute wußten, im Einverständnis handelten, noch knapp Zeit gehabt hätten, die langwierige Sabotagearbeit auszuführen. Möglich, aber sehr unwahrscheinlich, und außerordentlich riskant. Wenn sie Alexander so nahegestanden hatten, dann hätten sie gewußt, daß gerade diese Sabotagemethode kaum Erfolg haben konnte. Alexander war für seine Gründlichkeit bekannt, zumal es sich um einen Testflug handelte.

Onassis war bis zu seinem Lebensende außerstande, einen Schlußstrich unter die Untersuchungen zu ziehen, obwohl Olympic Haftpflicht zugestand und McGregor eine *ex gratia*-Schadenersatzzahlung für seine Verletzungen geleistet wurde. Mit McCusker wurde ein ähnliches Abkommen konzipiert, doch Onassis ließ die Zahlung blockieren. »Halten Sie den Fall in Schwebe«, sagte er, wann immer vorgeschlagen wurde, die Abrechnung mit McCusker zu vollziehen. »Es könnte sich noch etwas ergeben.«

Doch es ergab sich nichts. Es besteht kein Grund zu der Annahme, daß Alexanders Tod etwas anderes war als eine perfekte Veranschaulichung seiner eigenen These über die Ursache von Unfällen: sie sind die Summe vieler Faktoren.

Übung in Willenskraft

Der tiefe Schmerz, der Onassis nach dem Tod seines Sohnes erfüllte, wurde hinter einer Fassade des Alltäglichen verdeckt. Nach Alexanders Beerdigung ging er auf See und fuhr mit Jackie, Pierre Salinger, dem ehemaligen Pressechef Präsident Kennedys, und Mrs. Salinger von Dakar in Westafrika quer über den Atlantik zu den Antillen. Wenn er sich nicht mit Geschäften befaßte, verbrachte Onassis die Tage, indem er mit Salinger über Journalismus und Politik diskutierte. Salinger war erstaunt über die Gelöstheit seines Gastgebers.

»Von seinesgleichen zog er die vor«, erinnerte sich Salinger, »die sich auf ihrem Weg zur Spitze, so wie er, rücksichtslos durchgekämpft hatten. Wenn Onassis aber von seinen eigenen Erfahrungen sprach, schien er mit seiner eigenen Person nichts zu tun zu haben.« Salinger hatte ein Gefühl, als spräche er von jemand anders.

Obwohl Onassis wenig aß, kümmerte er sich um seine Gesundheit und schwamm zweimal täglich im Swimming-Pool der »Christina«. Er war zärtlich zu seiner Frau und aufmerksam zu seinen Gästen. Obwohl man es vermied, über den Tod seines Sohnes zu sprechen, bestand kein Zweifel über seinen Schmerz. Jede Nacht, wenn seine Gäste zu Bett gegangen waren, wanderte er auf Deck umher. Erst bei Morgengrauen ging er in die Kabine, die er mit Jackie teilte. In diesem Sommer verbrachte Onassis mehr Zeit als gewöhnlich auf Skorpios. Seinen Gästen erschien Onassis wie gewöhnlich – ein aufmerksamer Gastgeber und charmanter Gesellschafter. Sein Verhältnis zu Christina schien sich gebessert zu haben, obwohl er über ihren Geschmack bei Männern und Kleidern lästerte. An jenem Tag, als Christina Alexanders persönliche Sachen aus Monte Carlo überbrachte, war Onassis tief erschüttert. Er verbrachte jedoch den Nachmittag im Gespräch mit einem Archäologen, der zu Besuch auf Skorpios weilte, und mit seiner Schwester Artemis.

Onassis zeigte seine Gefühle nicht. Er sprach nie von seinem Kummer, obwohl es klar genug war, wie sehr er litt. Seine Schlaflosigkeit nahm zu. Wenn er früher die ganze Nacht aufgeblieben war, um sich zu vergnügen, tat er es nun, um nicht schlafen zu müssen. Wenn er Gäste hatte, trank er Ouzo und sang die schwermütigen spanischen und griechischen Lieder, die er liebte. Sonst durchstreifte er allein die Insel und wartete auf das Morgengrauen. Er verbrachte einen Großteil der Nacht vor der Kapelle der Heiligen Jungfrau neben dem Grab seines Sohnes.

Alte Feindschaften, die ihm früher so wichtig erschienen, spielten nun kaum noch eine Rolle. Onassis versöhnte sich mit Tina und Stavros Niarchos. Im Sommer 1973 kamen sie nach Skorpios, um Alexanders Grab zu besuchen.

Wenn Onassis nach New York kam, verbrachte er viel Zeit in Gratsos' Büro und plauderte von der Vergangenheit. Er und Gratsos durchlebten noch einmal die argentinische Zeit – das erste Schiff, die erste Liebe, die erste Million. »Er wollte eigentlich gar nicht mehr leben«, erinnerte sich Gratsos. »Er fühlte sich getäuscht und gab sich selbst die Schuld dafür, daß er getäuscht worden war. Er fühlte sich verantwortlich für Alexanders Tod, war ohne Selbstmitleid. In der Art, wie er alles hinnahm, lag ein ungewöhnlicher Stoizismus.«

Das Geschäft bot Trost und Ablenkung. Im Frühling und Sommer 1973 gab es einen großen Aufschwung im Tankergeschäft, und Onassis' Flotte von über hundert Schiffen – darunter fünfzehn Supertanker mit über 200 000 Tonnen – war bestens gerüstet, ihn zu nutzen. Die weltweite Wirtschaftskonjunktur erhöhte die Nachfrage nach Schiffsraum für Transporte aus dem Persischen Golf gewaltig. Die Kassamarkttarife wurden mehr als verdreifacht, und Supertanker, die für eine Reise um das Kap der Guten Hoffnung 2,5 Millionen Dollar erhalten hatten, brachten nun acht Millionen oder noch mehr dafür ein. Nach einigen Jahren der Unsicherheit über die Wirtschaftlichkeit der Supertanker – die Inflation hatte die Verdienstspannen bei langfristigen Charterverträgen bedenklich verringert – hatte Onassis wieder seine starren Ansichten über ihre Möglichkeiten.

Er beschloß, seine Gewinne, die in den ersten neun Monaten des Jahres 1973 auf 100 Millionen Dollar geschätzt wurden, in den weiteren Ausbau seines Geschäfts zu investieren. Er bestellte vier neue Supertanker in Japan und zwei ULCCs (ultragroße Rohöl-Transporter) von über 400 000 Tonnen in Frankreich. Das erwies sich als schwerwiegende Fehlkalkulation. Der dritte arabisch-israelische Krieg und das darauffolgende Ölembargo im Oktober 1973 hatten eine verheerende Wirkung auf die gesamte Industrie. Die Erhöhung der Ölpreise und der spätere Rückgang der Nachfrage stürzten den Tankermarkt in die schlimmste Depression seiner Geschichte. Die neuen Schiffe wurden nicht mehr gebraucht, ja, Onassis' ganze Flotte, die in den letzten Monaten des Jahres so überbeansprucht worden war, sah sich plötzlich der Situation gegenüber, daß ein Drittel ihrer Kapazität brachlag. Die Tarife des Kassamarktes sanken so tief, daß sie kaum die Treibstoffkosten deckten, und keine der großen Ölgesellschaften war daran interessiert, weitere langfristige Charterverträge abzuschließen. Schließlich annullierte Onassis die Bestellung der zwei französischen ULCCs, wodurch er eine Barzahlung von zwölf Millionen Dollar verlor.

Onassis zeigte sich über das arabische Verhalten verwundert. Er vertraute auf seine Fähigkeit, die Krise zu meistern; wo andere vielleicht bankrott machten, brauchte er nur das Ausmaß seiner Operationen zu drosseln. Eine menschlich gesehen viel tiefere Demütigung erwartete ihn im ländlichen Amerika.

Die Einwohner von New Hampshire nehmen den Wahlspruch ihres Bundesstaates »Frei leben oder sterben« ernst. Ebenso stolz sind sie auf New Hampshires Spitznamen, Granitstaat, in dem sie ein Echo der unerbittlichen Tugenden ihrer revolutionären Vorfahren sehen, die als erste die Waffen gegen die Engländer ergriffen hatten. Es ist einer der kleineren Staaten der USA mit einer Bevölkerung von weniger als einer Million. Onassis setzte im Winter 1973 zum erstenmal den Fuß in diesen Bundesstaat, um seinen Plan zu verwirklichen, auf New Hampshires schönstem Fleck an der Küste eine Ölraffinerie zu bauen.

Der Fehlschlag des Omega-Projekts vor zwei Jahren hatte ihn nicht von seiner Entschlossenheit abgebracht, in diese Sparte der Ölindustrie einzudringen. Eine eigene Ölraffinerie würde Onassis' Flotte regelmäßige Beschäftigung garantieren und eine starke Position auf dem Verteilermarkt gewährleisten, der mit verhängnisvoller Geschwindigkeit immer kleiner wurde. Zu Beginn der Energiekrise hatte Präsident Nixon an die patriotischen Amerikaner appelliert, ihre Heizungen zu drosseln und ihren Benzinverbrauch zu verringern.

Die Idee einer Raffinerie in New Hampshire wurde Kosta Gratsos in New York durch Peter J. Booras, einen Amerikaner griechischer Herkunft und alten Freund der Familie, nahegebracht.

Booras war mit dem republikanischen Gouverneur von New Hampshire, Meldrim Thomson jun., gut bekannt, der eifrig bestrebt war, die wirtschaftliche Grundlage des Staates zu erweitern. Im Oktober 1973 erzählte Booras Gratsos, daß der Gouverneur einem größeren Raffinerieprojekt den Weg ebnen würde. Gratsos war auf der Suche nach einer solchen Möglichkeit in Nordamerika. Onassis drängte ihn, ein Raffinerieprojekt in Gang zu bringen, und hatte bereits Robert Greene kommen lassen, einen Experten aus Texas, der in Nova Scotia eine brauchbare Örtlichkeit ausfindig machen sollte. Greene hatte vorher an Omega gearbeitet. Nun forderte ihn Gratsos auf, alles fallenzulassen und nach New Hampshire zu fahren. Es war, wie sich Gratsos erinnert, eine ungewöhnlich lakonische Instruktion: Suchen Sie eine Stelle,

Onassis wünscht dort eine Raffinerie. »Es war klar, Onassis verfügte über die Schiffe, und wenn er einen Platz finden konnte, wohin er das Öl transportierte, konnte er sie nach Wunsch auflegen«, erzählte uns Greene. »Aber Gratsos sagte das so, als würde er einfach einen Cadillac bestellen.«

Gratsos und Greene begannen, New Hampshire kreuz und quer im Hubschrauber abzuklappern. Bald wurde ihnen klar, daß die kurze, aber zackigschöne Küstenlinie von New Hampshire, eine nur dreißig Kilometer lange Touristenattraktion, die beste Lage bot. Greene fand, daß Durham Point, eine bewaldete Landzunge mit Ausblick auf das schöne Gebiet der Großen Bucht, der ideale Platz sein würde. Tanker könnten ihre Fracht an einer Station entladen, die auf einem der als Shoals-Inseln bekannten Granitfelsen, fünfzehn Kilometer vor der Küste, errichtet werden sollte. Eine Pipeline würde das Rohöl von dort zur Raffinerie befördern.

Mit Geld versehen, das von der New Yorker Zentrale zur Verfügung gestellt wurde, schwärmte ein Team von Grundstücksmaklern durch das ausgewählte Gebiet und kaufte Optionen auf einen breiten Streifen Grundbesitz. Je weniger Leute wußten, wofür das Land bestimmt war, desto billiger wurde es hergegeben. Es wurden geschickte Erklärungen für Leute gefunden, die fragten, was da vorging.

Als dann eine Wochenzeitung in New Hampshire, *Public Occurences*, die Geschichte veröffentlichte, hatte Onassis bereits sechs Millionen Dollar für Optionen auf über 1200 Hektar Land rund um Durham ausgegeben – beinahe zwanzig Prozent des Stadtgebietes. Als die Gerüchte und der Unmut überhand nahmen, waren Olympic Oil Refineries gezwungen, in die Öffentlichkeit zu gehen. Am 26. November fuhren Polizisten auf Motorrädern durch den Staat und überbrachten Einladungen zu einer speziellen Presse-Konferenz beim Gouverneur in Concord am nächsten Tag.

Die Pressekonferenz Gouverneur Thomsons, die vom Fernsehen übertragen wurde, war gespickt mit eindrucksvollen Zahlen: Kosten der Raffinerie 600 Millionen Dollar; Kapazität 400 000 Barrels täglich; Hunderte zusätzliche Arbeitsplätze; neue Steuereinnahmen für den Staat. Onassis wurde nur indirekt erwähnt. Olympic Oil Refineries wurden als größere internationale Gesellschaft bezeichnet, die »Mr. Onassis nahestand«. Einige Journalisten waren neugierig, wie das Unternehmen die zu erwartenden Einwände der Umweltschützer gegen die Lage auf Durham Point umgehen würde, doch die meisten waren der Ansicht, daß Onassis wohl alle eingewickelt hatte, bevor die Sache bekanntgemacht wurde.

Der wütende Meinungsstreit, der auf Thomsons Ankündigung folgte, kam für Gratsos und Onassis überraschend. Die erste Protestgruppe, Save Our Shores (Rettet unsere Küsten), SOS, wurde gebildet und war achtundvierzig

Stunden später in Aktion. Ihre ersten Bemühungen wurden in Durham begeistert begrüßt. Dennoch sah das Onassis-Team darin keine besondere Ursache zur Aufregung. Das Raffinerie-Projekt erfreute sich außer des Wohlwollens von Gouverneur Thomson auch der großzügigen Unterstützung von William Loeb, der damals umstrittensten – manche würden sagen, berüchtigtsten – Gestalt im geschäftlichen und politischen Leben von New Hampshire. Ihm gehörte die einzige große Zeitung des Staates, der *Manchester Union-Leader,* der die ultrarechten Ansichten des Chefs getreu wiedergab. Loebs bevorzugte Rednertribüne war der Leitartikel auf der Titelseite des *Union-Leader.* Unter einem Zitat von Daniel Webster – New Hampshires berühmtestem Redner und Staatsmann –, daß »es nichts so Mächtiges gibt wie die Wahrheit«, machte er Schwarze, Juden, Homosexuelle, Radikale, den Kennedy-Clan, die Vereinten Nationen und jeden anderen herunter, den er als Bedrohung für die »Zivilisation« ansah. Während des Kriegs im Nahen Osten hatte eine Schlagzeile gelautet: »Kissinger – der Saujude!« Als Opposition gegen die Vorschläge von Olympic aufkam, räumte der *Union-Leader* die Hindernisse für Onassis aus dem Weg.

Die Unterstützung durch Loeb und Gouverneur Thomson beeinflußte Onassis' Taktik wesentlich. Gratsos und sein Team hatten die zwei stärksten Kanonen im Staat auf ihrer Seite. Im Vergleich dazu erschien die anfängliche Opposition lächerlich: ein hastig organisierter Haufen Umweltschützer, Hauseigentümer, Hummerzüchter, Fischer, Unternehmer aus der Touristikbranche sowie Lehrkörper und Personal der Universität.

Es war richtig, daß SOS nicht gerade einen Querschnitt durch die Bevölkerung New Hampshires darstellte. Abseits von dem Küstenstreifen, in großen Städten, wo die traditionellen Industrien nicht gerade prächtig florierten, stand man der Raffinerie weit weniger ablehnend gegenüber.

Nancy Sandberg war Präsidentin von SOS, sie brachte für dieses Amt eine erstaunliche Mischung von persönlichem Charme und organisatorischem Geschick mit. Sie und ihr Mann Don, ein Mathematiklehrer, betrieben eine dreißig Hektar große Farm, die sie von ihren Großeltern geerbt hatten. Ihr schönes Haus im Kolonialstil hatte Aussicht auf die Große Bucht, und zur Erntezeit verkauften die Sandbergs Gemüse an ihre Nachbarn. SOS wußte, daß es das Raffinerie-Projekt in Presse und Fernsehen bekämpfen mußte. Nancy hatte eine natürliche Medien-Begabung – sie war dunkel, hübsch, redegewandt und sympathisch.

Dudley Dudley war in Durham geboren und aufgewachsen und stammte von dem berühmten Daniel Webster ab. Zwei ihrer Vorfahren waren Gouverneure in Neu-England gewesen. Ihr Mann, Thomas Dudley, steuerte einen dritten Gouverneur unter seinen Vorfahren bei. Dudley Dudley war die erste demokratische Abgeordnete, die Durham seit Jahren in die gesetzgebende Versammlung des Bundesstaates entsandt hatte. Sie hatte dabei eine Härte erworben, die hinter ihrer Blondinen-Hübschheit nicht gleich erkennbar war.

Eine der ersten Bemühungen von SOS bestand darin, Gouverneur Thomson eine von viertausend Bürgern unterzeichnete Petition vorzulegen, die gegen den Standort der Raffinerie protestierten. Der Gouverneur war darüber nicht gerade erfreut. Bei Versammlungen an verschiedenen Orten im Staat attackierten SOS und seine Anhänger die schwächsten Punkte des Olympic-Projekts – vor allem die von Onassis angeordnete Geheimhaltung. Als sie versuchten, ihren Plan zu rechtfertigen, waren die Ergebnisse nicht immer glücklich. Kosta Gratsos' Brief an eine empörte Dame in Durham war ein Beweis dafür:

»Ich könnte in bezug auf die Schönheit des Ortes unmöglich mehr mit Ihnen übereinstimmen, als ich es bereits tue.

Mein Werdegang, meine akademische Bildung und meine persönlichen Neigungen machen mich zu einem Menschen, der als letzter auf Erden eine schöne Landschaft entweihen würde. Leider wird die Entwicklung der Welt seit der industriellen Revolution unvermeidlich zur Beseitigung all dessen führen, was Sie und ich und viele andere Menschen lieben.

Die Menschheit hat ein Stadium erreicht, in dem Urbanisierung und Computerwesen essentielle Elemente des Überlebens sind. Mit anderen Worten, wir werden heute und auch in Zukunft zwischen Existenz und Schönheit zu wählen haben, und es ist nicht schwer vorauszusehen, worauf die Wahl fallen wird. Ökologisch betrachtet können die modernen Raffinerien ebenso frei von Verunreinigung sein wie ein Etagenhaus.

Ästhetisch betrachtet sieht eine moderne Raffinerie, wenn sie beleuchtet ist, wie ein Christbaum aus und ist nicht häßlicher als die modernen Meisterwerke der Skulptur, welche die Straßen der großen Hauptstädte der Welt schmücken.«

Onassis' Sicherheitsorgane hatten ihre Arbeit kaum begonnen, als *Public Occurrences* die Sache bekanntmachte. Von Oktober bis zum Jahresende hatte SOS praktisch freie Bahn. Mitglieder stellten bei öffentlichen Versammlungen unangenehme Fragen und bedrängten Onassis' Wortführer um Informationen, über die sie nicht verfügten. Sie zogen es vor, ihre Gegner für Ignoranten zu halten. Es war, erinnerte sich einer, »als brächte man Oma die Elektrizität«.

Dessenungeachtet gab es einige einflußreiche Experten auf seiten der Bürger. Die Bürgerinitiative wurde durch Wissenschaftler von zwei der berühmtesten Stationen für Meeresbiologie unterstützt, die auf den Shoals arbeiteten. Anscheinend hatte Olympic sie übersehen. Professor Fred Hochgraf lieferte einen eingehenden Bericht über die Gefahr des Aussickerns von Öl und über Pipelinebrüche. Er berechnete, daß wenn die Supertanker von Olympic täglich 275 000 Barrels Rohöl zur Raffinerie pumpten, zumindest 3360 Barrels *routinemäßig* in die Gewässer von New Hampshire sickerten. Wenn Olympic die halbe Kapazität der Raffinerie zwecks Verteilung zu den Tankern zurückpumpte, würden weitere 3360 Barrels in den Ozean gelangen. Hochgrafs Ziffern beruhten auf Daten von Ölraffinerien der ganzen Welt. Ein Marinebiologe der Station auf den Shoals untersuchte, was das für sie bedeutete. Ein Millionstelteil Rohöl im Seewasser konnte die Hummerlarven töten und vielleicht die Hummerhöhlen für immer vernichten.

Im Dezember fand Olympic, es sei an der Zeit für ein sorgfältig geplantes Public-Relations-Manöver mit Onassis als Hauptredner. Es wurde eine Katastrophe, von dem Augenblick an, als Onassis im Hubschrauber über Durham zu einem verschwenderischen Empfang nach Manchester flog. Loeb hatte für seine Ankunft in emphatischer Weise vorgesorgt. »Willkommen die zwei Großen O, Öl und Onassis«, trompetete der *Union-Leader.* »New Hampstead wird niemanden je erleben, der dem Weihnachtsmann so nahkommt wie er.« Die Begrüßung in Durham war weniger festlich. In riesigen Lettern, die die Einwohner auf einem schneebedeckten Feld ausgeschaufelt hatten, stand: »Ari hau ab!«

»Ich bin kein Grieche, der Geschenke nach New Hampshire bringt«, begann Onassis, nachdem ihn Gouverneur Thomson in Manchester der Presse vorgestellt hatte. »Den Bürgern von New Hampshire eine unangenehme Investition aufzuzwingen, wäre das letzte, was ich tun wollte. Besonders wenn wir daran denken, daß sie zur amerikanischen Aristokratie gehören. Dennoch braucht jede Aristokratie eine Küche.« Sein starker Akzent überraschte die Leute. Halb verdeckt von einer Reihe von Mikrophonen sah er eher klein und unbedeutend aus. Nancy Sandberg vom SOS, die uneingeladen erschienen war, fand, daß Onassis im Licht der Fernsehscheinwerfer alt und müde aussah, wie ein alternder Schauspieler, der sich durch eine Rolle kämpfte, die ihm nicht lag. Unter den Zuhörern herrschte peinliche Verlegenheit, als er sich mit dem Küchenvergleich weiter abplagte. »Die ganze Zeit schon seit Jahren kamen Ihre Vorräte von weit her – kostspielige Restaurants. Wenn wir eine Raffinerie errichten, sauber wie eine Klinik, ohne Geruch und ohne Rauch, können wir die Fachleute und die Beamten des Umweltschutzes und der Ökologie mit Sicherheit überzeugen; ich hoffe, wir tun etwas Gutes für jedermann. Das ist alles, was ich zu sagen habe.«

Bei den folgenden Fragen verließen Onassis die Selbstsicherheit und ungezwungene Leichtigkeit völlig, die er im allgemeinen im Umgang mit der Presse an den Tag legte. Ob er die Menschen oder den Staat meine, wenn er sage, er würde New Hampshire keine Raffinerie aufzwingen? »Der Staat sind die Menschen, die Menschen sind der Staat«, antwortete er kurz. Die Ausflucht täuschte keinen und verhärtete die Fronten. Als bekanntgegeben wurde, daß Olympic beabsichtige, ein Laboratorium zur Sicherung gegen Verunreinigung zu errichten, das von der Universität betrieben werden solle, fragte ein Journalist, ob das als Bestechung anzusehen sei. Und: Wenn das Unternehmen so vorteilhaft für die Bürger des Staates wäre, warum hätten die Vertreter von Olympic die Besitzer von Grundstücken absichtlich irregeführt? Onassis lächelte. Er war vorbereitet, die unangenehme Frage mit einem unangenehmen Scherz abzulenken. Er hob eine Flasche Ahornsirup hoch, Gouverneur Thomsons übliches Geschenk für Besucher. »Ich habe etwas, um mit Ihnen einen kleinen Spaß zu machen«, sagte Onassis. »Wir sagten, wir wollten nach Durham kommen, um eine Destillieranlage für Ahornsirup zu bauen. Das stammt vom Gouverneur... es ist ein exklusiver Sirup, erzeugt vom Gouverneur persönlich.«

Anne Gouvalaris, eine Lokalreporterin, saß nur wenige Schritte von ihm entfernt. Ihr erschien Onassis wie benommen, sein Körper wirkte seltsam schlaff. »Er hielt den Sirupkrug in der Hand, mit einem Gesichtsausdruck, der zu sagen schien: ›Was in Gottes Namen tut ein so reicher Mann wie ich mit diesem blödsinnigen Ding?‹« Sogar die Presseleute waren verlegen, und die Fragen versiegten. Anne Gouvalaris hielt Onassis noch mit einer Frage fest, bevor ihn seine Mitarbeiter weiterhetzten. Ob er es unfair finde, daß er mit Angeboten daherkommen könne, die abzulehnen sich die Einwohner einfach nicht leisten konnten? Da wurde Onassis für einen Augenblick lebendig. »Mit Geld zwingt man nicht, meine Liebe«, sagte er. »Man verführt.«

Als Public-Relations-Manöver war die Veranstaltung eine völlige Katastrophe, obgleich Onassis noch immer zu glauben schien, es sei möglich, den Widerstand niederzuwalzen. Er rief Loeb auch weiterhin an und machte Vorschläge, die in New Hampshire das Gegenteil bewirkten. Loeb erzählte uns: »Er wollte die größte Anwaltsfirma in New Hampshire verpflichten. ›Sie haben vierzehn Teilhaber‹, sagte er. ›Sie müssen die besten sein.‹« Loeb und Gouverneur Thomson versuchten, die Sache mit Onassis in Ordnung zu bringen. In New Hampshire ließen sich Geschäfte nicht auf diese Weise erledigen. Ein Anwalt genügte, wenn er der richtige Mann war. Es war ein Fehler, in einem Staat, der Gelegenheit im Überfluß für das Aufkommen von Möchtegern-Davids bot, wie ein Goliath aufzutreten.

Das Recht einzelner Städte, Anordnungen der Staatsführung abzulehnen, die von der Zentralverwaltung des Staates ergingen, war seit zweihundert Jahren in der Verfassung New Hampshires verankert. Streitfragen wurden bei den alljährlichen Bürgerversammlungen, einem dauerhaften Überbleibsel reiner Demokratie, entschieden. Da nun Durham entschlossen schien, die Raffinerie abzulehnen, war die Frage, ob die Regierung Thomson es wagen würde, ihre Autorität zu benutzen, um die Autonomie zu zerstören.

Am 4. März 1974, dem Beginn der alljährlichen Bürgerversammlungswoche, war New Hampshire dem intensivsten Werbungs-Sperrfeuer der Kampagne ausgesetzt. Die neun Tageszeitungen brachten eine achtseitige Beilage mit marktschreierischen Artikeln und Informationen zugunsten der Raffinerie. »Laßt nicht zu, daß eine lärmende Minderheit den Fortschritt aufhält.« Im Blattinneren standen die privaten Telefonnummern der 424 Abgeordneten der gesetzgebenden Versammlung des Staates New Hampshire. Die Leser wurden aufgefordert, sie anzurufen und um ihre Unterstützung der Raffinerie zu ersuchen, wenn die Staatsverwaltung über die Frage abstimmen würde.

Das plumpe Beeinflussungsmanöver prallte böse zurück. Viele Bürger, die über den Versuch, bezahlte Werbung als gewöhnliche Nachricht zu tarnen, empört waren, riefen ihren Abgeordneten an – um sich über den Werbe-Blitzfeldzug zu beschweren und ihn zu ersuchen, gegen die Raffinerie zu stimmen. Gemeinden allenthalben im Staat stimmten eine nach der anderen dafür, Durham das letzte Wort über das Projekt zu überlassen; Gouverneur Thomsons Heimatstadt, Orford, war auch darunter.

Durham war entschlossen, Onassis stilvoll abzulehnen. Am 6. März wurde die größte Jahresversammlung seit Menschengedenken in der Turnhalle der Mittelschule von Oyster River abgehalten. Sechs Fernsehgesellschaften berichteten über das Ereignis, ihre Scheinwerfer waren auf Durhams Moderator, Michael Joseph, gerichtet, ein aus dem Libanon stammender Amerikaner, der behauptete, der einzige Araber ohne Interesse an Öl zu sein. Olympic hatte, groteskerweise, gerade diesen Tag gewählt, um zu verkünden, sie würden ihre Vorbereitungsarbeit an der Raffinerie über Durhams Einwände hinweg fortsetzen, wenn die staatliche Verwaltung grünes Licht gäbe. Die Abstimmung zog sich über zwei Stunden hin. Olympic wurde so eklatant geschlagen, wie seine Ratgeber befürchtet hatten – mit 144 Für- und 1254 Gegenstimmen.

Einige Wochen später wurde Durhams Entscheidung durch die gesetzgebende Körperschaft des Staates überprüft, und trotz Gouverneur Thomsons Bemühungen in letzter Minute war die Sache der Raffinerie verloren. Dudley Dudley forderte das Abgeordnetenhaus auf, Onassis hinauszuwerfen, genau wie New Hampshire vor zweihundert Jahren König Georg II. hinausgeworfen hatte. Das Haus unterstützte sie durch 233 Stimmen gegen 109.

Es ist möglich, daß Onassis' mißglückte Vorstellung in New Hampshire mit der stetigen Verschlechterung seiner Ehe in Zusammenhang stand. Alexanders Tod hatte die Ehepartner wieder nähergebracht, aber das gute Verhältnis war nicht von Dauer. Jackie schien sich auf Skorpios weniger wohl zu fühlen denn je. Gäste spürten, daß sie sich anstrengte, ihrem Mann zuliebe gastfreundlich zu sein, aber man merkte die Anstrengung. Sir John Russel, ein britischer Diplomat, meinte: »Es gab dort niemand, der mit ihr etwas gemein hatte, niemand, mit dem sie völlig ungezwungen sein konnte.«

New York war ihre eigentliche Heimat, aber nicht Onassis' New York mit Business und Bars. Sie wurden zusammen gesehen und fotografiert, als El Morocco unter einer anderen Geschäftsleitung neu eröffnet wurde, aber ihre gemeinsamen Auftritte wurden immer seltener. Im Januar 1974 unternahmen sie eine Reise nach Acapulco, wo Jackie ihre Flitterwochen mit Jack Kennedy verbracht hatte. Es war kein glücklicher Ausflug.

Jackie äußerte den Wunsch nach einem Haus in Acapulco. Onassis machte Ausflüchte – er wollte kein Haus dort. Es gab Streit an Land und im Lear-Jet auf dem Rückflug nach New York. Jackie verlor die Geduld und rief, sie erwarte nichts von ihm, und er erklärte, sie würde auch nichts bekommen. In dieser bitteren Stimmung schrieb er an Bord des Flugzeugs sein Testament.

Das Dokument, das er während des sechsstündigen Flugs erstellte, flocht die Strähnen seines Lebens geschickt zusammen. Christina sollte die Haupterbin sein, aber er begann mit einem Huldigungsakt für seinen toten Sohn: »Sollte ich sterben, bevor ich in Vaduz, Liechtenstein, oder anderswo eine Kulturstiftung unter dem Namen ›Alexander-Onassis-Fonds‹ gegründet habe, deren Zweck unter anderem darin besteht, Krankenpflege, literarische Werke, religiöse und wissenschaftliche Forschungen, journalistische und künstlerische Bemühungen zu fördern sowie internationale und nationale Wettbewerbe mit Geldpreisen, ähnlich dem Plan der Nobelstiftung in Schweden, auszuschreiben, betraue ich die unterzeichneten Vollstrecker meines Testaments damit und trage ihnen auf, eine solche Stiftung zu gründen.« Das Problem Jackie wurde schnell gelöst: »Da ich für meine Frau Jacqueline Bouvier bereits gesorgt und von ihr eine schriftliche Erklärung durch einen Notar in den USA erhalten habe, wonach sie auf ihre Erbrechte an meinem Nachlaß verzichtet, begrenze ich ihren Anteil und den ihrer beiden Kinder John und Caroline auf ein lebenslanges Einkommen von 150000 Dollar (jährlich).« Onassis zog auch die Möglichkeit in Betracht, daß seine Frau oder deren Erben diese Verfügung anfechten sollten. In diesem Falle, schrieb er, »befehle ich den Vollstreckern meines Testaments und meinen übrigen Erben, ihr ein solches Recht mit allen rechtlichen Mitteln zu verweigern, wobei sämtliche Kosten und Auslagen von meinem Nachlaß zu bestreiten sind.« Sollte die Klage seiner Frau erfolgreich sein, so dürfe sie nicht mehr als 12,5 Prozent des gesamten Nachlasses erhalten, das mindeste, was ihr laut den *nomimos mira*-Gesetzen zustand. Welche Stellung Jackie auch immer zu Onassis' Lebzeiten eingenommen hatte, sie sollte mit seinem Tode enden. Er war bereit, in der gleichen Weise für sie zu sorgen, wie er es für die anderen Frauen getan hatte, die sein Leben gekreuzt hatten. Das war das Minimum, das er tun konnte, und das Maximum, das er zu tun bereit war.

Es war faszinierend, wie er über die Führung seines Reiches verfügte. Das System von Gesellschaften mit anonymen Besitzern, über die er sein ganzes Leben lang praktisch die Kontrolle ausgeübt hatte, würde seinen Tod nicht überdauern. Also schuf er zwei Gesellschaften – in deren einer all seine Aktiva vereinigt waren, während die andere nichts besaß, als die Anteile an seiner ersten Gesellschaft. Christina, seine Haupterbin, erhielt alle Aktiva in der ersten Gesellschaft, jedoch nicht die Kapitalmehrheit in der zweiten; die wurde der Alexander-Onassis-Stiftung zugesprochen.

Der Plan war eine Variation über das Thema Kontrolle und Besitz, das Onassis sein ganzes Leben lang beschäftigt hatte. Er wollte sein Vermögen zusammenhalten, wollte aber auch nicht, daß Christina die Alleinkontrolle darüber ausübte. Die Stiftung war mehr, aber auch weniger, als es den Anschein hatte. Ihr Direktorium bestand aus den Mitarbeitern, denen Onassis am meisten vertraute, die, solange sie in der Organisation weiter arbeiteten, zusätzlich zu ihren Gehältern 30 000 Dollar jährlich erhielten. Die Funktionen der Stiftung »im Sinne der Nobelstiftung« wurden zwar ziemlich unklar gelassen, von ihren anderen Pflichten konnte das jedoch nicht gesagt werden. Sie sollte Onassis' Geschäfte genauso weiterführen, wie er es getan hatte – die Hälfte der Nettoerträge neu investieren, nie ein Schiff verkaufen, das imstande war, Gewinn abzuwerfen, nie eine Gesellschaft mit Interessen von außen fusionieren.

Onassis' Verfügung über den Besitz, der nicht in den beiden Gesellschaften enthalten war, die der Hauptgesellschaft einverleibt werden sollten, war ebenso genau festgelegt. »Wenn meine Tochter und meine Frau es wünschen, können sie meine Jacht ›Christina‹ für ihren Eigengebrauch behalten.« Das würde jedoch kostspielig sein. Falls sie die 500 000 Dollar, die jährlich für die Erhaltung der Jacht erforderlich waren, nicht aufbringen wollten, sollten sie »alle wertvollen Dinge nach ihrem Wunsch« entfernen, durch Kopien ersetzen und das Schiff der griechischen Staatskasse schenken, zur Verfügung »jedes neuen Oberhauptes des griechischen Staates«.

Über Skorpios wurde in ähnlicher Weise verfügt. Wenn Jackie und Christina sich nicht einigen könnten, wie sie die Insel verwenden wollten, sei sie Olympic Airlines »als Urlaubsort, insbesondere für Ferienkinder«, zu schenken. Es gab jedoch einen Vorbehalt. Das Gelände um Alexanders Grab, im Ausmaß von zwölf Hektar, mußte als Denkmal unberührt bleiben. Onassis ernannte »die Mutter meines Sohnes Alexander, Athina, geborene Livanos, Onassis-Blandford-Niarchos« zur Hauptvollstreckerin seines Testaments.

Vakanz an der Spitze

Agence France Presse (AFP) in Athen hatte die fixe Idee, sie müsse die erste sein, die die Nachricht von Onassis' Tod bekanntgab. Manchmal schrieben die Journalisten zuerst den Artikel, dann erst recherchierten sie. In einem Fall ließen sie Onassis im Behandlungsstuhl eines Zahnarztes im Athener »Hilton« sterben, während er gesund in seinem Bett in New York schlief. Bevor er durch einen aufgeregtenTelefonanruf seiner Athener Mitarbeiter geweckt wurde, die anfragten, ob er am Leben sei, berichtete AFP frohlockend, ihr Bericht aus dem »Hilton« sei von ihrem Mann in Genf bestätigt worden. Onassis gefiel das Spiel, und mitunter beteiligte er sich auf seine Weise daran. Nach einem verfrühten Bericht von seinem Ableben bemerkte er: »Es hilft Zeitungen verkaufen. Ich habe das Gerücht nicht dementiert. Ich ging einfach auf der Straße spazieren.«

Er hatte sich nie über seine Gesundheit den Kopf zerbrochen, die im großen und ganzen immer gut gewesen war. Sein Mißtrauen gegen den Beruf des Arztes lief auf eine Art von Aberglauben hinaus. Krankheit war ihm beinahe gleichbedeutend mit Tod, wenn man von der einen heimgesucht wurde, mußte der andere in der Nähe sein.

Seit Alexanders Tod hatte er sich müde gefühlt. Als es ihm schwerzufallen begann, die Augen offenzuhalten, zu essen und deutlich zu sprechen, suchte er endlich ärztlichen Rat. Man sagte ihm, daß er an *myasthenia gravis* leide.

Myasthenia wird ebenso wie rheumatische Arthritis zu den Krankheiten gezählt, bei denen der Körper sich gegen sich selbst wendet. Ihre Ursache ist unbekannt, aber ihre Symptome werden durch Stress, zuviel Alkohol und Ermüdung verursacht. Es besteht ein Defekt im chemischen Prozeß an der Stelle, wo die Nerven und Muskeln zusammentreffen, und verhindert die Übermittlung von Impulsen: der Körper kann nicht mehr dazu gebracht werden zu arbeiten. Die Krankheit kann eingedämmt, aber nicht geheilt werden; man kann Anfälle durch eine Reihe von schmerzhaften Injektionen verringern. Dann verschwinden die Symptome, und der Patient kann ein normales Leben führen. Nur in seltenen Fällen ist Myasthenia tödlich.

Onassis machte sich nichts aus seinem Leiden. Er hatte seine Augen meistens durch dunkle Brillen vor der Welt verborgen. Nun dienten die Brillen dazu, den einzigen Beweis seiner Krankheit zu maskieren – das Pflaster, das seine Augenlider an den Brauen festhielt, um seine Augen offenzuhalten. Er erschien im Klub »21« in New York, wo man annahm, er leide unter den Folgen eines Schlaganfalls. Onassis ignorierte die Vermutungen und scherzte sogar mit seinen Freunden über seine Krankheit. »Wenn ich zu meinem Make-up so lange Zeit brauchte wie Jackie«, sagte er, »könnte ich unsichtbares Heftpflaster verwenden, und keiner würde etwas merken.«

Im April sprach Maria Callas im amerikanischen Fernsehen über ihre Beziehung zu Onassis. Bei dem Interview von Barbara Walters für die »Today«-Sendung bezeichnete sie Onassis als die große Liebe ihres Lebens. Sie bedauere jedoch nicht, nicht seine Frau geworden zu sein, denn »Liebe ist um so viel besser, wenn man nicht verheiratet ist«. Auf die Frage, ob sie Frau Onassis etwas übelnehme, antwortete die Callas: »Warum sollte ich? Wenn sie aber Onassis schlecht behandelt, könnte ich sehr wütend werden.«

Inzwischen hatte sich Onassis mit Christina auf eine lange Kreuzfahrt nach Monte Carlo, Ägypten und dem östlichen Mittelmeer eingeschifft. Er war seit seinem Streit mit Rainier nicht mehr in Monaco gewesen, und seine Wiederkehr an den Ort seiner größten gesellschaftlichen Triumphe hatte einen elegischen Anstrich. Er speiste mit Rainier und Prinzessin Caroline zu Abend an Bord der Jacht. Es wurden von beiden Seiten Anstrengungen gemacht, das Vergangene zu vergessen. »Obwohl er während des Diners besserer Laune wurde, war das Ganze sehr traurig«, erinnerte sich Rainier. »Einen so weiten Weg zurückgelegt zu haben, um am Ende mit gebrochenem Herzen und krank an Bord dieser mächtigen Jacht zu sein, nur mit seiner Tochter als Gesellschaft, schien ungerecht.«

Nach der Kreuzfahrt baute Onassis Christina als seine Nachfolgerin auf. Unter normalen Umständen hätte er ihr Interesse an der Reederei nicht ermutigt. Als Grieche hätte er die Vorstellung einer Frau aktiv im Geschäft nicht angemessen gefunden; als Tankerbesitzer hätte er ihre Chancen, in einem völlig von Männern beherrschten Geschäft, skeptisch beurteilt. Aber er sorgte dafür, daß sie im New Yorker Büro und bei seinen Schiffs- und Versicherungsmaklern einen Blitzkursus absolvierte. Er nahm sie auch zu Arbeitsessen mit den Führungskräften im Ölgeschäft mit. Als man sie an einem Lunch im Sitzungszimmer der Zentrale von British Petroleum in London teilnehmen ließ, sprach sie kein Wort, trotz der Bemühungen des Vorsitzenden, Sir Eric Drake, sie aus ihrer Reserve zu locken. Bei Cocktails am selben Abend war sie äußerst gesprächig. Als Sir Eric sie fragte, warum sie beim Mittagessen so schweigsam gewesen sei, antwortete sie: »Daddy hatte mir gesagt, ich solle mir alles anhören und den Mund halten.«

In New York verbrachte Onassis nur noch selten Zeit mit Jackie. Er suchte Vorwände, um ein Gespräch mit Gratsos auszudehnen, wenn der Arbeitstag zu Ende ging. Um acht Uhr war es klar, daß er nicht gut länger im Büro bleiben konnte, dann schlug er vor, man solle in die nächste Bar gehen. Gratsos war nie imstande gewesen, mit seinem Freund Glas für Glas mitzuhalten. Nach zwei Whiskys entschuldigte er sich und ging. Manchmal ging Onassis mit, manchmal ging er weiter zu George Moore, seinem Bankier und Freund, der in der Fifth Avenue wohnte. Dort wurde weiter getrunken, weiter über die Vergangenheit geredet. Wenn er Hunger bekam, machte sich Onassis über den Kühlschrank her.

Wenn er von der Gegenwart sprach, beklagte er sich oft über seine Ehe. Weder Gratsos noch Moore hörten ihm gern zu. Seine Klagen waren banal: Jackie gab zu viel Geld aus mit zu wenig Sinn, eine Ungehörigkeit seiner Meinung nach. Sie spürten seinen überwältigenden Schmerz, er konnte aber nur in trivialster Form Ausdruck finden. »Ich glaube, er wußte nie, was er wollte«, erzählte uns Gratsos. »Der Unterschied war der, daß er in den letzten Jahren erkannte, er würde es nie erreichen. Hinter seiner Lustigkeit lag Melancholie, eine gemarterte Seele und beißende Ironie. Da war ein Mann, der selbständig, ohne seine Familie, zu Erfolg gelangt war, der nie ein glückliches Familienleben geführt hatte, weil er dazu nicht fähig war oder es nie brauchte. Und als er es brauchte – nach Alex' Tod –, war es das einzige, was ihm sein Reichtum nicht kaufen konnte. Für einen Moralisten ist das eine lehrreiche Geschichte. Wenn man es als Mensch betrachtet, findet man es tragisch. Er war bis in die Spitze des Baumes geklettert, und oben war nichts.«

Am Ende eines langen Abends in New York gingen seine Begleiter schließlich zu Bett, und Onassis blieb zurück und plauderte mit ihren Frauen. Wenn auch diese schlafen gingen, ging er oft weiter ins El Morocco, setzte sich an seinen Stammtisch und plauderte mit den Leuten, die gerade dort waren, bis zum nächsten Morgen. Wenn es dämmerte, setzte er seine Gäste gewöhnlich vor »Elmo« in ein Taxi, ging die Fifty-Seventh Street hinunter und kaufte sich eine Zeitung, dann lief er die restlichen anderthalb Kilometer über die Fifth Avenue hinauf bis zur Wohnung seiner Frau. So hatte er New York kennengelernt, als er noch jung und voller Hoffnung war. Angelo Zucotti, der Oberkellner im El Morocco, machte sich manchmal Sorgen darüber, daß er nie einen Mantel trug. »Ich sagte: ›Mr. Onassis, sehen Sie doch, es ist kalt, und man ist in der Stadt nicht mehr so sicher wie früher. Nehmen Sie doch bittte ein Taxi.‹ Und er sagte: ›Nein, ich bin bloß ein alter Mann. Ich trage keine auffällige Kleidung. Mich wird niemand erkennen.‹«

In Paris war er meist im »Maxim«. Flora Lewis, eine Korrespondentin der *New York Times,* traf ihn dort.

»Er saß an seinem gewohnten Tisch im ›Maxim‹, wo es an dem Tag von Persönlichkeiten aus der britischen, amerikanischen und französischen Gesellschaft wimmelte, die zum Großen Preis nach Paris gekommen waren. Immer wieder kamen elegante junge Frauen zu ihm, küßten ihn auf die Wange, und eine fragte: ›Ari, nächsten Monat sind wir auf einer Kreuzfahrt in der Gegend von Skorpios. Paßt es dir, wenn wir vorbeikommen?‹

›Ja, ja‹, sagte er leichthin und erzählte weiter Geschichten aus seiner Jugend, in die er vertieft war.

Er trug eine Brille mit dunklem Glas, um das Auge zu verbergen, das er wegen seines Leidens nicht offenzuhalten vermochte, aber das andere Auge glänzte, als er beschrieb, wie er nachts die elektrischen Leitungen repariert hatte, wo die jungen Telefonistinnen an ihren Klappenschränken saßen.

Er sprach nicht viel über seine berühmte Frau, die an dem Tag anderswo ihren Lunch einnahm. Er sprach mit großer Sehnsucht von der wundervollen Zeit, die er als leidenschaftlicher, verzweifelt entschlossener junger Mann erlebt hatte. Und wenn ein junger Mann herankam, um ihn zu begrüßen, klopfte ihm Onassis väterlich auf die Wange. Für einen Augenblick wurde sein Auge feucht.«

Ein Abend, der im »Maxim« begann und im »Crazy Horse Saloon« in Gesellschaft von Jacques Harvey, einem französischen Journalisten, fortgesetzt wurde, endete weniger würdevoll. Onassis, der ziemlich viel getrunken hatte, ärgerte sich, als ihm ein Paparazzo, Roger Picard, mit einer Blitzlichtaufnahme aus nächster Nähe blendete. Er rief Picard in den Nachtclub und versprach ihm ein Exklusiv-Foto. Die beiden gingen zusammen in die Herrentoilette. »Sie können ein Foto vom Geheimnis meines Erfolges machen«, sagte Onassis, öffnete den Reißverschluß seiner Hose und legte seinen Penis auf die Geldschale für die Trinkgelder. »Da, das ist mein Geheimnis, Sex und Geld.«

Die einzige erfreuliche Aussicht im Frühsommer 1974 war, daß Christina ihre Pflichten als Erbin ernst zu nehmen schien. Onassis' Partner in New York waren sehr beeindruckt von ihrer Fähigkeit, sich die Eigenschaften ihres Vaters anzueignen. George Moore fand sie »außerordentlich begabt, sich alles zu merken, was er ihr sagte, beinahe als hätte sie einen Computer im Gehirn, der von Ari programmiert worden war«. Sie kleidete sich einfach und arbeitete den ganzen Tag ohne Unterbrechung. Ihre Vorliebe für verschiedene Playboys der westlichen Welt schien vorbei zu sein, sie hatte eine Zuneigung zu ihrem Vetter Philip Niarchos entwickelt. Großmutter Livanos und Tina unterstützten die Beziehung, und Onassis selbst zeigte Interesse an einer möglichen Verbindung, unter der Voraussetzung, daß Christinas Besitz vor der Hochzeit vertraglich gesichert wurde.

Christina litt jedoch unter schweren Depressionen. Im Sommer wurde sie nach Einnahme einer Überdosis Schlaftabletten unter dem Namen A. Danoi in die Intensivstation des Middlesex-Hospitals in London eingeliefert. Als sie sich erholte, verschlechterte sich der Zustand ihrer Mutter, die zu Besuch gekommen war. Tinas Ehe mit Niarchos stand unter keinem glücklichen Stern. Seit Alexanders Tod hatte sie sich immer mehr zurückgezogen. Ihre Gesundheit war nie gut gewesen und jetzt durch die vielen Barbiturate und Beruhigungsmittel zerrüttet. Am Morgen des 10. September starb sie im Hôtel de Chanaleilles, Niarchos' Pariser Wohnsitz. Onassis suchte Niarchos sofort auf. Die Begegnung verlief traurig, aber freundlich. Onassis meinte, es wäre vielleicht gut, eine Autopsie vornehmen zu lassen, um Selbstmordgerüchten zu begegnen, die unvermeidlich auf die Bekanntgabe von Tinas Tod folgen würden. Christina kam am nächsten Tag um vier Uhr morgens in Paris an, ging geradewegs zu Onassis ins Schlafzimmer und verlangte eine Autopsie.

Der bestürzte Niarchos war einverstanden, gemeinsam mit Onassis eine Erklärung abzugeben. Sie bestätigte, daß Christina die Autopsie verlangt hatte, erklärte jedoch, daß beide Familien »nicht nur nicht dagegen sind, sondern vielmehr die Entscheidung begrüßen«. Die Ergebnisse der Autopsie bestätigten den Befund der ersten Untersuchung nach dem Tod: Lungenödem. Niarchos gab noch eine weitere Erklärung ab. Seine Frau sei, war seine Vermutung, seit ihrem Besuch bei Christina vor einem Monat im Krankenhaus deprimiert gewesen. Tina sei »durch diese neue Schicksalsprüfung nach dem Tod ihres Sohnes Alexander moralisch und physisch sehr beeinträchtigt gewesen« und habe sich »nie völlig erholt«.

Onassis nahm an der Beerdigung seiner ersten Frau nicht teil. Sein Zustand verschlechterte sich drastisch. Ende Oktober wurde er unter dem Namen Phillips in ein New Yorker Krankenhaus gebracht. Das Cortison ließ sein Gesicht anschwellen und versetzte ihn in gereizte Stimmung. Bei seiner Entlassung aus dem Krankenhaus bekam er einen Wutanfall, als man ihn in der Praxis seines Herzspezialisten in der Park Avenue warten ließ. Später sagte der Arzt, es sei ein »Cortison-Wutanfall« gewesen. »Und wenn er nicht unter Cortison steht?« fragte die Krankenschwester.

Im Herbst 1974 wurde der Olympic Tower, ein zweiundfünfzig Stock hoher Wolkenkratzer mit Blick auf die tieferliegenden Kirchtürme von New Yorks St. Patrick's-Kathedrale, in aller Form eröffnet. Es war ein von Onassis und der Arlen Realty Corporation gemeinsam errichteter Bau. Seine 250 Eigentums-Appartements und neunzehn Stockwerke Büroräume waren – und bleiben – Onassis' wichtigster Beitrag zur Kultur von Manhattan. Die Presse vermutete, daß Onassis mit Jackie dort seinen Wohnsitz nehmen werde.

Die Vermutung war gut für das Geschäft, aber von der Wirklichkeit weit entfernt. Onassis beklagte sich Freunden gegenüber immer heftiger über Jackie. Die Frage einer Scheidung war bereits 1972 aufgeworfen worden, als Alexander noch lebte, wurde damals jedoch aufgeschoben. Nun war Onassis entschlossen, etwas zu unternehmen. Er ließ Johnny Meyer kommen, der in der Affäre Christina-Bolker so nützlich gewesen war, und veranlaßte ihn, die Scheidung einzuleiten. Meyer wandte sich an einen alten Freund, Roy Cohn, einen Anwalt, der in den fünfziger Jahren im Stab von Senator Joe McCarthys Untersuchungsorganen eine gewisse Berühmtheit erlangt hatte, und fragte ihn, ob er Onassis im Scheidungsprozeß vertreten könnte. Cohn war einverstanden, und Onassis sicherte sich die Dienste eines Privatdetektivs. Bei mehreren Zusammenkünften in den Büros von Onassis und im El Morocco wurde ein »Plan« für die Scheidung ausgearbeitet.

Nur eine der vielen Ideen wurde tatsächlich durchgeführt. Jack Anderson, einer der führenden Kolumnisten in Washington, erhielt zu seiner Überraschung einen Anruf von der Sekretärin Onassis', die ihm die Einladung ihres Chefs zum Lunch übermittelte. Er hatte Onassis nie kennengelernt und auch nie versucht, mit ihm zu sprechen. Er nahm die Maschine nach New York, wo er von einer Limousine erwartet und in den Klub 21 gebracht wurde. Onassis war herzlich, aber nicht besonders offen. Anfangs begriff Anderson nicht, welchen Zweck die Zusammenkunft hatte, obwohl er merkte, daß Onassis über seine Frau zu sprechen wünschte. »Er machte etwa eine Bemerkung über Jackie: ›Was macht sie mit den vielen Kleidern? Ich sehe sie doch immer nur Blue Jeans tragen.‹ Und dann brach er ab; anscheinend aus Takt, Zartgefühl oder Zurückhaltung.«

Nach dem Essen machte Onassis den Vorschlag, Anderson solle mit in sein Büro kommen. Sie gingen zusammen durch die Straßen, Anderson mit der wachsenden Überzeugung, daß er »einer großen Sache auf der Spur« war. Im Büro stellte ihn Onassis einigen seiner Mitarbeitern vor, dann entfernte er sich unter dem Vorwand, er habe eine Verabredung. Anderson war überzeugt, daß seine Mitarbeiter instruktionsgemäß offener sein würden als der Boß. Und er täuschte sich nicht.

Jackie wurde als habsüchtige und egoistische Frau dargestellt, die Onassis' Geld benutzt und ihm nichts dafür gegeben habe. Man erzählte Anderson, daß sie mit den drei Millionen Dollar, die ihr laut Ehevorvertrag zustanden, an der Börse spekuliert, 300 000 Dollar verloren habe und gekommen sei, um mehr zu verlangen. Onassis weigerte sich, für den Verlust aufzukommen, weil sie das Geld in steuerfreien Obligationen hätte anlegen sollen.

Ihr Taschengeld von 30 000 Dollar monatlich hatte nie ausgereicht. Zuerst hatte es zusätzliche Kosten gegeben – 5000 Dollar für einen Botendienst und 6000 Dollar für die Betreuung und Nahrung ihrer Haustiere – und dann jeden

Monat nachdrückliche Forderungen um mehr Geld. Jackies Sekretärin kam routinemäßig, nachdem die monatliche Zuwendung bezahlt worden war, um zusätzliches Geld zu verlangen. Onassis' New Yorker Kassenverwalter hatte Instruktionen, diesem Verlangen zu entsprechen, bis Onassis beschloß, »Jakkie im Zaum zu halten«, ihre monatliche Zuwendung auf 20 000 Dollar zu beschränken und ihr Konto nach Monte Carlo zu verlegen, wo er es besser kontrollieren konnte. Anderson fragte nach einer Definition für die Beziehung Jackie–Ari. »Völlige Unvereinbarkeit der Charaktere«, lautete die Antwort. Anderson wurde informiert, daß ein Ehescheidungsverfahren bevorstehe, und er verließ das Büro in der Überzeugung, daß seine eigene Rolle, diese Neuigkeit in die Öffentlichkeit zu bringen, nicht unbeträchtlich sein würde.

Onassis' Scheidungspläne wurden jedoch durch eine unwillkommene Entwicklung seiner Geschäfte unterbrochen. Olympic Airlines hatte, wie andere Transportunternehmen, infolge der Erhöhung der Ölpreise und der weltweiten Rezession ein schlechtes Jahr gehabt. Die Gesellschaft hatte zudem unter der Mobilisierung und der kriegsähnlichen Auseinandersetzung mit den Türken wegen Zypern und dem Zusammenbruch der griechischen Militärjunta gelitten. Die Touristen blieben aus, das hatte katastrophale Folgen. Nach Alexanders Tod hat Onassis nie wieder seine Begeisterung für Olympic Airways zurückgewonnen. Die Gesellschaft wurde von Kosta Konialidis, seinem Vetter, als ein von den übrigen Onassis-Interessen völlig unabhängiges Unternehmen geleitet. Eine Zeitlang wagte niemand, Onassis zu sagen, wie schlimm die Dinge standen; als man es ihm schließlich sagte, beschloß er, die Geschäfte selbst in die Hand zu nehmen.

Sein erster Schritt bestand darin, neue Forderungen an die griechische Regierung zu stellen – einen beträchtlichen Kredit zu niedriger Verzinsung und Befreiung von Treibstoffzoll. Die Regierung Karamanlis ließ sich nicht beeindrucken. Wieder einmal hatte Onassis die Verhältnisse falsch eingeschätzt. Karamanlis war sein Vertrauter und Freund, als Olympic gegründet wurde, nun aber war er Ministerpräsident und hatte keine Lust, sich von einem Multimillionär zu Zugeständnissen zwingen zu lassen, über den allgemein die Ansicht herrschte, daß er den Militärdiktatoren näher gestanden hatte, als es die Höflichkeit erforderte. Als Onassis ein Programm zur Reduzierung des Personals aufstellte, streikten seine Angestellten. Als sie ausgesperrt wurden, beschloß die Regierung rückwirkend ein Gesetz, das es ihm unmöglich machte, mehr als zwei Prozent der Belegschaft zu entlassen.

Onassis, der sich in New York in ärztlicher Behandlung befand, konnte nicht begreifen, wie sich die griechischen Verhältnisse verändert hatten. Er berief sich auf die Klausel, die es ihm gestattete, seine Konzession aufzugeben, erteilte summarisch allen Flugzeugen von Olympic Startverbot und blockierte die Gehälter aller Angestellten. Früher hatten solche Maßnahmen gewirkt, und Onassis war überrascht und gekränkt, als Karamanlis seinem Bluff vorzeitig ein Ende bereitete. Die Regierung setzte ihr eigenes Direktorium ein und verkündete, sie werde die Fluglinie kaufen.

Für den Rest des Monats Dezember bot Onassis eine Karikatur seiner altbekannten Dynamik. Entgegen den Anordnungen der Ärzte flog er zurück nach Athen, anscheinend um die Übergabe von Olympic zu beaufsichtigen. Seine Verhandlungen mit der Regierung bewirkten nichts. Er wollte Olympic nicht verlieren und griff zu allen erdenklichen Tricks, um die Übernahme zu verzögern. Viele Abende und Nächte wurden mit Verhandlungen über unerhebliche Einzelheiten vergeudet. Er war körperlich erschöpft, verfügte aber anscheinend noch immer über eine unerschöpfliche Trickkiste. Er verdarb allen die Silvesternacht, indem er die Verhandlungen fast bis Mitternacht ausdehnte. Die Vereinbarung wurde schließlich am 15. Januar 1975 unterzeichnet. Professor Georgakis glaubte, der Verlust von Olympic habe auch zum Verlust von Onassis' Lebenswillen geführt: »Emotional und für sein Machtgefühl war es der endgültige Schlag. Diesmal wurde er nicht gebeten zu bleiben.«

Im Februar wurde Jackie aus Athen angerufen: ihr Mann habe einen Kollaps erlitten. Er hatte eine Gallenkolik. Das war nichts Neues. Sein Arzt hatte ihm vor zwei Jahren eine operative Entfernung der Gallenblase empfohlen, doch Onassis hatte den Rat nicht befolgt. Dieser Anfall war schwerer infolge des Cortisons. Aus Paris und New York wurden Ärzte geholt. Der französische Leberspezialist Dr. Caroli empfahl eine sofortige Entfernung der Gallenblase. Der amerikanische Herzspezialist Dr. Isidore Rosenfeld warnte vor einer Operation. Der Patient würde sie nicht überleben, er sei zu geschwächt. Onassis solle unverzüglich nach New York fliegen und sich einer Intensivbehandlung unterziehen, bevor ein Entschluß über die Operation getroffen wurde.

Onassis schleppte sich durch die erste Februarwoche. Er hatte Angst und wußte, daß keiner der beiden Vorschläge viel Aussicht auf ein Überleben bot. Am Mittwoch, dem 6. Februar, gab er den Ermahnungen seines Pariser Arztes nach und erklärte sich mit einer Operation einverstanden. Olympics Anwalt, Tryfon Koutalidis, rief im Haus in Glyfada an, um mit Kosta Konialidis zu sprechen. Irrtümlicherweise wählte er die falsche Nummer und bekam den Apparat in Onassis' Schlafzimmer. Eine Stimme, die er nicht erkannte, meldete sich. Nach vorübergehender Verwirrung ergab es sich, daß es Onassis war. »Ich soll zurück nach Paris«, sagte er. »Ich will, daß Sie wissen, daß ich dort sterben werde. Alle wollen, ich soll hinfahren, aber mir gefällt der

Gedanke nicht.« Onassis ließ Koutalidis schwören, nach seinem Tod den Kampf gegen Niarchos zugunsten Christinas fortzusetzen.

Onassis flog mit Christina, Artemis und Jackie, die von New York gekommen war, nach Paris, unterhielt sich aber meist mit Dr. Caroli, der neben ihm saß. Als das Flugzeug durch die Wolken hochstieg, sagte er, er fühle sich Alexander nahe. »Herr Professor, Sie verstehen doch die Bedeutung des griechischen Wortes *thanatos* – ›Tod‹. Wissen Sie, ich werde das Krankenhaus nie wieder lebend verlassen. Also bitte, praktizieren Sie an mir *thanatos.*«

Auf dem Flugplatz Orly lehnte Onassis eine Tragbahre ab und bestand, entgegen dem Rat seines Arztes, darauf, in seine Wohnung in der Avenue Foch zu fahren. Er sah grau und abgezehrt aus, ging jedoch durch die Menge wartender Journalisten ohne fremde Hilfe. Am nächsten Morgen brachte man ihn ins American Hospital in Neuilly, das er durch einen Hintereingang betrat. Sonntag, den 10. Februar, wurde seine Gallenblase entfernt. Ein Sprecher der Familie sagte, es »gehe ihm viel besser«. In Wahrheit litt er an Gelbsucht und hatte Schwierigkeiten beim Atmen. Die nächsten fünf Wochen verbrachte er in halb bewußtlosem Zustand. Er wurde intravenös ernährt und durch einen Sauerstoffapparat und massive Infusionen von Antibiotika am Leben erhalten.

In den letzten Wochen scharte sich seine Familie enger um ihn, Jackie ausgenommen, die sie immer als Eindringling betrachtet hatten. Christina weigerte sich, Onassis' Wohnung mit ihrer Stiefmutter zu teilen, und zog ins Hôtel Plaza-Athénée. Sie verbrachte jeden Tag am Bett ihres Vaters. Jackie besuchte täglich das American Hospital, führte jedoch ansonsten ein normales Gesellschaftsleben und dinierte abends auswärts mit Freunden. In seinen klaren Momenten sprach Onassis über seine Sorgen um die Zukunft seiner Familie und seiner geschäftlichen Interessen. Christina kam in letzter Zeit wieder mit Peter Goulandris zusammen. Sie nahm Peter ins Krankenzimmer zu Onassis mit und behauptete, sie hätten beschlossen zu heiraten. Onassis freute sich über diese harmlose Täuschung.

Ende Februar ließ er leichte Anzeichen einer Genesung erkennen. Jackie entschloß sich, nach New York zurückzufliegen, um ihre Tochter zu treffen, die an einem Film über die Unterprivilegierten in den Appalachen mitarbeitete. Onassis machte keinen Versuch, sie zurückzuhalten. Christina hatte den Eindruck, sie würde nur über das Wochenende fortbleiben. Als Jackie am nächsten Montag anrief, wurde ihr gesagt, Onassis' Zustand sei unverändert. Später in der Woche verschlechterte sich sein Befinden zusehends, doch Jackie war sich nicht bewußt, wie ernst sein Zustand war. Am 15. März, Sonnabend, war sie noch immer in New York – an diesem Tag starb Onassis.

Es hieß, sein Tod sei infolge einer Bronchial-Pneumonie erfolgt, die sich

»gegen alle Antibiotika resistent zeigte«. Einer seiner Ärzte, Dr. Maurice Mercadier, sagte, die Cortisonbehandlung habe seine Widerstandskraft gegen Infektionen verringert und die Lungenentzündung »außer Kontrolle« gebracht.

Am Tag nach dem Tod ihres Mannes traf Jackie in Paris ein und ging allein in die Hospitalkapelle, wo Onassis aufgebahrt lag, eine griechisch-orthodoxe Ikone auf der Brust. Christina, durch den Todeskampf ihres Vaters erschöpft, hatte Beruhigungsmittel genommen und schlief. Zwei Tage später wurde die Leiche an Bord einer 727 der Olympic Airways, begleitet von Jackie, Christina, Teddy Kennedy und Onassis' Schwestern, nach Aktion geflogen. Dort trafen sie die Trauergäste aus Athen.

Der Sarg wurde an Bord einer Barkasse nach Skorpios befördert, wo die Trauergäste, geführt von dem Ortspriester, Vater Apostolous, hinter dem Sarg langsam den Hügel emporstiegen. Christina ging voran, neben ihr schritten Onassis' Schwestern. Dahinter kam Jackie, die sich auf den Arm ihres Sohnes stützte und von Teddy Kennedy begleitet wurde.

Im Hof vor der Kapelle lagen sieben große Kränze auf weißen Dreifüßen. Einer, aus weißen und rosa Nelken, rosa Hyazinthen und weißen Lilien, trug die Inschrift »Für Ari von Jackie«. Der Hof war von Hunderten weißer Lilien eingesäumt. Die »Christina« lag, mit der Flagge auf Halbmast, in der Bucht vor Anker. Nur wenige Trauergäste vermochten dicht gedrängt bei der Messe in der Kapelle Platz zu finden. Vater Apostolous wählte als Text einen Brief des heiligen Paulus an die Thessaloniker, und der Chor sang: »Ich ging zum Grab und sah die nackten Gebeine, und ich sagte mir: ›Wer bist du? König oder Soldat? Reich oder arm? Sünder oder Gerechter?‹«

Der Sarg wurde hinausgetragen und neben der Kapelle, gegenüber dem Grab Alexanders, in ein Grab aus Zement und Stuck hinabgelassen. Nach der Zeremonie schritt der Leichenzug den Hügel hinunter zur »Christina«. Dort erwarteten sie an Deck die Besatzung und Onassis' Angestellte. Vor wenigen Monaten hatte Onassis zu Christina gesagt: »Mein Vater und ich, wir haben beide gelernt, wie kurz das Leben sein kann und wie schrecklich der Tod zuzuschlagen vermag.« Nun bestätigte sie den Tod ihres Vaters mit einer weit ausholenden Geste ihrer Arme. »Dieses Schiff und diese Insel sind mein«, sagte sie auf griechisch. »Ihr seid jetzt meine ganze Familie.«

Danksagung

Das hauptsächliche Quellenmaterial für dieses Buch wurde in mehr als zweihundert Interviews gesammelt, die in zehn verschiedenen Ländern durchgeführt wurden. Mit Ausnahme einiger weniger Personen, die darauf bestehen, anonym zu bleiben, werden alle Informanten im Text namentlich genannt. Die meisten Interviews wurden von den Autoren gemacht, wir konnten aber auch auf die Sachkenntnis der Korrespondenten der *Sunday Times* überall in der Welt zurückgreifen. Zu besonderem Dank verpflichtet sind wir Mario Modiano in Athen, dessen gründliche Kenntnisse der griechischen Angelegenheiten eine unerschöpfliche Hilfe für uns bedeutete. Andere, die uns bereitwillig bei einzelnen Nachforschungen unterstützten, waren Peter Pringle und Laurie Zimmerman in New York, Tony Terry und Françoise Braud in Paris, Robert Lindley in Buenos Aires, Arvid Bryne in Oslo, Pars Persson in Stockholm, Peter Ward in Ottawa, Benjamin Pogrund in Johannesburg, Dalbert Hallenstein in Verona und Ritchie McEwen in Wien.

Unter den Schriftstellern und Journalisten, die uns mit ihrer Zeit und ihren besonderen Kenntnissen unterstützten, waren Nicholas Gage in New York, Jack Anderson in Washington, Stephen Aris in London, sowie Maurice Denuzière und Sam White in Paris. Besonders verpflichtet sind wir Willi Frischauer in London und Henri Pessar in Paris, die beide Bücher über Onassis geschrieben haben. Von Onassis' engsten Freunden danken wir vor allem Kosta Gratsos in New York, Professor Jannis Georgakis in Athen und Dr. Kurt Reiter in Hamburg.

Für die Hilfe bei den Recherchen in den Massen von Magazin- und Zeitungsartikeln über Onassis sind wir Fred Sayer und seinen Mitarbeitern in der Bibliothek der *Sunday Times*, Bob Fowlow und seinen Mitarbeitern im Archiv der *New York Times*, Armin Sellheim, dem Leiter des Archivs des *Spiegel* in Hamburg, und Walter Macauley, dem Bibliothekar des *Belfast Telegraph* verbunden. In Washington lieferten uns die Beamten der Archive des Justizministeriums, das Federal Bureau of Investigation und der Central Intelligence Agency eine Unzahl vorher noch nicht veröffentlichter Informationen.

Für die Übersetzung von Schlüsseldokumenten und/oder Hilfe als Dolmetscher stützten wir uns auf Gudrun Dalibar, Alexandra Fiada, Alasdair Gordon, Vickie Leonard, Renata Nash, Graham Paterson, Susan Reynolds, Sheila Walsh, Martin Warsoe und Andrea Whittaker. Linda Poley half uns bei der Bildersuche. Mimi Day Chester und Janet Fraser gaben uns wirkungsvolle Ratschläge für den Text in seinem Embryostadium. Dr. Elizabeth Whipp half uns, einige medizinische Aspekte zu interpretieren. Gillian Mawer und Christine Walter tippten das Manuskript.

Unser Unternehmen erforderte beträchtliche zusätzliche Anstrengungen der Mitarbeiter des New Yorker Büros der *Sunday Times*, wo das Manuskript fertiggestellt wurde. Georgetta Moliterno, Joe Petta, James Timmons und Dianne Condon erledigten unsere Ersuchen um Hilfe mit freundlichem Entgegenkommen.

Die Anregungen von Ed Burlingame, Jake Ross und Tom Voss bei Lippincott waren unschätzbar. Ruth Pickholtz wurde mit den durch einen knapp bemessenen Herstellungsplan gestellten Problemen bewunderungswürdig fertig.

Wir danken Harold Evans, dem Herausgeber der *Sunday Times*, der uns geduldig arbeiten ließ. Robert Ducas, der Präsident der *Times Newspapers of Great Britain* in New York, der die ursprüngliche Idee für dieses Buch hatte, gewährte uns ständig Hilfe und Unterstützung.

Für die Irrtümer, die nach so viel fachmännischer Hilfe noch geblieben sind, sind wir allein verantwortlich.

Bibliographie

Ambler, Eric, *The Mask of Dimitrios.* London 1939.
Amory, Cleveland, *Who Killed Society?* New York 1960.
Baldwin, Billy, *Billy Baldwin Remembers.* New York 1974.
Bender, Marylin, *The Beautiful People.* New York 1967.
Bouvier, Jacqueline and Lee, *One Special Summer,* New York 1972.
Bradlee, Benjamin, *Conversations with Kennedy.* New York 1975.
Cafarakis, Christian, *The Fabulous Onassis: His Life and Loves.* New York 1972.
Cameron, James, *Point of Departure.* London 1967.
Cash, Kevin, *Who the Hell Is William Loeb?* Manchester, N. H. 1975.
Curtis, Charlotte, *The Rich and Other Atrocities.* New York 1976.
David, Lester, and Jhan Robbins, *Jackie and Ari: The Inside Story.* New York 1975.
Davis, John H., *The Bouviers: Portrait of an American Family.* New York 1969.
Dedichen, Ingeborg, and Henry Pessar, *Onassis, Mon Amour*... Paris 1975.
Fonteyn, Margot, *Margot Fonteyn: Autobiography.* New York 1975.
Frischauer, Willi, *Jackie.* London 1976.
– *Millionaires' Islands.* London 1973.
– *Onassis.* New York 1968.
Gage, Nicholas, *Bourlotas Fortune.* New York 1975.
Galella, Ronald, *Jacqueline.* New York 1974.
Gallagher, Mary Barelli, and Frances S. Leighton, *My Life with Jacqueline Kennedy.* New York 1969.
Getty, J. Paul, *As I See It: Autobiography of J. Paul Getty.* New York 1976.
– *How to Be Rich.* New York 1966.
Giannaris, George, *Mikis Theodorakis.* London 1973.
Graves, Charles, *Royal Riviera.* London 1957.
The Greek Shipping Director, Athen 1976.
Gunther, Max, *The Very, Very Rich and How They Got That Way.* Chicago 1972.
Harvey, Jacques, *Mon Ami Onassis.* Paris 1975.
Hawkins, Peter, *Prince Rainier of Monaco.* London 1966.
Herndon, Booton, *Ford.* New York 1969.
The International Celebrity Register.
Jackson, Stanley, *Inside Monte Carlo.* New York 1975.
Joesten, Joachim, *Onassis.* New York 1963.
Kennedy, Rose Fitzgerald, *Times to Remember.* New York 1974.

Kramer, Freda, *Jackie.* New York 1975.
Lemos, Andreas G., *The Greeks and the Sea.* London 1976.
Lilly, Doris, *The Fabulous Greeks.* New York 1970.
Lundberg, Ferdinand, *The Rich and the Super Rich.* New York 1968 (dt.: Die Reichen und die Superreichen. Hamburg 1969).
Manchester, William, *The Death of a President.* New York 1967.
– *The Glory and the Dream: A Narrative History of America 1932–72.* Boston 1974.
Moran, Lord, *Churchill: Taken from the Diaries of Lord Moran.* Boston 1966.
Mostert, Noel, *Supership.* New York 1974 (dt.: Supertanker. Berlin–Frankfurt/M–Wien 1975).
Naess, Erling D., *The Great Panhonlib Controversy.* London 1972.
Pendle, George, *A History of Latin America.* London 1963.
Rey, Pierre, *The Greek.* New York 1974.
Robyns, Gwen, *Princess Grace.* New York 1976.
Sampson, Anthony, *The Seven Sisters.* New York 1975.
Schlesinger, Arthur Jr., A *Thousand Days.* Boston 1965.
Sorenson, Theodore C., *Kennedy.* New York 1965.
Sparks, Fred, *The Twenty Million Dollar Honeymoon: Jackie and Ari's First Year.* New York 1970.
Stettinius, Edward R., Jr., *The Diaries of Edward R. Stettinius, Jr. 1943–46.* Edited by George C. Herring, Jr., New York 1975
Thomas, Lately, *When Even Angels Wept.* New York 1973.
Toynbee, Arnold J., *The Western Question in Greece and Turkey.* Boston 1922.
Vidal, Gore, *Two Sisters.* Boston 1970.
Vlachos, Helen, *House Arrest.* Boston 1971.
White, John W., *Argentina.* New York 1942.
Woodhouse, C. M., *The Story of Modern Greece.* London 1968.

Register